A HISTÓRIA DO THE CURE

nunca é o bastante

JEFF APTER

EDIÇÕES ideal

Título original: *Never Enough – the story of The Cure*

Editor: **Marcelo Viegas**

Projeto Gráfico e Diagramação: **Guilherme Theodoro**

Tradução: **Ligia Fonseca**

Revisão: **Luís Maurício Bôa Nova**

Diretor de Marketing: **Felipe Gasnier**

Conselho Editorial: **Maria Maier**

Assessoria de imprensa: **Laura D. Macoriello**

CATALOGAÇÃO NA PUBLICAÇÃO
Bibliotecária: Fernanda Pinheiro de S. Landin - CRB-7: 6304

A655n

Apter, Jeff
Nunca é o bastante: a história do The Cure / Jeff Apter; [tradução de Ligia Fonseca].
São Paulo: Edições Ideal, 2015. 336 p. ; 23 cm

Tradução de: Never Enough: the story of The Cure.
ISBN 978-85-62885-38-9

1. The Cure (Conjunto musical). 2. Grupos de rock - Inglaterra - Biografia. I. Título.

CDD: 927.8166

27.04.2015

EDIÇÕES IDEAL

Caixa Postal 78237

São Bernardo do Campo/SP

CEP: 09720-970

Tel: 11 2374-0374

Site: www.edicoesideal.com

ID-27

Para minha gloriosa Asha

Sumário

Prólogo

Los Angeles Forum
27 de julho de 1986

Jonathan Moreland não pertencia a este lugar. Cercado por adolescentes e jovens de 20 e poucos anos, com os rostos pintados de um branco fantasmagórico, batom aplicado de qualquer jeito em uma homenagem cosmética a Robert Smith, seu novo herói pop inglês, Moreland – usando botas e chapéu de caubói – era um anacronismo vivo. Parecia que tinha pegado a estrada errada de Nashville e nunca encontrado o caminho de volta para casa. O Cure definitivamente não parecia ser seu tipo de banda.

Só que a música era a última coisa na cabeça de Moreland quando ele atravessou a multidão, encontrando seu lugar dentro do LA Forum, que estava com sua capacidade para 18.000 pessoas esgotada. O Forum com certeza também não era o tipo de lugar para Jonathan Moreland. Um espaço bege horroroso e no formato de uma tigela invertida, havia recebido a maioria das grandes bandas de rock do mundo, especialmente nos excitantes anos 1970. Dava para ver astros como Led Zeppelin, Neil Young, The Faces e Rolling Stones, em geral por menos de 10 dólares, com um barato passivo garantido como parte do preço do ingresso – a fumaça de maconha que pairava no ar era tão densa que quase dava para cortar ("se você é de Los Angeles", um morador bem informado me disse sobre o Forum, "isso faz parte de seu legado do rock"). Também era o local onde os shows geravam uma quantidade enorme de *bootlegs* no mundo pré-download – normalmente, eles vinham com a garantia: "Gravado no Forum".

No entanto, não era na história do rock que Jonathan Moreland pensava quando encontrou sua cadeira. Ele estava em um humor ainda pior do que alguns cantos fúnebres do The Cure. Rejeitado por uma mulher chamada Andrea, que achava ser o amor de sua vida, ele chegou à última data da turnê do The Cure nos EUA com um objetivo: deixar uma impressão. Para que isso ficasse bem claro, conseguiu passar com um facão de caça de 18 cm pela segurança. Enquanto os secadores de cabelo do The Cure esfriavam nos bastidores e a banda dava um toque final no potente gel de cabelo e na maquiagem, Moreland pegou sua faca quando as luzes diminuíram.

O Cure pode ter ameaçado implodir quase todo dia dos últimos oito anos, mas 1986 na verdade havia sido um ano muito bom. Todos os sinais eram positivos: o quinteto britânico, liderado por Robert Smith, o Charlie Chaplin do pop choroso, finalmente tinha acertado uma formação em que os membros não sentiam necessidade de esganar uns aos outros depois de cada show. Esse não era o caso quatro anos antes, durante a aparentemente interminável turnê de promoção de seu quarto álbum, o hipersombrio *Pornography*. Durante aqueles shows, Smith e o baixista Simon Gallup se voltavam até contra os fãs, pulando no meio da multidão para silenciar aqueles que haviam expressado suas objeções à nova direção musical (e obsessões) do The Cure. Dias estranhos.

Mas agora era 1986 e Smith parecia tão feliz quanto sua natureza contrita e inquieta permitiria. Até estava bebendo menos, e seu consumo olímpico de drogas havia sido modificado para padrões recreativos mais aceitáveis. No auge, ele e o amigo Steven Severin, da Siouxsie & The Banshees, gravaram uma obra chamada *Blue Sunshine* enquanto engoliam pastilhas de ácido como se fossem balinhas. Depois, iam para o apartamento de Severin, em Londres, para farras de noite inteira, assistindo a uma pilha aparentemente interminável de vídeos nojentos de horror. Essas ficaram conhecidas como as "férias químicas" de Smith. Mais ou menos na mesma época, ele estava trabalhando em novo material do The Cure e um novo álbum dos Banshees, o que, não surpreendentemente, levou ao pior de seus muitos períodos de instabilidade emocional. Mas agora isso estava no passado.

Depois de passar por várias gravadoras nos EUA, em um esforço aparentemente inútil de replicar seu sucesso em lento crescimento no Reino Unido, parecia que o quarto selo do The Cure nos Estados Unidos, Elektra, pensava de verdade nos melhores interesses da banda. Robert Smith, como tantos outros antes e depois dele, aprendeu cedo que a música é um negócio em que perder o controle (criativo e comercial) pode ser desastroso. Ele tinha permitido que a arte da capa de seu álbum de estreia, *Three Imaginary Boys*, de 1979, representasse o trio como uma luminária, um aspirador de pó e uma geladeira, e havia superado isso. Mas mesmo antes, quando o então Easy Cure foi contratado pela gravadora alemã Ariola/Hansa, em 1977 (quando o trio ainda era adolescente), a banda havia sido instruída a gravar uma seleção de pérolas do rock e grandes sucessos, em vez do próprio material, o que levou a um cancelamento de contrato mais rápido do que um casamento de Britney Spears. Robert Smith realmente havia aprendido com a experiência. Agora, sua primeira coletânea "the best of", *Standing On A Beach: The Singles*, estava em alta nas paradas de sucesso norte-americanas, e a MTV havia recebido o excêntrico videoclipe dirigido por Tim Pope para "In Between Days" (em que apareciam meias dançantes fluorescentes) como um irmão desaparecido há muito tempo.

Sua maior turnê nos EUA até então tinha começado três semanas antes, quando o navio do The Cure atracou no Great Woods Center for the Performing Arts, em Mansfield, Massachusetts. OK, não era o Madison Square Garden, mas o culto do The Cure – que logo atingiria níveis frenéticos, às vezes assustadores, de adoração – estava claramente aumentando. Os fãs correram para a frente do palco quando a banda apareceu, tentando até burlar a segurança para ter um contato pessoal com Smith, seu novo ídolo pop. Este – e os que se seguiram – não era tanto um show de rock quanto uma convenção, um fato que não foi ignorado pelo *Maiden Evening News*. A publicação local observou a séria devoção que os amantes do The Cure tinham por seu objeto de desejo, notando que "adolescentes vestidas em preto e branco com cabelos punk arriscavam suas vidas tentando passar por um grupo de seguranças monstruosos para dar um beijo em Smith".

Nas semanas seguintes, grandes revistas como a *Rolling Stone* voltaram seu foco para o Cure e, em particular, a estranheza sedutora de seu líder. Smith foi chamado de "versão masculina de Kate Bush", "o pin-up do adolescente inteligente", e até de "uma versão dark de Boy George" enquanto a caravana do The Cure passava por Nova York, Filadélfia, Detroit, Chicago, Dallas e San Francisco, tocando para plateias cada vez maiores e ainda mais fervorosas. Não era a Beatlemania, claro, mas era um sinal claro de que o Cure estava destinado a coisas maiores do que o sucesso intermitente sugerido até então. Caramba, conseguiam até voltar para casa sem se agredirem.

Na noite de 27 de julho, enquanto a banda (e a locomotiva) chegava a Los Angeles para seu show de despedida no Forum, Smith – que tinha acabado de cortar bastante seu cabelo "ninho de pássaro", só para chocar – estava se afeiçoando à turnê e aos colegas de banda. Essa era uma mudança significativa para um homem que havia ameaçado acabar com o Cure praticamente toda vez que dava um passo para frente. Na verdade, quase tinha executado esse plano em 1982. Depois da punitiva e deprimente turnê de *Pornography*, parou a banda por meses e se escondeu em seu quarto na casa dos pais em Crawley, Sussex. Na época, tinha virado as costas para o Cure e ido para os Banshees, ansiando pelo quase anonimato de ser mais um na banda, em vez da vida como força criativa e ponto central do The Cure.

Smith teve de ser persuadido a voltar ao mundo The Cure pelo empresário de longa data Chris Parry, e mesmo assim sob a condição de poder lançar a aparentemente descartável "Let's Go To Bed". Era uma música composta por Smith com a intenção de acabar com a banda para sempre ou pelo menos afastar todos os jovens chorões que haviam comparado as paisagens sonoras sombrias do The Cure às do Joy Division e do amaldiçoado Ian Curtis. Para espanto de Smith, "Let's Go To Bed" se tornou um sucesso inesperado, com sua sequência, a igualmente descartável – pelo menos para os ouvidos de Smith – "The Lovecats", indo ainda mais longe e se tornando seu maior single no Reino Unido. O que um confuso Robert Smith, aos 23 anos, deveria fazer? Quando percebeu que o Cure era a banda que se recusava a morrer, ele apenas escolheu deixar continuar. Agora, estava nos EUA recebendo tratamento de estrela.

O cofundador do The Cure (e ocasional saco de pancada) Laurence "Lol" Tolhurst descreveu o humor instável dentro da equipe da banda. "Acho que este é o Cure que você verá até ele parar de ser o Cure", disse a um repórter. "Não consigo ver outra pessoa entrando na banda. Sempre foi uma banda de amigos, mais do que tudo, mas acho que não temos mais amigos que saibam tocar alguma coisa." Robert Smith concordou. Ele afirmou ao *Aquarian Weekly* que essa versão do The Cure era – talvez – feita para durar. "A não ser que algo muito drástico aconteça na turnê norte-americana – por exemplo, se alguém enlouquecer completamente –, sei que esta formação fará o próximo álbum." Smith não percebeu a premonição trágica de seu comentário.

Dentro do LA Forum, a equipe do The Cure olhou para o relógio, enquanto Smith se preparou para levar a versão 1986 da banda – Smith, os velhos amigos Tolhurst, Simon Gallup e Porl Thompson, mais o recém-recrutado Boris Williams – da escuridão dos bastidores para o palco. Foi então que Jonathan Moreland agiu, no exato momento em que a "febre Cure" da multidão estava quase palpável. Saltando de seu assento, pegou o facão de caça e começou a se esfaquear furiosamente no peito e na barriga, espirrando sangue em qualquer um azarado o bastante de estar sentado perto dele. Antes de entrar em choque, ou de perceber a profundidade e a gravidade de seus ferimentos, Moreland ficou em pé na cadeira, tirou a camisa e continuou enfiando a lâmina em seu peito tatuado. A plateia ao seu redor ficou ensanguentada e confusa. Achando que devia ser parte da performance de uma banda famosa por sua obsessão com música sombria e temas ainda mais sinistros, alguns fãs aplaudiram Moreland enquanto ele perdia sangue em níveis alarmantes, mas quando a polícia e a segurança contiveram Moreland, a verdade se revelou: não era atuação, era uma verdadeira tentativa de suicídio. Quando a notícia da automutilação de Moreland chegou aos bastidores, Robert Smith começou a questionar se o Cure estava amaldiçoado: para cada impulso para frente, havia um incidente bizarro, ou saída, ou colapso.

Perry Bamonte, então *roadie* do The Cure e futuro membro da banda, estava no palco quando houve o esfaqueamento. "Vi o tumulto", ele me contou em 2005, "e ouvi gritos e a multidão se afastando enquanto o cara pulou na cadeira e começou a esfaquear a barriga. Foi surreal e perturbador. [Então] um policial disparou um *taser* [pistola de descarga elétrica] nele e ele caiu".

Espantado, o sargento da polícia local, Norman Brewer, falou com Moreland quando este era levado para uma ambulância. Moreland havia lhe dito que os fiéis do The Cure o estimularam em sua sede de sangue. "À medida que o público gritava mais alto", Brewer declarou, "ele se esfaqueou com mais profundidade e força". Enquanto era transferido para o hospital, o gravemente ferido Moreland gemeu uma confissão. "Fiz isso porque nunca conseguirei ter a mulher que amo." Ele morreu pouco depois.

De alguma forma, o show continuou e o Cure chegou ao fim do set e da turnê, mas o humor atipicamente bom de Smith havia piorado bastante. Quando a banda voltou a Londres, um porta-voz da Fiction Records – a gravadora chefiada por Chris Parry, um sujeito que havia apostado em 1978 em uma fita cassete de quatro faixas do Easy Cure que tinha sido mandada pelo correio – fez uma declaração. "Eles não conseguiam acreditar que alguém faria isso em um de seus shows", dizia. "Foi um final amargo para a banda porque aconteceu na última noite do que havia sido uma turnê bem-sucedida nos EUA."

Mas o desastre do Forum foi mais um obstáculo na estrada para o Cure. Mesmo em 1986, sua carreira havia tido uma trajetória incrivelmente acidentada – às vezes por culpa da banda, outras por culpa de forças fora de seu controle – desde que Smith e Tolhurst começaram a mexer com guitarra e bateria na Notre Dame Middle School, em 1972. Para cada ponto alto, como "Boys Don't Cry", ou shows como atração principal, houve um caso de briga interna, uma nova crise de Smith ou uma demissão – ou algo tão atroz quanto o suicídio de Moreland. Para os antigos "Três Garotos Imaginários", foi um lembrete de quão imprevisível – e às vezes perigosa – a vida pop poderia ser.

Capítulo Um

"Crawley é cinza e nada inspiradora, com uma névoa de violência pairando. É como se fosse uma espinha no 'rosto' de Croydon."
– Robert Smith

Crawley pode estar no meio do caminho entre Londres, que fica 56 km ao norte, e Brighton, no litoral sul, mas dificilmente é o tipo de cidade onde as sementes da revolução musical são cultivadas. Segundo um escritor, ela era "o capacho em que você limpa os pés antes de deixar o interior e ir para Londres". Quando a família Smith se mudou de Blackpool para lá, em 1966, os clubes londrinos – como o Marquee, onde em meados dos anos 1960 o Who prometia (e cumpria) o seu "Maximum R&B", e o Bag O'Nails, onde Jimi Hendrix começou sua ascensão meteórica – poderiam muito bem estar em outro planeta. Seria bem improvável ver os devotados seguidores da moda da Carnaby Street pavoneando pela avenida principal de Crawley. Ainda assim, no final do século XX a cidade teve alguns habitantes incomuns, como Robin Goodridge, baterista do Bush, a banda clone do Nirvana, e Adam Carr, famoso por ter sido duas vezes eleito "Autor Homossexual do Ano" pela revista *The Gay Times*.

Mas, em sua essência, Crawley, em Sussex, era uma pragmática, estável e imutável cidade de classe média. Sobre o local onde cresceu, Robert Smith uma vez observou, mais de 30 anos e 30 milhões de discos vendidos depois que ele e Laurence "Lol" Tolhurst, cofundador do The Cure, se viram pela primeira vez no ônibus a caminho da escola em 1964: "Crawley é cinza e nada inspiradora, com uma névoa de violência pairando. Fica bem na beira de uma área verde, perto do aeroporto de Gatwick. É um lugar horroroso. Não há nada ali. Meu pai trabalha[va] para a empresa farmacêutica Upjohns. Teve de se mudar para Sussex por causa do emprego. A sede fica em Croydon. Estudei a vida inteira em Crawley. É como se fosse uma espinha no 'rosto' de Croydon".

Reforçando sua própria opinião, Smith fez uma observação geral mais recente sobre a cidade: "Há muita coisa para se fazer em Crawley, desde que você só queira ficar bêbado ou entrar em forma, ambos por um custo considerável". Hoje, existem pelo menos 14 pubs na High Street, que mantêm Robert Smith – conhecido por gostar de beber – alegremente ocupado quando vem de sua casa, em Bognor, para visitar os pais, Alex e Rita, que ainda moram em Crawley. [1]

Para sua informação, Crawley foi uma cidade projetada. Foi oficialmente chamada de "Nova Cidade" em 9 de janeiro de 1947, pouco depois do final da Segunda Guerra Mundial, com uma capacidade incluída na infraestrutura planejada para 50 mil habitantes (hoje, tem cerca de 107 mil moradores). Durante o surto de crescimento de Crawley no pós-guerra, as pequenas vilas vizinhas de Ifield, ao oeste, Worth, ao leste, Pease Pottage, ao sul, e Lowfield Heath, ao norte, foram aos poucos engolidas por esta Nova Cidade. Ela se expandia rapidamente.

Por mais sem personalidade que essa cidade de escritórios e empresas de engenharia pareça ser, a história registrada da Nova Cidade – embora praticamente não seja cenário de famosas batalhas ou descobertas ousadas – tem mais de mil anos. Na verdade, acredita-se que o primeiro desenvolvimento na área ocorreu por volta de 500 a.C. Uns 400 anos depois, as primeiras fornalhas simples começaram a ser usadas na região. As raízes de uma tradição de longa data em Sussex foram, assim, semeadas, como prova o nome de um dos bairros de Crawley, batizado de Furnace Green [*Fornalha Verde*]. No ano 100 d.C., os romanos, práticos que eram, haviam se assentado na área e começado a ampliar e melhorar as fornalhas. No século IX, a igreja Worth foi erguida – ela agora fica a oeste da Nova Cidade e é considerada uma das edificações mais antigas de seu tipo no Reino Unido. Acredita-se que os exércitos desertores do rei Harold possam ter se refugiado ali, depois de terem sido derrotados em Hastings em 1066, mas, fazendo jus à história nada inspiradora da região, só passaram por ali a caminho de outro lugar.

E assim o desenvolvimento relativamente mundano da cidade (e deste diário de viagem) aconteceu ao longo dos tempos. Vinte anos depois de o rei Harold levar uma fatídica flechada no olho em Hastings, os registros públicos não mencionam o povoado (embora as vizinhas Ifield e Worth tenham merecido uma citação, avaliadas pelos escribas do rei William em esplêndidos 20 xelins cada).

1 N. de T.: De acordo com as informações levantadas pelo autor na última atualização do livro, em 2009.

Então, em 1203, o senhorio de Crawley recebeu uma licença para montar um mercado semanal na High Street; no mesmo ano, há registros de que um certo Michael de Poyninges deu ao rei John um falcão norueguês no local. Menos de 50 anos depois, a igreja de St. Margaret foi fundada em Ifield – e ainda resiste na área de preservação de Ifield Village. Só em 1316 os registros mostraram Crawley pela primeira vez com seu nome atual, derivado do saxão. Antes, era conhecida como Crawleah e Crauleia. A etimologia? "Craw" significa corvo e "leah", pasto. Nada glamouroso.

Em 1450, o Hotel George abriu na High Street, oferecendo estábulos e espaço para carruagens, para que cocheiros e seus passageiros pernoitassem antes de seguirem para algum lugar mais empolgante (vários séculos depois, o George seria usado por um infame cidadão de Crawley, John George Haigh, conhecido como o "Assassino do Banho de Ácido", para escolher pelo menos uma de suas vítimas). Crawley ainda era basicamente um ponto de passagem, pouco mais do que uma vila em uma clareira na floresta. As carruagens puxadas por cavalos, quando não passavam a noite no Hotel George, tinham de pagar pedágio para viajar pela estrada – o posto de pedágio original ficava na parte norte da cidade. Algumas cocheiras antigas até hoje se encontram na High Street (ainda que reformadas e ocupadas por negócios completamente modernos).

A importância da metalurgia na região aumentou drasticamente durante o século XVII, mas só foi com a extensão da linha ferroviária de Londres para Brighton, em 1848, que alguma vida começou a pulsar na cidade e a população cresceu de verdade. Mesmo assim, para muitos, Crawley ainda era um nome visto na placa da janela de um trem passando quando se ia em direção a Londres ou ao litoral, em Brighton. A população da cidade, no entanto, continuou crescendo, especialmente quando o aeródromo de Gatwick, nas proximidades, foi aberto em 1938. Durante a Segunda Guerra Mundial, Crawley sofreu algum dano, tanto quanto qualquer cidade de seu porte, quando 24 casas foram destruídas por ataques aéreos. Depois que o estrago foi consertado e a Inglaterra começou a voltar aos eixos pós-guerra, o ministro Lewis Silkin anunciou que a área ao redor de Crawley, Three Bridges e Ifield havia sido escolhida como uma das já mencionadas Novas Cidades.

Quinze anos mais tarde, Robert Smith e sua família – o pai James Alexander Smith, a mãe Rita Mary (sobrenome de solteira: Emmott) e os irmãos Richard,

Margaret e a bebê Janet – se mudaram de Blackpool, Lancashire, onde Robert nasceu, para essa verde e nada inspiradora cidade. Foram primeiro para Horley em dezembro de 1962, em uma casa na Vicarage Lane que tinha como vizinha de porta a avó do futuro parceiro de Robert no The Cure, Lol Tolhurst (que, na época, vivia a duas ruas de distância, na Southlands Avenue). Então, eles se mudaram para Crawley em março de 1966, para que Alex Smith pudesse ficar mais perto da empresa onde trabalhava, a Upjohns. Na época, a população da área era de cerca de 50 mil habitantes, um rápido aumento com relação aos 9 mil que viviam ali na virada do século. Em 1962, mesmo ano em que a família Smith se mudou, o bairro de Furnace Green tinha se juntado a essa chamada Nova Cidade. Era uma grande ironia Alex Smith trabalhar para a empresa farmacêutica Upjohns, considerando o consumo colossal de drogas por seu filho nos anos 1980. Antes, Alex havia servido na Força Aérea Real, concluindo seu treinamento no Canadá.

Nascido em 21 de abril de 1959, Robert James Smith foi o terceiro filho do casal Smith – sua irmã Margaret nasceu em 27 de fevereiro de 1950 e o irmão Richard, em 12 de julho de 1946. A segunda irmã de Robert, Janet, nasceu 18 meses depois dele, estabelecendo uma diferença considerável de idade entre os irmãos mais velhos e os mais novos. Robert insiste que não foi um filho planejado e que Janet foi concebida, principalmente, para fazer companhia a ele. "Não era para minha mãe me ter", afirmou em 1989. "É por isso que há uma diferença tão grande de idade entre nós. Quando me tiveram, não gostaram da ideia de ficar com um só filho, então tiveram minha irmã. O que é ótimo, porque eu teria odiado não ter uma irmã caçula." Ele tirou total proveito de seu papel recém-descoberto de irmão mais velho, chegando a desestimular Janet de falar para que pudesse servir de intérprete. "Eu dizia: 'Ah, ela quer sorvete' quando, na verdade, estava desesperada para ir ao banheiro."

Em 2000, Smith admitiu que, embora só tivesse vivido no norte por três anos, levou algum tempo para se livrar do sotaque de Blackpool, o que levou a gozações no intervalo da escola – às vezes, coisa pior. "Nasci em Blackpool", contou, "e passei os primeiros anos da minha vida ali. Quando vim para o sul, falava com um sotaque nortista forte e era zombado sem dó na escola. Isso provavelmente não ajudou a me integrar".

Em uma discussão anterior sobre sua infância, ele lembra que os pais mantiveram a entonação do norte. "Eu tinha um sotaque nortista porque minha mãe e meu pai falavam daquele jeito em casa", disse. "Isso sempre se destacou na escola, o que não percebi na época. Achava que todo mundo dizia 'grama' incorretamente, mas suavizei de propósito na adolescência. Achava que poderia parecer um pouco pretensioso ter um sotaque forte do norte."

Smith se agarrou a algumas lembranças fortes de sua época em Blackpool, o que, para ele, explicava sua atração pelo litoral. "Tenho certeza de que passar os primeiros anos da vida perto do mar significa que você nutrirá um grande amor por ele", afirmou uma vez. "Toda vez que tenho férias, vou para a praia." Smith e a esposa Mary, o primeiro e único amor de sua vida, agora moram em Bognor, o que realiza seu sonho antigo de morar perto do mar. Ele vê sua vida no litoral simplesmente como uma extensão do início de sua infância na costa, em Blackpool. "Queria acordar e ouvir o mar", admitiu. "Tem ligação com minha infância, com felicidade pura, inocência. Amo o som e o cheiro do mar."

As memórias que Smith têm de Blackpool estão tão poderosamente conectadas à inocência de sua infância que ele percebeu ser quase impossível voltar para lá. Não quer que a ilusão se desfaça. "Tenho lembranças tão fortes: do calçadão, da praia, do cheiro. Essa época da inocência e do encanto é algo mágico. Minhas primeiras lembranças são de estar sentado na praia em Blackpool e sei que, se eu voltar, será horrível. Sei como é Blackpool – não é nada como imaginava quando era criança."

Seu pai, Alex, tinha uma câmera Super 8, e mesmo antes de a família Smith se mudar para o sul ele a filmava, especialmente o bebê Robert, brincando na praia. Em uma entrevista em 2001, Robert revelou ao vocalista do Placebo (e grande fã do The Cure), Brian Molko, uma de suas primeiras memórias. "Há muitos filmes em que dá para me ver correndo como um louco, com alguns burros no fundo. Lembro que vi minha irmã comer vermes – para ser sincero, tirei da terra e ela comeu. Eu tinha uns três anos e ela, dois. E minha mãe me botou de castigo. Acho que foi uma das poucas vezes em que apanhei. Também me lembro do cheiro dos burros."

Invenção, criação de mitos e mentiras deslavadas contadas por Robert Smith – frequentemente por causa da natureza repetitiva de entrevistas infindáveis – resultaram em uma narrativa bem turva de sua vida pré-Cure. Várias vezes ele já mencionou um histórico de bebedeira na família Smith, uma característica que ele vem fazendo de tudo para manter nos últimos 30 anos. Robert até culpou parcialmente o hábito de seus pais ficarem acordados a noite inteira por seu bem documentado apreço por um estilo de vida tóxico. Várias vezes ele mencionou um tio Robert (uma das inspirações para "Lullaby", sucesso do The Cure de 1989), que parecia ter todas as qualidades do velho e sujo tio Ernie, assustadoramente retratado por Keith Moon no filme *Tommy*, de Ken Russel.

Smith cresceu em um ambiente de devoção católica romana, o que resultou em seu questionamento sobre Deus e a existência no intensamente melancólico álbum *Faith*, de 1981. Robert ressalta que ele e a mãe uma vez viajaram até o Vaticano e que encontrou o Papa. "Não o atual, uns três papas atrás", disse. "Eu estava na Praça de São Pedro, havia uma missa, ele foi carregado em uma cadeira e consegui pegar na mão dele." Em 2003, disse em um canal de TV francês que ser criado em uma família católica "é uma boa receita para virar mobília pelo resto de sua vida". No entanto, ele continuava indo com Mary à missa aos domingos, no convento em Crawley, em 1980, e possivelmente depois disso – apenas as fitas azuis no cabelo espetado o separavam dos outros fiéis (isso, claro, ele nega, enfatizando que "na última vez que me levaram para a igreja, eu tinha uns oito anos").

De acordo com sua fé, o domingo era considerado um dia especial na casa da família Smith e é uma tradição que ele continua mantendo, mais por hábito do que por devoção a todos os valores católicos. "A ideia de domingo ser um dia especial e a tradição de ter a família em volta da mesa sempre me acompanharam", contou em 2004. Mas Robert admite que suas lembranças de domingos na juventude são "bastante... tristes. Havia as mesmas músicas no rádio, o mesmo jantar, uma discussão enorme entre meu irmão, que era comunista ferrenho, e meu pai, que tinha acabado de ser promovido [na Upjohns]...".

O lar dos Smith pode ter sido agitado, mas não era violento: segundo Robert, seu pai só levantou a mão uma vez para ele, de raiva. "Aos 12 anos, falei para os meus pais que não teria filhos", revelou. "Foi a única vez em que meu pai me bateu." O interessante é que Smith manteve seu voto de não ter filhos, apesar de ser casado desde 1988.

Em geral, a vida em casa para Robert Smith era tão boa, se não melhor, quanto a da maioria de seus amigos e colegas de Crawley. Seus pais eram relativamente tolerantes, o irmão Richard (chamado de 'Guru') fumava maconha e as irmãs amavam rock – o que mais ele poderia querer? "Sempre fui tratado de modo igual pela minha família", disse uma vez. "Tive uma vida familiar muito boa. A escola parecia ser quase o oposto. Não conseguia entender como a rigidez da escola é voltada para fazer você deixar de ler e de querer aprender alguma coisa. Então, fiquei bem amargo na adolescência."

Smith manteve esse cinismo e a incerteza sobre o real sentido da vida, o que permeou boa parte do lado mais sombrio da música do The Cure. Às vezes, ele culpa indiretamente partes de sua criação – especialmente a educação em escola católica – por sua natureza questionadora e inquieta. "Só tenho fé no que posso ver com meus próprios olhos e tocar com meus dedos", afirmou. "Mas sei que algumas pessoas têm uma fé muito forte, e sinto inveja delas. No fundo, adoraria ter essa fé, mas não sei se elas estão só se enganando."

"Eu me meti em muita encrenca [na escola] por querer mudar as coisas. Estava em uma cruzada. E frequentemente era suspenso [só uma vez, na verdade], o que achava ridículo. Sempre mostrava meus argumentos de uma forma muito civilizada, e o único recurso que os professores viam era me colocar em suspensão."

Aos 11 anos, Smith havia feito um exame de admissão para uma escola pública para meninos, mas ameaçou fugir de casa se os pais o forçassem a ir para lá. "Meu pai achou que seria bom para minha educação, mas minha mãe entendeu que, na verdade, eu queria conviver com as garotas. Ela achava que, por crescer em uma casa com duas irmãs, seria anormal me mandar de repente para um ambiente totalmente masculino."

O que se sabe de Smith e suas manias pré-Cure – muitas delas típicas de qualquer criança inglesa de classe média que cresceu nos anos 1960 – ajuda a explicar muitos de seus temas musicais e criativos, dificuldades e obsessões.

Como mostrado tão nitidamente pelo diretor Tim Pope no videoclipe de "Lullaby", de 1989, aranhas não são os insetos preferidos de Robert Smith. Desde criança ele tem medo delas. "Aranhas são uma das fobias que não consegui superar", confessou anos mais tarde. "Quando era novo, tinha muito medo delas – e elas sempre estavam na minha cama. Não de verdade, mas imaginava que estavam. Aranhas gordas com patas finas e longas que parecem que vão explodir me deixam agoniado."

Smith passou boa parte da infância em uma casa que "não tinha exatamente uma decoração de bom gosto". A casa tinha o que ele lembra como "um papel de parede com estampas estranhas e um tapete esquisito, que não combinavam". Smith olhava intensamente para os desenhos, induzindo um estado mental quase alucinatório. "Sempre via rostos saindo dali", contou uma vez, "como fantasmas surgindo do tapete e do papel de parede". Um Robert muito novinho não dormia no escuro – enquanto tentava pegar no sono, imaginava formas e imagens. "Coisas saíam da parede. Algumas eram amigáveis, mas às vezes eu via uma luz no canto do guarda-roupa e tinha certeza de que havia algo atrás daquilo. Exceto uma vez: havia um homem de aparência estranha usando capa de chuva e sussurrando em polonês. Pensando bem, pode ter sido um sonho."

Em 1964, aos cinco anos, a imaginação fora de controle de Smith o levou a acreditar que a casa da família tinha um visitante indesejável só visível para ele. Estava convencido de que alguém morava na casa, em um cômodo secreto. "Sabia que estava ali, mas também que não conseguiria enxergar, mesmo se encontrasse esse cômodo. Ouvia rangidos e achava que era uma pessoa na escada. Corria para o quarto para flagrar e não havia ninguém. Era rápido demais para mim."

Mesmo antes disso, em 1962, quando tinha três anos, suas ilusões sobre o Papai Noel foram destruídas quando ele viu o bom velhinho passar na rua em um caminhão. "Fiquei arrasado. Nem pensar que Papai Noel estaria sentado naquela porcaria de caminhão. Nunca me recuperei." Em vez disso, Smith passava o Natal assistindo a *Mary Poppins*, uma tradição que manteve na vida adulta. Ele sempre chegava estupefato ao final do filme. "Lembro que minha mãe me levou para ver no cinema e saí acreditando que era completamente real. Pensava: 'Que droga, por que nunca encontrei ninguém como a Mary Poppins? Por que minha mãe não consegue escorregar pelos corrimãos?'" A mãe dele acabou tendo de revelar que era uma fantasia, o que o deixou tão arrasado quanto a visão de Papai Noel em um caminhão.

Robert Smith mergulhou nos heróis e heroínas típicos das leituras na infância. Seus heróis nos quadrinhos incluíam Denis, o Pimentinha, "obviamente uma influência enorme para mim". Lia os gibis de Beano desde os três anos (até hoje sua mãe continua comprando *The Beano Book* todo ano). A atração de alguém rotulado como "O Menino Mais Maluco do Mundo" obviamente era irresistível para alguém como ele, que só pensava em criar confusão.

Smith admitiu invejar o Pimentinha por ter o gato Gnasher, porque, na infância, nunca teve a sorte de ter um gato ou cachorro "que fosse cegamente devotado a mim". Uma vez, foi a uma festa elegante vestido de Denis, o Pimentinha, com um macacão listrado vermelho e preto tricotado pela mãe, Rita. "Encontrei um gato no caminho", lembra, "e cheguei com ele, fingindo que era Gnasher [2]. Ninguém acreditou em mim. Na verdade, todos me acharam estúpido". Ele reagiu jogando o gato de uma janela. O animal espantado caiu de costas, arruinando a crença de Smith "de que gatos sempre caem em pé".

Personagens como Noddy eram grandes favoritos do jovem Robert Smith – os personagens em feltro ficavam pendurados sobre sua cama, junto com imagens da Mulher-Gato e de Stan Bowles, do Queens Park Rangers[3]. "Gostava um pouco do Noddy", contou. "Ele parecia ter uma vida incrível. Entrava em seu carro vermelho idiota com o amigo, Big Ears, e algo estranho sempre acontecia. A vida ideal, de certa forma", disse Smith, um homem também nada avesso a fugir dos problemas, especialmente no início do The Cure.

Andy Pandy era outro amigo de infância de Smith. Sua história preferida do personagem era *Watch With Mother*. Ele ficou impressionado por nada dar errado nesse mundo vívido de faz de conta. "Andy Pandy sempre ia dormir em seu cesto com Teddy, e o mundo era um lugar feliz." Embora Smith achasse Teddy, o companheiro de Andy Pandy, "quase um deus", não pensava o mesmo da boneca de pano Looby Loo. "Ela nunca fazia nada. Era esquisito."

Uma influência mais direta da infância sobre suas composições futuras, por mais estranha que possa parecer, foi Peter Pan, o menino que se recusava a crescer. Antes de Smith se apaixonar por Betty Boop – "a mulher perfeita" –, ficou profundamente encantado pela fada Tinker Bell, a Sininho. "Ficava desejando que Tinker Bell criasse vida e me resgatasse", contou. Mais do que isso: Smith era enfeitiçado pela Terra do Nunca, uma fuga permanente do mundo real. "A ideia da Terra do Nunca é horrível porque é a melhor do mundo", afirmou em 1989. "Pelo menos metade das músicas que escrevi são sobre a Terra do Nunca." Anos depois dessa obsessão de infância, ele continuou gostando tanto da história que pensou em tocar "You Can Fly" no final dos shows, enquanto a banda deixava o palco.

Outra obsessão de juventude foi a atemporal *Alice no País das Maravilhas*, de Lewis Carroll, uma história feita sob medida para um homem que trabalha boa

2 N. de T.: Na verdade, Gnasher era um cachorro!

3 Smith ainda é torcedor do QPR e foi considerado um bom jogador de futebol na escola.

parte do tempo lidando com sua incrivelmente rica (e, às vezes, profundamente mórbida) imaginação. "Amo a ideia de uma menina ter essas aventuras estranhas nos reinos da imaginação." Smith, que descreveu seu papel no The Cure como o de um "ditador bondoso", também era atraído pela Rainha de Copas, principalmente porque era muito poderosa. "Poder mandar cortar a cabeça de alguém é algo brilhante", admitiu.

O pai de Robert, Alex, sonhava que o filho se tornasse escritor. Via-se pouca ou nenhuma TV em casa, e Robert afirmou que seu principal entretenimento na infância era "leitura e discos". Quando tinha três anos, seu pai insistia para que ele lesse jornal e se familiarizasse com o mundo, mas Robert preferia se perder em livros como *As Crônicas de Nárnia*, de C.S. Lewis – uma série em sete volumes muito popular no Reino Unido, com alusões profundamente alegóricas à Bíblia e à vida de Jesus, que o pai lia para ele antes de dormir.

"Adorava fugir naquelas narrativas", contou, "era meu único momento de conforto. Estava descobrindo o poder incrível da literatura: ela oferecia consolo e fuga".

Outro momento da infância que ele revisitava frequentemente à medida que o "valor" do The Cure aumentava era uma ocorrência estranhamente misteriosa no corredor da casa da família, de quando Robert tinha seis anos, pouco depois da mudança para Crawley. Havia um espelho velho, "muito horrível" (palavras de Robert) no corredor, que ele fazia de tudo para evitar. Estava convencido de que veria um reflexo nada familiar no espelho. "Eu o odiava. Toda vez que descia as escadas, evitava olhar para ele" (mesmo depois de adulto, sua casa praticamente não tinha espelhos. Obviamente algumas coisas permaneceram com ele).

Smith insiste que seu apelido na escola – ele frequentou primeiro a St. Francis Primary School, depois a St. Francis Junior School, entre 1966 e 1969 – era Sooty, em referência a um fantoche mudo de um programa de TV, "porque eu nunca falava", mas antes de futebol e música chamarem sua atenção, ele demonstrou uma vocação teatral notável, assumindo o papel de Nanki-Poo em uma montagem da escola para *O Mikado*, de Gilbert & Sullivan, da qual os funcionários mais antigos da St. Francis ainda se lembram, 40 anos depois.

Enquanto Robert Smith e seus colegas de escola tentavam capturar as nuances delicadas de cantar "somos cavalheiros do Japão" em um auditório de Crawley, um tipo diferente de revolução musical estava acontecendo em outro canto da Inglaterra. Em 1968, aconteceu o primeiro Festival da Ilha de Wight.

Era o tipo de evento improvisado: o palco foi precariamente montado sobre a parte traseira de dois caminhões, a grande atração era a banda Jefferson Airplane, de San Francisco, e a plateia tinha cerca de 10 mil pessoas. No entanto, em 1969, o festival cresceu consideravelmente quando Bob Dylan, ressurgido de uma reclusão autoimposta, aceitou encerrar o evento usando uma roupa branca de pregador e com a ajuda de sua banda de apoio de meados dos anos 1960, The Band (formada por astros relutantes). O chamado "Woodstock britânico" atraiu cerca de 150 mil pessoas. No ano seguinte, o irmão de Robert, Richard, então com 24 anos, insistiu para que o moleque de 11 anos o acompanhasse no festival, realizado entre 26 e 30 de agosto.

Enquanto os primeiros dias mostraram artistas locais, solistas e aspirantes da segunda divisão, incluindo Procol Harum, Supertramp e Tony Joe White, os últimos dois dias (e noites) do festival foram brilhantes, graças a performances estelares dos progressivos pirotécnicos do Emerson, Lake & Palmer (fazendo sua estreia, o supergrupo quase conseguiu incendiar o palco – 30 anos depois, Keith Emerson virou vizinho de Lol Tolhurst, em Santa Monica, Califórnia), junto com os sobreviventes de Woodstock John Sebastian, Ten Years After, The Who e Sly & The Family Stone. O cigano elétrico Jimi Hendrix, o homem que Robert Smith e boa parte da multidão tinham ido ver, dividiu a programação de domingo com uma lista eclética: o artista folk cósmico Donovan, o poeta de voz áspera Leonard Cohen, Richie Havens, Hawkwind, The Moody Blues, a banda folk britânica Pentangle, Ralph McTell, a rainha do protesto Joan Baez e o Jethro Tull, que logo se tornaria uma superbanda progressiva.

Como os organizadores tinham descoberto no ano anterior, arte e comércio eram parceiros desconfortáveis no festival de 1970. Uma pequena comunidade de hippies sem ingressos ocupou um morro nas proximidades e a ocorrência inevitável de sexo e outras funções corporais, apavorou os conservadores locais. Um dos organizadores do evento, Ron "Turner" Smith, teve de chamar o Departamento de Saúde para desinfetar a área – a "Desolation Row" – por causa do fedor de dejetos humanos. Uma moradora, enquanto isso, contou que "um homem nu em pelo pulou e dançou" na frente de seu carro, e também houve vários relatos de nudistas tomando banho de mar em Compton Beach, nas proximidades.

O herói da guitarra de Robert Smith, Jimi Hendrix, subiu ao palco na noite de domingo, 30 de agosto, tocando um set que incluía "All Along The Watchtower", de Dylan, "Sgt. Pepper's Lonely Hearts Club Band", dos Beatles, sua "Machine Gun", e, como uma saudação de sua guitarra Fender à plateia britânica – e uma versão de sua releitura psicodélica clássica para "The Star-Spangled Banner" –, arrasou em "God Save The Queen". Mas enquanto as últimas notas de "In From The Storm" ressoavam sobre o público, Robert Smith não estava lá. Quando Richard Smith se deu bem com uma garota, prendeu Robert na barraca que dividiam, negando ao irmão a chance de ver o que seria a última apresentação de Hendrix no Reino Unido. Dezoito dias depois, Hendrix foi encontrado morto em um apartamento em Londres, sufocado por vômito enquanto dormia.

"Meu irmão me levou", Smith contou em 2004, "mas eu não diria que estava ciente de que estava em um show. Tinha 11 anos na época. Jimi Hendrix tocou e fiquei na barraca. Só me lembro de dois dias de barraca laranja e fumaça de maconha". Ele foi um pouco mais direto em uma entrevista para um jornal espanhol, na qual falou sobre sua experiência na Ilha de Wight. "Meu irmão me deixou preso na barraca quando saiu para transar ou ficar chapado. Nunca o perdoei" (para compensar, ele o levou para ver *2001: Uma Odisseia no Espaço*. Smith ficou apaixonado, assistindo ao filme 11 vezes em 15 dias. "Isso prejudicou um pouco meu cérebro também.").

Robert Smith ainda tem uma foto desbotada de si mesmo no festival, posando fora da barraca laranja, "com uma expressão vidrada no rosto".

O interesse de Smith por Hendrix foi mais do que um fascínio passageiro: sua imagem e música representavam uma forma de vida completamente diferente para o menino da confortável e previsível Crawley. Para Smith, ele era um alienígena. "Eles não viviam, não falavam, não comiam como nós. Hendrix foi a primeira pessoa que vi que parecia ser completamente livre, e quando se tem nove ou 10 anos, sua vida é toda dominada por adultos", admitiu. Compreensivelmente, Hendrix fez Smith acreditar que pode existir mais vida além de virar centroavante do QPR. "Hendrix foi a primeira pessoa que me fez pensar que poderia ser bom ser cantor e guitarrista – antes, eu queria ser jogador de futebol."

A primeira música de Hendrix com a qual Smith teve contato foi "Purple Haze"; seu irmão Richard a mostrou quando Robert tinha oito anos, em 1967. Sua reação foi rápida e imediata – ele só parou de tocar o disco quando fez um sulco completamente novo no vinil. "Fiquei de queixo caído com aquilo", contou. "Devo ter tocado umas 20 vezes por dia, enlouqueci todo mundo em casa." Smith até aprendeu a música, mas não com um plano de imitar a guitarra incomparável de Hendrix. Em vez disso, decorou de cabo a rabo cantando. "Aprendi a cantar todas as partes de bateria, o baixo, o solo de guitarra – fiquei obcecado por ela."

Foi seu irmão Richard – um hippie que tinha feito mochilão pela Ásia e voltou da Índia, segundo Smith, com "muitas imagens de mulheres com oito braços para colar na parede do meu quarto" – quem causou um grande impacto no caçula impressionável, assim como o amigo de escola Lol Tolhurst. O irmão rebelde de Robert fumava maconha na casa da família, bem na frente dos pais, mas a irmã mais velha, Margaret, também o introduziu a uma grande influência musical: Beatles. Quando Smith tinha seis anos, o som melódico do álbum *Help!* – um apelo de John Lennon por ajuda, como se soube mais tarde – tocava sem parar no quarto dela, que também era muito fã dos Stones. Robert foi hipnotizado. "Eu ficava sentado na escada, ouvindo do lado de fora", relembrou quase 40 anos depois. "Aquilo me fez perceber que havia outro mundo acontecendo além do meu ambiente imediato. As melodias naquelas canções são tão fantásticas e a imaginação que as criou é simplesmente irreal." O efeito que a música tinha sobre o tremendamente jovem Smith continuou o mesmo sobre o homem já quarentão. "É tão perfeito que me faz chorar", disse em 2003. "Escuto *Help!* e fico cheio de esperança de que o mundo possa ser um lugar melhor."

Em meados dos anos 1960, não dava para evitar os Beatles nem os Stones, então Smith escolheu mergulhar de cabeça. "Meus irmãos mais velhos tinham todos os discos e, em vez de ouvir coisas de criança, eu ouvia rock", contou. Quando tinha sete anos, ele enfatizava que conhecia o repertório completo de Jagger e Richards e de Lennon e McCartney.

Também foi durante seus anos formativos que Smith ouviu pela primeira vez o misterioso e sorumbático cantor/compositor Nick Drake, cujas melodias melancólicas tiveram um impacto considerável e bastante tangível no trabalho inicial de Smith com o Cure. Ele tinha 10 anos quando ouviu pela primeira vez o álbum *Five Leaves Left* de Drake, de 1969, novamente graças ao irmão Richard. Como com Hendrix e "Purple Haze", a conversão de Smith foi rápida e absoluta, embora ele percebesse que Drake estava "do outro lado da moeda em relação a Jimi Hendrix – era muito quieto e retraído". Enquanto sua carreira musical avançava, ele aspirava emular o estilo suave de cantar e compor de Drake, mas, aos

10 anos, foi seu estilo mais sincero que embalou Robert Smith. Para ele, a profundidade do sentimento de Drake era bastante real. "[Ele] não estava preocupado com o que as pessoas pensassem dele, em ser famoso. Também acho que, por ter uma morte precoce como a de Jimi Hendrix, nunca conseguiu fazer concessões em seus primeiros trabalhos. É um romantismo mórbido [algo com que Smith e o Cure definitivamente puderam se identificar], mas há algo de atraente nele."

Seus pais, ambos amantes de música (o pai cantava e a mãe tocava piano), não se opuseram ao amor do filho pelo rock – na verdade, até o estimularam, ao mesmo tempo em que guiavam o jovem Robert em uma direção musical mais formal. Enquanto incentivavam os filhos a discutir sobre seus discos preferidos – Robert se lembra de "conversas assombrosas sobre Slade e Gary Glitter" –, Alex e Rita Smith também os apresentaram à música clássica, em uma tentativa de "permitir que eu tivesse uma visão mais ampla do rock", nas palavras de Robert.

Outro de seus heróis na música foi David Bowie. Ele e a esposa, Mary Poole, dançaram juntos pela primeira vez ao som de "Life On Mars". Smith viu o Homem que caiu na Terra pela primeira vez no programa *Top Of The Pops*, em 6 de julho de 1972. Bowie estava usando um macacão multicolorido e cantou "Starman" se insinuando sugestivamente ao guitarrista Mick Ronson. Sua performance chamativa introduziu ao grande público o que logo ficou conhecido como glam rock. Foi um momento crucial na história do pop no Reino Unido – e muito distante do *Top Of The Pops* da semana anterior, quando o pianista Gilbert O'Sullivan cantou "Ohh-Wakka-Doo-Wakka-Day". Uma mudança de geração havia acontecido em apenas sete dias.

Smith ressalta que todas as pessoas de sua idade se lembravam do programa. "É como Kennedy levar um tiro, [mas] para outra geração. Você simplesmente se lembra de ver David Bowie naquela noite na TV. Foi realmente uma experiência formativa e seminal." E Smith não estava sozinho – outro espectador foi Ian McCulloch, do Echo & The Bunnymen. "Assim que ouvi 'Starman' e o vi no *Top Of The Pops*, fiquei hipnotizado", disse McCulloch. "Em 1972, as meninas me perguntavam no ônibus: 'Ei, você está de batom?' ou 'Você é menino ou menina?'. Até ele aparecer, era um pesadelo. Todos os meus colegas de escola diziam: 'Você viu aquele sujeito no *Top Of The Pops*? É um tremendo boiola!' E lembro que eu pensava 'Seus imbecis', porque eles compravam discos do Elton John, do Yes e toda aquela porcaria. Aquilo me fez sentir mais legal."

Gary Kemp, futuro compositor do Spandau Ballet, também assistiu e aprendeu. "Vi no apartamento minúsculo de um amigo", lembrou. "Minha realidade era tão distante daquilo que minha missão a partir daquele momento foi chegar até aquele patamar, e acho que o mesmo se aplica à maioria da minha geração."

O amor de Robert Smith por todas as coisas glam foi rápido e absoluto. Ele proclamava sua afeição por Sweet, Slade, Marc Bolan e T. Rex ("que eu secretamente amava porque meu irmão achava que era música para mulheres"). O Roxy Music foi outro favorito de Smith: ele viu a banda tocar "Pyjamarama" na TV pela primeira vez mais ou menos na mesma época em que testemunhou Bowie apresentar "Starman". A atração foi tanto física quanto musical: ele ficou muito fã do topete e da jaqueta rosa com estampa de leopardo de Brian Ferry.

Mas Bowie foi a paixão mais profunda para Robert Smith. A essa altura, ele tinha passado por diversas metamorfoses: cantor pop, artista folk sincero, estranho do espaço, Ziggy Stardust – era exatamente o camaleão do pop que atraiu o imaginativo Robert Smith. Poucas semanas depois de sua aparição no *Top Of The Pops*, Bowie havia dado sua segunda investida ao Top 20 britânico. Junto com as bandas glam T. Rex e Mott The Hoople (voando alto em "All The Young Dudes", composta por ele), dividiu o espaço nas paradas com figuras tão peculiares quanto Cliff Richard, David Cassidy e Donny Osmond. E o pendor de Bowie pela reinvenção não passou batido por Robert Smith: ao longo das quatro décadas do The Cure, Smith não apenas reinventou a banda musicalmente, mas também sua imagem pública estava em um estado constante de evolução, do inseto jovem e sério de *Faith* e *Pornography* ao "lovecat" de batom borrado, entre outros.

Smith refletiu sobre a bela arte da reinvenção durante uma entrevista em 1989, quando admitiu livremente que a ideia de desaparecer por um tempo e voltar em uma nova pele tinha seu charme. "Na verdade, isso me atrai tanto que é o que faço a cada dois anos. Acho que gosto do The Cure porque volto como uma pessoa diferente toda vez." [4]

"Acho que os discos dele foram feitos pensando em mim", lembrou Smith. Na verdade, ele ficou tão inspirado com a apresentação de Bowie no *Top Of The Pops* que juntou suas moedas e comprou o clássico *The Rise And Fall Of Ziggy*

4 Anos mais tarde, Smith ajudou Bowie, o mestre da reinvenção, a celebrar seu 50° aniversário em um Madison Square Garden lotado, em Nova York, realizando seu sonho adolescente de cantar com o Thin White Duke.

Stardust And The Spiders From Mars, que havia sido lançado no mês anterior. Foi o primeiro – e mais valioso – LP que Smith comprou. "Ele era absurdamente diferente", disse.

O apelo andrógeno e a persuasão sexual incerta de Bowie levariam a uma divisão entre os alunos da St. Wilfrid's Catholic Comprehensive School (e milhares de outros estudantes no Reino Unido): Smith voluntariamente ficou do lado do travestido homem das estrelas. Ele se lembra de como a escola ficou dividida "entre os que o achavam um maricas e os que o consideravam um gênio".

"Imediatamente, pensei: é isso. Este é o homem por quem esperei. Ele mostrou que você pode fazer as coisas do seu jeito, que pode definir seu gênero e não se preocupar com o que outras pessoas estão fazendo, o que, acho, é a definição de um verdadeiro artista."

Embora Hendrix e Bowie parecessem heróis naturais para um garoto musicalmente curioso como Robert Smith, Alex Harvey era uma escolha muito menos óbvia de exemplo musical. Nascido na Escócia, Harvey era um viajante do rock que havia surgido no estouro do *skiffle* no Reino Unido na década de 1950, e acabou formando a Alex Harvey Big Soul Band em 1959. Como os Beatles, Harvey viajou até Hamburgo, na Alemanha, no começo dos anos 1960. Foi ali que gravou seu primeiro álbum, *Alex Harvey And His Soul Band*, de 1963, que perversamente não contava realmente com sua banda. Diferentemente dos Fab Four, no entanto, Hamburgo não foi o início de uma carreira estrondosa para ele, e sim o oposto.

Ele desmanchou a Big Soul Band em 1965, voltando para casa por um tempo até se mudar para Londres, onde caiu no feitiço da psicodelia e formou o Giant Moth, que durou pouco. Mas nem um período na banda que tocava ao vivo em uma produção de *Hair* nem um disco solo (*Roman Wall Blues*, de 1969) fez muito pela carreira de Harvey. Apenas quando recrutou, no início dos anos 1970, a banda escocesa Tear Gas – o guitarrista Zal Cleminson (um favorito em particular de Smith), Chris Glen, Hugh McKenna e Ted McKenna –, e a rebatizou como The Sensational Alex Harvey Band, ele finalmente conseguiu sair do gueto musical, por pouco tempo. O terceiro álbum da banda, *Impossible Dream*, de 1974, tornou-se o primeiro de Harvey nas paradas britânicas e chegou às norte-americanas em março do ano seguinte. O sucesso comercial aconteceu com o lançamento, em 1975, de *Tomorrow Belongs To Me*. O disco e sua versão extravagante para "Delilah", de Tom Jones, chegaram ao Top 10 no Reino Unido. Na esteira desse sucesso, seu álbum *Next*, de 1973, voltou às paradas, e em setembro de 1975 o obrigatório disco ao vivo também chegou ao Top 20 britânico e ao Top 100 nos EUA.

Nessa época, Robert Smith, com 16 anos, que havia visto Harvey tocar dois anos antes, em 1973, era um seguidor fiel. Ele e a namorada, Mary Poole, seguiram Harvey em praticamente todos os seus shows pelo sul da Inglaterra. "As pessoas falam que Iggy Pop é o punk original", disse em 1993, "mas com certeza no Reino Unido o pioneiro do movimento punk foi Alex Harvey. Seu cenário, com os muros de tijolos cobertos por grafite, era como um teatro de rua escocês muito agressivo".

Foi o apelo de homem comum de Harvey que enfeitiçou Smith. Ele era o anti-David Bowie, um ideal muito mais tangível e atingível do que o enigmático Ziggy. Smith explicou que Harvey era "a manifestação física do que eu achava que poderia ser. Ele nunca foi longe, na verdade, embora tivesse algo de muito mágico quando se apresentava – tinha a personagem de uma vítima e você simplesmente ficava ao lado dele contra tudo o que estava errado. Teria dado tudo para que Alex Harvey fosse meu tio. Alex Harvey foi o mais próximo que cheguei de idolatrar alguém". Robert usava com orgulho aonde quer que fosse uma camisa de listras brancas e pretas – uma característica de Harvey – que comparava com um uniforme de gangue. "As pessoas têm uma certa aparência, então se veem alguém vestido daquele mesmo jeito, podem conversar com a pessoa." A única coisa em Harvey que Smith achava não valer a pena imitar era seu visual: ele o achava "velho e feio demais".

Por dois anos, Smith foi o fã mais ardente de Alex Harvey que se poderia encontrar. Harvey oferecia um refúgio musical para fugir das bandas tremendamente questionáveis tocadas à exaustão na época. Como Smith notou: "Sem ele, teria gostado de Supertramp, ou outra banda horrível. Se achasse que nós [The Cure] tínhamos o mesmo impacto sobre as pessoas quanto a Sensational Alex Harvey Band teve sobre mim, estaria..." – aqui ele fica sem palavras – "Ele foi a única pessoa que me fez pensar 'deve ter sido brilhante ser Alex Harvey'. Foi como acreditar em uma criatura, um mito apresentado a você no palco". O tempo de Harvey sob os holofotes foi relativamente curto: embora 1976 tivesse sido mais um ano fantástico para ele e a Sensational Band, quando "Boston Tea Party" entrou na parada de singles e *Penthouse Tapes* se tornou um sucesso no Top 20, a decadência inevitável aconteceu e a banda se separou. *Rock Drill* foi o canto do cisne. Harvey morreu durante uma turnê na Bélgica em 1982 devido a um ataque cardíaco, causado pelo excesso de bebedeira, pouco antes de completar 47 anos, enquanto Smith e o Cure estavam preparando o álbum provavelmente mais perturbador – e perturbado – de suas vidas, *Pornography*. No entanto, 20 anos depois, Smith e o Cure fizeram um tributo a Harvey, com um cover de "The Faith Healer" em um grande show no Hyde Park.

Embora seus ídolos fora do rock – Spike Milligan, Tommy Cooper, o jogador de futebol Rodney Marsh – fossem obsessões mais típicas e comuns, os heróis da juventude de Smith, como Bowie, Hendrix e Alex Harvey, não se encaixavam nos padrões. Bowie era um alienígena vindo de outro planeta, Hendrix era um negro que levou o blues psicodélico a plateias inglesas e Harvey era um homem comum que gritava para ser ouvido além do batom e das calças boca de sino do glam rock. Todos eles contribuíram para o status de estranho que Smith adotou tão voluntariamente durante a adolescência em Crawley e nas primeiras fases da carreira do The Cure. No entanto, Smith tinha outros entusiasmos mais comuns, como as guitarras gêmeas do Thin Lizzy – "Eles eram fabulosos, vi provavelmente 10 vezes em dois anos. O som deles ao vivo era tão dominador que era melhor do que beber." – e o guitarrista irlandês Rory Gallagher – "Achava fabuloso o estilo dele de tocar guitarra.".

Aos 14 anos, em 1973, Smith falava sobre suas (não) ambições: pretendia nunca ser escravo de um trabalho comum; seu objetivo de vida era "sentar no topo de uma montanha e morrer". Ele, no entanto, teve pelo menos um emprego fora do The Cure. "Foi carteiro em um Natal; eles sempre contratavam temporários", contou Lol Tolhurst. "Isso durou uma ou duas semanas até ele jogar a bolsa de correspondências em um rio, dizer que não voltaria mais, e foi isso. Não me lembro de ele ter outro emprego em tempo integral." O primeiro baixista do The Cure, Michael Dempsey, lembra que Smith também trabalhou com jardinagem, mas por poucas semanas.

Assim, o Cure nasceu da indolência, aparentemente, e não da ambição fervorosa. Quando o Cure se tornou uma das superbandas mais improváveis do planeta no final dos anos 1980, Smith ainda insistia que não formou a banda por sexo ou drogas – em vez disso, era "apenas o melhor jeito de evitar acordar de manhã".

À sua própria maneira, Lol Tolhurst concorda com Smith. "Não tínhamos um plano, só tivemos um em meados da década de 1980", respondeu quando perguntei sobre a evolução do The Cure. "Éramos muito jovens, não tínhamos ideia do que aconteceria. De certa maneira, isso nos salvou. Algumas bandas hoje fazem isso como uma jogada na carreira. Para nós, era só algo que queríamos fazer."

"Alguns dos primeiros shows eram só uma desculpa para dar uma festa. Reservávamos o salão de uma igreja local, cobrávamos uma pequena entrada, comprávamos cerveja e fazíamos a festa. Era mais para fazer algo do que qualquer outra coisa."

"Nenhum de nós tinha uma visão muito forte de sermos superestrelas", acredita Michael Dempsey.

Smith e Tolhurst tinham irmãos mais velhos – colegas de escola – que haviam tomado o caminho comum de estudar, fazer faculdade e ter uma vida "normal" com mulher, filhos e uma casa nos subúrbios. Eles não ficaram muito empolgados com o que viram. "Os dois foram por essa rota, mas pensávamos: 'Olha, a vida pode ser confortável, mas essencialmente tediosa, ou podemos fazer algo diferente'", disse Tolhurst. "Foi isso o que nos motivou."

Muito mais tarde, Smith concordou que sua visão rebelde era uma oscilação de humor bem comum na adolescência, mesmo que significasse vida e morte para ele na época. Em 2003, abriu o jogo. "É normal, quando adolescente, amar essa ideia de ser uma vítima – o mundo contra mim, ninguém me entende."

Mesmo assim, Smith construiu boa parte da carreira inicial do The Cure sobre esse culto ao fora da norma. Sua fascinação mórbida com a morte e os existencialistas franceses, em especial Jean-Paul Sartre e Albert Camus, parecia uma progressão natural de suas inibições normalmente azedas de 'a vida é uma droga' na adolescência.

Mas a educação de Smith não era só de coisas sombrias e debates acalorados nos intervalos de aula sobre aquele "boiola" do David Bowie. Entre 1970 e 1972, ele frequentou a Notre Dame Middle School, que estava experimentando com salas de aula abertas e, no processo, realmente estimulando o pensamento livre entre os alunos. [5] A Notre Dame era tão liberal, segundo Smith, que ele foi à escola em 1970, aos 11 anos, usando um vestido preto de veludo customizado.

5 Não durou: agora há um conjunto habitacional onde ficava a Notre Dame.

"Não sei mesmo por que", ponderou. "Achei que estava bonito. Meus professores eram tão liberais que tentaram arduamente não notar." Smith sobreviveu ao dia na escola, mas foi agredido no caminho de volta para casa por um bando de colegas de escola que não tinham a mente tão aberta.

Lol Tolhurst estava ali, observando. "Robert foi a um bazar e comprou um vestido preto de veludo, muito longo e justo", contou. "Sua mãe o cortou ao meio e transformou em calças – o que não era um problema até você vê-lo no colégio com as pernas juntas, então parecia que ele estava de vestido." Na opinião de Tolhurst, essa foi apenas uma tentativa de Smith para ver se as poucas regras da escola realmente eram flexíveis. "Nosso negócio era operar o mínimo possível dentro da lei. Alguns professores sabiam o que estávamos aprontando e tentavam nos incriminar."

Smith concordou, dizendo que usou o vestido "para uma aposta", como uma maneira de testar o quanto poderia abusar da abordagem casual dos professores à autoridade. "Usava aquilo o dia inteiro porque os professores só pensavam: 'Ah, é uma fase, ele está em uma crise de personalidade, vamos ajudar a enfrentar'."

Em outra oportunidade, Smith decidiu experimentar os cosméticos da irmã antes de ir para a escola. "Eu me tranquei no banheiro e fui para a escola usando maquiagem." No entanto, seus professores não foram tão tolerantes nessa ocasião. "Eles me mandaram de volta para casa imediatamente." A reação dos pais de Smith? "Eles foram muito pacientes comigo", afirmou. "Esperavam que eu simplesmente parasse um dia."

Um contador de histórias nato, mais de uma vez Smith disse que seu primeiro experimento com maquiagem coincidiu com sua primeira tentativa de se travestir. De qualquer forma, ele apanhou ao voltar da escola, o que não considerou "uma recompensa muito justa" por seus esforços – não que isso o tenha desanimado, claro.

Quanto à Notre Dame, seu chamado experimento de "escola fundamental II" havia sido introduzido em algumas escolas britânicas no começo dos anos 1970 – ele foi projetado para "preencher o vão" e suavizar a transição entre o ensino fundamental e o médio. "Era para ser muito liberal", Smith declarou em 1989. "Você tinha 'aulas abertas': se não gostasse de uma, poderia ir para outra. Chamava os professores pelo nome, esse tipo de coisa."

Lol Tolhurst, colega de Smith na Notre Dame e futuro cofundador do The Cure, ficou igualmente surpreso pela abordagem livre da escola em relação à educação. "Olhando para trás, era estranho. Agora mando meu filho [o adolescente Gray] a uma escola parecida", Tolhurst contou, "mas estávamos nos anos 1970. Em um momento, lembro que não tínhamos lição de casa: recebíamos projetos para fazer e tínhamos de contar no final da semana o que havíamos feito com eles. Não éramos muito supervisionados".

Ao falar para *Ten Imaginary Years*, a primeira biografia oficial da banda, publicada em 1988, Smith admitiu adotar os métodos "revolucionários" de ensino. Ele também descobriu que era fácil abusar do sistema. "Se você fosse suficientemente engenhoso", afirmou, "conseguiria convencer os professores de que era especial. Não fiz nada por quase três anos. Só que, no fundo, era uma escola católica, então ainda havia alguma educação religiosa".

Smith ignorava os estudos, só fazendo o esforço mínimo necessário para passar de ano. Inglês era a única matéria que conseguia atrair seu interesse e entusiasmo. Quando perguntado, ele se lembrou do que os boletins diziam: "Algo na linha de que eu fazia menos do que podia. Isso era bem correto, porque na época eu estava conscientemente fazendo o menos possível".

Outro aspecto positivo dos "anos na escola fundamental" de Smith foi ter conhecido Laurence "Lol" Tolhurst e Michael Dempsey.

Nascido em 3 de fevereiro de 1959 em Horley, Surrey, e criado no mesmo lugar, Tolhurst, como Smith, tinha irmãos com muita diferença de idade. O mais velho, Roger, havia nascido em 1942; seguido por Nigel, em 1946, que morreu aos dois meses; John, nascido em 1947; e Jane, em 1951. Novamente como Smith, Tolhurst teve uma irmã, Barbara, nascida em 1960. Seu pai, William, tinha servido na Marinha por 15 anos – 10 na China antes da Segunda Guerra Mundial, e mais cinco na Europa e no Oriente Médio durante a guerra. Smith e Tolhurst haviam frequentado a St. Francis Primary e a Junior School; Smith se lembra de ver Tolhurst no ônibus escolar no primeiro dia de aula.

"Ele morava na rua seguinte e fomos para a escola no mesmo ônibus", contou, "mas ele não deixou nenhuma impressão em mim. Ele se lembra de mim, só que não favoravelmente".

A família Tolhurst era fortemente musical: o pai, William, tocava piano, e a irmã caçula, Barbara, acabou seguindo carreira como professora de música. A mãe, Daphne, era incrivelmente encorajadora quando um dos filhos mostrava certa aptidão musical. "Minha mãe sempre foi muito interessada em música e artes", Tolhurst disse quando conversamos no início de 2005. "Ela é responsável pelo meu amor por tudo isso. Só fazendo uma retrospectiva percebo que poucos pais fazem isso. Ela sempre me estimulou nessas áreas. Quando começamos a banda, deu muito apoio. Deixei de ter um emprego seguro para viver essa coisa muito insegura com cerca de metade do dinheiro que eu ganhava. Ainda morava na casa dos meus pais e ela nunca se incomodou."

Michael Dempsey, futuro baixista do The Cure, nasceu em 29 de novembro de 1958, no que era conhecida na época como Salisbury, na Rodésia (hoje Harare, no Zimbábue). Michael, seus três irmãos e a família se mudaram para Salfords, Surrey, em 1961. Antes de se matricular na Notre Dame, em 1970, ele havia frequentado a Salfords County School. Dempsey ressalta que sua família era "enfaticamente não musical", embora a mãe, Nancy, tocasse piano e cantasse no coral da igreja católica local. Como Smith (e Tolhurst), Dempsey teve uma educação musical através da irmã Anne, cinco anos mais velha. "Anne tinha a coleção de discos", Dempsey me contou no início de 2005. "Era uma seleção estranha: a trilha sonora de *Lawrence da Arábia*, [a banda progressiva] Gong, T. Rex quando se chamava Tyrannosaurus Rex. Era uma mistura eclética." E como Smith, Dempsey foi inspirado pela aparição de Bowie no *Top Of The Pops*. "Era raro ver qualquer coisa extrema", disse. "E também era legal gostar do que deixava seus pais mais chocados."

Embora a abordagem mais relaxada da Notre Dame ao aprendizado tivesse sido tentadora demais para que Smith não abusasse, ela incutiu nele uma certa atitude "vale tudo". Esse seria o manifesto perfeito para uma banda como The Obelisk (como o Cure se chamava inicialmente) e muitos outros aspirantes que surgiram no período pós-punk. Só que, antes, Smith, Tolhurst e Dempsey tinham de aprender algumas coisas.

Diferentemente de um de seus favoritos de infância, Pinóquio, Smith admite que não tinha problema em ir à escola: "Eu realmente gostava quando estava lá"; mas sua visão questionadora da religião o levou a ser considerado "inadequado". Ele acabou suspenso da St. Wilfrid's Comprehensive School, que frequentou entre 1972 e 1977. "Consegui uma suspensão na escola", lembrou, "quando deveria estar fazendo provas, porque minha atitude quanto à religião era considerada errada. Achei aquilo incrível".

Descrevendo-se como uma "escola abrangente, católica, próspera e atenta", a St. Wilfrid's foi fundada em 1953. Sua missão – "Nós nos orgulhamos do compromisso com a pessoa íntegra e a comunidade íntegra. Estamos conscientes de que cada criança foi criada à 'imagem e semelhança de Deus' e buscamos não apenas a excelência acadêmica, mas também o crescimento espiritual baseado nos valores do Evangelho" – inevitavelmente causaria inquietude nos alunos acostumados à abordagem mais tranquila da Notre Dame. Mas Smith não estava sozinho: Lol Tolhurst também estava sofrendo, especialmente nas mãos de um professor em particular.

"Era um velho enrugado, fumante compulsivo", contou, "que havia escrito muitos livros. Ele nos repreendia por tudo. No primeiro dia, ele me segurou e disse: 'Tolhurst, conheço seu irmão. O que você vai ser: um aluno de primeira classe ou uma mosca na minha sopa?'. Era muito diferente da Notre Dame".

Smith descreveu a St. Wilfrid's como "a escola mais fascista que já frequentei. Você não podia fazer nada. Eles reintroduziram uniformes escolares, aquela coisa toda. Foi todo um processo de repressão. E isso gerou muito ressentimento entre o pessoal da minha idade. Sentíamos que éramos usados como cobaias".

Tolhurst também ficou chocado com a diferença entre Notre Dame e St. Wilfrid's. Levou um dia para perceber a abordagem diferente. "Lembro que me senti muito ansioso porque tinha cabelo comprido", admitiu. "Não sabia o que diriam sobre isso. Havia uma professora temida por todos, a senhora Slater, que me agarrou no primeiro dia e me repreendeu por causa de alguma coisa. Muitos anos depois, estava sentado em um clube em Sydney [Austrália] e uma voz disse: 'A senhora Slater quer te ver no escritório dela, garoto'. Era o filho dela. Foi muito estranho. Ainda me deixa apavorado."

Michael Dempsey, no entanto, preferia St. Wilfrid's a Notre Dame, embora não gostasse de nenhuma das duas. "Vi o Robert dizer que Notre Dame era radical", ele me disse, "mas não acho que era tão alternativa assim. Era só uma mistura de educação religiosa com mais secular, mas ela era fora do comum".

O que a St. Wilfrid's incutiu em Robert Smith e Lol Tolhurst foi a percepção de que o sonho de não ter um emprego normal deveria ser perseguido agressivamente o que os levou, inevitavelmente, à música.

Smith e Tolhurst brincavam com instrumentos musicais quando estudavam na Notre Dame. Seus laços se estreitaram quando eles descobriram que eram membros da liga britânica do fã-clube de Jimi Hendrix (a relação de Smith com Dempsey começou quando ambos perceberam que tinham guitarras). Antes disso, Smith havia aprendido a tocar piano, em parte para acompanhar o progresso musical da irmã, Janet, que ele insiste ser o "gênio musical" da família. No entanto, frustrado com a falta de progresso (e proeza) e determinado a encontrar um instrumento que Janet não conseguisse dominar, ele começou a tocar guitarra "porque as mãos dela eram pequenas demais para envolver o braço da guitarra, então pensei: 'Ela não pode me superar nisto'". Smith acha que tinha "seis ou sete anos" quando tocou um instrumento de seis cordas pela primeira vez, "[mas] não era muito bom". Ele lembra que seu único professor de guitarra era "o sujeito mais gay que conheci... Ficou horrorizado com meu jeito de tocar".

Então, em vez disso, seu irmão Richard ensinou a ele alguns acordes básicos, e ele também aprendeu de ouvido, imitando o que ouvia na coleção valiosa de discos de Richard.

No Natal de 1972, Robert ganhou sua primeira guitarra "de verdade", um presente dos pais. Era uma Woolworth's barata, batizada de "Top 20". Por mais básica que fosse, continuou sendo sua guitarra principal por algum tempo, para horror dos colegas de banda, produtores de discos e do dono da Fiction Records, Chris Parry. [6] Em 1973, Smith formou sua primeira banda com Janet, o irmão hippie Richard e alguns amigos. Eles a chamaram, por motivos ainda incertos, de The Crawley Goat Band.

Depois, houve um grupo chamado The Group, principalmente porque era a única banda escolar existente, "então não precisávamos de um nome".

Lol Tolhurst, como Smith, teve o irmão mais velho para agradecer por sua carreira musical nascente. Quando Lol tinha 13 anos, Roger Tolhurst disse à família que estava se mudando para a Tasmânia. Antes de partir para o outro lado do mundo, perguntou ao irmão mais novo se queria uma espécie de presente de despedida: Lol pediu baquetas e um manual básico sobre como tocar bateria. Seu caminho começou ali.

A educação musical inicial de Smith aconteceu em casa, em Crawley, onde aprendeu os ensinamentos de Jagger & Richards e Lennon & McCartney e, de-

6 Mesmo quando podia comprar instrumentos melhores, Smith pediu para transferir os captadores de sua guitarra Top 20 para sua nova Fender Jazzmaster, "para espanto de todos", segundo Tolhurst.

pois, viu a luz quando Bowie chocou a plateia no *Top Of The Pops*, mas sua educação mais prática começou na sala de música da Notre Dame Middle School. Enquanto cabulavam aula, Smith, Tolhurst, Dempsey e vários outros começaram a brincar com qualquer instrumento em que conseguissem colocar as mãos. Um novo som nasceu.

"Íamos para a sala de música, pegávamos os instrumentos e tocávamos", disse Tolhurst. "Eu me lembro de algumas das primeiras músicas: compramos algumas partituras na loja de música local e tocamos 'Whiter Shade Of Pale' – o que é muito estranho, porque é uma canção para teclado e tínhamos guitarra e bateria –, 'Heart Of Gold', do Neil Young, e uma do Paul Simon. Era uma questão de tentarmos aprender algo. Foram escolhas muito estranhas, mas eram as únicas partituras do último século que tinham na loja."

Tolhurst também tinha experimentado com as pick-ups – passou a maior parte de seu período na Notre Dame tocando discos em programas na hora do almoço. "Eu era o DJ. Lembro que tocava todos os discos do Black Sabbath e as freiras balançavam a cabeça."

Sempre pragmático, Dempsey foi atraído à sala de música por outros motivos. "Era quentinha", contou.

Logo depois, em abril de 1973, Smith, Dempsey e Tolhurst estavam prontos para sua estreia em público. Segundo Smith, eles tocaram uma peça para a classe, com ele no piano, Tolhurst na bateria, Dempsey e Marc Ceccagno nas guitarras e Alan Hill no baixo. "Nós nos batizamos de The Obelisk e o negócio foi horrível! Só que era muito melhor do que estudar." Dada a resposta de Smith a sua apresentação única, talvez seja bom que ninguém consiga lembrar qual música foi massacrada. Lol Tolhurst ainda não tem ideia. "Foi um pesadelo completo, mas bem interessante", disse em 2005.

Dempsey ainda tem lembranças vívidas de Ceccagno, o único aluno negro da St. Wilfrid's. "Ele era bastante misterioso, muito inteligente, muito engraçado. Também era bastante influente – talvez o primeiro niilista entre nós." Sua visão niilista claramente teve efeito sobre Smith e Dempsey, se não sobre o mais tranquilo Tolhurst, especialmente quando combinada com sua lista de leituras: *O Estrangeiro*, de Albert Camus, *Otelo*, de Shakespeare, *Paraíso Perdido*, de Milton. "Éramos bons leitores, e isso ajudava a reforçar a sensação de isolamento", acreditava Dempsey, com certo sentido. Outro livro que ele e Smith devoraram foi A *Handful Of Dust* [no Brasil, *Um Punhado de Pó*], de Evelyn Waugh. Eles até pensaram em chamar a banda de Brat's Club, como uma homenagem ao livro.

Mais ou menos na mesma época da estreia indiferente do Obelisk, Smith perdeu a virgindade com Mary Poole, "a garota mais legal da escola", que conheceu na aula de teatro na St. Wilfrid's. "Saí com ela porque todos também queriam", admitiu. Tipicamente, sua primeira vez não foi exatamente digna de um conto erótico. "Estávamos na festa de alguém, uma festa a fantasia", ele contou. "Fui de cirurgião. Lembro porque joguei ketchup na roupa. Na hora pareceu uma ideia muito boa, mas depois começou a feder muito. Toda vez que me mexia, ficava sufocado pelo cheiro doce e enjoativo do ketchup."

Embora as ideias de Smith sobre romance e fazer amor não tivessem se concretizado da maneira esperada, a música estava se tornando um escape cada vez mais útil para ele, especialmente agora que estava fazendo a difícil transição da mais tranquila Notre Dame Middle School para a "fascista" St. Wilfrid's Comprehensive School.

Ao mesmo tempo em que o Obelisk se transformava em uma banda chamada Malice, parecia que Robert Smith – o adolescente determinado a fazer tudo o que pudesse para não fazer nada – tinha encontrado sua vocação.

Capítulo Dois

"Não gostamos de suas músicas. Nem presidiários gostariam disto."
– Executivo da Hansa ao The Easy Cure, em 1977

De muitas maneiras, o punk foi a revolução que nunca aconteceu. Mesmo em junho de 1977, quando um rosnador e cuspidor Johnny Rotten ajudou os ousados Sex Pistols a invadir o Top 10 britânico com o anti-hino "God Save The Queen", o cantor de dentes podres antes conhecido como John Lydon ainda estava dividindo espaço nas paradas com artistas populares, como Rod Stewart (gemendo "I Don't Want To Talk About It"), Barbra Streisand (cantando "Evergreen", de seu choroso filme *Nasce uma Estrela*) e The Jacksons. Até os insuportavelmente fofos Muppets estavam no mesmo Top 10 dos Sex Pistols. Durante o auge do punk, as ondas do rádio e paradas de sucesso não foram exatamente arruinadas como abastecedoras de tudo o que o punk tinha planejado: na cola dos Pistols, frequentadores regulares das paradas ainda incluíam pesos-pena como Brotherhood Of Man, Showaddywaddy, Hot Chocolate e Olivia Newton-John. No entanto, como um jovem e impressionável Robert Smith logo entenderia, o conceito do punk era infalível: você não tinha de ser um vocalista afinado ou um instrumentista hábil para tocar, como tantos posers do rock progressivo da época tentavam lhe convencer. Uma atitude "foda-se", uma certa sensação indefinível de alienação, uma linha fina em calças com vários zíperes e alguns alfinetes colocados estrategicamente eram as únicas coisas necessárias para formar uma banda punk. E milhares de jovens desgarrados (misturados com os oportunistas de sempre, claro) atenderam ao chamado às armas.

Robert Smith se lembra do punk de uma perspectiva um pouco diferente da maioria das pessoas. Ele não era nenhum Joe Strummer, que queria acabar com o que já estava estabelecido. Smith via o punk mais como uma chance de ele e os amigos "saírem, ficarem bêbados e pularem por aí" do que um movimento social. Para ele, 1977 foi o auge do punk. "Era só diversão. O verão daquele ano foi o máximo. Todos dizem: 'Ah, 1975'. Não foi. Em 1977, o Sex Pistols era o número 1. E nas paradas estavam os Stranglers, os Buzzcocks. Foi brilhante. Você pensava: 'Ah, as coisas estão mudando'."

Lol Tolhurst teve um despertar semelhante inspirado no punk. "Era o final dos anos 1970. Para muita gente que começou na época, a ideia de ter uma banda e gravar discos era meio que um sonho distante", disse. "Achávamos que você tinha de ser muito, muito bom para conseguir, e isso parecia fora de alcance, mas então toda a coisa punk começou a acontecer e percebemos: 'ei, podemos fazer isso'. Folheamos a *Melody Maker*, vimos os Stranglers e percebemos que não éramos tremendamente diferentes daquilo. Até aquele momento, tudo parecia misterioso demais para nós, complexo demais."

Como muitas das melhores revoluções, havia alguns locais possíveis para o epicentro do punk. Radicais no lado inglês do Atlântico juravam sobre uma pilha de fanzines *Sniffin' Glue* que o punk começou na Sex, a butique em Chelsea de Vivienne Westwood e seu parceiro, Malcolm McLaren, o mesmo homem que havia sido esperto o bastante para empresariar o New York Dolls, por um breve período, em 1975, antes de voltar sua atenção aos Sex Pistols. Os norte-americanos, no entanto, insistem que a revolução começou oficialmente em 1974, quando o nova-iorquino Hilly Kristal escancarou as portas do CBGBs (que significava "country bluegrass & blues", o tipo de música que realmente pretendia apresentar em seu clube). O porão minúsculo, localizado no paraíso dos mendigos The Bowery, logo receberia bandas como Ramones e Johnny Thunders & The Heartbreakers, enquanto o surto do punk se espalhou nos dois lados do Atlântico.

Embora historiadores culturais ainda discutam suas origens três décadas depois, o que se sabe de verdade é que na segunda metade dos anos 1970, algumas bandas pioneiras – Ramones, Sex Pistols, The Clash, Blondie, The Damned, os forasteiros australianos do The Saints – haviam pelo menos adotado a atitude "faça você mesmo" do punk, se não a agressão básica de três acordes que caracterizava seu som. Em Los Angeles, clubes como o Fleetwood e o Masque ousaram colocar os Weirdos e o Black Flag entre seus artistas, ao mesmo tempo em que Rodney Bingenheimer, o autoproclamado prefeito da Sunset Strip, inundou com músicas dos Ramones, dos Pistols e do Clash seu programa de rádio *Rodney On The ROQ*. Enquanto isso, no Reino Unido, esses mesmos desajustados ilustravam as páginas do *New Musical Express*, da *Melody Maker* e de outras publicações. A *Slash* celebrou a cena nos EUA. A mídia mainstream, naturalmente, temia o punk como se fosse a peste, especialmente quando os Sex Pistols fizeram sua infame aparição no programa *Today*, da Thames TV, em dezembro de 1976, e Steve Jones se atreveu a dizer a palavra "fucker" ao vivo. Depois que um repórter testemunhou o ritual de afetuosidade masculina que era o slam dancing, o *LA Times* deu uma manchete paranoica que gritava: THE SLAM. A atração do punk para jovens de muitos países era irresistível.

A suburbana Crawley estava a anos-luz de distância dos clubes escuros de Londres, Nova York e Los Angeles – onde o cheiro de perigo era tão forte quanto o aroma de spray para cabelo –, mas o espírito "faça você mesmo" do punk não foi ignorado pelos jovens do The Obelisk (ou Malice, como logo se tornaram conhecidos). Na verdade, pelo menos para Lol Tolhurst, ser de Crawley tinha suas vantagens. "Pensando bem, era uma atmosfera muito boa para o que acabamos fazendo", afirmou. "Por um lado, estávamos suficientemente perto da capital para saber o que estava acontecendo, mas longe o bastante para não nos sentirmos parte de uma cena. Todas essas cidadezinhas, como Horley e Crawley, geraram muitos personagens incomuns. Isso moldou nossa atitude para a maioria das coisas. Não éramos garotos da cidade e espertos, mas crescemos em nossa própria atmosfera esquisita."

Embora o punk tivesse dado a Smith, Tolhurst e Dempsey uma atitude, além de um som específico, a onda de bandas pós-punk que logo surgiria influenciou diretamente sua música (assim que o Malice superou seu repertório limitado de covers de Hendrix, Alex Harvey e Thin Lizzy).

Não era preciso pensar muito para perceber que o pós-punk foi o próximo passo na evolução do punk rock. Muitas de suas crenças básicas continuaram: o espírito underground dominava, a noção de "estrelato" era uma aberração, solos longos eram uma zona proibida punível com humilhação pública, e quanto mais austera a fisionomia, melhor. O Malice não era exatamente a banda mais virtuosa do mundo, então essas limitações essenciais e autoimpostas se encaixavam perfeitamente.

Bandas como Gang Of Four, Talking Heads e Wire, que deram uma abordagem de escola de artes ao punk, encabeçaram o movimento pós punk. Em Manchester, um vocalista contorcionista e espasmódico chamado Ian Curtis era líder do Warsaw, que logo se tornou o Joy Division. O início do grupo foi impecável: ele se formou imediatamente depois que os membros Peter Hook e Bernard Sumner viram um show explosivo dos Sex Pistols em Manchester, em 4 de junho de 1976. Curtis, então, respondeu a um anúncio "procura-se vocalista" na loja de discos Virgin local. Todas essas bandas tiveram impacto direto sobre a música e visão inicial de Robert Smith e companhia, especialmente o Joy Division – ou, sendo mais específico, sua reencarnação como New Order –, que chegou ao ponto de acusar o Cure de plágio. Sua alegação não era sem fundamento, mas isso aconteceu um bom tempo depois.

Não foram apenas Sumner e Hook, no norte, que reagiram de forma tão intensa aos Sex Pistols naquele verão de 1976. Robert Smith estava em uma festa no último ano da escola quando ouviu "Anarchy In The UK" pela primeira vez. "Lembro que pensei: 'É isso!' Você amava ou odiava. Ela polarizou o país inteiro naquele verão. Você tinha de fazer uma escolha: ou ficava para trás ou adotava o novo movimento."

Uma banda que teria um impacto semelhante nas primeiras músicas de Robert Smith foi o Buzzcocks, de Manchester, formado em 1975. Com quatro membros, que na formação original eram Howard Devoto (ex-Howard Trafford), Pete Shelley (também conhecido como Peter McNeish), John Maher e Steve Diggle, ela estava mais alinhada com a florescente cena new wave na época, embora seu arsenal de guitarras causasse inveja na maioria dos aspirantes a punk e pós-punk. Mas os Buzzcocks estavam totalmente cientes do passado: petardos nervosos iniciais, como "Orgasm Addict" e "What Do I Get?" (e, mais tarde, "Have You Ever Fallen In Love"), conseguiram combinar a urgência incansável e futilidade do punk com a melodia agridoce dos Beatles e Kinks. Isso não era pouca coisa – e não foi ignorado por Robert Smith e Lol Tolhurst.

Em uma discussão em 1999 sobre as raízes do The Cure, Smith nomeou várias bandas punk e pós-punk, incluindo os Buzzcocks. "Nos primeiros dias, quando tínhamos só três membros, queria ser como o Wire ou o [Siouxsie &] The Banshees", disse Smith. "Essas eram as pessoas que imitei no começo. Foram a geração logo antes da minha. Elas tinham uma espécie de poder que transcendia o punk. Queria que o Cure fosse assim, mas nunca fomos. Soávamos mesmo como os Buzzcocks no começo, mas talvez porque minhas composições ainda estavam nas fases iniciais. Acho que fui influenciado pelo começo dos Beatles [levado ao mundo de Smith por sua irmã Margaret]: a noção de uma canção de guitarra pop de três minutos."

O aspecto "vale quase tudo" do punk e do pós-punk não foi ignorado por Smith, que rapidamente se cansou das aulas de violão com "o cara mais gay que já conheci". Aprender por experiência parecia muito mais natural para o adolescente livre pensador. "O que me inspirou [no punk]", disse Smith, ecoando Tolhurst, "foi a noção de que você podia fazer isso. Era alto, rápido e barulhento, e eu estava na idade perfeita para aquilo". Mesmo no início da adolescência, Smith era inteligente o bastante para usar e abusar dos aspectos do punk que quisesse – e não tinha nada a ver com acessórios da moda. "Por não morar em Londres ou outros grandes centros do punk, não era um negócio de estilo para mim. Se você andasse por Crawley com alfinetes [ou um vestido de veludo negro, como Smith já tinha aprendido], apanhava. O risco envolvido não parecia fazer sentido", continuou, "então felizmente não há fotos minhas usando calça com zíperes. Achava que o punk era mais um estado mental".

Adotar uma mentalidade punk, no entanto, não estava no centro do mundo de Robert Smith nos primeiros meses de 1976. Ele tinha preocupações mais imediatas, como seu ódio pelo regime na St. Wilfrid's. A relação professor/aluno havia deteriorado a ponto de ele ser suspenso da escola, embora o papel ativo de seu pai no comitê da escola garantir que a suspensão fosse muito curta. "Disseram que eu era uma distração, mas era pessoal: eu odiava o diretor", contou.

A essa altura, Smith já tinha desenvolvido o tipo de ego animado que se tornaria útil quando ele virou um astro pop acidental. "Quando estava na escola, eu me achava melhor do que os professores", afirmou. A verdade, no entanto, era que sua época na St. Wilfrid's não foi tão difícil quanto ele diria ao mundo. De acordo com pelo menos um professor na escola, Smith era popular, até entre os docentes ("especialmente com os mais jovens", fiquei sabendo. "[Ele] era criativamente antiautoritário, sem ser insolente. Era bem educado"). Segundo Michael Georgeson, professor de teatro de Smith e Tolhurst na St. Wilfrid's – e que também foi tutor dos dois e continuou amigo de Alex e Rita Smith –, sua sólida educação garantiu que ele nunca saísse muito da linha. "Robert foi criado em uma família carinhosa e incentivadora", disse, "e nunca exibiu nenhuma inquietude indevida dentro ou fora da sala de aula na St. Wilfrid's. Era cooperativo, mas com muita personalidade". Tolhurst, no entanto, não deixou a mesma impressão em Georgeson. "Laurence Tolhurst era um garoto simpático", afirmou, "mas preguiçoso e com um mínimo de talento. Só que era muito amigo de Robert, que mostrou uma lealdade duradoura e paciente". Georgeson sabia pouco sobre Dempsey, além do fato de que, como Smith, também era popular.

Esse apoio não fez nada para diminuir seu entusiasmo quanto às possibilidades musicais do Malice, a banda anteriormente conhecida como The Obelisk. Quem sabia o que o futuro reservava? Talvez a música apresentasse a oportunidade perfeita para Smith e Tolhurst se afastarem de um emprego, que evitavam como o inferno. "Quando [o Cure] começou", disse Smith, "eu não tinha nenhum objetivo ou motivo essencial que não fosse não ter de trabalhar".

Se a suburbana Crawley era o lugar mais improvável para o nascimento de uma banda tão influente e bem-sucedida como o Cure, ela escolheu um lugar ainda mais improvável para dominar a arte do rock 'n' roll. Em 23 de janeiro de 1976, o Malice – cuja formação flutuante agora incluía Smith, Tolhurst, Marc Ceccagno, Dempsey e outro amigo de escola chamado Graham – foi à St. Edward's Church, na cidade, para seu primeiro ensaio como banda "real". Smith relembrou a jam session em *Ten Imaginary Years*.

"Acho que tudo aconteceu porque Marc Ceccagno queria ser um herói da guitarra. Michael tinha um baixo, peguei uma guitarra e nosso primeiro baterista, Graham, tinha uma bateria. O irmão dele tinha um amplificador e um microfone, então ele cantava." A banda, então, ensaiava toda terça à noite, mas logo começou a ter um problema recorrente que perturbaria seu progresso inicial: ninguém sabia realmente cantar. Smith conta: "Uma noite, decidimos que [o vocalista] não podia ficar, ele não conseguia cantar – e na mesma noite, no final de abril [de 1977], Lol chegou e nos convenceu de que poderia ser o baterista. O problema é que ele não tinha bateria, mas aceitamos mesmo assim".

Dempsey, em *Ten Imaginary Years*, lembra-se de ter de "ensinar Lol a tocar bateria. Não tínhamos objetivos. Só queríamos ter algo para fazer, sobre o que falar". Tolhurst repetiu isso quando conversamos, em 2005. "Um dos principais motivos para começar a banda era ter alguma coisa para fazer."

Em outubro, o Malice tinha não apenas aumentado seu repertório com covers de Bowie, Hendrix e Alex Harvey – e Smith claramente exercendo sua influência sobre o restante da banda – como também havia começado a ensaiar três noites por semana. Ceccagno, mais atraído pelo jazz, tinha saído, o que significava que o Malice estava à procura de outro guitarrista. Entra Paul "Porl"

Stephen Thompson, um cara que viveu entrando e saindo do mundo The Cure nos 30 anos seguintes.

Thompson, o mais velho de quatro filhos, nasceu em Wimbledon, sudoeste de Londres, em 8 de novembro de 1957. Em 1962, a família se mudou brevemente para Melbourne, na Austrália, antes de ir para Crawley em 1964. Junto com a irmã Carol e os irmãos Andrew e Robert, Paul frequentou a Southgate Crawley Infants e a Junior School e, então, concluiu seus ensinos na Thomas Bennett Crawley Comprehensive School em 1974. Quando entrou para o Malice, trabalhava de garçom no aeroporto de Gatwick. Normalmente, aparecia para os ensaios de uniforme, o que contrastava muito com sua cabeleira cacheada, quase como a de Marc Bolan. Se cada subúrbio sonolento pudesse ter um sósia de astro do rock, o de Crawley definitivamente era Porl Thompson.

A conexão havia acontecido por Tolhurst, que namorava a irmã de Thompson, Carol (mantendo as coisas dentro da banda, muito mais tarde Porl se casou com a irmã caçula de Smith, Janet). Thompson, que já tinha certa notoriedade em Crawley como guitarrista, havia conhecido Smith quando era balconista de uma loja de discos local. Os dois tinham em comum o gosto pela música esotérica. "Ele veio comprar *Songs Of The Humpback Whale*", contou Thompson, "e descobrimos que gostávamos das mesmas coisas".

Tolhurst logo estava passando mais tempo com Porl do que com Carol. "Acabei ficando mais interessado em falar sobre música com Porl, para desgosto da irmã dele, que me largou por causa disso. Então, falei para ele: 'Bom, temos uma banda, por que você não vem?' Como ele era o herói da guitarra local, foi um golpe de gênio."

"Ele tinha uma reputação quando morávamos em Crawley", Smith confirmou. "Era o guitarrista da cidade." Segundo Tolhurst, "Porl era muito artístico, mas estava em um grupo de valentões [na escola Thomas Bennett]".

Quando Thompson se envolveu com a banda que se tornaria o Cure, Smith foi suficientemente perspicaz para perceber que seu status de lenda local poderia atrair algumas pessoas para ver a banda. "Ele estava na primeira encarnação do The Cure", disse em 1989, "porque era a atração. Tocávamos em pubs aos 16 anos, e as pessoas só iam nos ver porque Porl tocava guitarra. Elas nem sabiam o nome da banda, era só Porl tocando, então era bem engraçado". Não a ponto de rir alto, claro, para alguém com ambições de composição como Robert Smith.

A essa altura, Smith estava entediado com os ensaios intermináveis. "Nós tocávamos", disse, "mas eu odiava. Por que tocar outro blues? Por que mudar acordes? Por que não simplesmente ficar no mi?". Smith, pelo menos, estava definitivamente pronto para sua primeira aparição em público. Desta vez, a banda escolheu a Worth Abbey, na Turner's Hill, em Crawley, uma instituição que se promovia como "um mosteiro beneditino inglês em um mundo em mudança", com "uma comunidade de monges beneditinos católicos romanos que buscam seguir o Evangelho de Jesus Cristo em uma estrutura fornecida por suas regras da vida e seu abade". Olhando em retrospectiva, pareceu o perfeito local inicial para uma banda cujos álbuns mais tarde tiveram títulos como *Pornography*, *Faith* e *Disintegration* e que frequentemente foi acusada de inspirar uma geração inteira de góticos ateus.

Então, o Malice lançou seu ataque musical sobre o mundo em 18 de dezembro de 1976, na festa de Natal da Upjohns, a empresa agora gerenciada pelo pai de Robert, Alex, que ajudou a marcar a apresentação. Mas em vez de detonar com "Foxy Lady" de Hendrix e "Faith Healer" de Alex Harvey – ou possivelmente algo do Status Quo, que Smith havia visto em 1971 e achado "fantástico" –, a banda foi forçada a tocar acusticamente e se apresentar sob nome falso. Malice não foi considerado um bom nome para o terreno sagrado da Worth Abbey (onde Robert e Mary se casaram 12 anos depois). Então, a banda apareceu com violões e um bongô, sentou no chão e tocou. "Aquele foi o primeiro jantar dançante da firma", lembrou Tolhurst. "Sentamos com bongôs e violões e tocamos bobagens. Todos aplaudiram educadamente – era o filho do chefe, então tinham de ser corteses." O mundo do rock continuou inalterado, pelo menos por um tempo.

Dois dias depois, Smith, Tolhurst, Dempsey e Thompson se reuniram, brevemente, com o guitarrista Mark Ceccagno. O Amulet, a nova banda de Ceccagno pós-Malice, estava agendando um show na St. Wilfrid's, e o Malice conseguiu ser incluído entre as bandas. Smith, claro, também teve de convencer seu inimigo, o diretor da St. Wilfrid's, dizendo que o Malice era uma banda que tocava jazz-fusion, o que era perfeitamente aceitável, então recebeu permissão para tocar. No entanto, ele não revelou que era membro da banda.

Porl Thompson desenhou o pôster para o show, que o anunciava como "Uma Festa em Edição Especial de Natal". O "jazz rock combo" Amulet foi citado como "astros especialmente convidados". Nada se sabe da banda misteriosa Bootleg, também mencionada no cartaz como parte das atrações da noite, embora Michael Dempsey suspeite que possa ter sido um truque para aumentar o preço do ingresso para 30 centavos.

Smith, no máximo um vocalista relutante, ainda não havia assumido o microfone; então a banda coagiu Martin, jornalista do *Crawley Observer*, a fazer as vezes de cantor. Sem ensaiar nada, ele chegou usando um terno completo, cachecol do Manchester United e capacete de motociclista, que segurou durante o show inteiro por medo de ser agredido. Segundo Tolhurst, a melhor característica do escriba que virou vocalista era que ele "fazia uma imitação boa de David Cassidy". "Ensaiamos umas 100 vezes e sabíamos seis músicas, então pensamos em fazer isso em público", contou Smith. "A cortina abriu e lá estávamos, grunhindo. Foi um desastre. Comecei com uma música diferente e estava uma canção à frente o tempo todo sem notar – até que eles começaram a última música, e eu já tinha tocado."

Seu show, para constar, incluiu "Foxy Lady" – mais tarde massacrada pelo The Cure em seu álbum de estreia, *Three Imaginary Boys* –, "Wild Thing", que Tolhurst tentou cantar, "Suffragette City", de Bowie, "Jailbreak", do Thin Lizzy, e uma original de Smith, "A Night Like This", que acabou incluída no LP do The Cure de 1985, *The Head On The Door*.

Tendo blefado usando a pecha de "jazz-rock fusion", Smith e companhia começaram, então, a tocar o que ele descreveu como "música alta e rápida". A algazarra foi impressionante – "uma parede gritante de microfonias", segundo Smith –, e das 300 pessoas no local no início da apresentação, a maioria foi embora. "Havia outra banda muito mais proficiente do que nós", contou Lol Tolhurst, "mas isso preparou terreno para o que nos tornamos. Foi um julgamento imediato. A reação foi um tanto neutra. Todos estavam sentados na lateral do lugar".

A visão de Smith sobre o show foi mais extrema. Na opinião dele, como a banda tocava de modo agressivo, ela se qualificava como punk, o que não agradou muito os jovens de Crawley. "Todos nos odiaram e foram embora, mas não nos importamos porque estávamos fazendo o que queríamos."

No tipo de cena que se repetiria várias vezes em diversos momentos e lugares nos primeiros anos do The Cure, o curto show do Malice terminou em caos. Quando Tolhurst assumiu o microfone para cantar "Wild Thing", um humilhado Thompson lhe deu um soco, espantado com a ousadia dele em profanar uma canção tocada por Hendrix. Não foi a última vez em que punhos cerrados e raivosos foram levantados em um show do The Cure, embora Tolhurst não se recordasse muito da agressão quando conversamos. "Não me lembro de nenhuma briga com Porl, pelo menos naquela época", afirmou.

Quanto ao vocalista iniciante da banda, ele saiu do palco com as palavras de despedida "Isto é uma merda", voltando a seu posto no *Crawley Observer* sem olhar para trás. Enquanto 1976 chegava ao fim, "Somebody To Love" do Queen e "Money Money Money" do Abba chegavam ao topo das paradas pop ao lado de Showaddywaddy e Johnny Mathis, e o sonho acabava para o Malice. Então Robert Smith, não pela última vez, reagiu de acordo: dissolveu a banda.

A pausa temporária do Malice, claro, não foi exatamente páreo para as separações subsequentes no Cure. Houve vezes em que Smith – com o julgamento alterado por drogas, paranoia, tédio, raiva, Steven Severin (ou uma combinação disso tudo) – juraria sobre uma pilha de edições da *Melody Maker* que estava tudo acabado para a banda, que normalmente voltava ao batente em questão de meses. Dessa vez, no entanto, a separação só durou até depois do Natal. Em janeiro de 1977, a companhia musical de Smith, Thompson, Tolhurst e Dempsey estava de volta. Enquanto continuava a cada vez mais frustrante busca por um vocalista, o quarteto de Crawley também precisava considerar seu futuro pós-ensino médio.

O que a banda precisava, mais imediatamente, era de um nome novo e melhor. Malice agora não apenas estava eternamente vinculado à questão com a St. Wilfrid's no dezembro anterior, mas também Smith sentia que o nome a fazia soar como um clone dos roqueiros irônicos do Queen, uma banda que ele realmente desprezava. Smith achava que o afetado Freddie Mercury não chegava aos pés do herói comum Alex Harvey, então o nome Malice nunca tinha o deixado à vontade. A ideia de batizar como The Easy Cure veio na cozinha da família Smith, durante um encontro da banda em janeiro de 1977 – e não foi uma escolha inspirada.

"Decidimos que precisávamos de outro nome se fôssemos tocar novamente", achava Smith. "Uma de nossas músicas era chamada de 'Easy Cure', composta por Lol, e no fim das contas, no desespero, acabamos nos resignando a esse título." Smith, na verdade, odiou o nome. "Achei horrível. Lembro que ficamos discutindo sobre como nos chamaríamos e, no final, acho que nos cansamos daquilo."

Depois de seu confronto com a autoridade na St. Wilfrid's que o levou a ser marcado como "uma influência indesejável", Smith ainda conseguiu ser aprovado com louvor. Embora tivesse planos vagos de se matricular em uma universidade, sua rápida suspensão provou a ele que a vida acadêmica ou qualquer tipo de educação superior claramente não era sua praia. Smith sabia onde seu futuro imediato estava: no seguro-desemprego. Michael Georgeson me contou que os pais de Smith estavam muito preocupados com a falta de interesse do filho nos estudos. "Ele era uma grande preocupação para os pais", disse. "A escola, pelo que me lembro, era a maior culpada por aquilo."

Smith se inscreveu logo em seguida na previdência social, financiando seu vício em música com dinheiro arrecadado ao surrupiar o estoque de cerveja artesanal do pai ("roubávamos cinco a seis por semana, vendíamos para os velhos da região e, com o dinheiro, comprávamos discos"). Segundo Smith, suas instruções aos funcionários da previdência eram claras: nem se incomodarem de tentar encontrar um emprego para o músico em formação.

"Chegou ao ponto de eu preferir me matar a arranjar um emprego", disse. "Falei para a previdência dar trabalho a quem quisesse. Preferia ficar em casa ouvindo música, mas eles me diziam que tinha de trabalhar e eu só perguntava: 'Por quê?'"

Smith havia feito – e foi aprovado – o exame para entrar em Oxford e Cambridge, mais como um desafio pessoal do que como um portal para o futuro. "Só queria ver se conseguiria entrar", afirmou. Como era de se esperar, apareceu para a entrevista de admissão usando um casaco feminino de pele, e não foi aceito. No entanto, foi convidado a estudar na Sussex University. "Supostamente, era a melhor universidade para drogas no país."

Smith fez uma concessão para o pai – disse a ele que iria à universidade se tivesse um ano de folga para ver aonde a música o levaria. "Mas assim que comecei a banda e eles perceberam que levava aquilo a sério, que não estava usando a banda como uma desculpa para sair, ficar bêbado o tempo todo e pegar mulheres, esqueceram todas as ideias de promover minha educação."

Na opinião de Lol Tolhurst, esse foi um momento de virada em suas vidas. "Tínhamos chegado a um ponto em que precisávamos fazer uma coisa ou outra: tomar o caminho seguro, ir para a universidade e tudo mais. Mas chegamos à porta da faculdade e decidimos fazer diferente."

Smith, na verdade, estava convencido de que o período que passou no auxílio-desemprego, pós-escola, possivelmente foram os oito melhores meses de sua vida. O fato de Mary Poole, que tinha um emprego de verdade, pagar as bebidas de Smith nos muitos locais de Crawley que eles frequentavam de meados ao final dos anos 1970 também não era ruim. Robert Smith estava em uma posição invejável: tinha uma banda à espera, uma namorada leal, cerveja artesanal à vontade e um desejo ardente de fazer o mínimo possível. Lol Tolhurst também estava aproveitando essa era dourada. "Ouvíamos os discos do irmão dele e bebíamos cerveja caseira."

"Não consigo entender pessoas que querem trabalhar", Smith declarou em uma entrevista à revista *Shake*. "Acho que a 'dignidade do trabalho' é mais um mito propagado pelos empregadores. É só dinheiro. Se você tem o suficiente para fazer o que quer, é tudo de que precisa. Não entendo pessoas que precisam trabalhar para provar que são dignas de valor."

O interessante é que Smith considerava sua falta de fé real como um dos motivos para sua extrema apatia. Ele comentou sobre "me abrir a visões de Deus, mas nunca tive alguma. Venho de uma família religiosa e houve momentos em que senti a unidade das coisas, mas isso nunca durou. E nunca achei que vou acordar e perceber que estava errado. Se Deus não existisse e a busca por sentido fosse fútil, qual era o objetivo de ter um emprego?".

"Quando você não acredita em nada além de si mesmo", continuou, "tende à apatia, não vê motivo para fazer nada e ninguém pode encontrar um motivo por você. Costumava não dar valor às opiniões de ninguém".

Embora a atitude preguiçosa de Smith quanto ao trabalho e Deus possa soar como a mistura normal de arrogância juvenil e revolta adolescente, não era como se ele tivesse muita coisa contra que se rebelar. Os Sex Pistols podem ter menosprezado a monarquia – a criação londrina-irlandesa difícil de John Lydon deu muito material para seu veneno – enquanto o Clash protestava contra racismo e apatia, uma visão forjada tanto pela educação quanto pela raiva, mas o Cure vinha da confortável e classe média Crawley. Se a banda fracassasse, dava para arranjar empregos em empresas locais, possivelmente com um pouco de encorajamento de pais incentivadores. Alex e Rita Smith podem não ter ficado sentidos com a opção de (não) carreira do filho, mas não jogaram o rebento na rua. Robert tinha o tipo de liberdade de escolha que muitos de seus pares pós-punk não tiveram, o que explica a visão decididamente apolítica do The Cure. Embora a banda acabasse tocando em muitos shows beneficentes e para arrecadar fundos, a única coisa contra a qual tinha de se rebelar era a existência mundana e confortável da classe média britânica. Sem dúvida não era "anarquia no Reino Unido".

Mesmo assim, quando perguntaram se Smith se considerava de classe média, ele rejeitou a classificação. "Odeio a ideia de classes", disse em 1984. "Acho um conceito estúpido. Nunca me deparei com esse conceito. Classe média é uma coisa que a mídia gosta de propagar: divisões de classe. Realmente odeio, é ridículo. Não sou da classe trabalhadora porque não trabalho, mas muita gente não [trabalha] também."

Lol Tolhurst, enquanto isso, teve de enfrentar a sessão de perguntas obrigatórias sobre vocações de carreira antes de sair da St. Wilfrid's. "Me disseram: 'OK, você é muito bom em Química e Ciências, então talvez deva ser químico – e há uma vaga aberta nesta firma'. Eles empregavam mão de obra barata, na verdade." Quando não trabalhava na Hellerman Deutsch, frequentava o Crawley Technical College (Smith também se matriculou, principalmente para acompanhar o colega de banda).

Dempsey teve uma conversa igualmente enervante com seu conselheiro vocacional. "Não tinha ideia alguma", contou. "Destaquei a palavra 'jornalista' e ele respondeu: 'Jornalismo – muito competitivo'." Dempsey também deixou a St. Wilfrid's e decidiu não estudar mais: Tolhurst havia conseguido um emprego para ele na Hellerman Deutsch, testando cabos e relés para mísseis Exocet comprados pelo exército francês ("Não tinha conhecimento algum em ciências", ri, relembrando). Depois, foi à escola de negócios em Crawley, mas não tinha um plano de carreira real naquele mundo. "Era conveniente, na verdade", respondeu quando perguntei sobre isso. Além disso, arranjou emprego de porteiro no Netherne Hospital, o sanatório local, "construído no modelo eduardiano, um lugar extraordinário, quase uma casa de campo" – mas habitada por pessoas com instabilidade mental e fortemente dopadas.

Nada impressionado com isso, o Easy Cure, com a ajuda de Dempsey, foi a muitas festas realizadas pelos funcionários no hospital. Quanto a Porl Thompson, ele continuou com sua carreira instável em design – que seguiu paralela a sua vida musical – ao se matricular no West Sussex College of Design, embora isso só acontecesse em 1979.

No início de 1977, o Easy Cure havia firmado uma nova rotina de ensaios, desta vez em um anexo da casa da família Smith. Os pais de Robert tinham acrescentado um quarto e a banda praticamente se mudou para lá, ocupando o espaço para ensaios. "Nossa rotina comum era três noites por semana na casa dos Smith", contou Tolhurst. "Eles reformaram a casa para fazer uma sala de convivência, mas a banda se mudou para lá por três anos."

Aos poucos, mais músicas originais eram compostas. A temporada de Porl Thompson no The Easy Cure, inadvertidamente, também levou Smith a desenvolver suas habilidades criativas: como guitarrista base da banda, Smith foi o primeiro a dominar o básico da composição. Em sua opinião, a composição nascia da necessidade, não de um desejo criativo insaciável que o estava consumindo. "A banda era uma forma de fazer algo", disse, "mas eu achava muitas de nossas músicas melhores do que as que ouvia".

Lol Tolhurst concordava. "Conversei com Michael Dempsey sobre isso – muita gente começa uma banda pensando nas pessoas que gostava e admirava, mas começamos de outra direção. Decidimos do que não gostávamos e como não queríamos soar, e o que sobrou foi o que tocamos."

No entanto, Smith estava tirando suas nascentes influências de composição de várias fontes confiáveis. Uma delas era John Peel, o DJ veterano da BBC Radio One. Smith ouvia seu programa noturno com a intensidade de um seguidor, mas até um garoto convencido como ele não tinha ideia de que seu DJ preferido, o aclamado Peel – uma voz solitária de credibilidade e bom gosto em um mar de baboseiras comerciais e musicais –, logo se tornaria fã do combo de Crawley.

Desde os 15 anos Smith era fanático por Peel, ligando o rádio para escutar seu programa toda noite. "Era a melhor parte do dia. Ouvi 'White Riot' [do Clash] e cortei o cabelo [que estava a anos de distância de se tornar seu ninho de pássaro característico]. The Buzzcocks, The Stranglers... Sonhava em fazer um disco que John Peel tocasse."

O que o recém-batizado The Easy Cure ainda precisava era de um vocalista. O cantor do *Crawley Observer*, o do show de dezembro, não havia sido visto desde que abandonou o palco gritando "Isto é uma merda", então o quarteto sabia que precisava procurar em outro lugar. O enigmático Gary X entrou e saiu em março de 1977, seguido por um sujeito com nome igualmente cativante, Peter O'Toole (sem relação com o beberrão ator de cinema), que fez sua estreia pública em um show para marcar (tardiamente) o 18° aniversário de Robert Smith, em 22 de abril, na St. Edward's Hall.

A estreia de O'Toole não deixou impacto algum em Smith, que tentou relembrar o show em 1988. "Não me lembro de nada, então deve ter sido bom."

No entanto, Robert Smith estava começando a perceber que mais ninguém parecia compartilhar a mesma mentalidade musical dos membros estabelecidos do The Easy Cure, embora não se visse como um vocalista em potencial. "Quando começamos, eu não era o cantor. Era o guitarrista bêbado que escrevia todas aquelas músicas estranhas."

Peter O'Toole, no entanto, ainda fazia parte do The Easy Cure quando a banda passou mais uma noite em volta da mesa na cozinha dos Smith, folheando publicações sobre música, "tentando ter uma ideia do que acontecia", segundo Tolhurst. Viram um anúncio na *Melody Maker* buscando novos talentos. Era difícil de ignorar, já que a arte do anúncio era uma peça muito classuda do auge da *sexploitation* dos anos 1970. Duas mulheres estavam deitadas sobre uma moto de um jeito particularmente sedutor. A mais morena estava de costas e com o bumbum enfiado em um short minúsculo empinado para a câmera. "Quer ser um astro e gravar um disco?", o anúncio gritava em letras vermelhas. "Levante a bunda da cadeira", continuava o texto, estrategicamente posicionado ao lado da beldade de short. "Arrisque." O texto era seguido pelo número de telefone da gravadora alemã Ariola/Hansa, com os seguintes detalhes:

> *Hansa, a maior gravadora da Alemanha, que lançou Boney M e Donna Summer, está fazendo audições na Grã-Bretanha. Ótimos estúdios de gravação com equipamentos de vídeo. Apenas grupos experientes, cantores e compositores, de 15 a 30 anos de idade, devem se inscrever. Para mais detalhes, ligue para os números acima e envie fitas e fotos para Hansa Records PO Box 1 DT Londres W1A 1DT.*

Mesmo se o Easy Cure tivesse alguma manha na indústria musical – e quem tem na fase de aprendizado da carreira? –, dificilmente encontraria uma gravadora menos compatível do que a alemã Ariola/Hansa. Fundada em 1964 pelos irmãos Peter e Thomas Meisel, que também comandavam uma editora chamada Meiselverlage, os primeiros contratados da Hansa foram artistas "schlager" europeus (músicos populares/folk); esses lançamentos eram distribuídos pela Ariola, que já contratou artistas como David Hasselhof, Roger Whittaker, Snap e Eros Ramazotti. Quando colocou seu anúncio "procura-se uma estrela" na *Melody Maker*, a Hansa havia se transformado em uma gravadora muito bem-sucedida. Seus contratados incluíam gente como Boney M e Donna Summer (e, mais tarde, Milli Vanilli, No Mercy e Lou Bega). Se o Easy Cure tivesse lido as linhas não tão finas do anúncio com atenção e considerado o conteúdo, teria percebido que Boney M e Donna Summer vinham de outra galáxia. Diferentemente da Fiction, o selo que acabou sendo criado para o Cure gravar, o desenvolvimento criativo não estava exatamente no topo da lista de prioridades da Ariola/Hansa. Ela queria mudar algumas unidades – e seu elenco provava isso.

Só que o verdadeiro sinal de advertência para o Easy Cure deveria ter vindo em 1976, quando a Ariola/Hansa tentou transformar quatro jovens britânicos, com o nome de Child, no tipo de banda pré-fabricada que relegaria o Bay City Rollers à segunda divisão do pop. Não funcionou. O quarteto bonitinho só fez sucesso em setembro de 1978, quando sua "It's Only Make Believe" chegou ao Top 20 britânico – mas, a essa altura, o Cure já sabia tudo o que precisava sobre a Ariola/Hansa. Independentemente disso, os aspectos corporativos de se fazer música estavam distantes da mente de Smith, Thompson, Tolhurst, Dempsey e O'Toole quando eles uniram forças em volta de um gravador de fita na sala de estar da casa de Robert em abril. Essa primeira gravação do The Easy Cure foi enviada ao endereço da Hansa em Londres, precedida por uma foto da banda. O Easy Cure rezou para os deuses do rock e voltou a ensaiar. Foi a única vez em que a banda entrou em uma competição de talentos – e por um bom motivo.

Enquanto sua inscrição – ou, mais precisamente, sua foto – percorria o escritório da Hansa, outra oportunidade de apresentação surgiu em 6 de maio, desta vez no The Rocket, em Crawley (agora conhecido como The Railway). O show só aconteceu graças a um oportunismo de Tolhurst. Em um almoço de domingo, ele descobriu que a banda de Marc Ceccagno, Amulet, que havia presenciado o que ocorreu em Worth Abbey, não conseguiria fazer o show agendado no The Rocket naquela noite, então o baterista do The Easy Cure ligou para o local e ofereceu seus serviços. O dono do pub deu de ombros e perguntou: "Por que não?".

"Sabíamos que precisávamos tocar para uma plateia de verdade em algum momento", acreditava Smith, com razão, "então ensaiamos a tarde inteira, fomos e tocamos. Nós nos saímos muito bem".

Bom, nem tanto, segundo Lol Tolhurst. "O primeiro show lá foi péssimo. Havia umas 15 pessoas ali olhando para sua cerveja, tentando ignorar o que estava acontecendo no palco."

Embora as músicas em desenvolvimento da banda fossem diferentes de tudo o que era ouvido em Crawley na época – dificilmente um feito olímpico, dada a concorrência limitada –, qualquer atenção que o Easy Cure recebesse se baseava na guitarra virtuosa de Porl Thompson. Mesmo assim, já nessa época a banda estava experimentando com peças minimalistas como "10:15 Saturday Night" e "Killing An Arab" – músicas que equilibravam silêncio e ruído em seus arranjos. As habilidades de Thompson pareciam um pouco supérfluas.

Embora o novato compositor Smith claramente considerasse o estilo de Thompson excessivo para as necessidades do The Easy Cure, também insistia que o guitarrista não estava muito empolgado com os rumos da banda. "Ele não gostava do que fazíamos", comentou em 1989. "E não gostávamos do que ele fazia."

Michael Dempsey, no entanto, conseguiu ver as futuras intenções de Smith para o som da banda, mesmo no início. "Não tínhamos de ser virtuoses. Ele eliminou tudo de que não gostamos. Na verdade, nunca dissemos que gostávamos mesmo de alguma coisa."

Enquanto o Easy Cure e Thompson voltavam a território neutro para pensar no futuro, chegou um telegrama de Kathy Pritchard, endereçado a um certo Robert J. Smith de Crawley, Sussex. A mensagem era simples: "Ligue com urgência para a Hansa Records". A tosca fita demo do The Easy Cure (e, crucialmente, sua foto mal tirada) tinha dado resultado. Smith ligou para o número e uma audição foi agendada no Morgan Studios, em Londres, em 13 de maio de 1977.[1] Justificadamente empolgada, a banda pegou o trem para Londres, montou os instrumentos e tocou algumas músicas enquanto a equipe da Hansa gravou um vídeo. Analisando em retrospectiva, Tolhurst admitiu que a presença de uma câmera de vídeo deveria ter feito o grupo ver as intenções da Hansa: a gravadora estava procurando o próximo Child, e não presunçosos do pós-punk.

---

1 O estúdio, posteriormente conhecido como Battery, já fechou as portas.

"Eles nos filmaram, o que deveria ter sido a primeira pista, mas não percebemos o significado daquilo tudo. Só notamos depois: haviam tido um sucesso com o Child, todos meninos bonitos, e é por isso que nos filmaram. Éramos jovens, então eles fariam o mesmo conosco."

De todos os membros do The Easy Cure, só Smith parecia inseguro quanto às intenções da Hansa. Dempsey lembrou que, depois do primeiro teste, "Robert estava muito controlado – os outros, nem tanto. Mas éramos muito inexperientes".

A Hansa tinha visto o suficiente. Em 18 de maio, apenas cinco dias depois da audição da banda no Morgan Studios, a gravadora enviou um contrato ao The Easy Cure, oferecendo um acordo de cinco anos. A banda fez uma reunião de emergência na casa de Smith. Pelo menos, ela foi realista – como não havia sido cobiçada por tubarões de A&R acenando com contratos lucrativos, decidiu assinar. "Bom, não era como se pudéssemos escolher com quem fechar contrato", Smith explicou muito depois. "Não havia uma fila na porta."

Tolhurst ficou chocado. "Ficamos espantados. Como isso aconteceu, com todas as pessoas que se inscreveram?"

O séquito da banda aumentou com mais shows no The Rocket – até 300 pessoas iam aos shows, mas, novamente, parecia que o estilo de Thompson estava atraindo o público, e não a interpretação em rápido desenvolvimento e estranhamente curiosa de Smith para o punk. O fato de os irmãos mais velhos de Tolhurst e Smith encorajarem os amigos a ir aos shows também ajudou. Gravações malfeitas da época de faixas como "Heroin Face", registrada no The Rocket em 1977, acabaram na reedição em 2005 de *Three Imaginary Boys*.

"Sempre que tocávamos", disse Smith, "achávamos horrível: havia muita microfonia e não dava para ouvir nada além da guitarra de Porl". Smith havia montado uma unidade básica de mixagem de som, que operava enquanto a banda tocava, mas não parecia ajudar. Ele estava convencido de que seus shows no The Rocket aconteciam simplesmente por causa do status de "herói da guitarra" de Thompson. "Era o único motivo para nos agendarem várias vezes."

O cada vez mais cético Smith também suspeitava que o Easy Cure estava meramente fazendo a trilha sonora de fundo para as saídas noturnas do povo de Crawley. Afinal, o Rocket não era o Marquee. "Tínhamos uma legião muito bêbada", disse, "e éramos apenas um ponto focal, uma desculpa para as pessoas saírem, encherem a cara e quebrar o lugar".

Enquanto os funcionários do The Rocket varriam os cacos de vidro e as bitucas de cigarro depois de mais um show do The Easy Cure, a banda tinha de lidar com um desafio mais imediato – que não tinha nada a ver com a guitarra de Porl Thompson ou a escolha de músicas para a próxima demo da Hansa. Seu vocalista com nome de astro de cinema, Peter O'Toole, voltou de um *kibutz* em Israel e informou aos companheiros de banda que o rock não era vida para ele. Peter saiu da banda em 12 de setembro e Smith tomou uma decisão crucial: acreditava que poderia se tornar o vocalista, simplesmente porque não conhecia mais ninguém para ocupar o posto. Era uma decisão que estava tomando havia um tempo.

"Passamos por uns cinco vocalistas diferentes", disse. "Eles eram inúteis, basicamente. Sempre acabava pensando: 'Posso fazer melhor do que isso'. Então, gradualmente, comecei a cantar uma música, depois duas. Achava que não poderia ser pior [do que os antecessores], então decidi ser o vocalista."

Para Robert Smith, não foi uma transição suave ou imediata de "guitarrista bêbado" para líder acidental. A banda então passou por uma breve fase "somente instrumental" enquanto ele lentamente criava coragem para abrir a boca e cantar. E sua estreia pública como vocalista e guitarrista do agora quarteto The Easy Cure não foi o ponto alto do início da carreira da banda. "Fiquei paralisado de medo antes de subirmos ao palco", disse. "Bebi uns seis pints de cerveja, o que... foi suficiente para me derrubar." Embora a bebida ajudasse a lubrificar suas cordas vocais e aplacar seu medo do palco, não fazia muito por sua memória.

"Eu estava cantando a música errada", lembrou. "Das três primeiras, comecei na segunda. Eles continuaram tocando. Ninguém notou, então pensei: 'Se posso me safar disso, posso ser o vocalista'."

Embora possa não ter surgido de nenhum grande esquema, o que o Smith vocalista sabiamente escolheu fazer foi se manter fiel à sua voz normal: como com sua guitarra, seu canto ficava seguramente dentro de suas limitações. "Acho que a coisa mais estranha no jeito como canto", comentou, "é que na maior parte do tempo é como falo". Isso deu à banda um de seus primeiros traços musicais mais peculiares: não era como se Smith estivesse cantando uma música, mas sim falando diretamente com você, o que aumentava a estranheza de uma música como "Killing An Arab". E daí que seu tom era mais plano do que o terreno da Loftus Road, lar de seu amado time de futebol, QPR?

O Easy Cure apareceu em um show gratuito em 9 de outubro na Queen's Square, em Crawley. O Peace Jam – com arte do pôster, mais uma vez, de autoria de Porl Thompson – foi organizado por James e Consuelo Duggan, que haviam feito cerca de 100 shows semelhantes na Irlanda. Trezentas pessoas apareceram para o evento, que foi vendido pelos Duggan como uma chance de as pessoas "ouvirem música e pensarem na paz, não apenas para a Irlanda do Norte, mas para todo lugar". Enquanto isso, Alex, o pai de Robert, ficou na frente do palco com sua confiável câmera Super 8, documentando o maior show do The Easy Cure até o momento (essas imagens apareceram nos vídeos de sua primeira coletânea, *Staring At The Sea – The Images*).

O jornal local, *Crawley Observer*, ficou impressionado o bastante para dar à banda sua primeira cobertura na imprensa. O veículo ficou especialmente empolgado quando soube que os garotos locais haviam assinado com a Hansa pela soma vultosa de 1.000 libras.

Com uma manchete que dizia "Rock para chegar ao topo", a matéria documentava a ascensão aparentemente rápida do The Easy Cure. "A banda, com membros entre 18 e 19 anos, foi uma das 1.400 a responder a um anúncio na *Melody Maker*", dizia. "Apenas 60 foram selecionadas para uma audição em Londres, das quais oito [o Japan sendo um dos outros ganhadores] receberam uma oferta de contrato da Hansa, uma grande gravadora alemã. O primeiro single do grupo sairá pelo selo Antlantic [sic]." Em seu primeiro comentário público documentado, Robert Smith – que logo desenvolveria uma relação ambivalente com a imprensa – ainda estava em choque. "Tudo aconteceu tão rápido", falou sobre o contrato com a Hansa, "mas agora estamos muito ansiosos para gravar nosso primeiro disco".

O Easy Cure não teve problemas em gastar o adiantamento de 1.000 libras da Hansa com novos equipamentos. No entanto, teve problema para acalmar as expectativas comerciais da gravadora quando ficou à vontade no SAV Studios, em Londres, para a primeira de duas sessões de gravação para a Hansa (a segunda foi no Chestnut Studios). A banda gravou cinco faixas inéditas durante a primeira sessão. A lista de músicas incluía "Meathook", que reapareceu em seu álbum de estreia, em 1979, e "See The Children", cuja letra questionável pintava Smith como um velho sujo usando roupas de adolescente. Certamente havia um ar perturbado de desconforto com letras que falavam sobre passar doces por uma cerca e querer entrar em jogos infantis. Outras faixas gravadas foram "I Just Need Myself", "I Want To Be Old" e "Pillbox Tales", que reapareceu como lado B do single "Boys Don't Cry" e novamente, 27 anos depois, em *Join The Dots: B-Sides And Rarities*.

Mas a Hansa não estava interessada nos originais do The Cure. Ela havia enviado à banda fitas com músicas que achava adequadas para a nova contratada, incluindo "I Fought The Law" – que mais tarde virou uma cover brilhante do The Clash – e "The Great Airplane Disaster". A pedido da Hansa, eles também fizeram uma cover de "I Saw Her Standing There", dos Beatles, "Rebel Rebel", de Bowie, junto com as originais "Little Girl", "I'm Cold" (outra faixa que ressurgiu em *Join The Dots*, de 2004) e, mais crucialmente, "Killing An Arab", mas em uma versão mais lenta do que o que se tornou seu single oficial de estreia em 1978. A banda conseguiu gravar as próprias faixas por meio de um ato impressionante de dissimulação, como Tolhurst relembrou. "Quando alguém saía para tomar um chá, persuadíamos o engenheiro a gravar algumas de nossas músicas."

Se fosse necessário algo sem relação com a Hansa para demonstrar o incipiente talento de Robert Smith para a composição, "Killing An Arab" foi a música certa: uma meditação escassa e esquelética sobre assassinato e vazio. A faixa – que ao longo de sua vida chamou muita atenção de grupos como o National Front e a liga antiárabe norte-americana – foi diretamente inspirada por um incidente no livro *O Estrangeiro*, escrito pelo famoso existencialista francês Albert Camus, que havia feito parte da lista de leitura de Smith e Dempsey na St. Wilfrid's. Quanto a heróis, Camus era uma escolha tão peculiar para Smith quanto o herói do cotidiano, Alex Harvey (um press release do início do The Cure revelou a conexão com Camus, declarando que a banda foi inspirada pelo "punk e livros da coleção Penguin Modern Classics").

Albert Camus nasceu em Mondovi, na Argélia, em 7 de novembro de 1913, em uma família de imigrantes argelinos-franceses. Sua mãe era descendente de espanhóis. O pai, Lucien, morreu durante a Batalha de Marne, na Primeira Guerra Mundial, em 1914. Camus enfrentou uma infância difícil e pobre no bairro de Belcourt. Acabou se tornando autor e filósofo, um dos principais líderes do existencialismo, junto com Jean-Paul Sartre, outro herói do jovem Robert Smith. Camus – que morreu em um acidente de carro em 1960 – era mais conhecido por *O Estrangeiro*, que se baseava em sua teoria do absurdo. Na primeira metade do romance, o protagonista Meursault é uma figura fria, praticamente um cadáver ambulante. Sua incapacidade de refletir sobre a natureza de sua existência o leva ao assassinato. Apenas ao ser julgado e condenado à morte é que Meursault é forçado a reconhecer a própria mortalidade e a responsabilidade pela própria vida.

Se havia uma passagem em seu exemplar de *O Estrangeiro* que deixou a impressão mais profunda em Robert Smith, era a seguinte, que ocorreu logo após o assassinato a tiros que formou a narrativa e o coração moral do livro:

> *Dei alguns passos em direção à fonte. O árabe não se mexeu. Mesmo agora estava a certa distância. Talvez por causa das sombras em seu rosto, parecia estar rindo.*

Apesar de suas raízes estarem em um estudo profundo, embora preocupantemente apático, sobre a alienação, Smith regularmente amenizava as intenções da música. "'Arab' era uma ótima polêmica quando a tocávamos ao vivo", dizia, "mas quase uma música inovadora". Smith defendeu a faixa com um pouco mais de leveza em uma entrevista para a *NME* em 1978. "A música é dedicada a todos os árabes ricos que vão às festas universitárias de Crawley para pegar garotas", brincou, antes de acrescentar que "'Arab' não era realmente racista, se você sabe qual é o assunto da música. Não é um chamado para matar árabes. Apenas o personagem principal do livro realmente havia matado um árabe, mas poderia ter sido um escandinavo ou inglês. O fato de ele ter assassinado um árabe não teve nada a ver com isso".

A Hansa, no entanto, teve problemas em se identificar (ou mesmo localizar) com o aspecto de "novidade" de uma faixa intitulada "Killing An Arab". Na verdade, ela teve dificuldade em se identificar com qualquer música gravada pelo The Easy Cure durante as duas sessões de 1977 e revidou oferecendo à banda faixas que havia escolhido para os adolescentes do Child. A banda educadamente recusou.

"Queriam que fôssemos outro Child", disse Smith com certo desdém em 1978. "Até nos ofereceram uma música que o Child acabou lançando como single. [E] nos deram músicas muito velhas para fazer cover. Não dava para acreditar", declarou. "Era o verão de 1977 e achávamos que conseguiríamos fazer todas essas músicas incríveis que compusemos, e tudo o que ela queria de nós eram versões de rocks antigos muito banais." Smith também criticou a escolha de produtores "antipáticos" que a Hansa havia tentado vincular ao The Easy Cure.

Quase 30 anos depois, Lol Tolhurst ainda ri de algumas reuniões realizadas entre a banda e a gravadora. "Íamos vê-los e eles diziam: 'Não gostamos de suas músicas. Nem presidiários gostariam disso'. Não imagino por que falaram isso, [mas] achamos que a indústria musical funcionava assim." Uma vez, a banda se encontrou com Steve Rowland, representante da Hansa, em um escritório que a gravadora alugava por hora em Londres. "O tempo todo em que falamos com ele, sentíamos que ele não escutava nada. Simplesmente tinha um plano sobre como nos transformaria em grandes astros."

Enquanto o Easy Cure reconsiderava os méritos de assinar com a maior gravadora independente alemã, estava prestes a enfrentar mais um conflito. Dessa vez, o adversário era a lei – e a National Front. Em 16 de outubro, entre as duas sessões em estúdio da Hansa, a banda foi agendada para tocar no Felbridge Village Hall. O pôster do show, com texto de Smith e design de Thompson, tinha o desenho de um personagem de aparência estúpida (muitos acreditam ser a primeira zombaria em público da banda com Tolhurst). O Easy Cure seria apoiado pela não tão lendária discoteca de rock Mr. Wrongs, que nada mais era que um amigo de escola de Crawley que vinha equipado com um toca-discos e sua coleção particular de discos de vinil do Led Zeppelin e do Lynyrd Skynyrd. A entrada custava 30 centavos, mas, para rápido arrependimento da banda, o público era estimulado a levar a própria bebida.

Os beneficiários incluíram o Conselho de Artrite e Reumatismo, mas a noite atraiu o interesse da polícia local e do National Front – obviamente interessado em qualquer um com uma música provocadora chamada "Killing An Arab" – e nenhum dos dois ajudou a deixar a noite mais calma. A polícia acabou encerrando abruptamente o show enquanto Smith, os irmãos de Tolhurst e sua equipe fizeram vários membros do National Front "beijar" o chão do estacionamento.

O ano de 1977 tinha sido estranho para o Easy Cure. A banda achou relativamente fácil agendar shows nos arredores de Crawley, tendo se tornado presença frequente em lugares como The Rocket e Laker's, em Redhill, e também conseguindo um contrato com uma gravadora, mas as intenções da Hansa os haviam deixado enojados, ao mesmo tempo em que Smith não sabia bem se os poucos, mais fiéis, fãs da banda estavam tão atentos às nuances de "Killing An Arab" ou "Heroin Face" (outro clássico do início do The Easy Cure, que apareceria anos depois em um bônus só para fitas cassete do álbum *Concert*, de 1984) quanto estavam ao estilo de Porl Thompson.

Eles concordaram em encerrar o ano com um show de Réveillon no Orpington General Hospital, agendado pelo cunhado de Dempsey – que, na verdade, tinha planos de se tornar o primeiro empresário do The Easy Cure, chegando ao ponto de imprimir 500 cartões de visita com a mensagem: "Easy Cure Para Todas as Ocasiões". Ainda melhor: o show no Orpington Hospital rendeu à banda 20 libras. Não eram bem as 1.000 libras que a Hansa tinha oferecido, mas, como 12 meses antes eles estavam agitando a St. Wilfrid's School sob o nome de Malice, 20 libras eram difíceis de resistir.

Smith definitivamente estava animado: o show era uma chance de se divertir e esquecer os problemas com a Hansa. "Bom, pensamos: 'Tocaremos em qualquer lugar por 20 [libras]'", lembrou, "mas, quando chegamos, percebemos que o lugar estava cheio de gente de 40 e 50 anos e gerentes em treinamento". No transcorrer da noite, Smith ficou sabendo que não só os executivos da Hansa estavam incomodados com "Killing An Arab"; a plateia estava no clima para ouvir músicas conhecidas, e não deliberações escassas e austeras do existencialismo francês.

Em declaração para *Ten Imaginary Years*, Dempsey também percebeu muito cedo que o Orpington General Hospital pode não ter sido o lugar perfeito para uma banda determinada com um repertório limitado de antigos clássicos. "Eles queriam uma banda dançante e não sabíamos tocar músicas de ninguém, só as nossas. Também devíamos tocar dois sets, mas sabíamos desde o começo que seria perigoso porque tocamos o primeiro sob muitas vaias. Por sorte, o público ainda não estava suficientemente bêbado para fazer mais do que xingar."

Embora as proezas de Porl Thompson na Fender ainda pudessem parecer supérfluas para as necessidades do The Easy Cure, o guitarrista foi útil nesse show de final de ano. Entre os sets, Thompson, que havia sido músico contratado em apresentações em bordeis locais, falou que sabia tocar a melosa "Tie A Yellow Ribbon". Então, a banda decidiu usá-la na abertura do segundo set.

Smith contou: "Voltamos, começamos a tocar esta e o público aplaudiu ruidosamente, só que depois de repetir o refrão por uns seis ou sete minutos, um cara jogou uma garrafa e acabamos no estacionamento sendo espancados por várias pessoas que queriam seu dinheiro de volta".

É difícil imaginar que muitos fãs no Orpington General Hospital realmente conseguiriam unir forças para bater em um grupo de garotos saudáveis de 18 anos, mas o show foi a gota d'água para o cunhado de Dempsey, que jogou os cartões do The Easy Cure no lixo e deu por encerrados seu serviços como futuro empresário. De certa forma, o show foi um momento de virada para a banda tanto quanto sua batalha contra a Hansa: ela sabia que simplesmente não tinha sido feita para tocar canções alheias. Como Smith disse em 1988: "Não queríamos aprender muitas músicas de outras pessoas sem motivo, porque assim viraríamos mais uma banda de pub".

Em janeiro, o Easy Cure e a Hansa aceitaram fazer mais uma sessão de gravação, dessa vez no PSL Studio, em Londres, com o produtor Trevor Vallis na mesa, que depois trabalharia com artistas como Marillion, Bucks Fizz e Peter Cetera (a Hansa havia tentado ligar a banda ao produtor Gary Taylor, ex-baixista do Fox, banda contratada da GTO Records). O acordo foi muito claro: a Hansa tinha fornecido um produtor relativamente conhecido, então a banda deveria aderir a seu plano e gravar alguns hits. Pelo menos esse era o plano.

Na terceira e última sessão de gravação para a Hansa, o Easy Cure obedeceu ao mestre e gravou uma cover, sua segunda versão para "Rebel Rebel", além das originais "Plastic Passion" (mais uma faixa destinada para *Three Imaginary Boys*), "I Just Need Myself" e "Smashed Up", uma música que Robert Smith declararia ser "a pior coisa que já gravamos". A essa altura, a banda sabia que a situação com a Hansa era insustentável: a gravadora queria versões seguras de hits estabelecidos, o Easy Cure queria encontrar o equilíbrio entre punk rock, composições no estilo Beatles e Albert Camus. Além disso, a Hansa não tinha planos de fazer a banda colocar o pé na estrada, o que era essencial se ela queria ganhar a vida. Para piorar um pouco, Lol Tolhurst foi atropelado por um ônibus. Segundo Robert Smith, a banda medicou Tolhurst no pub, amenizando a dor com conhaque. "Ele passou o resto do dia tocando bateria e sangrando. Foi péssimo."

Smith e o Easy Cure perceberam que o contrato com a Hansa era um beco sem saída. De jeito nenhum alguma das partes cederia. "Pra completar", ele acrescentou, "eu havia percebido de repente que odiava as músicas que estávamos fazendo e que mesmo se a Hansa gostasse delas, não continuaríamos" (é claro que isso não impediu a banda de regravar três faixas das sessões da Hansa – "Meathook", "Plastic Passion" e "Killing An Arab" – para seu LP de estreia).

Em 19 de fevereiro, um Easy Cure abatido estava de volta a seu lugar de costume em Crawley, o Rocket. Dessa vez, a abertura foi por conta de uma banda punk chamada Lockjaw, cujos membros incluíam o baixista Simon Gallup. Ele nasceu em 1º de junho de 1960 em Duxhurst, Surrey, mudou-se para Horley quando bebê e era o caçula de cinco filhos (e um dos quatro meninos). Novamente, como Tolhurst e Smith, havia uma diferença de idade considerável entre Simon e seu irmão Ric, que era quase sete anos mais velho. Gallup havia frequentado as escolas Horley Infants e Junior, e depois a Horley Balcombe Road Comprehensive School. Quando seu caminho cruzou com o do The Easy Cure, ele trabalhava em uma fábrica de plásticos local. Não era exatamente o sonho rock 'n' roll que Gallup, fã devotado do Kiss, esperava viver. No entanto, seu irmão Ric trabalhava em uma loja de discos em Horley, que ficava nos fundos de uma loja de eletrônicos, então Simon tinha sido exposto aos singles punk que vinham de Londres, o que teve um impacto imediato e bem perceptível no Lockjaw.

Gallup sabia sobre Lol Tolhurst, principalmente sobre sua reputação. Tolhurst namorava uma garota que Gallup conhecia da escola; ela frequentemente se gabava de como Tolhurst era "durão". Tolhurst confirmou isso. "Quando Simon me via na rua, mudava de calçada. À medida que foi me conhecendo, percebeu que aquilo estava longe de ser verdade."

O Lockjaw também enfrentou uma introdução difícil à indústria da música. A banda tinha enviado uma fita demo bastante tosca a uma gravadora chamada Raw Records, que, nas palavras de Gallup, "achou que éramos uma banda suburbana realmente boa – mas, na verdade, éramos uma porcaria". Depois de assinar contrato, a Raw Records apresentou o Lockjaw ao mundo com o single "Radio Call Sign", com "The Young Ones" no lado B. Ele afundou sem ser notado.

"Era uma banda punk crua", Tolhurst disse sobre o Lockjaw. "Os shows eram basicamente iguais: muitas invasões no palco, pessoas fazendo pogo, coisas assim."

O Lockjaw tinha conseguido a abertura no The Rocket graças a seu single pela Raw Records, mas essa acabou sendo sua única apresentação no clube, principalmente porque, como Smith relembrou, "o lugar estava destruído". Robert Smith prestou atenção em Gallup e sua banda; ele, Tolhurst e Dempsey até começaram a se encontrar com Gallup na loja de discos de Ric.

Em março, o Easy Cure e a Hansa perceberam que precisavam chegar a alguma conclusão sobre sua aliança instável. A banda insistia que "Killing An Arab" deveria ser seu single de estreia, enquanto a gravadora insistia com a mesma força que a faixa destruiria sua carreira. Em 29 de março, quando a Hansa oficialmente rejeitou a música como single, banda e gravadora se separaram para sempre.

O Easy Cure, compreensivelmente, ficou arrasado com sua primeira tentativa não tão bem-sucedida na indústria musical. A partir dali, a banda mostrou certo receio com o lado financeiro do mundo em que vivia – chegou ao ponto de Smith recusar todas as ofertas para uso de músicas da banda em comerciais (pelo menos até o começo do século XXI), jogando pela janela milhões de libras em possíveis ganhos. O que ele levou do cancelamento do contrato com a Hansa foi uma sensação de precaução, mais os direitos de todos os originais gravados durante as três sessões.

Segundo Tolhurst, essa foi uma das jogadas mais inteligentes que Smith já fez. "O final foi esquisito, mas por sorte Robert se lembrou de pedir para eles nos deixarem ficar com o adiantamento e devolverem os direitos de nossas músicas. Ele sempre foi assim: sempre esteve ciente de que eram coisas nossas. [Caso contrário] a Hansa ainda teria os direitos de algumas músicas nossas." Posteriormente, duas faixas do Cure surgiriam do embate com a Hansa. A primeira, um desdém direto à gravadora chamado "Do The Hansa", apareceria como lado B extra no relançamento em 1986 de "Boys Don't Cry", e também apareceu na coletânea *Join The Dots*. A outra música do The Cure influenciada pelo cabo de guerra artístico com a Hansa foi o single de 1987, "Catch". Na época do lançamento, Smith revelou que os executivos da Hansa escutavam o material e depois os aconselhavam: "Vocês escrevem boas músicas, mas não têm pegada".

Em abril, o então sem-gravadora Easy Cure mais uma vez se reuniu com Simon Gallup e o Lockjaw, dessa vez em um show no Laker's. Uma ligação estava começando a acontecer entre Gallup e Smith, apesar do amor do primeiro pelo Kiss, a cartunesca banda de rock que o Cure considerava "horrenda" (palavras de Lol Tolhurst). Depois do show, eles passaram o resto da noite bebendo juntos e só pararam às duas da manhã. "Ficamos bons amigos", contou Smith. Ele e Gallup também ficariam sabendo que tinham o mesmo senso de humor levemente distorcido: sua ideia de diversão era pedir para o DJ em seus shows conjuntos tocar músicas pop como "Night Fever", dos Bee Gees, "para podermos dançar disco enquanto todos os punks praticavam o pogo", segundo Smith. Embora ele tenha aceitado com rapidez a atitude do punk, achou difícil se encaixar totalmente: tinha acabado de trocar suas calças de zíper por jeans de corte reto, enquanto deixava o cabelo cair sobre o ombro.

A aliança Smith/Gallup acabaria tendo um grande efeito sobre o futuro da banda. Eles se encontravam no clube Red Deer, em Croydon, onde viram bandas punk seminais como The Vibrators, The Buzzcocks e The Clash. Durante boa parte da vida do The Cure, Smith teve uma tendência a formar alianças – com Lol Tolhurst, Simon Gallup, o chefe da gravadora Fiction, Chris Parry, e o diretor de clipes Tim Pope – que teria um impacto muito evidente no sucesso (ou não) da banda.

Mas, no início de 1978, as mudanças que começaram a acontecer no The Easy Cure foram leves, à medida que a ligação Gallup/Smith se formou e o som da banda lentamente se expandiu. Em abril, Smith comprou um órgão Bon Tempi e um amplificador WEM, para acompanhar sua amada guitarra Top 20 da Woolworth. Ele havia ouvido o disco *My Aim Is True*, de Elvis Costello, e fez uma descoberta sonora. "Eram os sons que eu queria", decidiu.

Um som que a banda não desejava, no entanto, era o uivo da guitarra de Porl Thompson. Em maio, a situação tinha ficado muito complicada: ele não apenas se recusou a tocar os acordes de guitarra sugeridos por Smith, mas também havia começado a namorar a irmã dele, Janet. "Ensaiávamos em casa quando meus pais saíam", contou, "e ele estava em outro lugar com minha irmã". Em vez de encarar o problema de frente, Smith, Tolhurst e Dempsey decidiram abandonar os ensaios por algumas semanas e, então, apenas não contaram a Thompson quando voltaram.

Thompson deixou formalmente a banda em 3 de maio. Por causa de sua relutância em lidar de modo direto com o problema de Thompson, parecia que o nome The Easy Cure estava se tornando preocupantemente adequado. A banda encenou um velório de mentira para seu finado guitarrista, em um show no The Rocket chamado Mourning The Departed [*Chorando pelos Mortos*]. Ao som de uma música solene no órgão gravada por Smith, eles conduziram uma sessão espírita no palco e Smith, vestindo uma batina de padre, tocou todo o set com um pedaço de madeira em forma de crucifixo pregado na guitarra.

Thompson estava relativamente tranquilo com a decisão, aceitando que o punk deixava seu estilo "rápido" fora de moda. Ele até estava na plateia do próprio funeral musical, como Robert Smith confirmou. "Porl chegou usando chapéu e um casaco velho e só soubemos que estava lá quando – assim que terminamos de tocar – ele subiu ao palco e despejou um copo de cerveja sobre a cabeça do Lol. De repente, ficamos amigos de novo."

Logo depois de seu funeral rock 'n' roll, Thompson se inscreveu em uma faculdade de arte enquanto também tocava em duas bandas mais adequadas a sua guitarra virtuosa, A Lifetime Of Trials e The Exotic Pandas, mas, como a maioria das pessoas e músicos íntimos com o Cure, não era como se ele ficasse à deriva para sempre. Thompson voltou para a banda e se envolveu de modo intenso com a arte dos discos através de sua empresa, a Parched Art.

O Easy Cure agora tinha de tomar algumas grandes decisões sobre seu futuro. Pela primeira vez em sua curta vida, a banda tocava como um trio, o que se encaixava nos planos de Smith de simplificar seu som. Ele também decidiu simplificar o nome: achou que Easy Cure soava norte-americano demais, "hippie demais", e optou por encurtá-lo para um muito básico The Cure. Não foi a primeira vez em que ele irritou o colega de banda Tolhurst, que tinha criado por acaso o nome da banda com sua música "Easy Cure". Smith, no entanto, foi irredutível. "Odiava aquilo", disse, "o que irritou o Lol. The Easy Cure soava estúpido, então mudamos. Achei que The Cure soava bem melhor". O Cure estava quase começando a parecer cada vez mais uma banda de rock séria. Enquanto Dempsey tinha a beleza mais tradicional (na verdade, parecia uma versão dos anos 1970 de Evan Dando, do Lemonheads), Tolhurst, de cabelo cacheado, e Smith, com sua franja caída e predileção por jaquetas de couro, lamuriavam de forma convincente questões sérias aos jovens.

O trio rebatizado também decidiu fazer mais uma tentativa de gravar algumas músicas. Se isso fracassasse, Tolhurst, Dempsey e Smith sabiam que uma vida de trabalho árduo em Crawley provavelmente era tudo o que podiam esperar – e isso era uma espécie de sentença. "Vemos tantas pessoas com as quais estudamos fazendo absolutamente nada", Smith afirmou na época. Isso simplesmente não fazia parte de seu plano perfeito.

Capítulo Três

"Espero que esta resposta não seja muito decepcionante: quando vocês venderem seu primeiro milhão de discos, saberão que estávamos errados."
– Carta de rejeição da BBC, 1978

Crawley pode ter parecido um subúrbio que o tempo esqueceu, mas era uma metrópole fervilhante em comparação com Lower Hutt, na Nova Zelândia. Localizada ao norte da capital Wellington, a região tinha sido colonizada em 1839 pelo coronel William Wakefield, que comprou quase 40.500 hectares de terra plana e fértil dos maoris locais. Pouca coisa mudou nos 170 anos seguintes – como boa parte da Nova Zelândia, Lower Hutt é um lugar arborizado e agradável, provavelmente até mais tranquilo do que Crawley.

Lower Hutt foi o lugar onde nasceu John Christopher Parry, que teria um papel essencial na transformação dos aspirantes de Crawley em astros em ascensão (e além). A história de Parry tinha várias semelhanças com a dos membros do The Cure: ele veio de um lugar que não pode ser considerado descolado e foi criado em uma família enorme, mas enquanto Robert Smith tinha três irmãos e Lol Tolhurst e Simon Gallup tinham cinco, Parry superou todos: 10 irmãos.

Sua vida musical começou em 1964, quando ele foi recrutado para tocar bateria – sem um banquinho – para uma banda neozelandesa chamada Sine Waves. Em 1966, a banda, rebatizada como The Insect, tinha desenvolvido uma reputação tocando em bailes de escola, clubes para jovens, eventos sociais e – para provar que nenhum show era estranho demais – aulas sobre a Bíblia. A indústria musical do país não era exatamente de alcance mundial nos anos 1960, mas era competitiva. O Insect, agora chamado de Fourmyula, venceu a competição *National Battle of the Sounds* [Batalha Nacional das Canções] em janeiro de 1968. O prêmio era uma viagem para o Reino Unido a bordo de um cruzeiro.

Para qualquer banda da Oceania da geração dos Beatles, o Reino Unido era a Meca do rock. Os laços com o império não apenas ainda eram relativamente fortes, mas também parecia que todos os grandes sons da época – os artistas de Liverpool,

Rolling Stones, The Animals – surgiam do Velho Continente. Astros australianos como The Easybeats e The Master's Apprentices haviam tido dificuldades no Reino Unido, tentando replicar sua glória doméstica. O Fourmyula teria o mesmo fim, mas antes de partir para viajar, em fevereiro de 1969, a banda enfrentou uma briga com a gravadora que ecoaria de modo estranho a do The Easy Cure com a Hansa.

Sua gravadora, HMV, estava inflexível em fazer da cover de "Honey Chile", de Martha & The Vandellas, um sucesso instantâneo. A banda queria lançar uma original, "Come With Me", mas acabou cedendo, colocou sua faixa no lado B do single e sorriu satisfeita quando DJs optaram pela original em vez da cover. "Come With Me" se tornou um grande sucesso nacional. Não é à toa que Chris Parry teve uma sensação estranha de *déjà vu* quando conheceu o Cure: tinha aguentado o mesmo tipo de lógica estúpida do selo.

O Reino Unido, no entanto, não exatamente acolheu o Fourmyula. A banda via mais shows do que tocava e só conseguiu uma sessão na Abbey Road, onde gravou a cover de uma faixa chamada "Lady Scorpio", que virou outro sucesso em casa, mas foi ignorada em terra britânica. Depois de uma estada de quatro meses, voltou para casa para um show de boas-vindas com a intenção de mostrar aos locais exatamente o que estava acontecendo do outro lado do mundo. A banda começou com "Good Times, Bad Times" do Led Zeppelin e seguiu caminho por um set de covers que tinha tentado em primeira mão no Reino Unido. Seus fãs olharam descrentes, estupefatos, de queixo caído. Relutantemente, o Fourmyula voltou à fórmula vencedora.

O Fourmyula fez mais uma investida na Europa, em 1970, estabelecendo uma base de fãs razoável na Escandinávia (até mudou o nome para Pipp, uma palavra dinamarquesa que significa "louco"), mas, como tantos aspirantes da Oceania antes deles, tudo desmoronou e a banda se separou no mesmo ano.

Chris Parry tinha visto o suficiente do Reino Unido para perceber que havia muito mais oportunidades no negócio da música ali do que na Terra da Nuvem Branca. Enquanto seus companheiros do Pipp voltaram para casa, ele ficou em Londres e se casou em 1971. Então, passou dois anos estudando Marketing antes de arranjar um emprego no departamento internacional da Phonogram Records. Em 1974, por meio de um conhecido que por acaso era amigo de Wayne Bickerton, chefe de A&R da Polydor, Parry recebeu um convite para um cargo em A&R (no mesmo ano, virou pai pela primeira vez). Suas primeiras contratadas, as Chanter Sisters, tiveram um sucesso modesto em 1975. Ele tinha progredido rápido desde seus tempos de baterista no Fourmyula. Também havia aprendido algumas lições úteis sobre as maquinações da indústria da música, que estava prestes a colocar em prática.

Em 1976, Parry podia sentir a mudança cultural que ocorria no rock. Fez questão de ver todas as principais bandas que estavam fazendo muito barulho: os Pistols, Siouxsie & The Banshees, The Clash. Barbudo e usando um casaco pesado, era difícil não notá-lo nesses shows – ele parecia mais um lenhador do que um caça-talentos. Parry circulava pelos mesmos grupos que Caroline Coon, uma famosa jornalista da *Melody Maker* que também havia ajudado a fundar a Release, uma organização dedicada a oferecer conselhos legais a menores de idade enfrentando acusações relativas a drogas. A Release tinha a ajuda de celebridades como Rolling Stones e Beatles, o que havia colaborado para aumentar a visibilidade de Coon e sua organização.

Suas lembranças desse ponto de ebulição na história do punk são tão fortes e evocativas agora quanto em sua época de repórter-estrela da *Melody Maker*. "Amava o que estava acontecendo", ela me contou. "Queria dar em primeira mão essa história [do punk]. Achava que podia contá-la melhor do que ninguém." Coon, naturalmente, tinha alguns obstáculos consideráveis a superar: na época, a *Melody Maker* era comandada, como desdenhou, por "hippies e fanáticos de rock de pub – nenhuma das publicações [*Sounds* ou *Melody Maker*] levou essa pauta a sério. A *Melody Maker* se recusou em aceitar meu conselho de que esse era um dos eventos mais significativos no rock 'n' roll – em parte porque eu era uma garota". Enfim, Coon conseguiu uma vitória: sua matéria seminal sobre o punk, na edição de 28 de julho de 1976 da revista, provavelmente foi a primeira a documentar o novo movimento, chegando às ruas pouco antes de seu rival – que se transformou em amigo –, o repórter da *Sounds* John Ingham.

Hoje, Coon não tem uma forte lembrança de Parry, mas lembra que "alguns executivos de gravadora eram péssimos, outros um amor. Provavelmente fomos aos mesmos shows".

Todavia, Chris Parry e Caroline Coon estavam lidando com o mesmo tipo de problema: ele simplesmente não conseguia convencer seus colegas mais velhos na Polydor de que o punk era mais do que um pontinho no radar do rock. Em geral, suas sugestões de contratação foram rejeitadas pelo selo.

Na verdade, apesar da rápida ascensão de Parry nos degraus corporativos, na primeira vez em que ouviu o Cure ficou com medo de ser conhecido tanto pelas bandas que perdeu quanto pelas que contratou. Em 1976, ele havia testemunhado um show tipicamente anárquico dos Sex Pistols no Barbarella's, em Birmingham, e voltou correndo para Londres, implorando aos chefes da Polydor para contratar os bastiões do punk. O mesmo aconteceu com o Clash. Mais tarde, contou a experiência a Lol Tolhurst. "Ele me falou sobre ver o Clash com o pessoal da Polydor e que aconteceu uma espécie de minitumulto. Uma garrafa quebrou atrás da cabeça deles e um colega disse: 'Já chega, não vamos contratar'. Aquela era a atitude. Acho que ele era a única pessoa de A&R em Londres que conseguia ver o que estava acontecendo."

Parry estava irritado com a cautela da Polydor, admitindo que ficava "bem furioso" com a recusa da gravadora. Apesar de suas antenas voltadas para o punk, ele vivia com medo de ser tachado de perdedor triplo – o beijo da morte para qualquer funcionário de A&R. Então, recebeu uma dica de Shane McGowan (futuro Pogues) para ver o ainda desconhecido The Jam, que tocaria no Marquee em 22 de janeiro de 1977. Conduzido pelo feroz Paul Weller, o Jam era absolutamente verdadeiro. Parry saiu convencido de que esta era a banda que não podia escapar. "Estava determinado a não perder de novo", afirmou.

Embora não se encaixasse bem entre os artistas punk que estavam alegremente estourando a verba de grandes selos em Londres na época – The Who e The Kinks eram os heróis do The Jam –, Parry notou o potencial do The Jam para o estrelato. Assinou contrato com a banda em 15 de fevereiro, nem três semanas depois do show no Marquee, e conseguiu créditos de coprodução de seus dois primeiros álbuns, *In The City* e *This Is The Modern World*, ambos lançados em 1977.

Em maio de 1978, ao mesmo tempo em que o Cure entrou no minúsculo Chestnut Studios, em Sussex, para gravar suas primeiras demos como um trio, Parry tinha acrescentado Siouxsie & The Banshees, Sham 69 e a dupla de irmãs Doreen & Irene Chanter a sua lista impressionante de contratados. Também havia assinado com Otway and Barrett, um duo da era punk cujo vocalista, John Otway, teve faixas produzidas por Pete Townshend, do The Who. Na Polydor, eles produziram um sucesso improvável, "Cor Baby That's Really Free", de 1977. A estrela de Parry – diferentemente da do The Cure – estava claramente em ascensão. Ele até apareceu no icônico filme *The Great Rock And Roll Swindle*, de

Julien Temple, que narrou a rápida disparada e a mortal queda livre dos Sex Pistols. Foi pura atuação metódica: Parry fez o membro de uma equipe de executivos de A&R irritados.

O Cure, enquanto isso, tinha gravado uma nova leva de demos em 27 de maio, com dinheiro emprestado de Ric Gallup. A banda passava cada vez mais tempo na loja de Gallup, em Horley, onde começaram a prestar atenção em singles de selos misteriosos (pelo menos para o trio de Crawley) como o Rough Trade, de Londres. Eles também reclamavam sobre o acordo desastroso com a Hansa. Depois de vários meses, como Tolhurst me contou, Gallup ficou de saco cheio disso. "Ele reclamava junto com a gente, mas um dia falou: 'OK, estou cansado de vocês ficarem sentados tendo pena de si mesmos. Por que não fazem outra demo e a mandam para outras gravadoras?' Ele acabou pagando pelas sessões de gravação."

Essas músicas (três das quais foram incluídas em seu álbum de estreia) provaram o quão austero e esquelético seu som tinha ficado desde a saída de Porl Thompson. "10:15 Saturday Night" abria com a interação mais escassa possível entre a bateria de Tolhurst, o baixo de Dempsey e a guitarra de Smith, antes de a banda começar um groove de garagem pesado. Smith, enquanto isso, faz uma boa imitação de uma torneira vazando enquanto documenta o desespero da hora mais solitária da noite mais solitária da semana. Triste, sozinho, Smith espera o telefone tocar, chora e se vê enfeitiçado pelo maldito gotejamento incessante da torneira. Então, lança um solo de guitarra esparso, que ajuda a sustentar a sensação aterradora de melancolia, mesmo sendo do ponto de vista de um adolescente dramático. A música foi uma das primeiras favoritas de Smith, que planejava juntar "10:15" a "Killing An Arab" como lançamento de estreia da banda (um lado A duplo), porque "10:15" era "mais representativa do que estávamos tentando fazer [na época]". Smith tinha composto "10:15 Saturday Night" e "Killing An Arab" em 1975, aos 16 anos.

"'10:15 Saturday Night' foi escrita na mesa da cozinha", ele contou nas notas do encarte da reedição de 2005 de *Three Imaginary Boys*, "vendo a torneira pingar, com um tremendo mau humor, bebendo a cerveja que meu pai fazia em casa. Minha noite não tinha dado certo e eu estava em casa sentindo muita pena de mim mesmo".

Da mesma sessão, "Fire In Cairo" era outra batida esparsa e tensa, impulsionada por um refrão que, mesmo discreto, tinha todo o potencial para se cantar junto de qualquer hino punk-pop dos Buzzcocks. É de encher a boca – "F I R E I N C A I R O" –, mas o canto mântrico de Smith (reforçado por um trabalho esperto de vários canais em sua versão acabada) deu à música exatamente o tipo de ímpeto que estava buscando.

No entanto, das quatro faixas gravadas no Chestnut Studios, "Boys Don't Cry" era a mais imediata e acessível. Se havia uma música dos primeiros esforços em composição da banda que capturasse exatamente a direção minimalista, pós-punk, pós-Porl Thompson na qual Smith estava conduzindo o Cure, era "Boys". Outra vez, seu coração dolorido orientou a letra da faixa: apesar de dizer o contrário – meninos não choram, aparentemente –, havia a nítida impressão de que ele derramou algumas lágrimas enquanto a escrevia.

Quando perguntado sobre qual seria uma faixa característica da banda, Smith disse que era sua tentativa de compor uma música pop clássica, com uma influência definitiva dos anos 1960. "Em um mundo perfeito", declarou em 1985, "ela teria sido a número um". [1]

Apesar dos sonhos de Smith de alcançar a glória nas paradas de sucesso, na época Dempsey ainda mantinha seu emprego de porteiro no hospital psiquiátrico, enquanto Tolhurst continuou trabalhando na Hellerman Deutsch. Como ainda estava oficialmente desempregado, Smith assumiu o papel de correspondente, enviando suas novas demos por correio a praticamente qualquer pessoa que pudesse estar disposta a ouvir. Menos a Hansa, claro.

A carta que acompanhava a fita demo não poderia ter sido mais precisa. Junto com algumas informações básicas (Lol 19 Bateria / Mick 19 Baixo / Robert 19 Guitarra/Vocal), ela declarava sua missão:

> *"Olá, somos o Cure. Não temos compromissos. Queremos um contrato de gravação. Ouça a fita. Se estiver interessado, entre em contato conosco no endereço acima. Devolva a fita no envelope selado endereçado anexo".*
> *A carta terminava com "Obrigado, Robert THE CURE".*

---

1 Smith, como era de se esperar, teria sentimentos confusos quando perguntavam sobre "Boys Don't Cry" em diversos momentos da vida do The Cure, chegando a descrevê-la como "ingênua ao ponto da insanidade".

Enquanto essa introdução ao The Cure rodava pelas gravadoras de Londres, a banda fazia seu show Mourning The Departed para Thompson no The Rocket, em 9 de julho. Cinco dias depois, foi até Brighton para outro show com a banda de Gallup, Lockjaw.

Aos poucos, as respostas chegaram – nenhuma delas positiva. No final de junho de 1978, a Phonogram e a então Island disseram "Não, obrigado". O trio também tentou mandar uma inscrição para a competição "Band of Hope and Glory", da BBC, que fazia parte do programa *David "Kid" Jensen Show*. A resposta da BBC, datada de 29 de junho, foi digna do feedback que eles estavam recebendo: "Infelizmente, não podemos usar seu grupo", escreveu Tony Hale, produtor da Radio One, "mas isso não quer dizer que sua fita não seja interessante ou que o grupo não seja suficientemente bom. É só que a combinação em particular das qualidades que estamos procurando não estão bem aí". Em uma nota final, que provaria ser profundamente irônica dado o sucesso do The Cure nas décadas seguintes, Hale assinou com a seguinte frase: "Espero que esta resposta não seja muito decepcionante: sempre se lembrem de que a música é uma área subjetiva, então, quando vocês venderem seu primeiro milhão de discos, saberão que estávamos errados".

Embora a resposta da BBC desse alguma satisfação para a banda no futuro, não ajudou a resolver seu problema imediato, que só piorou quando a Virgin e, depois, a EMI também disseram não. No entanto, o Cure recebeu indicativos de interesse da United Artists e da Stiff. Das duas, a segunda definitivamente era a opção preferida para o Cure, sobretudo por ser a casa de Elvis Costello. Mas os executivos da gravadora não foram a um show do Cure, como planejado, e a proposta não se concretizou. "Ficamos muito chateados quando o senhor Stiff não apareceu", contou Smith. "Achávamos que ele seria diferente, mas era como todos os outros."

Na Polydor, Chris Parry começou seu ritual de final de semana de fazer *test drive* do aparentemente infinito suprimento de fitas demo que chegavam toda semana ao escritório. Pegava uma pilha toda noite de sexta, quando estava indo para casa. Parry estava folheando o caderno de esportes de domingo quando colocou o cassete do Cure no toca-fitas. "10:15 Saturday Night" foi a faixa que chamou sua atenção – ao ouvir o refrão "drip, drip, drip" de Smith, tocou a fita novamente. "Boys Don't Cry" também prendeu seus ouvidos.

Depois de um sucesso tão estelar com o trio suburbano The Jam, o radar de Parry começou a apitar como louco quando ele viu o endereço de devolução e a formação do The Cure. Talvez o raio do sucesso caísse duas vezes no mesmo lugar (suburbano). Tolhurst estava, e ainda está, convencido de que Parry imaginava que o Cure fosse o próximo The Jam. "Ele pensou: 'São jovens, espertos em algumas coisas e estão fora de Londres – e ninguém os conhece além de mim'." Michael Dempsey concordou. "É, vejo lógica nisso."

Parry não era bobo. Ele admitiu o apelo de contratar mais um trio de pop/rock quando foi entrevistado para *Ten Imaginary Years*. "A ideia de um trio me empolgava e essa fita cassete tinha vindo do interior, ninguém mais havia tocado nela. Minha reação foi que ela tinha clima, era atmosférica. Gostei." Tanto que escreveu para a banda em 21 de julho. Sua carta foi direto ao ponto, dizendo: "Caro Robert, quero conhecer o Group [*sic*] e sugiro que vocês telefonem para minha secretária, Alison Korsner, que agendará uma reunião". Smith fez exatamente isso e um encontro foi marcado para 10 de agosto.

Enquanto falavam ao telefone, Parry perguntou se a banda tocaria em Londres, mas Smith recusou: o trio não tinha tanta certeza de que tocar para uma plateia longe de casa (se alguém aparecesse) inspiraria o apoio de uma gravadora, e a banda já tinha se queimado de forma semelhante com a Stiff. Em vez disso, aceitaram uma reunião no escritório da Polydor, em Stratford Place.

Embora o trio tivesse sido pontual, teve de esperar por Parry, que, como Dempsey relembra, parecia levemente arredio, "como se tivesse cometido um crime". Com seu cabelo impecável e o que Dempsey descreveria como "um rosto duro", a banda concluiu que Parry era um sósia perfeito do ditador líbio Gaddafi. Não estava entre as melhores primeiras impressões (Smith confessou ter ficado "um pouco decepcionado no começo"). Depois de uma conversa introdutória no escritório, Parry decidiu que beber no meio do dia era uma boa, então levou o trio a um pub próximo. Smith lembra que foi "uma tarde agradável, mesmo", assim como Dempsey quando conversamos. O forte elo entre o Cure, música e álcool foi formado com várias garrafas de cerveja Directors com seu futuro empresário/chefe na gravadora/agente. "Gostei dele", disse Dempsey. "Era bem direto – não falava besteira."

Para Smith, Parry parecia diferente de qualquer pessoa que tinha conhecido na indústria da música – com certeza não era nada como os engravatados da

Hansa. E, diferentemente da equipe da Stiff, ele apareceu, mesmo que atrasado. Para começar, Parry tinha cocô de passarinho no ombro, o que pareceu não notar, ao mesmo tempo em que ficou derramando cerveja no sapato quando falava com a banda e mapeava com ousadia o seu futuro. "[Ele foi] a primeira pessoa que conhecemos que estava envolvida no negócio e não se levava a sério", diz Smith. "Parecia estar fazendo aquilo porque gostava."

Quanto a Parry, ele rapidamente desvendou as três personalidades muito diferentes no The Cure. "Gostei do senso de humor discreto de Dempsey", disse. "Lol ficava zanzando por aqui e ali, mas era óbvio que Robert era o líder e tinha visões sobre as coisas. [Ele estava] prestando atenção em mim mais do que os outros." Parry também estava ciente de que a banda tinha inteligência para evitar o burburinho normal da indústria da música. "[Tinham] um certo tipo de fatalismo e humor afiado junto com todas essas bobagens. Ninguém leva as coisas a sério demais."

Como nenhuma das partes se assustou demais com o primeiro encontro, Smith sugeriu que Parry fosse ver a banda tocar em casa. Para ele, era também um desafio para ver se Parry apareceria na apresentação, em 27 de agosto. Esse seria o verdadeiro teste de seu compromisso com a banda.

O Cure foi agendado para abrir para o Hotpoints, que – sendo uma banda de jazz/funk – não estava em sintonia com o pós-punk; mas Parry não apenas foi ver o Cure, como também chegou com um amigo, Dave Alcock, que um empolgado Tolhurst confundiu com o empresário dos Bee Gees (e manipulador do entretenimento) Robert Stigwood.

Embora seu set ainda incluísse as preferidas de Smith, como "Foxy Lady", de Hendrix, foi gradualmente se enchendo de músicas próprias, incluindo "10:15 Saturday Night" e "Killing An Arab". Parry, que ficou na pista quando a banda tocou (só a atração principal usava o palco), ficou impressionado. Virou-se para o amigo Alcock e gritou: "Esta banda vai me render muito dinheiro".

"Não é que eu seja muito focado no dinheiro", Parry corrigiu depois, "apenas saiu assim". O que ele viu na banda foi um certo "apelo universal" que não pôde deixar de traduzir em termos monetários. Para falar a verdade, Parry estava faminto por sucesso. Como Lol Tolhurst me disse, Parry estava irritado com o lado da interação humana na indústria musical. "Sempre lembro que dizia que queria inventar uma máquina que pudesse compor músicas de sucesso para ele e que, assim, não teria de lidar com macacos como nós."

Depois do set, Parry convidou o trio para uma bebida pós-show em um pub próximo, o Home Cottage. Tolhurst considera que foi então que seu futuro com Parry estava selado. "Gostamos dele de cara por muitos motivos. Embora fosse afiado e voltado aos negócios, depois do show no Laker's fomos a um pub que vendia uma cerveja muito forte. Ele bebeu muito e fez papel de bobo. Gostamos dele imediatamente por isso: não tinha medo de ser idiota."

Pedindo algumas garrafas de bebida barata, Parry detalhou seu grande plano para o Cure – mas não era bem o que os três queriam ouvir. Embora esperassem uma oferta um tanto rudimentar da Polydor – "Pensamos: 'Polydor, ótima, grande gravadora, muito dinheiro'", disse Tolhurst –, Parry admitiu que estava ficando cada vez mais frustrado com o andamento em câmera lenta do maquinário corporativo. Sabia o quanto era importante fazer uma banda nova como o Cure entrar em estúdio rapidamente e captar seu frescor e energia crua em fita, antes que a banda se separasse ou cedesse.

Parry queria montar a própria gravadora e que o Cure fosse o primeiro contratado. A Polydor, no entanto, ainda estaria envolvida no acordo, porque ele percebeu duas coisas: sua força de distribuição e marketing não podia ser negada e não seria bom queimar pontes. A Polydor definitivamente poderia ajudar Parry e o Cure a render aquele "muito dinheiro" sobre o qual gritou na pista do Laker's.

Smith, Tolhurst e Dempsey ficaram, nas palavras de Smith, "obviamente um pouco decepcionados", porque ele não pediu para que assinassem diretamente com a Polydor. "Mas quando explicou suas ideias para a gravadora, começamos a gostar do que ouvíamos e decidimos dar uma chance." Tolhurst concordou, mesmo com certa relutância. "Pensamos: 'Hmmmm, OK'."

Eles aceitaram assinar com Parry, mas só quando ele deu um nome decente para a nova gravadora. Smith não conseguia engolir a ideia original de Parry, Night Nurse, então Parry pensou em 18 Age, que Smith achou igualmente inútil. Um confuso vocalista fez uma pergunta importante ao novo chefe: "O que acontecerá quando chegarmos aos 20 anos?" Todas as partes acabaram concordando com 18 Age/Fiction (a parte "18 Age" do título acabou descartada em 1982). Em 13 de setembro de 1978, eles assinaram um contrato de seis meses.

Parry tinha outros artistas em mente para a Fiction, como Billy MacKenzie, mais tarde do The Associates, que assinou dias depois do The Cure. Com seus novos contratados e um plano grandioso para o selo, Parry agora estava bem confiante para se demitir do cargo de gerente de A&R da Polydor. A Fiction era seu futuro.

Em 17 de setembro, ele também tinha confiança suficiente em seus novos protegidos para tentar gerar empolgação da mídia. Afinal, o que era uma banda nova sem um burburinho? ("Ele fez as coisas acontecerem com rapidez", afirmou Dempsey.) O Cure tinha mais um show agendado em Redhill, então Parry – agora chamado de "Bill" pela banda, um nome que pegaria – levou Adrian Thrills, da *NME*, para ver a apresentação. Um homem que nunca perdia oportunidades, Parry fez Thrills ouvir o álbum *Mental Torture*, de Billy MacKenzie, durante o caminho. Thrills segurou a onda em seu julgamento sobre o Cure, mas sentiu que o disco de Mackenzie fazia jus ao título. Como Parry lembrou: "Ele falou que era tortura mental". Thrills se tornou o primeiro jornalista de música a escrever uma matéria sobre o Cure, mas só dali a alguns meses.

Agora que Parry tinha uma nova banda e uma nova gravadora, precisava de músicas. Agendou para o trio um horário no Morgan Studios em 20 de setembro – o mesmo em que o Cure tinha enfrentado algumas de suas sessões fúteis com a Hansa, o que gerou pouco mais do que tensão. No entanto, muito havia mudado nos seis meses desde que o Cure se separou dos alemães: a banda tinha dispensado um guitarrista, ganhado novo chefe e gravadora, e desenvolvido algo que parecia um plano para o futuro. Até as cartas de rejeição da EMI, Island, Virgin e todos os outros selos não pareceram machucar o trio tanto quanto antes, agora que a Fiction Records cuidava deles. Parry pode ter parecido um pouco estranho, mas era ambicioso. E o escritório da Fiction – o império formado por Parry e outro ex-Polydor, Ita Martin – também ficava no complexo do [estúdio] Morgan, o que era conveniente, especialmente se precisassem de dinheiro para cerveja.

Com Parry trabalhando no escritório, o Cure gravou algumas músicas familiares ("10:15 Saturday Night", "Killing An Arab", "Fire In Cairo"), além de "Plastic Passion" e "Three Imaginary Boys", durante a sessão de 20 de setembro no Morgan. Para reduzir os custos, a gravação foi feita de madrugada. A banda acabou às 5h30 da manhã do dia 21, forçando Tolhurst a ligar para o chefe alegando que tinha bolhas nas costas e precisava ficar em repouso.

Embora Parry estivesse feliz com os resultados, sabia que o Cure também precisava endurecer na estrada. Todos os shows até aquele ponto tinham sido perto de casa, no The Rocket ou no Laker's. Era improvável que a *NME* os transformaria em astros se não tocassem em algum lugar além da High Street de Crawley. Parry agendou dois shows com o Wire: na Universidade de Kent, em Canterbury, em 5 de outubro; e na noite seguinte, na London Polytechnic.

Foi uma jogada ousada e talvez insensata de Parry em unir seus novatos de Crawley ao Wire, queridinho dos críticos. Embora pudesse ter surgido do coração do movimento punk e pós-punk, que também inspirou Smith e Tolhurst, o Wire estava rapidamente superando as limitações estilísticas do formato – o que provou nesses shows.

O Wire havia sido formado no Watford Art College em 1976, quando os guitarristas Colin Newman e George Gill formaram o Overload com o técnico de audiovisual (e terceiro guitarrista) Bruce Gilbert. Com o recrutamento do baixista Graham Lewis e do baterista Robert Gotobed (mais conhecido como Robert Grey), a primeira formação do Wire foi estabelecida.

Depois de falhar em alguns dos primeiros shows em Londres, Gill foi expulso e o renascido Wire optou por um som simplificado e experimental. Um encontro por acaso com Mike Thorne da EMI, que estava gravando bandas para um álbum punk ao vivo, resultou na inclusão de duas faixas do Wire em sua coletânea *The Roxy, London WC2*. Quando assinou contrato com a EMI, em setembro de 1977, o Wire estava se coçando para gravar rapidamente, antes que perdessem interesse no material, abandonassem-no e seguissem em frente. Se havia uma constante em uma carreira baseada na ação e reação, era sua inquietude criativa.

Em outubro de 1978, quando o Cure fez a abertura na Universidade de Kent, o Wire tinha acabado de voltar de seus primeiros shows nos EUA, feitos graças a seus bem recebidos dois álbuns anteriores. Produzido por Thorne, o furioso *Pink Flag*, de 1977, tinha 21 faixas altamente originais (cada uma mal chegava aos 90 segundos). "Em um nível formal", escreveu a *Rolling Stone*, "é um feito impressionante, afastando o punk do renascimento do rock dos Sex Pistols e do The Clash sem sacrificar sua energia ou impacto visceral". Mas em menos de um ano a banda lançou a notável mudança que foi *Chairs Missing*, que, com a introdução de teclados, foi até chamado de "Pink Floyd do início" por alguns críticos durões. A quase perfeita "Outdoor Miner" poderia ter se tornado um hit, se não fosse por alguns problemas na EMI. Robert Smith não era bobo: conseguia ver que o Wire estava muito à frente do The Cure em termos de música, ideias, aparência, tudo.

Depois do primeiro show de abertura, o abismo entre Cure e Wire era óbvio. Smith admitiu que ficou "horrorizado". Tolhurst, no entanto, reagiu de forma diferente. "O Wire foi a primeira banda com quem tocamos que definitivamente tinha 'aquilo'", diz. "Acho que percebemos depois de tocar com eles que conseguiríamos fazer a nossa música e encontrar um público para ela também."

Smith, Tolhurst e Dempsey ficaram tão estupefatos com a experiência do Wire que quase bateram a van voltando para casa – com a grana curta naquela fase, tinham de voltar dirigindo depois da maioria dos shows, uma empreitada arriscada que diminuiu o tempo de Dempsey no The Cure. A noite seguinte foi pior: eles nem chegaram para tocar, mas por um motivo fora de seu controle. A banda dependia de um morador de Horley, um homem chamado Phil que tinha uma van, para levá-los ao show na London Polytechnic, mas o motor quebrou na viagem para o norte e, quando chegaram ao local, o Wire já estava no palco. A oferta do The Cure de tocar depois deles foi recusada firmemente, mas com educação.

Nos bastidores, Chris Parry estava furioso com o amadorismo do trio. Se a banda fosse tão descuidada assim no futuro, gritou, "vocês nunca mais serão agendados". Depois de expressar sua raiva, Parry levou o Cure a um pub, onde Smith, Tolhurst e Dempsey – mostrando mais do que um pouco de ânimo, por causa da calamidade da noite e do humor do chefe de sua gravadora – brincaram com a ideia de "virar profissionais". Apesar dos planos vagos de Tolhurst de se tornar um químico pesquisador, não era como se o trio estivesse amarrado a empregos potencialmente recompensadores fora da banda, mas Parry, já bêbado àquela altura, concordou, aceitando pagar um salário mínimo de "25 libras por semana ou algo assim". O dinheiro oferecido mal dava para sobreviver, mas sua decisão deu à banda uma sensação real de propósito.

Para Lol Tolhurst, virar profissional foi uma revelação. "Foi uma sensação estranha para mim porque me lembro de andar pela cidade e sentir que estava de férias. 'OK, isso tudo vai acabar daqui a algumas semanas.' Eu me dei conta depois de alguns anos de que este é o meu trabalho de verdade."

Menos de uma semana depois, em 12 de outubro, Parry fez a banda voltar à sua segunda casa, Morgan Studios. O plano era gravar músicas suficientes para um álbum de estreia.

Uma olhada nas paradas do final de 1978 sugeriria que a dominação mundial planejada pelo punk nunca tinha acontecido – talvez ainda fosse um sonho escondido em algum lugar da mente de Malcolm McLaren. *Grease* era a palavra de ordem no Reino Unido, enquanto o rebolador John Travolta e a certinha Olivia Newton-John diziam ao mundo o quão irremediavelmente devotados eram um ao outro; o musical retrô dos anos 1950 também gerou os hits "Summer Nights" e "Sandy", que firmaram presença no lado corporativo do Top 10 britânico. Só os vagabundos irlandeses do The Boomtown Rats, com "Rat Trap", lembravam aos ouvintes que uma espécie de revolução no mundo da música deveria estar acontecendo, mas eram uma voz solitária na selva, cercados por fofuras pop como "I Can't Stop Lovin' You", de Leo Sayer, "Blame It On The Boogie", dos Jacksons, e "Three Times A Lady", dos Commodores. Talvez só para fazer o Cure relembrar seu pesadelo com a Hansa, "Rasputin", de Boney M, também estava no Top 10.

As paradas não estavam tão melhores do outro lado do Atlântico – o Top 10 dos EUA era dominado pelo elenco de *Grease*, regravações de standards velhos ("MacArthur Park", de Donna Summer), roqueiros da classe trabalhadora como Bob Seger ("Hollywood Nights") e australianos imitando o rock suave da Costa Oeste ("Reminiscing", da Little River Band).

Aqueles que não ajudavam *Grease* a chegar ao topo das paradas pop e das bilheterias estavam gastando dinheiro para ajudar os Rolling Stones a se tornar a banda com maior arrecadação no verão norte-americano. A banda faturou US$ 6 milhões. Além disso, os quatro membros da banda favorita de Gallup, o Kiss, lançaram seus próprios álbuns solo, o pianista Billy Joel levou vários Grammys e a CBS Records aumentou os preços dos discos para salgados US$ 8,98. Era como se o punk nunca tivesse acontecido.

No Morgan Studios, Chris Parry estava começando a exercer sua influência sobre o Cure, levando suas músicas a uma direção que achava certa para os novos contratados. Eles ainda eram novatos de estúdio, então não tinham como articular o que sentiam que as músicas precisavam. Tudo o que Smith sabia era que esperava encontrar uma espécie de aliança profana entre os dois "Bs": Banshees e Buzzcocks. "Gostava muito das melodias dos Buzzcocks", disse, "e o mais incrível nos Banshees era que eles tinham uma ótima parede de ruídos que eu nunca tinha escutado. Minha ambição era tentar casar os dois". Fracassou, pelo menos nas primeiras sessões.

De todas as bandas que entraram e saíram do radar do The Cure durante sua carreira, não houve nenhuma – certamente em seus primeiros anos – mais importante do que a Siouxsie & The Banshees. Ela formou uma espécie de irmandade com o Cure: Smith não apenas se tornou um banshee por muito tempo, tocando guitarra com eles em estúdio e no palco (em uma época na qual não sabia sobre o futuro do The Cure), mas também formou com o baixista dos Banshees, Steven Severin, um laço baseado no excesso químico. Smith também pegou algumas dicas de moda com Siouxsie – na verdade, ficou convencido de que o grande número de fãs góticos do The Cure era uma consequência direta de sua temporada nos Banshees.

Como Peter Hook e Bernard Sumner, do Joy Division, Chris Parry e várias outras pessoas da indústria da música dos anos 1970, os Banshees começaram como resultado direto de um encontro com os Sex Pistols. Tanto Siouxsie Sioux (ex-Susan Ballion) quanto o futuro baixista dos Banshees, Steven Severin, faziam parte de um grupo notório de seguidores dos Sex Pistols chamado Bromley Contingent. Os Banshees se formaram em setembro de 1976, com o baterista original John Simon Ritchie logo se reinventando como o maldito Sid Vicious, dos Sex Pistols. Fizeram seu show de estreia no lendário Punk Festival no 100 Club, de Londres – seu *set list* era formado por exatamente uma música: uma profanação quase satânica do Pai-Nosso. Vicious logo saiu para uma vida como sex pistol e foi substituído por Kenny Morris, enquanto o guitarrista original, Marco Pirroni, foi para o Adam & The Ants. Seu posto foi ocupado por John McKay.

Siouxsie não era das vocalistas mais articuladas ou eloquentes, mas havia uma energia bruta por trás de seu estilo que fazia dela uma força irresistível. "Uma conexão vital entre o punk e a psicodelia", nas palavras da *Rolling Stone*, o LP de estreia dos Banshees de 1978, *The Scream*, foi um disco essencial em terra britânica pós-Sex Pistols. Os Banshees não estavam apenas se inspirando em artistas reverenciados no Reino Unido como Roxy Music e David Bowie, mas também apontando o caminho adiante para todos, do The Cure ao The Mission, Sisters Of Mercy, All About Eve e várias outras bandas que seriam formadas, diretamente ou não, por causa dos Banshees. O grupo até conseguiu um hit improvável com a muito atípica e ricamente melódica "Hong Kong Garden", que disparou para o Top 10 britânico em setembro de 1978, pouco antes de o Cure voltar ao estúdio com Parry.

Quanto ao The Cure, seus problemas continuaram no estúdio. Como Parry estava financiando as sessões, Robert Smith sentia que o chefe da gravadora e produtor "nos deixava sem escolha". Os métodos da banda e do produtor de lidar com a frustração se manifestavam de diferentes formas – Smith ficava emburrado, sentado em um canto do estúdio, enquanto Parry destilava seu veneno de forma virulenta.

Só que ele realmente acreditava que tinha um "conceito de produção" para a banda. Em vez de enriquecer o som do trio, como fez com algum sucesso com o Jam, queria despi-lo "até os ossos". Estava apaixonado pela voz e pelas palavras de Smith, mas sentia que, depois do massacre elétrico do punk, os ouvintes procurariam algo mais elusivo, mais "misterioso".

Parry sentia que tinha uma ideia clara do que era bom para o Cure, enquanto Smith só sabia o que não queria para a banda. "Tivemos muitas discussões", contou Parry. "Eu pensava: 'Porra, tenho problemas suficientes tentando tocar a gravadora sem isso'. Por que não conseguem ver que penso no que é melhor para a banda?"

As lembranças de Lol Tolhurst daquelas primeiras sessões para a Fiction são muito menos complicadas do que as de Smith. "Entramos e gravamos nossas músicas. Chris e Mike [Hedges] estavam na mesa, sentamos atrás e, quando ficávamos entediados, voltávamos para casa." Dempsey concordou. "Fomos e simplesmente gravamos todo o nosso set ao vivo."

No entanto, a banda encontrou no engenheiro Hedges um aliado inesperado, que acabou tendo um papel essencial no som e no sucesso do Cure da primeira fase. Quando Hedges foi contratado por Parry e conheceu o Cure, em outubro de 1978, seu currículo não era impressionante. Ele era um operador de fita e engenheiro que havia ajudado em gravações como o álbum do Central Heating de 1977, *Heatwave*, a gravação em 1978 do elenco londrino de *Evita* e *Paraphernalia*, um disco da saxofonista de jazz Barbara Thompson. Até então, não era bem uma carreira digna de nota. Entretanto, menos de um ano depois de gravar com o Cure, Hedges trabalhou com o herói de Robert Smith na adolescência, Alex Harvey, como engenheiro de som de "The Mafia Stole My Guitar", faixa-título do único disco solo de Harvey. Também trabalhou em *The Candidate*, álbum do rebelde londrino Steve Harley. Muito tempo depois, trabalhou com Dido, U2 e Travis.

Lol Tolhurst era um grande admirador de Hedges; estava convencido de que ele era o homem certo na hora certa. "Ainda era jovem e havia crescido naquele sistema de estúdio em que tinha um conhecimento de gravação muito bom. Era necessário passar por todo um aprendizado para se tornar engenheiro de gravação, e ele tinha feito isso. O que não possuía necessariamente em termos de visão criativa, conseguia compensar com a técnica. Foi muito bom para nós."

"Ele era, e ainda é, uma ótima pessoa, muito inteligente, um inglês verdadeiramente bom no melhor sentido da palavra."

A situação do The Cure não era nada peculiar: um trio de novatos entra em estúdio com planos vagos e tem dificuldade em se adaptar a esse ambiente estranho e novo (relativamente novo no caso do The Cure). É uma ocorrência comum na história do rock. Quando a banda norte-americana de punk/funk Red Hot Chili Peppers estava gravando seu LP de estreia, a tensão no estúdio era tão alta que o produtor, Andy Gill, teve um câncer, o engenheiro saiu do estúdio gritando e nunca mais voltou, e Gill fez as fitas master de reféns até ser pago. A situação no Morgan Studios não foi tão extrema.

"A banda não sabia bem o que estava acontecendo", segundo Mike Hedges. "Tudo era novo para todos exceto Chris. Robert sabia o que queria, mas não sabia como expressar isso. Usamos pouquíssima tecnologia. Ele [Smith] só queria usar sua velha guitarra Top 20 [da Woolworth] e um amplificador HH barato, que era o pior do mundo para distorção."

A insistência de Smith em usar o amplificador HH levou a mais uma discussão com Parry. Embora o produtor achasse o amplificador adequado para algumas músicas, ele literalmente se desfez depois da gravação da faixa-título do álbum de estreia, "Three Imaginary Boys". Smith estava se agarrando ao amplificador barato e à guitarra pechinchada como uma espécie de cobertor de bebê. Parry ficou pasmo.

"Pensei: 'Meu Deus, aqui estou investindo dinheiro em um álbum para um cretino que se recusa a ouvir a voz da razão'. Então falei: 'Tudo bem, se vocês querem ser uma banda punk, toda soturna e estúpida, o que serão se continuarem usando os equipamentos que têm, podem ser, mas serão expulsos da gravadora'."

Se houve um aspecto positivo nas sessões que geraram *Three Imaginary Boys*, foi a presença do The Jam. O trio de Woking, que Parry havia contratado no ano anterior, estava gravando seu segundo LP, *This Is The Modern World*, no estúdio ao lado. Parry estava alternando a produção dos dois discos. Como o Cure estava trabalhando no álbum barato, à noite, entravam escondidos no estúdio quando Paul Weller, Bruce Foxton e Rick Buckler tinham encerrado o dia e pegavam "emprestado" seus equipamentos. Tolhurst se lembra de usar a bateria de Buckler em quase todas as sessões de *Three Imaginary Boys*, sobretudo porque "tinha uma bateria velha bem vagabunda". Smith obviamente não era um punk tão purista a ponto de resistir à tentação de usar os equipamentos mais modernos (e financiados pela Polydor) do The Jam. Talvez os instrumentos carregassem um pouco da melodia (e sorte) do The Jam.

Ao longo de três sessões na madrugada, o Cure havia gravado um total de 26 músicas. Sua última noite de gravação foi em 25 de outubro, depois de voltar de um show nada inspirador abrindo para os extintos Young Bucks no Windsor Castle, na Harrow Road, em Londres. Segundo Tolhurst, "basicamente, poderíamos estar tocando nosso primeiro show no The Rocket, em Crawley. Eram 10 pessoas olhando para suas cervejas". Mas esse show foi mais um momento crucial na relação Chris Parry/Cure, porque Parry os puxou de lado antes de subirem ao palco e sugeriu, com veemência, que precisavam desenvolver uma espécie de imagem. "Aquilo plantou algumas sementes de dúvida", disse Smith. "Quer dizer, Bill [Parry] poderia ter esperado até depois do show para falar aquilo." Smith acabou explicando a imagem não-existente da banda da seguinte forma: "Como um grupo, não estávamos particularmente afiliados a nada. Não havia ala de esquerda, de direita, nada". Dempsey concordou, dizendo que "nunca falamos de verdade que gostávamos de algo".

A essa altura em sua vida na música, o Cure não tinha tanto uma imagem quanto uma anti-imagem – ainda estava muito longe de seu visual característico de cabelo desgrenhado, batom borrado e sexualmente ambíguo dos anos 1980 e 1990. Michael Dempsey preferia calças de veludo cotelê e sapatos Hush Puppies – Parry achava que ele "parecia bobo" –, Smith adorava um casaco sem caimento e comum, e Tolhurst, segundo Parry, "aparecia usando qualquer calça e sapato, camisa branca e barba malfeita. Pensei: 'Estes caras são muito toscos – a música é ótima, mas o visual é uma merda'". As preocupações da banda, no entanto, diminuíram um pouco pelo dinheiro que Parry deu para que melhorassem o guarda-roupa. Smith e Tolhurst logo foram vistos dividindo uma jaqueta de couro, que apareceu em muitos de seus primeiros shows ao vivo e fotos promocionais.

O plano de endurecimento na estrada de Parry para o Cure continuou em outubro e novembro de 1978, quando a banda abriu para o UK Subs e, depois, o Generation X. Embora seja improvável que tenha tido o luxo de escolher a dedo os shows de abertura, Chris Parry estava mostrando um pendor para conectar a banda com artistas de diferentes estilos, perfis e mentalidades.

Quando o Cure abriu para o UK Subs no Moonlight Club, em West Hampstead, a banda estava na posição estranha de ser conhecida como sobrevivente do punk rock. Capitaneada pelo vocalista Charlie Harper, o UK Subs estava na ativa desde novembro de 1976, quando Harper tinha ouvido o Damned e passado por um renascimento musical, logo acabando com sua banda, um grupo com toques R&B chamado The Marauders. O UK Subs (uma forma abreviada de seu nome original, The Subversives) traçou seu plano para domínio mundial no local de trabalho de Harper, um salão de cabeleireiro no sul de Londres. A banda gravou várias John Peel Sessions na BBC Radio One em 1977 e 1978, e acabou assinando um acordo com o selo GEM. Em 1979, foi até assunto de um documentário dirigido por Julien Temple, *Punk Can Take It*.

Lol Tolhurst já havia encontrado Harper no clube Greyhound (em Croydon), quando Harper o convidou para entrar para o Subs. Ele recusou educadamente. Para Robert Smith, os shows compartilhados no Moonlight Club foram "uma noite gloriosa pra caralho", embora o UK Subs fosse membro de um dos clubes mais odiados do punk – roqueiros envelhecidos. "Lembro que falavam: 'Ei, temos de usar seu equipamento, *chapa*'", contou Smith, "e falei: 'Você não pode me chamar de *chapa*. Estamos em 1978'." Segundo a memória de Smith, o set do Cure naquela noite foi um de seus melhores e mais agressivos. O trio seria fotografado na frente da casa de Harper, em Clapham Common, para uma matéria na *Melody Maker* publicada em 24 de março de 1979, com Smith e Tolhurst usando suas jaquetas Miss Selfridge.

Quanto ao Generation X, de nome brilhante (e premonitório), a banda era comandada por William Broad, um dos muitos punks que montavam acampamento na Sex, a butique comandada por Malcolm McLaren e Vivienne Westwood. Ele pode ter sido um filho dos anos 1960, amante dos Beatles, nascido em Middlesex e criado, por pouco tempo, em Long Island, Nova York; mas Broad mergulhou na vida punk como se tivesse nascido nela. Tingiu o cabelo de loiro, rebatizou-se como Billy Idol e entrou para uma banda punk chamada Chelsea. Dois meses depois, uniu forças com o baixista punk Tony James e formou o Generation X. Eles podem ter usado as roupas e feito as caretas dos punks de rua, mas o Generation X sabia fazer uma canção pop pegajosa, conseguindo uma sequência de sucessos no Reino Unido em 1977, incluindo "Wild Youth", "Ready Steady Go" e "Your Generation". A banda até fez uma cover de "Gimme Some Truth", de John Lennon, em seu LP autointitulado de 1978, revelando suas raízes clássicas. O Generation X também foi a primeira banda punk a aparecer no *Top Of The Pops*, um momento que teve quase a mesma importância da aparição de Bowie em 1972.

O Cure, no entanto, provavelmente não estava tão familiarizado com o pedigree do Generation X quando chegou em High Wycombe, em 24 de novembro, para o primeiro de uma série de shows de abertura. Eles não estavam preocupados em negociar com o cara do som e da luz do Generation X, que insistia que o Cure pagasse 25 libras pelo uso do equipamento da casa. A banda reagiu ligando seu próprio equipamento: duas caixas Yamaha A40 que usavam como amplificador, uma mesa de mixagem HH, montada no palco, que Smith operava de acordo com dicas dos fãs na plateia, e um par de lâmpadas, que a banda colocou nos dois lados do palco. Quando o show seguinte chegou, no clube de cricket de Northampton, sua demonstração de valentia impressionou tanto a equipe da atração principal que ela ofereceu ao The Cure uso livre do equipamento do Generation X.

Parry pode ter dado um salário ao The Cure, mas a grana continuava curta: depois de cada show com o Generation X, eles voltavam à casa de Parry, em Watford, e dormiam no chão. Só em 30 de novembro, quando tocaram na Tiffany's, em Halesowen – e foram atacados por skinheads depois –, que o Cure realmente teve direito ao luxo de um quarto de hotel. Mesmo assim, era mais pela aparência, porque Parry sabia que alguns executivos da Polydor iriam ao show.

Robert Smith sempre gostou de beber e aceitou muito graciosamente um licor Southern Comfort de cortesia dos funcionários da Polydor. Tão graciosamente, na verdade, que passou boa parte da noite abraçado à privada, vomitando seu brinde. Tolhurst bebia com tanto gosto quanto Smith, mas só passou mal quando chegou ao quarto que dividiam. Então, despejou tudo na pia e no carpete. Eles deixaram o hotel rapidamente no dia seguinte.

Mesmo nesse inicial e relativamente despreocupado capítulo da carreira do The Cure, Michael Dempsey aprendeu rápido que não era feito para a vida na estrada. Obviamente concordava que esse mundo novo era "divertido", mas tinha problemas em se adaptar à ressaca aparentemente infinita e à reação indiferente da maioria das plateias. "Ele é uma figura engraçada", disse Tolhurst em 2005. "Como amigos, ainda nos damos muito bem – podemos até gravar alguma coisa no futuro, mas estar na estrada, ainda mais naquele nível bem humilde, exigia uma certa resistência. É como estar no exército: você não dorme muito, levanta, dá tudo de si por algumas horas e depois parte para outro lugar. Ele trazia muitos multivitamínicos, comprimidos e remédios, sempre estava se sentindo um pouco mal. Robert e eu aguentávamos bem, podíamos fazer aquilo durante meses sem sofrer demais."

Dempsey também se incomodava com as muitas viagens arriscadas (em geral de madrugada) feitas pela banda. "Por causa da 'economia' de Parry", disse em 2005, "não ficávamos em hotéis, então percorríamos distâncias enormes, quase dormindo ao volante. E não só dirigíamos, mas também carregávamos nosso próprio equipamento. Fiz isso com relutância, acho que não gostava particularmente daquilo".

Um incidente inocente ocorreu depois do show de 3 de outubro no Bristol Locarno e, segundo a banda acredita, levou à sua expulsão da turnê com o Generation X. Tudo começou quando Tolhurst zanzou pelos bastidores, precisando com urgência ir ao banheiro. Embora tivesse sido alertado para não entrar, empurrou um segurança e entrou no toalete – descobrindo que Billy Idol estava "se apresentando" a uma fã. Determinado, Tolhurst fez o que tinha de fazer, calmamente respingando urina no pé de Idol como gesto de despedida.

"Encontrei Billy em, digamos, uma posição bem comprometedora com uma jovem no banheiro", contou Tolhurst. "Estava desesperado para mijar, ele não cedeu, então fiz o melhor que pude. Infelizmente, uma parte do Billy estava na minha trajetória" (anos depois, Tolhurst reencontrou Idol em Nova York. "Ele me deu uma olhada estranha enquanto tentava se lembrar de onde me conhecia. Não falei de onde."). O Cure e o Generation X dividiram mais uma data em 5 de dezembro, no California Ballroom, em Dunstable, mas apenas porque o Cure era a única banda disponível em curto prazo, segundo Smith. "O incidente do banheiro obviamente não caiu muito bem", explicou, "mas também estávamos começando a ter uma resposta boa e isso os deixou nervosos".

Tolhurst confirmou isso quando falei com ele. "Pelo que lembro, aquilo [o encontro no banheiro] foi a desculpa de que precisavam para nos expulsar da turnê. Estávamos indo bem demais, acho."

Na véspera do último show, em Dunstable, o Cure gravou a primeira de suas muitas sessões com o influente DJ John Peel, da BBC Radio One. Peel era um veterano da estação de rádio pirata "Wonderful" Radio London (a "Big L") que havia entrado para a BBC em 1967. O Cure era uma das muitas bandas independentes (de Captain Beefheart a T. Rex, de Undertones a Sex Pistols, passando por Joy Division e Buzzcocks) que ele incentivava não apenas no começo da carreira, mas também durante toda a sua vida musical. A primeira sessão do The Cure com Peel incluiu quatro originais da banda: "10:15 Saturday Night", "Fire In Cairo", "Boys Don't Cry" e "Killing An Arab". Era o selo de credibilidade de que a banda precisava. [2]

O Cure enfrentou outra plateia indiferente em 8 de dezembro, no The Corn Dolly, em Oxford, quando espectadores bêbados gritavam sem parar por "aquela que fica pingando". A banda respondeu tocando "10:15 Saturday Night" várias vezes. Mesmo assim, apesar dos bêbados tapados, do encontro manchado por urina de Tolhurst com Billy Idol e do receio de Dempsey sobre a vida no banco de trás de uma van, a sorte e a fama do The Cure estavam aos poucos melhorando. Em 16 de dezembro, a banda recebeu sua primeira cobertura nacional da imprensa musical britânica, cortesia de Adrian Thrills, repórter escolhido a dedo por Parry três meses antes para ver o show em Redhill.

Com a manchete "Ain't No Blues For The Summertime Cure" [*"Não Há Tristeza Para a Cura do Verão"*], Thrills documentou a breve história da banda. Ele notou o amor de Smith por sua guitarra Woolworth Top 20 e detalhou a evolução da banda, analisando sua briga com a Hansa e o acordo com Parry e a Fiction. Pode ter sido o primeiro encontro formal de Smith com a imprensa musical, mas ele já estava desenvolvendo o tipo de frases espinhosas e comentários maliciosos que se tornariam sua marca registrada. Quando perguntado sobre os planos da Hansa, Smith respondeu com sua rejeição sagaz sobre como "chegou ao ponto em que teríamos virado o Barron Knights do punk", enquanto desprezou as faixas oferecidas a eles pela gravadora alemã como "músicas banais de rock velho". Smith também defendeu "Killing An Arab" pela primeira, mas não última vez. Thrills descreveu a música como "à primeira vista, irresponsavelmente racista", antes de detalhar suas raízes eruditas. Smith lidou com esse

2 Quando John Peel morreu, em 25 de outubro de 2004, Smith postou a seguinte homenagem no website da banda: "Apaixonado, honesto, generoso, inteligente, engraçado, um homem realmente bom – sentiremos imensamente sua falta".

assunto delicado com a mão firme de um veterano da mídia. Depois de fazer uma brincadeira sobre a música ser dedicada a todos os árabes ricos vistos nas discotecas de Crawley, tentou minimizar seu significado, de uma vez por todas. “Não é nada racista”, afirmou, “não é um chamado para matar árabes”.

Embora o retrato de Thrills sobre o Cure como “um trio abrasivo de metal leve” estivesse bem equivocado, o jornalista ficou claramente impressionado com os jovens melancólicos de Crawley. “O Cure é um sopro de ar fresco no circuito de pubs e clubes da capital”, escreveu. “Sugiro que vocês vejam o Cure imediatamente.”

A matéria favorável de Thrills teve um efeito imediato e evidente – o que não surpreende, dada a natureza “siga meu líder” da imprensa britânica (e dos leitores que devoravam as publicações semanais sobre música). Quando o Cure subiu ao palco do Hope & Anchor, em Islington, uma semana depois, o lugar estava lotado. Embora Smith estivesse ardendo em febre e se medicando com paracetamol e aspirina, a banda foi um sucesso. Rick Joseph, da *Melody Maker*, estava na plateia e gostou do que viu, apesar dos problemas físicos de Smith.

“Aquela foi uma data cruel no calendário do The Cure”, começou, com preocupação, detalhando a doença de Smith, a bateria instável de Tolhurst e o lugar barato, que, escreveu, “tinha o charme de uma balsa que cruza o canal”. No entanto, como Thrills, Joseph conseguia ver a estrela em ascensão da banda. Elogiou o “set conciso”, dizendo que, apesar dos problemas, “o Cure... salvou este evento nada luxuoso do esquecimento com seu talento musical embrionário e capacidade de injetar uma dose de diversão nos corpúsculos gélidos dos espectadores presentes”. Resumindo: o Cure arrasou, voltando para o bis duas vezes.

Para Michael Dempsey, shows como esse em Londres foram o auge de seu período no The Cure. “Foram momentos notáveis”, disse, “mas o retorno diminuiu a partir dali. Era como beber: a primeira dose é ótima, mas depois é só ladeira abaixo”.

Quanto a Chris Parry, sua decisão de saltar do barco da Polydor pareceu se justificar. Sua nova banda tinha o som, a jaqueta de couro, o apoio da volúvel imprensa musical – agora, tudo o que o Cure precisava era de músicas no mercado. Em dezembro, o single de estreia da banda, “Killing An Arab”, com “10:15 Saturday Night” no lado B, foi lançado. Em um esforço para capitalizar sobre a boa repercussão e disponibilizar algo nas lojas antes do Natal, Parry foi forçado a lançar o single pela Small Wonder Records, pelo menos para a tiragem inicial de 15 mil cópias. A Small Wonder era um selo indie que funcionava em uma loja de discos em Walthamstow, no leste de Londres, e que havia conseguido sucesso em pequena escala com as bandas Punishment of Luxury e The Leyton Buzzards. O acordo era: ao "sublocar" o Cure por essas 15 mil cópias, a Fiction poderia fazer uma pesquisa de mercado livre, medindo a resposta do público à gradual fama da banda. Se a primeira tiragem esgotasse, a Fiction teria dinheiro suficiente para produzir mais 15 mil.

No entanto, apesar dos esforços de Parry, a estreia da banda não chegou às lojas em tempo para o Natal, então o Cure perdeu a chance de enfrentar cara a cara os Bee Gees, cujo single "Too Much Heaven" era o sucesso da estação (junto com o apelo desesperado que era "Do Ya Think I'm Sexy", de Rod Stewart). Até Robert Smith pode ter notado a ironia de que "A Taste Of Aggro", do Barron Knights, também estava subindo nas paradas natalinas.

O que Parry conseguiu, no entanto, foi incluir "Killing An Arab" na coletânea punk da Polydor, *20 Of Another Kind*, lançada em março de 1979. O Cure se viu de volta à companhia do garanhão Billy Idol e do Generation X, além dos contratados de Parry, The Jam e Sham 69 (que contribuíram com duas músicas cada, já que o chefão da gravadora Fiction montou o álbum).

Embora Robert Smith não gostasse do design do encarte de "Killing An Arab", este era impressionante. Um par austero e penetrante de olhos – a imagem invertida do rosto de um idoso – encarava na capa, enquanto o verso, em uma interpretação quase literal da música, mostrava a imagem de uma pequena torneira gotejando (entendeu? Como em "drip, drip, drip"). Foi o primeiro de vários desacordos entre Parry e Smith sobre o visual da banda e sua música, embora Parry admitisse que não se preocupou "terrivelmente" quando Smith torceu o nariz para a arte da capa. Parry não queria que sua estrela em ascensão se envolvesse em discussões tão subjetivas, só que continuasse compondo músicas de qualidade – o que era algo que Parry sabia que o Cure havia produzido com "Killing An Arab".

"Sabia que o público gostaria", declarou. "Era algo com que dava para fazer pogo, então era ótima para os punks e... aquelas eram as pessoas que eu realmente queria atingir: quem lê jornais sobre música, gente ativa."

Apesar da estreia adiada, a resposta dos semanários musicais a "Killing An Arab" foi favorável e imediata. Antes do final do ano, a Small Wonder teve duas mil encomendas para o single. A maré de boa sorte da banda veio como um choque. "Em um minuto, não éramos nada", disse Smith, "e no minuto seguinte éramos os Novos Existencialistas".

Jornalistas musicais se envolveram em uma competição saudável para reivindicar o direito de se gabar sobre a primeira resenha do single de estreia do The Cure. Dave McCullough, da *Sounds*, saiu na frente, falando sobre "Arab" em 13 de janeiro. Em meio ao palavreado exageradamente esperto de sempre, conseguiu ir direto ao ponto: "O lado A é... bom, novo, conciso e engraçado. Pitoresco. Você se apaixona de imediato". Ele fez um favor imenso à banda ao também analisar o lado B, "10:15", observando que "atinge a escassez no rock como nenhuma gravação conseguiu desde, ah, desde que me lembro. Basicamente não há instrumentos na música. Tudo fica para sua imaginação". Em poucas frases, McCullough ratificou a decisão de Robert Smith de se afastar do virtuosismo de Porl Thompson na guitarra.

A *Melody Maker* foi a segunda a falar de "Arab". Ian Birch comparou a música ao recente e excelente single da Siouxsie & The Banshees. "Enquanto 'Hong Kong Garden' usava um riff simples de estilo oriental para atingir um efeito impressionante", equacionou justificadamente, "'Arab' evoca ousadia através de um padrão de guitarra com sabor mouro".

Tony Parsons, da *NME*, foi outro convertido. Escrevendo na edição de 27 de janeiro, elogiou o vocal de Smith, algo surpreendente, já que sua voz não era bem a arma essencial do arsenal limitado do The Cure: "Aqueles vocais – duros, sucintos, de entonação tensa, muito elétricos e emotivos, o grito que um sistema nervoso pode dar à beira do colapso metabólico". Então, em uma observação que ecoava a separação autoimposta por Smith dos durões trabalhadores de Crawley, o jornalista comparou seu vocal desolado com "aquela sensação que você tem observando os rostos no metrô enquanto volta do trabalho depois de sair de casa ao amanhecer pela terceira vez sem dormir". Um pouco confuso, claro, mas a mensagem foi clara o bastante: o Cure oficialmente tinha credibilidade.

Até Nick Kent, o lendário escriba da *NME*, assinou embaixo, voltando sua atenção para "10:15" e a chamando de "algo como uma vinheta isolada, retratando com esperança todo um clima de rejeição".

A *Sounds* conseguiu sentir um ímpeto suficiente na locomotiva do The Cure para fazer da banda a estrela da capa de sua edição de 27 de janeiro. Novamente, Dave McCullough escreveu a matéria, com o título "Kill Or Cure" ["*Matar ou Curar*"], a partir de uma entrevista realizada – a pedido da banda – no Museu de História Natural. Se a escolha do lugar foi feita para provar o quão longe eles estavam dos grupos descolados de Londres, McCullough não captou. Ele parecia preocupado com a aparência jovial da banda, sobretudo de Robert Smith. "Eles parecem tão jovens, é como se não fossem de verdade", escreveu. "Robert brilhava em uma calça larga, peculiarmente boba e fora de moda. Eles parecem mais novos, da maneira como a maioria dos garotos de boas famílias parecem mais novos. Puros e limpos."

Obviamente McCullough não tinha bola de cristal: não havia como saber que, em menos de cinco anos, Robert Smith se tornaria um cadáver ambulante, enquanto tentava ao máximo se destruir durante suas prolongadas "férias químicas". Só que isso estava em um futuro muito distante – agora, o Cure tinha de concluir seu álbum de estreia.

Capítulo Quatro

"Sou o aspirador de pó, Robert é a luminária e Michael é a geladeira."
– Lol Tolhurst

No início de 1979, o Morgan Studios tinha começado a parecer a segunda casa do The Cure. A banda voltou para lá em 8 de janeiro para continuar trabalhando nas músicas que acabariam formando *Three Imaginary Boys*, só saindo para um show no Nashville, a oeste de Kensington, em 9 de fevereiro. Foi ali que eles tiveram seu segundo encontro com o National Front. Essa gangue de carecas encrenqueiros estava convencida de que "Killing An Arab" – que havia vendido bem o bastante para render uma segunda prensagem pela Fiction – era um chamado às armas para quem odiava árabes em todo lugar. Eles até se postaram diante do local do show, entregando folhetos que se referiam à música, como se fosse uma espécie de novo hino do National Front. Robert Smith balançou a cabeça, consternado com a visão ingênua do grupo sobre sua música inspirada por Camus, e continuou tocando enquanto começaram brigas na plateia. As desavenças dentro do estúdio pareciam tímidas quando comparadas a isso.

Com o benefício do tempo e o privilégio de ser um astro do rock mimado (e muito amado), Robert Smith constantemente minimizou *Three Imaginary Boys*, ressaltando que, se tivesse tido mais controle criativo, o disco teria sido uma estreia muito mais satisfatória e caprichada. No entanto, na época da gravação, o moleque de 19 anos não falava o idioma do estúdio e não tinha como traduzir os sons que ouvia para a fita. Além disso, nem ele nem Tolhurst ou Dempsey eram tão confiantes para questionar o trabalho de Hedges e Parry – então a dupla mais experiente assumiu o controle da produção, o que era compreensível.

Michael Dempsey não era o único membro do The Cure a questionar a perícia de Parry no estúdio, mas foi o único a fazê-lo oficialmente. Quando perguntei se Parry merecia o crédito de produção que recebeu por seu LP de estreia, ele respondeu de forma enigmática: "O produtor sentava na cadeira com 'produtor' escrito no encosto". Sendo um ex-baterista, Parry dedicou boa parte do limitado tempo da banda no Morgan para acertar o som perfeito da bateria, enquanto Tolhurst passava horas batucando em uma caixa. "O foco dele no estúdio era a bateria, conseguir um bom som da bateria, o que era natural", Tolhurst me contou. O resto das sessões passou voando, com o mínimo de overdubs e mais alguma guitarra principal de Smith. "Tudo foi feito em um ou dois takes", contou Tolhurst. "Talvez existam alguns overdubs em todo o álbum. Tocamos como nos shows."

Apesar da natureza rápida das sessões, o Cure na verdade saiu com mais músicas do que o necessário para *Three Imaginary Boys*. Entre as que ficaram de fora estavam "Pillbox Tales", que apareceu como lado B do single de "Boys Don't Cry"; a pouco ouvida "World War", que apareceu na reedição em 2005 de *Three Imaginary Boys* e – em uma crítica mordaz a seus ex-chefes alemães – uma faixa disco falsa chamada "Do The Hansa". Ela só foi ouvida no relançamento de "Boys Don't Cry", em 1986 – e mesmo assim só como um bônus no lado B.

Dessas excluídas, "Pillbox Tales" se destacou porque sua letra foi composta principalmente por Tolhurst. Como ele me contou, "o estranho em 'Pillbox Tales' é que ela começava como uma ode a uma namorada minha que eu encontrava em um velho depósito de armas da Segunda Guerra no meio do mato em Horley". Para Smith, a faixa foi escrita essencialmente para espectadores bêbados, "para podermos tocar uma música bêbada de emergência em 150 bpm pulsante por uns minutos."

"Do The Hansa" era igualmente transparente (e descartável), um escárnio à sua primeira gravadora, com Smith murmurando comentários ininteligíveis em alemão falso. Para ele, "Hansa" era uma "canção nonsense. O alemão falso era bem engraçado, e uma parte do instrumental também". Para Tolhurst, "acho que apenas aproveitamos a chance de nos vingarmos e tirarmos sarro da falta de visão deles". A faixa também provou que a banda não sabia como lidar com muita coisa fora de seu repertório pós-punk. Isso pode explicar por que ficou enterrada nos arquivos do The Cure por sete anos.

Enquanto Parry, Hedges e o assistente Mike Dutton finalizavam *Three Imaginary Boys* no estúdio 4 do Morgan, o Cure começou uma temporada de quatro semanas no Marquee, em Londres. A essa altura, seu set era praticamente só de faixas próprias, exceto sua versão para "Foxy Lady". A banda abriu o primeiro show com "10:15", depois passou para "Accuracy", "Grinding Halt", "Another Day", "Object", "Subway Song", "Foxy Lady", "Meathook", "Three Imaginary Boys", "Boys Don't Cry", "Plastic Passion", "Fire In Cairo", "It's Not You", "Do The Hansa" e o encerramento obrigatório com "Killing An Arab". O set do domingo seguinte foi idêntico, a não ser por uma reprise de "10:15".

Seu show de 40 minutos, nas palavras de James Truman, da *Melody Maker*, era "compacto, perfeitamente concebido e tocado com controle e vigor". O astuto Truman comparou o Cure a artistas pós-punk como Wire, Pere Ubu e Buzzcocks, e até assemelhou Smith ao lendário Tom Verlaine, do Television, só que "mais jovem, de cara limpa, cuspindo letras e tocando frases rápidas na guitarra em um emaranhado de desacordo e harmonia". Truman também elogiou a precisão de Lol Tolhurst.

Em sua análise final, fez muitos elogios a uma banda que ainda estava tateando para encontrar um som que pudesse chamar de seu. "O Cure está fazendo o que poucas outras novas bandas fizeram, compondo canções melódicas tradicionais, abraçando a experimentação quase ao ponto da autoindulgência e, ao mesmo tempo, sendo inteligentes com isso. São muito jovens. Também serão muito bem-sucedidos."

Quando a resenha de Truman chegou às ruas, todos já estavam sabendo sobre o Cure – o Marquee ficou lotado todo domingo, o que deixou as constantes cusparadas da plateia quase toleráveis. Uma de suas bandas de abertura foi o Joy Division, já desenvolvendo a própria lenda, embora Smith estivesse nervoso demais para prestar muita atenção ao atormentado Ian Curtis e seus companheiros de lamento de Manchester.

Lol Tolhurst ainda tem boas memórias de sua temporada no Marquee. Ele sentia que foi durante aqueles domingos que o Cure provou que era mais do que um trio de aspirantes suburbanos com fixação por Camus. "Minha lembrança preferida", disse em 2005, "é ficar na frente do Marquee antes de tocarmos, vendo as pessoas entrarem e ouvindo as conversas. Lembro que um casal passou e, ao ver o aviso de 'Lotado', exclamou: 'Casa cheia? Para o Cure?'. Acho que esse foi o momento em que percebemos que daríamos certo".

Embora Smith e a banda estivessem claramente felizes com todos os elogios, estavam prestes a receber um choque. Algumas noites depois da última apresentação no Marquee, enquanto a banda se preparava para um show no The Pavilion, em West Runton, Chris Parry mostrou uma prévia da arte da capa, desenhada por Bill Smith (que também tinha trabalhado na capa de "Killing An Arab"). Smith ficou pasmo. Embora não esperasse uma foto gloriosa e colorida do trio, não previa esta imagem caída e ambígua de uma luminária, uma geladeira e um aspirador de pó. A imagem do verso era igualmente enigmática: em vez de escrever os nomes das músicas, Parry havia usado símbolos para designar cada faixa ("Accuracy" foi representada por um alvo, e assim por diante). Era o pesadelo de um programador de rádio e uma decepção estética.

O que Parry estava pensando? Só isto: "Pensei: 'Vamos fazer completamente desprovido de paixão, vamos escolher as três coisas mais mundanas que conseguirmos encontrar'. Meu problema com o Cure era: eis uma banda sem uma imagem, mas com músicas fortes, então achei: 'Vamos fazer isso completamente desprovido de uma imagem'". Smith sabia que não poderia vencer a discussão – quando reclamou, Parry apenas lhe disse que era tarde demais para mudar qualquer coisa. Só que o desprezo de Smith pela arte da capa durou anos. Em 2000 ele ainda a considerava "um saco de merda".

"Foi totalmente ideia do Parry. Ele teve essa ideia sobre a banda, que aceitei com resistência. Até escolheu quais músicas deveriam entrar no LP."

A reação de Dempsey foi oposta à de Smith, o que diz algo sobre suas personalidades absolutamente diferentes. "Não a odiei, e ainda não odeio", disse quando conversamos. "Nenhum de nós foi particularmente contra ela, embora Robert tenha dito depois que sim." Dempsey sentia que as preocupações de Smith não se referiam tanto à imagem em si, mas sim porque ele não teve controle algum sobre a decisão. E Lol Tolhurst? Ele simplesmente decidiu quem era quem. "Sou o aspirador, Robert é a luminária e Michael é a geladeira."

Na verdade, quando perguntei em 2005, Tolhurst sentia que a reação de Smith à arte da capa tinha sido exagerada: ele certamente não expressou sua preocupação na época. "Vimos esta capa de Bill Smith – a mesma coisa com 'Killing An Arab' – e falamos: 'OK'. Não sabíamos de nada, então fomos com a maré."

"Havia um misticismo na arte da capa que não compreendíamos totalmente", acrescentou Dempsey, "e não queríamos tumultuar demais as coisas – não éramos confiantes".

A banda continuou em tour antes do lançamento do álbum, em maio, tocando em Cromer, Chippenham, Chesterton (onde seus roadies foram presos) e Westford. O Cure também fez um show na sua cidade natal, no Northgate Community Centre, dessa vez com o Amulet como banda de abertura, em 29 de abril. Foi mais um evento beneficente para o doutor Tony Weaver e mais uma vez a liga local do National Front invadiu a apresentação. Segundo Smith, "eles cercaram o centro comunitário e tentaram incendiá-lo enquanto tocávamos".

Isso atraiu mídia indesejável, assim como um incidente em um show na prefeitura de Bournemouth, em que uma mulher atacou o namorado, resultando em uma manchete que dizia "Homem Perde Orelha em Concerto Pop", mas também começaram a pipocar notícias mais animadoras. Em 24 de março, a *Melody Maker* publicou uma entrevista de Ian Birch com a banda, na qual Smith descreveu sua abordagem "menos é mais" e também explicou sua natureza caseira. "Não socializo muito com Mick ou Lol. Nunca socializo com ninguém, na verdade." Mas toda essa atenção foi um prelúdio a *Three Imaginary Boys*, que finalmente foi lançado em 5 de maio.

Robert Smith se tornou um dos maiores críticos de *Three Imaginary Boys*, detonando o álbum com frequência desde seu lançamento. Chegou até ao ponto de declarar que, se acabasse sendo o primeiro e último LP da banda, "eu teria ficado enojado por aquele ter sido meu único registro na música". Ele compôs as músicas que foram gravadas para *Three Imaginary Boys* sem uma ideia real do público do The Cure ou do tipo de direção musical com a qual esperava conduzir a banda, uma situação nada incomum para um grupo ainda em fase de aprendizado. E isso pôde ser notado.

"Tocávamos cerca de 50 músicas na época", declarou, "principalmente em pubs e para pessoas que não se importariam se caíssemos mortos. Escrevi a maioria delas sozinho [apesar dos créditos de composição divididos com Dempsey e Tolhurst], sem pensar que seriam ouvidas por mais de 30 pessoas por vez. Chris Parry escolheu as que achou serem as melhores das 30 que gravamos".

A visão de Tolhurst sobre *Three Imaginary Boys* não era tão extrema. "A verdade é que, até o primeiro disco, não tínhamos ideia", ele me falou. "Quando fizemos o primeiro álbum, pensamos: 'Bom, talvez seja o único, talvez nunca mais gravemos outro'. Não tínhamos um plano perfeito – não tivemos nenhum até meados dos anos 1980. Éramos muito jovens, não tínhamos ideia alguma do que aconteceria. Essa ingenuidade aparece quando escuto os discos agora. De certa forma, isso nos salvou."

As críticas de Smith foram reações típicas de um músico ambicioso com um som na cabeça, mas sem compreensão real de como capturá-lo em estúdio – e que não estava na posição de exercer poder algum quando se tratou da seleção final das músicas. E Smith não se segurou – criticou a reviravolta rápida do álbum, sua seleção voluntariosa de músicas, sua capa, sua falta de foco musical, as limitações de Lol Tolhurst como baterista – e tinha um bode expiatório útil em Chris Parry. Smith com frequência culpava seu produtor que virou empresário (e que depois virou chefe de gravadora) por praticamente todas as falhas de *Three Imaginary Boys*, mas, claro, levou algum tempo antes que disparasse muitas dessas críticas.

"O primeiro é o disco de que menos gosto da banda", Smith falou à *Rolling Stone* em 2004. "Obviamente são minhas músicas e eu estava cantando, mas não tive controle sobre nenhum outro aspecto dele: a produção, a escolha das faixas, a ordem de execução, a arte da capa. Foi tudo meio que feito por Parry sem minha benção. E mesmo tão novo fiquei irritado."

"Tinha sonhado em gravar um álbum", continuou, "e, de repente, estávamos gravando e minha contribuição estava sendo desconsiderada. Decidi desde então que sempre pagaríamos tudo e, assim, manteríamos controle total".

Smith admitiu sentir que o álbum estava indo na direção errada praticamente desde a primeira nota gravada. "Lembro bem que pensei: 'Não está soando como quero'." Seu objetivo era um som conciso, simplificado e sem enfeites, algo que a banda conseguiu em algumas faixas, mas não no disco inteiro. "Quando entramos para gravar", disse, "eu não tinha tempo de fazer o que queria, nem influência suficiente para isso". Smith sentia que Parry o "enganou" para gravar músicas que não eram suas preferidas, só para que a banda tivesse muitas opções na hora de determinar a lista final de faixas (no entanto, nenhum dos companheiros de banda se lembra de Smith dizer isso na época do lançamento).

"Chris Parry nos disse para gravar todas as músicas que tínhamos e trabalharíamos no que iria para o álbum depois. Confiei nele, mas, no final das contas, ele só escolheu o que entrou." Smith citou faixas como "Object" e sua cover de "Foxy Lady" como descartáveis, que deveriam ter sido guardadas, no máximo, para lados B. "Eram infernais, eu as odiava – eram os restos do que estávamos fazendo." Quando as sessões terminaram, em fevereiro de 1979, Smith já estava escrevendo as músicas que apareceriam no muito mais resolvido (mesmo sendo sombrio a ponto de cortar o pulso) *Seventeen Seconds*. Se Smith havia aprendido uma coisa com a experiência em *Three Imaginary Boys*, foi a seguinte: ele jurou se envolver na produção de cada álbum futuro do The Cure. Diferentemente de muitas proclamações suas, ele cumpriu com a palavra – coproduziu cada um dos 11 álbuns seguintes de estúdio.

É claro que *Three Imaginary Boys* não foi tão mal concebido quanto Smith queria que o mundo acreditasse, seja em 1979, seja em 2004. Se tivesse sido, parece provável que o Cure teria sido ridicularizado nas páginas da imprensa musical e nunca mais voltaria (e houve outras distrações em maio de 1979: por exemplo, a superconservadora Margaret Thatcher tinha acabado de se tornar a primeira premiê britânica). A banda e Parry foram sagazes o bastante para abrir o disco com seu maior trunfo, a tensa "10:15 Saturday Night", uma faixa tão retesada quanto muitas ouvidas em 1979, incluindo "Transmission", do Joy Division. Após "10:15" vinha "Accuracy", outro momento seco de desespero pós-punk, uma música tão sem camadas que quase não sobra nada. É um clássico estudo de caso do estilo vocal meio falado de Smith, que ele basicamente dominou já nesta fase inicial. "Grinding Halt" – incluída na futura sessão da banda para John Peel, por motivos além da própria música – tinha todos os ritmos cortados da new wave, a guitarra base em *staccato* de Smith e a bateria minimalista de Tolhurst ecoando os sons do recente e ótimo álbum do XTC, *Drums And Wires*. Tolhurst compôs a música original, mas Smith editou a letra e a reduziu ao mínimo absoluto.

"Another Day" desacelerou consideravelmente o ritmo de *Three Imaginary Boys* – o som obscuro da faixa foi um precursor do tipo de névoa narcótica que pairou sobre os álbuns vindouros do The Cure (*Faith* e *Pornography*). Em vez de fazer rimas, Smith cuspia fragmentos de letras – "tons de cinza", "olho pela janela", "o céu do leste fica cada vez mais frio" – que geravam o mesmo tipo de melancolia triste que levaria seu colega Morrissey, do The Smiths, a ser coroado o homem mais triste de Manchester. [1] Uma passagem confusa, em que a mú-

1 Os ataques verbais de Smith a Morrissey renderiam algumas de suas frases mais citadas pela imprensa. "Desprezo o tipo de lamento desesperado de Morrissey", anunciou em 1989. "Não acho muito divertido estar perto de alguém que se queixa o tempo todo.

sica é interrompida, não favoreceu "Another Day", mas a faixa é um indicador sonoro útil para o futuro som do The Cure (assim como "Winter", extraída das sessões de *Three Imaginary Boys*). Para Smith, "Another Day" era apenas sobre tédio e repetição – o que dava para notar.

"Object" volta ao andamento mais urgente de "Grinding Halt", com os vocais de Smith mergulhados em tanta reverberação que parecia que ele estava tentando ser mais Roy Orbison do que o próprio (Smith teria dado tudo por um décimo da majestade da voz de Orbison...). Como boa parte de sua composição de letras no álbum, a mensagem de Smith é ambivalente, enquanto ele brinca com os significados diferentes das palavras "objeto" e "objeção" de uma forma inteligente e levemente erótica. Não está claro se ele estava aproveitando seu momento como objeto de desejo ou se estava segurando um cartaz que dizia "fique longe". É improvável que soubesse, embora admitisse que a faixa tenha sido composta como uma piada, um "pastiche de música sexista". Era um tema que Smith mais tarde dominaria com esplendor em "Let's Go To Bed".

"Subway Song" é a tentativa indiferente da banda de fazer um rock *noir*: a música tem pouco mais do que a linha de baixo retumbante de Dempsey, estalos de dedo de Smith e uma gaita bem rudimentar. Ela cambaleia até um grito agudo romper o silêncio, rendendo um final verdadeiramente assustador – mas com certeza não se comparava a "Down In The Tube Station At Midnight", do The Jam. Na época, Smith contava às pessoas que conhecia alguém que tinha sido assassinado no metrô, então a faixa obviamente veio de sua ideia distorcida de traquinagem.

A partir dali, *Three Imaginary Boys* ia ladeira abaixo com a versão infernal da banda para "Foxy Lady", de Hendrix, que incluía o único vocal principal de Michael Dempsey no The Cure. Uma audição superficial de sua profanação a essa obra-prima prova o motivo: Dempsey meio que faz rap, meio que resmunga a história de sedução como se fosse o filho bastardo de Ian Dury com John Lydon ("Não é uma de nossas melhores", admitiu quando perguntei sobre ela). Como um amante de Hendrix como Robert Smith permitiu que "Foxy Lady" entrasse para o disco ainda é um mistério. A banda insistiu que a seleção das músicas se baseou no que funcionava ao vivo – e "Foxy Lady" tinha sido presença frequente desde os dias de Easy Cure. Adam Sweeting, da *Melody Maker*, foi generoso quando disse: "Imagine Hendrix sem o brilho da guitarra, as camadas e os truques em estéreo, e você fica com um esqueleto escasso e contorcido".

Quando chega "Meathook", o Cure já estava ficando sem ideias musicais e líricas. Smith divaga sobre uma ida ao açougue, como se essas observações mundanas guardassem alguns dos maiores mistérios da vida, enquanto atrás dele a banda tenta arranhar algo que parecesse um som. Felizmente, tudo acaba em pouco mais de dois minutos. Se "Meathook" era a música de uma banda sem muitas ideias, "So What" ia ainda mais longe na terra do preenchimento, com Smith – agora totalmente bêbado e sem letra – lendo em voz alta detalhes de uma foto de cobertura de bolo e decoração de comida no verso de um pacote de açúcar.

Ainda mais divertido graças à inclusão de Smith do discurso promocional típico usado para atrair donas de casa que cozinham – "Faça seus bolos parecerem de confeitaria!" –, ele murmura uma lista do conteúdo da embalagem: mesa giratória, saco de confeitar de 23 cm com bicos de alta definição, adaptador e saco de decorar de 38 cm com bicos em tubo. Era claro que Smith tinha ficado muito longe da desconstrução de Albert Camus e do existencialismo de "Killing An Arab". O som do pacote de açúcar sendo amassado no final pode ter sido Smith dando seu veredito sobre a direção não apenas da faixa, mas de todo o disco *Three Imaginary Boys*. "Engraçado", Smith diria sobre "So What", "achei uma boa ideia na época".

No entanto, o álbum não era um desastre completo. Uma versão levemente mais polida de "Fire In Cairo", uma das primeiras músicas gravadas durante as sessões de setembro/outubro de 1978 com Parry, deu alguns momentos de desespero silencioso, enquanto o refrão pegajoso de Smith exibia alguns sinais iniciais de seu valioso estilo melódico. "It's Not You" era mais uma para preencher, incluída provavelmente porque sua energia propulsora tinha gerado alguns pogos (e cuspes) animados nos shows do The Cure.

Se uma faixa como "Another Day", com seu clima sombrio e pesado, era uma espécie de indicador do futuro musical da banda, a faixa-título do álbum (baseada em um sonho de Robert Smith) pode ter sido o mapa para o que viria. Como vocalista, Smith havia encontrado um estilo melancólico raramente ouvido desde um de seus ídolos da adolescência, Nick Drake, mesmo com o respaldo elétrico da banda sendo muito mais espinhoso do que qualquer coisa encontrada em *Five Leaves Left*. Esses trechos de letra que incluem um apelo por ajuda, preocupação com o futuro e uma sensação profunda de vazio estabeleceram a reputação de Smith como guru da tristeza, o único homem que podia ser mais Morrissey do que o próprio Morrissey. A voz de Smith, que sumia enquanto a música terminava, soava como um homem perdido na selva. Não era a trilha sonora de uma tarde de alegria hedonista, mas "Three Imaginary Boys" era um final melancólico e evocativo para um álbum confuso e sem direção. "A atmosfera de uma música como 'Three Imaginary Boys'", Smith concordou, "foi um exemplo de para onde eu queria que fôssemos".

Apesar de suas preocupações com praticamente todos os fatores de sua estreia – a maioria delas declarada depois do lançamento, claro –, o álbum foi de modo geral bem recebido. Dave McCullough, da *Sounds*, elogiando muito Parry como o "quarto membro essencial do The Cure", o que deve ter incomodado muito Robert Smith, babou pelo disco. A receita bem-sucedida, segundo McCullough, foi: "Pegue três rapazes inteligentes, discretamente bonitos e bons da classe média, com um pendor por música original e cheia de estilo e que não se importam de deixar a alma nas mãos de uma quarta parte consistente e muito bem-sucedida". Ele até elogiou o massacre de "Foxy Lady" – caramba, McCullough até achou que essa obra sem vida era "uma metáfora sagaz".

O crítico Adam Sweeting também cobriu de elogios, sugerindo que o Cure estava olhando para trás para fazer o punk seguir em frente. "Não me lembro de uma banda que mostrou um formato básico de forma tão rica quanto o Who... é como um devaneio introspectivo em uma tarde úmida." Apesar de errar o título do álbum – ele o chamou de *The Cure*, uns 25 anos cedo demais –, Ian Birch, da *Melody Maker*, foi mais um fã sincero, declarando que "os anos 1980 começam aqui". Rotulando sua estreia como "primorosa", Birch – como McCullough, da *Sounds* – elogia com igualdade banda e produtor, admirando o "entendimento intuitivo da psique do The Cure" de Parry, que dava a cada membro "uma porção igualmente dinâmica da ação". Cativado pelo "material diferenciado" e pela capacidade da banda de transitar por muitos sentimentos ("raiva, desilusão, escárnio, melancolia e humor"), Birch terminou a resenha com a seguinte declaração: "Este é um ótimo material pop que você não pode perder tempo para descobrir. O elo perdido entre o estilo do The Kinks em 1966 e o dos Banshees em 1978? A música definida e maliciosamente alerta dos anos 1980? Descubra por conta própria".

A *Trouser Press* também se converteu ao The Cure, comparando a banda a Talking Heads e Wire. "Como esses dois grupos", anunciou, "o Cure se preocupa em criar padrões sonoros usando a paleta mais simples possível: uma guitarra, baixo, bateria e voz". Em outras palavras (na verdade, as do XTC): *Drums And Wires*.

Inesperadamente, o disco passou três semanas nas paradas, chegando ao número 44, sustentando-se em uma listagem britânica dominada por uma mistura razoavelmente saudável de pop/rock de qualidade (Blondie, The Police, Bowie e Squeeze tinham álbuns na época) e a perfumaria de sempre, incluindo o pop agudo de Art Garfunkel e sobras disco como Boney M, Eruption e Amii Stewart.

No entanto, nem a banda nem Chris Parry estavam prontos para a reação negativa da *NME*, escrita por Paul Morley. Ele pode ter achado "Killing An Arab" "agradável", mas não ficou tão encantado com *Three Imaginary Boys*. Em uma resenha admirável por sua inquietude, Morley criticou cada aspecto do LP de estreia do The Cure. Para começar, sentia – não erroneamente – que a banda não tinha ideia de qual mensagem tinha que dividir com o mundo, se é que essa mensagem existia. "Os rapazes abusam de simbolismo insignificante e juntam isso a uma obliquidade rude e sem alma. Estão tentando nos dizer algo. Estão tentando nos dizer que não existem. Estão tentando dizer que tudo é vazio. Estão fazendo papel de bobos."

Só que Morley estava apenas começando. Com certa razão, detonou a "misteriosa" arte da capa do disco (mesmo tendo confundido Dempsey com o aspirador e Tolhurst com a geladeira), achando que o conceito de "imagem zero" de Parry tinha saído pela culatra. "Toda essa... perda de tempo", escreveu, "tem a anti-imagem como objetivo, mas naturalmente cria a perfeita imagem maleável: o enigma acachapante do The Cure. Eles tentam remover tudo do propósito e da ideia do artista de rock, mas tentam tanto que colocam mais do que tiram. Só aumentam a falsidade".

Morley acabou indo além da imagem da banda e analisou as faixas de *Three Imaginary Boys*. Elas também não o conquistaram. Ele as descreveu como "músicas esguias [que] chafurdam na sujeira e no lodo de imagens vulgares, percepções ocas, epigramas tediosos". Seu massacre longo e, às vezes, justificado terminou com uma crítica final ao The Cure. "Em 1979, as pessoas não deveriam poder se safar com coisas assim. Gente demais faz isso. Música cansada. Tão transparente. Tão leve e, ah, como reclama."

Até aquele momento, o Cure tinha sido abençoado com a relação perfeita com a mídia. Em seus primeiros dias, quando tocavam covers para bêbados em

Crawley, e, depois, durante seus problemas com a Hansa, tinham sido ignorados. Isso veio a seu favor quando Rick Joseph, da *Melody Maker*, fez uma resenha de seu show na Hope & Anchor e o júri voltou com um veredito positivo para "Killing An Arab": na época, ainda era uma banda fresca e nova, do tipo que a maioria dos jornalistas gosta de alegar que descobriu. Tinha até sido chamada de "marco zero dos anos 1980" por Ian Birch. Agora, a relação estava começando a azedar.

"Acho que muita gente no jornalismo musical pensou que estávamos fabricando nossa imagem de algum jeito", considerou Lol Tolhurst, "e foi como se estivessem tentando encontrar a 'verdade' por trás de nossa 'fachada misteriosa'. Na real, provavelmente éramos muito ingênuos, então o que viram foi essa ingenuidade misturada com nosso desejo legítimo de comunicar nossas emoções. Acho que a imprensa musical não era diferente da população em geral – tendemos a polarizar as pessoas".

Parry também tinha levado uma vida relativamente encantada até a publicação da crítica de Morley. Tinha contratado e produzido os queridinhos da crítica The Jam e Banshees. A *Rolling Stone* tinha se empolgado com a estreia do The Jam, *In The City*, abençoando o álbum com quatro estrelas e declarando que ele "se destacava da turma de 77... [ele] anda rápido na cadência do pogo". A revista também tinha sido efusiva com *The Scream*, o primeiro LP da Siouxsie & The Banshees, em 1978. A banda não só recebeu tratamento quatro estrelas, como também a *Rolling Stone* acreditava que "sua estreia faz uma conexão vital entre o punk e a psicodelia", citando The Cure e The Psychedelic Furs como bandas diretamente influenciadas pelos Banshees.

Então, Smith e Parry responderam – e bem – como qualquer fã de música de respeito responderia à crítica de Morley: escreveram uma carta para ele na *NME*. Smith concordou com algumas – mas não todas – farpas do jornalista. "[Mas] o que me irritou", disse, "foi que concordei com algumas coisas que falou, mas a parte sobre a embalagem reivindicar validade social foi besteira. Disse que estávamos tentando fazer algo e não conseguindo, o que obviamente não era verdade".

Em uma entrevista de 2000, Smith admitiu que havia algum mérito em *Three Imaginary Boys*, mas que resultava mais das limitações musicais da banda – sobretudo o estilo básico de Lol Tolhurst na bateria. "As pessoas se fixaram nisso porque soava muito diferente de qualquer outra coisa na época", alegou. "Como

Lol não tocava muito bem, tivemos de deixar tudo muito, muito simples. Nosso som foi forçado a nós mesmos até certo ponto."

A banda não se conectou tão bem com outro jornalista que exercia alguma influência. Nick Kent, um dos mais lidos (e citados) jornalistas musicais da época, cujo melhor trabalho foi compilado em *The Dark Stuff*, simplesmente achou difícil gostar da banda. Em uma matéria de 19 de maio na *NME*, intitulada "A Demonstration Of Household Appliances" [*"Uma Demonstração de Utensílios Domésticos"*], percebeu que a banda não se sentia muito confortável em discutir sua música. Kent acertou em cheio, já que Smith admitiu não achar que *Three Imaginary Boys* "soava como o Cure". Era uma banda em desenvolvimento, que não tinha decidido qual direção sua música deveria seguir.

Embora Kent admitisse que o Cure não era "rude nem fechado", sentiu que "a situação de uma entrevista não é particularmente familiar para eles, que acham o processo divertido, quase pitoresco em seu ridículo". Falando sobre cada membro da banda, Kent achou Tolhurst "o mais democrático e focado nos negócios" e sentiu que Smith era "o criativo, indiferente". Dempsey não deixou impressão alguma nele. "Entre essa dupla", Kent escreveu, "Dempsey se mistura sem adicionar nenhuma dimensão em particular". No entanto, as críticas de Kent pareciam mais pessoais do que profissionais, aconselhando que o Cure fosse observado atentamente. "O que virá talvez seja parte do melhor pop dos anos 1980." A resposta da banda a essa nova crítica foi simples e direta. Em sua aparição seguinte no programa de Peel – que havia impulsionado "Killing An Arab", tocando a faixa na maioria das noites – eles alteraram a letra de "Grinding Halt", inserindo trechos da matéria de Morley sobre o álbum, rasgando tiras de seu estilo pomposo de prosa e rindo de suas alegações sobre "o enigma sedutor do The Cure".

Mesmo assim, o Cure e Parry não tinham certeza sobre o próximo passo. Smith, cuja confiança na composição crescia junto com seu cabelo, estava ouvindo Captain Beefheart e os minimalistas alemães do Can, assim como Tolhurst. Eles perceberam que poderia haver muito mais no The Cure do que letras lidas de kits de decoração de comida ou o rock de garagem simplificado de "Grinding Halt". Mesmo assim, essa foi a faixa escolhida como segundo single de *Three Imaginary Boys*, embora a decisão não tivesse sido firme. Apenas 1.500 cópias promocionais do single (com "Meathook" no lado B) foram prensadas e enviadas a clubes e estações de rádio do Reino Unido. Foi mais um *teaser* do álbum do que um legítimo segundo compacto.

Novamente, a *NME* expeliu veneno. Dessa vez, o redator foi Ian Penman, que, quando estava no clima, poderia ser ainda mais verborrágico – e incompreensível – do que Morley. "A hipótese particular do The Cure", escreveu em meados de maio, "diz respeito a uma situação de atividade comunitária nacional que não se move para frente. Entendeu? Esse é o tipo de coisa que nós da Brill Building chamamos de 'hype'". Fim da resenha. Também foi o fim do plano da Fiction de seguir em frente com "Grinding Halt" como segundo single de *Three Imaginary Boys*. A gravadora abandonou a ideia com a mesma rapidez que Penman disparou suas farpas (a música composta por Tolhurst acabou encontrando vida na trilha sonora do filme punk *Times Square*, de 1980, junto com faixas de David Johansen, The Patti Smith Group e Roxy Music).

O que o Cure podia fazer era excursionar, e foi assim que a banda passou o restante de maio (e boa parte de 1979, na verdade: fez mais de 100 shows naquele ano). Não havia lugar pequeno ou subúrbio obscuro demais para o Cure, que foi para Northwich, Newport (duas vezes), Halifax, Stafford, Birmingham, Sheffield, Yeovil, Portsmouth e Norwich, durante o mês de lançamento do álbum. Mesmo assim, a *NME* não se convenceu, apesar da fama crescente da banda. A publicação fez outra crítica sobre o show de 29 de maio no Limit Club, em Sheffield, chegando ao ponto de rotulá-la de "cordeiro em pele de carneiro". A falta de confiança de Robert Smith na imprensa musical estava se desenvolvendo, assim como a habilidade cada vez maior do trio como banda ao vivo.

Em 1º de junho, a van do The Cure parou no Carshalton Park para mais um show. A banda tocou ao lado de dois ressuscitadores do mod, Secret Affair e The Merton Parkas, e a vibração *Quadrophenia* da noite (o filme baseado no disco do The Who tinha acabado de ser lançado) ajudou a inspirar um futuro single do The Cure, "Jumping Someone Else's Train", uma crítica amarga a papagaios de pirata e diversos aspirantes. Philip Hall, da *Record Mirror*, estava no evento, mas saiu nada impressionado. "Muitas ideias, mas pouca identidade", declarou. Enquanto Smith resmungava e continuava escrevendo novas letras no caderno, o Cure continuou a turnê, passando por Liverpool, Cheltenham, Milton Keynes, Swansea – basicamente qualquer lugar que abrisse as portas. Em 17 de junho, a banda voltou a Londres para seu primeiro show como atração principal desde a temporada de um mês no Marquee em março, mas, novamente, atraiu o tipo errado de atenção da imprensa, desta vez de Mike Nicholls, da *Record Mirror*. Parecia que a opinião negativa da *NME* tinha marcado a banda como alvo para qualquer outra publicação musical.

"Vocês sabiam que eles eram o Pink Floyd da new wave?", Nicholls perguntou com mais do que um pouco de ironia. "Bom, Robert Smith traz uma monotonia que remete admiravelmente a Syd Barrett, e sua postura de escola de artes e com bombas de fumaça tem um claro apelo hippie. O Cure pode se considerar um grande candidato para o prêmio de Banda Mais Frustrante do Ano."

No bunker da Fiction, Chris Parry deu de ombros e lançou "Boys Don't Cry", com "Plastic Passion" no lado B, como single seguinte do The Cure, em 26 de junho. Embora Ian Birch, da *Melody Maker*, reconhecesse que "Boys" era um destaque ao vivo, achou a versão do single "comum". No entanto, Paul Morley, da *NME*, havia mudado de ideia, abraçando o Cure como um irmão há muito desaparecido. "'Boys Don't Cry' tem um riff leve e viajante, com um motivo eloquente de uma corda, vocal ambíguo, ansioso e uma série de viradas discretas e inesperadas", declarou. "É pop novo e clássico. Ainda acho o LP *Three Imaginary Boys* vazio como um bocejo... [mas] isto é magnífico."

Claramente houve uma retratação na resenha elogiosa de Morley, mas a música era, de longe, os melhores três minutos da vida do The Cure até então. Até Smith sabia disso, admitindo que, em um mundo justo, a faixa deveria ter chegado ao topo das paradas. Como grande exemplo da máxima pop "velho antes de seu tempo", a música ainda é bastante tocada várias décadas depois de seu lançamento. Isso provou que o Cure podia ser uma banda muito mais hábil e melodiosa do que *Three Imaginary Boys* sugeria.

Naquele ano, Parry adicionou "Boys Don't Cry" a sua segunda *20 Of A Kind Compilation*, mas só como uma espécie de prêmio de consolação para sua banda. Tão seguro quanto Smith do potencial comercial de "Boys", ele sentia que sua ex-gravadora Polydor havia manipulado a banda e não dado ao single o empurrão que merecia. "'Boys Don't Cry' era minha escolha para o Top 10", ressaltou Parry. Obviamente não chegou nem perto do topo das paradas.

Entre os shows de julho, incluindo mais um em Londres, no Lyceum, com o The Ruts, um claramente decepcionado Robert Smith assumiu o primeiro de muitos projetos fora do The Cure. Ric, irmão de Simon Gallup, tinha deixado de trabalhar na única loja de discos razoável de Crawley para montar a própria gravadora, batizada de Dance Fools Dance. Smith foi cofundador do selo. Uma "descoberta" sua, o baterista/guitarrista de 11 anos Robin Banks e o berrador de 12 anos Nick Loot (conhecidos como The Obtainers), foi o primeiro lançamento da gravadora, embora em uma tiragem imensa de 100 cópias, distribuídas a amigos e familiares por 50 centavos cada. Eles haviam colocado uma fita cassete na caixa de correio da casa dos pais de Smith e ele ficou encantado. "As músicas eram brilhantes", afirmou. Com Smith produzindo, o Obtainers gravou "Yeh Yeh Yeh" e "Pussy Wussy" no Morgan. As duas músicas foram para o lado A do single.

"Eram dois meninos estranhos da nossa cidade... provavelmente ficavam na loja de discos em que Ric Gallup trabalhava", Tolhurst me contou. "Um era quase 'normal', de um jeito estranho. O outro era uma figura, como um John Lydon adolescente, com o sarcasmo e tudo. Basicamente um batia em panelas e o outro cantava em uma voz parecida com a do Mark E. Smith, do The Fall. Acho que seus principais objetivos eram fazer jus ao nome e obter o máximo que pudessem o tempo todo, o que conseguiram!"

Mais importante do que isso, o amigo de Smith, Simon Gallup, agora estava em uma banda chamada The Magazine Spies. Com o nome encurtado para Magspies, sua faixa "Lifeblood And Bombs" foi usada como lado B do single. A futura esposa de Gallup, Carol Thompson – sem relação com Porl –, gravou os vocais de apoio na faixa. Como o Obtainers, Gallup havia mandado músicas a Smith via caixa de correio da família, deixando uma cópia de "I'm a Moody Guy", de Shane Fenton & The Fentones. A mensagem foi captada por Smith. "Ele me achava um filho da mãe instável."

Pode ter sido uma faixa descartável, gravada apenas para fazer rir (e pela bagatela de 50 libras), mas a aliança Gallup/Smith estava claramente ficando mais forte. A relação de Smith com Lol Tolhurst tinha raízes profundas, apesar de seus comentários ácidos sobre o repertório musical limitado do colega, mas esse não era o caso com o baixista do The Cure, Michael Dempsey. Ele e Smith nunca tinham se dado muito bem e isso só piorou com as muitas horas espremidos no banco de trás da van da banda (que, na verdade, era um veículo aposentado da Upjohns – antes disso, a banda viajava em uma van que Dempsey comprou de um criador de porcos). Com o Cure, assim como muitas bandas, a necessidade de se relacionar com o outro era forte fora e em cima do palco, e isso não estava acontecendo entre Dempsey e Smith. "Nunca conheci bem Michael", Smith admitiu. "Nunca tivemos muito em comum. Se não fosse pela banda, não teria socializado com ele, porque acho que não gostávamos muito da companhia um do outro." Lol Tolhurst agora era baterista e intermediário. "O que aconteceu foi que sempre fui o amigo de Robert e ele conhecia Michael. Michael era meu amigo e conhecia Robert. Sempre estive no meio."

Dempsey não estava lidando especialmente bem com a vida em turnê, ficando doente sempre, apesar de devorar vitaminas.

Enquanto isso, Smith e Gallup estavam ficando cada vez mais próximos. Todo sábado, Smith encontrava Gallup e seus amigos no pub local em Horley. "Pensei que seria ótimo ter Simon no grupo", contou Smith. "Seria muito mais divertido." Smith e Gallup também eram apaixonados por curry, o que fortaleceu ainda mais sua conexão.

Encorajado pela experiência do The Magspies e seus sábados de bebedeira, Smith agora falava sério sobre encontrar um lugar no The Cure para Gallup, mas ainda era necessário lidar com a questão de Michael Dempsey. Por ora, no entanto, Smith e Gallup decidiram colaborar em outro projeto. Se o Obtainers parecia o caso mais sórdido de exploração infantil daquele lado da Revolução Industrial, o que se tornou conhecido como Cult Hero foi ainda mais estranho. A ideia veio de mais uma noite regada a cerveja no pub preferido de Gallup em Horley.

O carteiro gordinho Frank Bell era uma das lendas estranhas de Horley: quando não entregava correspondências, com frequência era visto com a equipe de demolição local, usando uma camiseta que proclamava "Sou um Herói Cult". Robert Smith o havia conhecido e ficado impressionado com sua personalidade ousada. Ele se convenceu de que o carteiro tinha tudo para atingir o estrelato. Quando o nome de Bell foi mencionado no pub uma noite, Smith teve uma ideia: "Pensei: 'Leve o cara para o estúdio e componha uma faixa disco'". E foi exatamente o que Smith fez. Ele convidou Gallup, Tolhurst, Porl Thompson e seus contratados adolescentes The Obtainers para ajudar, com vários moradores de Horley. Smith também convidou suas irmãs não apenas para ver, mas para tocar nas sessões: Janet dedilhou um baixo e Margaret gravou backing vocals. A música foi gravada no Morgan com Mike Hedges, embora Chris Parry tivesse recebido crédito de produtor.

Quando foi lançado, em dezembro de 1979, o single "I'm A Cult Hero" (com "I Dig You" no lado B) não era bem o tipo de canção pop para fazer um país parar ou mudar o curso da música popular. Apenas 2.000 cópias foram prensadas. Como a *NME* noticiou, "I'm A Cult Hero" era "uma pequena bobagem disco elaborada pelo grupo e um amigo de bebedeiras que nunca deveria ter visto a luz do dia". Mas ela conseguiu várias coisas – primeiro, o sonho de estrelato de Frank Bell foi realizado (sobretudo quando a música estourou no Canadá no ano seguinte, vendendo mais de 35.000 cópias). E Robert Smith, ainda remoendo o fiasco da capa de *Three Imaginary Boys*, agarrou a chance de fazer a arte, baseada em um LP de Howlin' Wolf. O mais importante disso foi o fortalecimento da relação entre Gallup e Smith.

Michael Dempsey estava de férias quando a sessão foi planejada. Quando voltou, Gallup já havia dominado a linha de baixo e ele foi relegado a adicionar algumas linhas de sintetizador. Mesmo que "Cult Hero" fosse um projeto obviamente indulgente e bonachão, Dempsey sabia que sua trajetória como baixista do The Cure tinha acabado. "Robert estava ficando cansado de mim", afirmou. "Tinha claramente planejado o que viria a seguir. Simon era muito tranquilo, e Lol também, sempre achando um jeito de fazer as coisas dar certo, mas essa não era bem uma característica minha." Dempsey também conseguia ver que o estilo discreto de tocar de Gallup era muito mais adequado ao futuro som do The Cure. "Robert tirou muitas camadas, removeu muita coisa [do som da banda]. Ele queria tomar um caminho muito sombrio e intransigente, e Simon era perfeito para isso."

Só que a trajetória de Dempsey ainda não tinha chegado ao fim. Em julho, havia interesse suficiente na banda para que ela fizesse sua primeira viagem ao exterior – na verdade, um simples pulo até o outro lado do canal, na Holanda. O Cure tocou em um festival ao ar livre em 29 de julho, em Sterrebos. Não foi bem um show digno de nota nos primórdios do The Cure – Tolhurst lembra que "estava chovendo muito" e a banda tocou com um constante medo de ser eletrocutada –, mas mostrou que as metas de Parry para o Cure iam além das fronteiras do país natal. Tinha destinado a banda para dominação mundial, o que não era surpreendente, afinal era o seu dinheiro em jogo.

De volta a Londres no início de agosto, Parry fez uma apresentação que teria um impacto radical sobre o Cure. Smith foi a um show do Throbbing Gristle em

3 de agosto na ACM da Tottenham Court Road. Estava na frente do local quando o fedor do que achava ser fumaça de carro o forçou a ir ao bar. Ali, encontrou Parry, que o apresentou ao baixista dos Banshees, Steven Severin. Parecia um incidente inocente – chefe de gravadora apresenta uma estrela em ascensão, Smith, a outra, Severin –, mas se Parry tivesse alguma ideia do quão perigosa essa ligação se tornaria para o Cure, teria agarrado Smith e enfrentado as fumaças de carros. Poucos meses depois, Smith enfrentou um caso avançado de fidelidade dividida.

Smith estava uma figura – usava óculos de sol e um terno Charlie Cairoli verde. Severin riu quando o viu. "Eu estava lá usando um terno verde-limão xadrez", Smith lembrou, "e Severin veio até mim e falou: 'Que porra você acha que está usando? Amei isso". Uma espécie de laço foi formado imediatamente. Embora Severin fosse fã de "Killing An Arab" (Parry havia dado uma cópia a ele), parecia mais perplexo do que impressionado com Smith. Sua primeira decisão – depois de superar o terno – foi perguntar como ele poderia estar em uma banda e ainda morar em Crawley. Não conseguia entender como alguém podia viver em um lugar que não fosse Londres, o centro de seu universo. Smith deu de ombros e respondeu que Crawley era mais tranquila. "Conversamos e tomamos alguns drinques", contou Smith, "o que basicamente foi a norma nos cinco ou seis anos seguintes". [2]

Smith ainda não havia visto um show dos Banshees – só tinha ouvido "Hong Kong Garden" quando foi tocada pelo guru indie John Peel, mas durante suas primeiras idas a Londres, no final de 1978 e início de 1979, Smith não pôde deixar de evitar grafites espalhados pela cidade gritando: "Contratem os Banshees". "Parecia estar em todo lugar", contou, "e isso deu a eles uma qualidade mítica na minha cabeça antes mesmo de lançarem um disco".

Smith e Severin pareciam mais uma dupla imperfeita do que reacionários com ideias semelhantes – junto com Siouxsie, Severin havia feito parte do infame grupo punk Bromley Contingent, enquanto Smith tinha visto o punk da arquibancada em Crawley. Severin também era quatro anos mais velho do que Smith. Mas a dupla compartilhava um espírito musical de pensamento livre, embora

2 Quando convidado a dar uma entrevista para este livro, Severin cobrou uma "taxa de presença" de 200 libras, o que foi recusado.

Smith – mesmo que não admita – provavelmente tenha invejado a credibilidade que Severin e os Banshees tinham estabelecido com a imprensa e os fãs.

Mesmo antes de assinar com a Polydor, os Banshees recebiam todo tipo de atenção. Sua agora lendária profanação do Pai-Nosso em seu show de estreia, em 2 de outubro de 1976, foi descrita com o tipo de prosa elogiosa atualmente reservada para bodas reais ou estreias de Hollywood: "A prece começa. É uma improvisação selvagem, uma ilusão bizarra no palco encenada de verdade". Paul Morley, o jornalista da *NME* que derrubou *Three Imaginary Boys* como um lenhador enlouquecido, fez o seguinte boletim tipicamente ambíguo sobre os Banshees em janeiro de 1978: "Eles podem ser o último grupo de 'rock'. O único grupo de 'rock'. São artistas do século XX". Julie Burchill, mesmo em meio à ridicularização escancarada que fez do LP de estreia, *The Scream*, listou as coisas que amava em Siouxsie: "'Hong Kong Garden', a forma como trata o público, como lixo... até gostei de como dançou no *Top Of The Pops*". Claro, Robert Smith teria pulado se tivesse recebido esse tipo de comentário em troca do ataque violento de Morley ao primeiro disco do The Cure.

Algumas semanas depois do primeiro encontro com Smith, em 29 de agosto, Severin ajudou o Cure a conseguir a vaga de abertura para os Banshees. Uma aliança profana estava a caminho.

No começo de setembro, a banda voltou brevemente ao Morgan Studios para gravar seu terceiro single, "Jumping Someone Else's Train", inspirado no renascimento mod que Smith tinha visto alguns meses antes. Ele caracterizou o acorde de guitarra na abertura como "sub Pete Townshend", outro aceno a uma direção mod. Embora não tenha deixado marcas nas paradas quando apareceu, em novembro, "Jumping" foi um escárnio impressionante de Smith, prova de que estava melhorando em suas composições e da crescente sensação de confiança em sua letra, escrita no bar do Morgan. A sessão também foi significativa para o lado B do single, "I'm Cold", que acabou se tornando a última gravação de Dempsey com o Cure. Smith estava compondo boa parte do material que formaria o próximo álbum, *Seventeen Seconds*, e a reprovação de Dempsey às músicas foi evidente. "Tivemos alguns ensaios", contou Smith, "e ele não gostou das coisas novas". Ao mesmo tempo, os colegas de Fiction, The Associates, estavam tentando tirar Dempsey do The Cure e isso não era algo ao qual Dempsey era totalmente avesso. Até falou isso a Smith. "Disse: 'Acho que são ótimos – melhores do que nós'".

Só para demonstrar como os laços entre Banshees e The Cure eram fortes agora, Siouxsie adicionou um uivo de fundo em "I'm Cold". Smith a tinha incentivado a cantar na faixa, como contou nas notas do encarte de *Join The Dots*, em que "I'm Cold" ganhou vida nova 25 anos depois de ser gravada. "Queria que a Siouxsie cantasse em uma música do The Cure porque admirava o que os Banshees estavam fazendo e queria que eles fossem parte da história do The Cure", disse Smith. A faixa era presença constante nos shows da banda no The Rocket, em Crawley, mas foi desacelerada até virar um zumbido neopsicodélico para o single. Smith ficou impressionado com a reprodução da música, em volume alto, tarde da noite no Morgan, mas não se convenceu totalmente de que tinha atingido o objetivo de mostrar o "lado mais sombrio e pesado da banda" – mas isso viria logo.

A dobradinha Cure/Banshees continuou em 5 de setembro no Ulster Hall, em Belfast. Como precursor do drama que estava prestes a acontecer, o Cure chegou pontualmente, mas sua parafernália não – a banda acabou tocando depois dos Banshees, usando equipamentos emprestados. No entanto, isso foi peixe pequeno se comparado ao que aconteceu no dia seguinte em Aberdeen.

Talvez os Banshees devessem ter visto os sinais: Margaret Thatcher estava na cidade, que ficou repleta de seguranças. Enquanto a primeira-ministra britânica discursava, os Banshees faziam uma sessão de autógrafos do álbum *Join Hands* em uma loja que havia encomendado 200 cópias, mas a Polydor só enviou 50, que se esgotaram rapidamente. O empresário dos Banshees, Nils Stevenson, vendeu sua pilha de discos ao dono da loja para cobrir a demanda, mas o baterista Kenny Morris e o guitarrista John McKay decidiram começar a dar álbuns de graça. Quando o dono da loja os repreendeu, os dois retaliaram se recusando a dar mais autógrafos. Houve um tumulto, McKay e Morris saíram correndo da loja e da banda. Enquanto os outros Banshees voltavam para o hotel, a dupla repreendida estava em um trem para Londres.

Smith havia sentido alguma tensão entre os Banshees durante o show de abertura em Bournemouth. Depois do set do The Cure, Severin e Siouxsie tinham sido extremamente sociáveis nos bastidores, mas McKay e Morris ficaram quietos como pedras. Como Smith lembrou, "se trombássemos com eles e disséssemos 'oi', eles esnobariam como superastros".

Quando o Cure terminou seu set no show de Aberdeen, descobriu que dois Banshees estavam faltando e os bastidores estavam em um estado avançado de pandemônio. "Voltem ao palco!", Stevenson gritou, então o Cure continuou tocando, estreando uma versão ainda sem letra de "Seventeen Seconds". Severin e Siouxsie, então, juntaram-se a eles para uma versão destrutiva do Pai-Nosso. O show acabou – aparentemente, assim como os Banshees.

De volta ao hotel, Siouxsie, Severin e o Cure enfrentaram o problema de um jeito lógico: ficaram bêbados. Ao longo da noite, Smith ofereceu seus serviços como guitarrista substituto, um ato de generosidade com um toque de desespero: era importante para o nome do The Cure que o show continuasse também. Severin sorriu e disse que preferia seguir em frente com o plano de fazer audições com alguns guitarristas novos. Enquanto os Banshees testaram os aspirantes de sempre, o Cure voltou à Holanda para o Festival New Pop, em que tocou para 10 mil fãs em Roterdã. Os Banshees poderiam estar derrapando, mas o culto ao The Cure estava crescendo.

As audições dos Banshees para um guitarrista foram inúteis, apesar do apoio de John Peel, da BBC, que fez um apelo durante seu programa, então a banda cedeu e decidiu convidar Smith para se juntar à banda como guitarrista substituto. A única condição dele para se tornar um banshee ocasional foi que o Cure continuasse como banda de abertura. Severin e Siouxsie aceitaram. Embora Lol Tolhurst, agora apelidado de "Gordinho", tivesse oferecido seus serviços na bateria, os Banshees contrataram o determinado Budgie, do grupo punk The Slits (e que mais tarde se tornou o senhor Siouxsie). Então, com uma certa ordem restaurada, a dobradinha voltou à estrada em Leicester, em 18 de setembro.

Smith se gabou de não ficar abalado com sua função dupla de músico das bandas de abertura e principal. "Não me lembro de achar difícil", disse. "Depois do que fizemos nos dois ou três anos anteriores, foi moleza". Quando o *Crawley Observer* pediu sua opinião, a única preocupação de Dempsey foi com a resistência de Smith. "Só espero que Rob tenha energia suficiente", respondeu. Deanne Pearson, da *NME*, que havia se juntado à caravana na parada em Leicester, teve outra suspeita quando escreveu sobre o andamento da turnê. "[Smith] parece doente", escreveu, "magro e pálido. [Ele] não está comendo direito, não dorme bem, sua mente é um turbilhão constante de atividade".

Não sendo do tipo de pessoa que se afasta de uma briga ou aliança, Smith começou a passar boa parte do tempo de folga com Severin. Tolhurst também se tornou membro do que Smith descreveu como um "grupo dentro dos grupos", mas Smith viajava separado de Tolhurst e Dempsey: ia no ônibus aconchegante dos Banshees, por insistência deles, enquanto seus dois companheiros do The Cure seguiam atrás na infame e nada confiável van verde da banda.

Ao final da turnê, a relação entre Smith e Dempsey tinha azedado. Ele saiu da banda logo depois do último show dos Banshees; a *NME* anunciou a separação em 10 de novembro. Dempsey insistiu que foi "expulso" do The Cure – mas também estava pronto para assumir como baixista do The Associates. Isso abriu a porta para que Simon Gallup entrasse.

Sobre a separação, Smith declarou que a vida no The Cure tinha se tornado "como um emprego". "As diferenças eram entre ele [Dempsey] e eu. Quanto mais tempo passava, mais insuportável ficava", disse. "A parte Cure do show sempre foi sem comunicação e de dentes rangendo. Assim que entrei na van dos Banshees, acabou [com Dempsey]. Acho que a gota d'água foi quando toquei para Michael as demos do álbum seguinte e ele odiou. Queria que fôssemos o XTC parte dois e eu – basicamente – queira que fôssemos os Banshees parte dois. Então, ele saiu."

A saída de Dempsey na verdade aconteceu assim: depois da turnê, Smith começou a gravar demos caseiras de músicas que formariam boa parte de *Seventeen Seconds*, usando o órgão Hammond da irmã, uma bateria eletrônica e sua valiosa guitarra Top 20. Armado com novas letras, a maioria composta em uma noite em Newcastle na qual levou a pior em uma briga, Smith estava pronto para dar a Tolhurst e Dempsey uma prévia do álbum em desenvolvimento. Como Smith contou em *Ten Imaginary Years*, "Lol ficou bem empolgado, mas Michael foi... bem... frio".

"Ficávamos muito tempo na casa do Robert tocando versões iniciais de 'A Forest' e coisas assim", lembrou Tolhurst. "A essa altura, Michael não estava curtindo muito. Sempre gostei de Michael, é um bom amigo. Cheguei à conclusão de que, embora realmente nos demos bem, é difícil trabalhar com ele. Tem ideias muito fixas sobre aonde quer levar as coisas."

Irritado com a frieza de Dempsey com as novas músicas, Smith saiu correndo para a casa de Gallup, perguntando de cara se ele queria entrar para o Cure.

Quando ele o lembrou de que o Cure já tinha um baixista, Smith respondeu: "Se você vier tocar baixo, ele não poderá, né?". Gallup não precisou pensar muito sobre seu próximo passo, porque havia se resignado ao emprego na fábrica e às noites no pub com Carol Thompson. Tolhurst deu azar ao ser encarregado de ligar para Dempsey e dar a notícia.

"Liguei para Michael e falei: 'Acho que não queremos mais tocar com você'. Foi muito desconfortável. Ainda gosto dele como pessoa, mas estava difícil ver como continuaríamos tocando como banda. Foi estranho."

"Éramos ingleses e não sabíamos bem como conversar", Tolhurst acrescentou. "Éramos bons amigos, mas, se envolviam coisas íntimas, bom, não sabíamos como dizer um ao outro."

"Quando recebi o aviso", disse Dempsey, "foi inesperado. Ele [Smith] era independente e voluntarioso o suficiente para saber o que queria fazer em seguida. Deve ter sido um alívio enorme quando saí da banda". Dempsey me disse que Smith estava até pensando em abandonar o nome da banda. "Robert declarou que não queria mais ter o nome The Cure. Eu podia ficar com ele se quisesse."

Dempsey sentia que ele e Smith eram parecidos em alguns aspectos – e não conseguiu se lembrar de nenhuma discussão quando estava na banda. "Smith e eu somos semelhantes, com aquele jeito inglês taciturno, pelo menos [éramos] na época."

Só que havia diferenças cruciais entre Dempsey e o mundo do The Cure: para começar, ele não bebia muito e, como confessou, ficava incomodado com a vida frequentemente sedentária de uma banda de rock. "Você precisa da capacidade de não fazer nada por muito tempo, o que não é bem minha praia."

Parry se manteve distante – acreditava que, se tentasse evitar o inevitável, poderia ser o fim do The Cure. "Achei que eles eram o trio pop perfeito, melhor que o Police, melhor que o Jam, mas Robert não estava interessado e fechou as portas."

"Jumping Someone Else's Train" foi lançada pouco antes da saída de Dempsey, em 2 de novembro. As opiniões foram variadas. "Há pistas de que a fórmula está se desgastando um pouco", comentou a *NME*, "mas é a melhor de suas músicas novas". O jornalista Chris Bohn achou que "o maior problema do The Cure é tentar substituir o charme inocente que ajudou a dar vida a seus primeiros singles". Mais positivo, o crítico Alan Lewis ficou seduzido pelo "tom áspero, mas distante, da música". "Alguém tem de ganhar uma medalha pela qualidade do som", anunciou.

Mas "Jumping" não era uma música importante para o Cure – estava mais para um passatempo enquanto o novo trio se preparava para sua estreia pública, em Liverpool, em 16 de novembro. Embora as músicas da banda fossem sombrias como a noite, as coisas estavam acontecendo do jeito de Robert Smith: ele queria simplificar ainda mais o som do The Cure e as linhas de baixo superminimalistas de Gallup dariam a estrutura perfeita. Além disso, agora ele estava acompanhado por dois colegas de bebedeira. A vida era boa.

Capítulo Cinco

"Se tivéssemos virado entregadores de móveis, teríamos chamado todas as pessoas de quem gostávamos: era realmente uma questão de atitude e visão. Simon tinha isso; é o que sempre levou as pessoas ao The Cure."
– Lol Tolhurst

Enquanto Robert Smith e Lol Tolhurst preparavam o novo Cure em novembro de 1979, decidiram contratar o tecladista Matthieu Hartley além de Gallup. Foi uma decisão curiosa, pois a assinatura lúgubre de Gallup foi criada para reduzir o som do The Cure ao mínimo absoluto. Mas a decisão de contratar Hartley se baseou em motivos nada musicais, embora ele tivesse sido colega de banda de Gallup no Magspies. Não apenas era cabeleireiro formado, o que eles poderiam achar útil se deixassem o cabelo crescer – Tolhurst, no entanto, ressalta que ele nunca cortou o cabelo da banda durante sua breve passagem –, mas também era mais um amigo de Gallup de Horley. O raciocínio foi o seguinte: como os companheiros de bebida de Gallup poderiam se ressentir deles quando o Cure havia demonstrado que dava oportunidades iguais a todos?

Como Tolhurst me disse: "Chamamos o amigo de Simon, Matthieu, também porque achamos que ele se sentiria mais à vontade em entrar para a banda" (Smith seria ainda mais sucinto: "Eles acrescentaram uma nova dimensão ao grupo: beberrões"). Tolhurst admitiu que o jeito de tocar de Gallup não era o motivo mais importante para ele entrar na banda. "Vi na trajetória do The Cure que atitude era mais importante do que tudo", afirmou. "Se você tinha a atitude certa e soubesse tocar um pouco, isso era mais importante do que tudo. Se tivéssemos virado entregadores de móveis, teríamos chamado todas as pessoas de quem gostávamos: era realmente uma questão de atitude e visão. Simon tinha isso; é o que sempre levou as pessoas ao The Cure."

Quanto a Hartley, Smith não fazia ideia se suas linhas de sintetizador seriam úteis, ou até necessárias, para o som do The Cure, mas sua decisão um tanto acidental provou ser crucial. paredes de sintetizadores (embora não necessariamente tocados por Hartley) teriam um impacto monumental na futura direção sonora do The Cure.

Nascido em 4 de fevereiro de 1960 em Smallfield (Surrey), Hartley, como muitos dos que passaram pelo The Cure, era o caçula de três filhos. O contato com as coleções de disco dos irmãos mais velhos moldaria a direção da carreira de muitos membros do The Cure, incluindo Hartley. Ele morou em Smallfield até 1968, quando a família se mudou para Horley, onde frequentou o colégio Balcome Road Comprehensive entre 1972 e 1976, junto com Simon Gallup. Quando Robert Smith decidiu que Hartley era a pessoa certa para a banda, ele tinha passado os quatro anos anteriores como aprendiz de cabeleireiro.

Hartley não hesitou em entrar para o Cure, mas também não tinha ilusões sobre seu papel na banda. "Disse 'sim' imediatamente porque a perspectiva era muito empolgante, mas minha função era razoavelmente separada. Só fazia o que o Robert me mandava fazer."

Levando seu sintetizador Korg Duophonic – a máquina perfeita para o som que Smith buscava, porque era quase impossível tocar mais de duas notas simultaneamente – Hartley, junto com Gallup, foi apresentado durante uma programação de turnê pesada de final de ano. O primeiro show deles – a noite de abertura da turnê Future Pastimes – foi em 16 de novembro no Eric's, em Liverpool. Não sendo o tipo de homem que perde uma oportunidade, Parry incluiu uma apresentação de seus outros protegidos, The Associates, cuja formação agora incluía Michael Dempsey, o que deve ter gerado alguns silêncios desconfortáveis nos bastidores. "Houve uma esquisitice naquilo", concordou Dempsey, "mas foi tudo bem". O Passions também estava no line-up.

Não foi bem uma estreia brilhante para o novo Cure: a banda chegou tarde e descobriu que só restavam 100 espectadores. Determinado, o quarteto foi até o bar, pediu mais bebidas – tinha tomado algumas socialmente no caminho para Liverpool – e tocou, apesar da fraca plateia. Embora um bêbado Smith tivesse dificuldades em associar as letras às músicas certas, declarou que a estreia da banda não apenas tinha sido um sucesso, mas também era "um novo começo". O recém-recrutado Gallup ficou impressionado com a cerveja grátis, uma experiência totalmente nova para ele.

Smith falou sobre o novo The Cure em uma entrevista ao *Record Mirror*, uma conversa que também teve farpas nada sutis sobre a distância entre ele e

Dempsey. "Se vocês estão em uma banda", disse Smith, "e estão tocando juntos por um período concentrado de tempo, precisam se dar bem – a não ser que só estejam nessa por dinheiro, o que não é nosso caso. Não é tanto a unidade de pensamento, porque todos pensam diferente, mas a unidade de ideias. E apesar do que a imprensa acha, não há hierarquia no The Cure. Se há uma bebida na mesa, todos brigamos por ela".

Smith pode ter retratado o Cure como um grupo sem hierarquia, mas a realidade é que ele estava cada vez mais avançando em seu papel como líder da banda. Era uma tarefa difícil para um jovem de 20 anos, mas um papel no qual Smith cresceria nos anos seguintes, ao ponto de praticamente se tornar o próprio The Cure. Parry queria que Smith tivesse assumido a posição muito antes, como Tolhurst me explicou. "Consigo me lembrar de reuniões com Chris – acho que ele não gostava de se reunir comigo e com Robert. Era uma questão de dividir e conquistar. Nós dois podíamos nos unir contra ele, e ele tinha de aceitar o que queríamos. Robert resistiu [a se tornar líder da banda] até meados dos anos 1980."

A turnê Future Pastimes seguiu em frente, lotando a London School of Economics, e depois com shows de 20 a 24 de novembro em Preston, Manchester, Bradford, Newport e Coventry. Após tocar em Birmingham, Portsmouth, Norwich, Durham e Wolverhampton, o encerramento foi na Crawley College em 7 de dezembro, uma espécie de volta para casa. Só que nem tudo foi um mar de rosas – alguns skinheads locais começaram a destruir o lugar enquanto o Cure tocava. Quanto a Gallup, ele já havia sentido o gosto do ciúme de cidade pequena quando entrou em uma loja de discos e foi informado de que "meu amigo é bem melhor do que você [como baixista]. Não sei por que pegou o emprego". A banda só tocou de novo na cidade natal quatro meses depois.

Quando a turnê acabou, Smith admitiu que a vida no ônibus – as três bandas viajavam em um só veículo – tinha sido "divertida", o que não era surpreendente agora que ele estava não apenas com seu velho colega de colégio, Tolhurst, mas também com Gallup. A trilha sonora de *O Livro da Selva*, de Walt Disney, tocava sem parar na van, então agora todas as bandas conseguiam cantar "The Bear Necessities" de cor. Embora os colegas de Fiction (The Cure e The Associates) se dessem muito bem, Smith ficou sabendo que o Passions tinha "ideologias peculiares" que não caíram bem para ele e para o resto do The Cure.

Mas essa foi uma preocupação irrelevante. O agora quarteto The Cure não estava apenas soando como uma banda "adequada", como também no palco estava começando a parecer um grupo de jovens pós-punk sérios em vez de suburbanos mal saídos das fraldas que não sabiam ao certo se – ou onde – se encaixavam. Smith estava ficando cada vez mais confiante como líder, enquanto a aparência "Sid Vicious não tão detonado" de Gallup dava à banda um crédito considerável entre as plateias politécnicas. Embora seu set ainda incluísse faixas do período *Three Imaginary Boys*, como "Boys Don't Cry", "Fire In Cairo", "Accuracy" e "10:15 Saturday Night", a banda também introduzia músicas mais novas e sombrias, como "M" (apelido de Smith para a namorada, Mary Poole), "Play For Today", "Seventeen Seconds" e a mais significativa, "A Forest".

A banda agora estava confiante o bastante (e requisitada) para fazer mais uma tour europeia, fazendo 11 shows que incluíram passagens por cidades como Paris, Amsterdã e Eindhoven. Em meados de janeiro, ela voltou ao já familiar Morgan Studios com Mike Hedges para começar a trabalhar no que se tornaria seu segundo LP, *Seventeen Seconds*.

Durante a gravação do álbum, Smith tocava várias vezes uma fita cassete: era praticamente só o que ouvia na época. A fita tinha quatro músicas muito diferentes e aparentemente não relacionadas, que ele mais tarde confessou terem os elementos que estava tentando recriar com o segundo disco do The Cure. Uma delas era a impressionante "Madame George", de Van Morrison, de seu seminal álbum de 1968, *Astral Weeks*. Essa obra elogiadíssima era um estudo sustentado da introspecção, uma jornada do bardo belicoso de Belfast pelo misticismo. A faixa seguinte era "Fruit Tree", uma gravação triste e linda do álbum *Five Leaves Left*, de Nick Drake, de 1970. A beleza esparsa e mal iluminada da música casava perfeitamente com a atmosfera pesada que Smith estava tentando criar em *Seventeen Seconds*. "É um romantismo mórbido", confessou quando perguntaram sobre sua obsessão com Nick Drake, "mas existe algo atraente nisso". A terceira faixa da mixtape perfeita de Smith era o balé de Aram Khachaturian, "Gayaneh Ballet Suite No. 1. Adagio", que aparecia na trilha sonora de 2001: *Uma Odisseia no Espaço*, de Stanley Kubrick. O filme era outra obra-prima sombria e minimalista que Smith adorava. Como com Nick Drake, foi Richard (o "Guru"), irmão de Smith, que chamou sua atenção para a odisseia seminal de Kubrick. A última faixa da fita deve ter dado lembranças ambíguas a Robert Smith: era a versão de Jimi Hendrix ao vivo para "All Along The Watchtower", de Bob Dylan. A gravação foi tirada do canto de cisne de Hendrix no Reino Unido, seu show de encerramento do Festival Isle of Wight. Também foi a primeira experiência verdadeiramente rock 'n' roll de Smith, um evento que ele lembrava como "dois dias de barraca laranja e fumaça de maconha". Quando não gastava seu cassete de quatro faixas, ele também ouvia *Low*, de Bowie, sem parar. Ponto alto da "fase Berlim" do Thin White Duke, enquanto fazia um retiro para escapar do tédio induzido por cocaína de um período prolongado em Los Angeles, *Low*, produzido por Brian Eno, oscilava entre pop glorioso e inteligentíssimo como "Sound And Vision" e músicas instrumentais introvertidas e experimentais. Estava claro que era um álbum essencial para Smith e *Seventeen Seconds*, uma depressão épica que de alguma forma ainda conseguia soar incrivelmente original e gélida.

"[Com *Seventeen Seconds*] eu estava tentando obter uma combinação de todas as coisas que gostava naqueles quatro elementos", Smith explicou quando o assunto de sua "fita" foi levantado, "embora eles fossem muito díspares".

Seventeen Seconds não foi exatamente trabalhado no estúdio. O novo quarteto The Cure gravou o álbum com Hedges em 13 dias, depois de ensaiar as músicas escolhidas na casa dos pais de Smith na primeira semana de janeiro. Todas as 11 faixas foram gravadas no Morgan entre 13 e 20 de janeiro; o disco foi mixado de 4 a 10 de fevereiro. A rapidez da gravação foi tão ditada pelas finanças quanto pelo foco intenso da banda em estúdio – embora mais de um produtor que trabalhou com a banda tenha me contado que o Cure raramente entrava para gravar despreparado. "Tínhamos quase tudo certo antes de entrarmos em estúdio", Tolhurst explicou. "Por isso foi tão rápido." Só que *Three Imaginary Boys* não tinha feito sucesso, então não havia muito dinheiro na verba de gravação. A brevidade das sessões possivelmente também foi ditada pelo fato de que o consumo de drogas pela banda, embora ativo, não tinha atingido os altos (e baixos) de seu álbum seguinte, *Faith*. Além disso, como me contou Phil Thornalley, que produziu o quarto disco, *Pornography*, o clima no estúdio não combinava bem com as faixas depressivas que a banda estava gravando. Para Gallup, depois de aguentar a labuta na fábrica, a gravação foi como uma festa contínua. "Ficar acordado até três da manhã, bebendo...", relembrou. O produtor Hedges tinha recordações igualmente positivas da gravação de *Seventeen Seconds*. "Quando tento lembrar, tudo o que vejo é uma festa." Smith contou que a banda dormiu no chão do estúdio 1 do Morgan, "para ter aquela sensação de 'nós contra o mundo'".

Smith, como prometido (ameaçado, na verdade) depois da experiência insatisfatória no estúdio com *Three Imaginary Boys*, coproduziu o álbum. A única atividade da banda fora do estúdio durante a gravação do disco foi outro show na Holanda em 15 de janeiro.

Chris Parry contou que Smith estava muito diferente dessa vez. Durante a gravação de *Three Imaginary Boys*, ele parecia não saber bem quanto controle criativo poderia exercer – e depois reclamava disso incessantemente. Mas, durante as sessões de *Seventeen Seconds*, assumiu as rédeas. Quando Smith flagrou Parry mexendo em um tambor no primeiro dia de gravação, deu ao empresário uma instrução simples: "Nem se incomode, Bill, não é o que queremos". Impressionado tanto quanto envergonhado, Parry recuou – seu envolvimento criativo com a banda diminuía a cada sessão.

"Tive de pedir para o Bill não entrar no estúdio", contou Smith, "porque ele estava tentando produzir o disco e eu queria fazer isso com Hedges. Sabia exatamente de que som precisava para *Seventeen Seconds*: queria que fosse inspirado em Nick Drake com o som claro e bem-acabado de *Low*, do Bowie". Smith estava orgulhoso de seus esforços de coprodução, ao ponto de às vezes esquecer que Mike Hedges estava sentado ao seu lado. "Fizemos sozinhos", disse em 1996, "e tudo foi exatamente o que eu queria. Produzi, embora eles [supostamente Parry] dissessem que não era capaz. *Seventeen Seconds* é um disco muito pessoal e também quando senti que o Cure começou de verdade".

Se o Cure esperava manter um clima melancólico incessante com *Seventeen Seconds*, não poderia ter acertado mais. O álbum entra em um clima sombrio desde a primeira faixa, que não vai embora até os acordes finais da faixa-título final esvanecerem no horizonte sonoro. É quase impossível aceitar que é a mesma banda que fez o difuso e instável *Three Imaginary Boys*.

Ele abre com a majestosa instrumental "A Reflection", uma conversa entre guitarra rasgada e um piano solitário; um som que Smith tinha elaborado especificamente para dar um clima contemplativo a todo o disco. A faixa sombria e sóbria traz à mente meditações à meia-luz como as do LP de Brian Eno *Before And After Science*, de 1977. Ela é seguida por "Play For Today", outra música desenvolvida pouco depois das sessões de *Three Imaginary Boys*. Embora um tanto rápida, diferentemente de boa parte do álbum, "Play" ainda mantém um clima solene e melancólico. Smith afirmou que a faixa lidava com "os aspectos fraudulentos de uma relação insincera", mas sua letra era secundária ao clima pesado da faixa, e do álbum.

Os vocais de Smith mal são audíveis em "Secrets", mas, se você prestar muita atenção, conseguirá distinguir seu plano lírico, que era criar uma música sobre oportunidades perdidas e o sonho que tinha de "querer desesperadamente ter coragem" de aproveitar o dia (Smith declarou que esse abafamento era intencional: "A voz tinha de ficar de uma forma que mal dava para ouvir"). O estilo de produção oitentista com som muito oco que deixa uma música como "Play For Today" datada não está tão evidente em "Secrets"; é mais uma faixa ambiental escura na qual Smith e banda estavam em um astral tão baixo que fazia o Joy Division parecer uma banda dançante e que amava se divertir. A pensativa e lenta "In Your House" vem em seguida, com a linha sinuosa de guitarra de Smith se enrolando em uma letra que lidava com "sentir desconforto com a presença de outra pessoa, mas sempre voltar". A música era um exemplo perfeito do desejo de Smith de não fugir de um clima durante todo o álbum; é um estudo firme e determinado sobre tristeza e desolamento. Embora não seja tão deprimente quanto futuros LPs funestos como *Pornography* ou *Disintegration*, *Seventeen Seconds* não é um disco para pessoas alegres. Isso se comprova ao considerar o fato de que surgiu na primavera de 1980, em um momento no qual as paradas e as ondas do rádio eram dominadas pelo pop irrepreensivelmente animado e descartável, como "Funkytown", de Lipps Inc, "Coming Up", de Paul McCartney, e "Let's Get Serious", de Jermaine Jackson.

A faixa seguinte, "Three", era um tanto sinistra, dominada por um teclado e a batida rock-steady e compassada de Tolhurst. Smith disse que "Three" lidava com o que ele chamava de "triângulo eterno", mas isso é quase impossível de se definir, porque seu vocal ficou soterrado na mixagem. "The Final Sound" dá mais um passo em direção ao abismo; a paisagem sonora tinha um tom tão positivamente gótico que quase dava para acreditar que tinha sido tirada da trilha sonora de algum filme de terror *trash*.

"A Forest", a faixa seguinte, é a peça climática definitiva do início do The Cure, um pedaço impressionantemente original e autêntico do estilo de composição de Smith que apareceria na maioria dos set lists da banda no quarto de século seguinte. Como em "Three Imaginary Boys", "A Forest" se baseava em um suposto sonho de infância de Smith, em que ele ficou preso na floresta, sem conseguir achar uma maneira de fugir (como era de se esperar, ele mudou de ideia e negou tudo. "É só sobre uma floresta", afirmou). Enquanto a guitarra de Smith – que soa como se tivesse sido gravada dentro de um túnel de vento – se entrelaça com mais um padrão rítmico direto de Tolhurst e a linha de baixo pesada de Gallup, a faixa vai lenta e incansavelmente em um crescendo bastante assustador. "Boys Don't Cry" pode ter sido os primeiros três minutos de pop atemporal da banda, mas "A Forest" era mais profunda, seis minutos legitimamente perturbadores e inquietantes de som. Foi a peça central de *Seventeen Seconds* e, no final das contas, o primeiro hit verdadeiro da banda. Chris Parry achava a música "maravilhosa – uma surpresa agradável".

Simon Gallup lembrou que "A Forest" era uma música com tempo de execução indefinível. Na verdade, quem a tocava às vezes não sabia quando acabaria. "[Era] uma daquelas que ia sem fim. A bateria parava, Robert continuava tocando e eu nunca sabia quando ele pararia, então continuava depois dele. Então, peguei alguns pedais de efeito e descobri que podia experimentar e fazer todo tipo de ruídos bizarros."

Smith também sabia que a faixa era crucial para a banda: ela definitivamente apontava o caminho a seguir. "[Era] o som arquetípico do The Cure", disse em 1992. "Foi talvez o ponto de virada, quando as pessoas começaram a ouvir o grupo e achar que podíamos conseguir algo. E eu também."

"Com 'A Forest', quis fazer algo muito atmosférico, e ela tem um som fantástico", continuou. "Chris Parry disse: 'Se você deixar este som bom para as rádios, terá um grande hit nas mãos'. Argumentei: 'Mas é assim que ela soa. É o som que tenho na cabeça. Não me importa se é para tocar nas rádios'."

"M", com som cristalino e dedicada ao amor da vida de Smith, Mary Poole, vinha depois de "A Forest". Embora chamá-la de "canção romântica" seja forçar a barra, essa balada em andamento médio veio como um alívio em meio às emoções extremamente pesadas e melancólicas do álbum. Tudo o que Robert Smith dizia quando perguntavam sobre o sentido da música era que falava "sobre uma garota" – embora mais tarde admitisse que outra história de Albert Camus, *A Morte Feliz*, teve grande influência sobre a letra, mas todos próximos da banda sabiam a verdade sobre "M".

As duas músicas que encerram *Seventeen Seconds*, "At Night" e a faixa-título, mantêm o clima profundo e sombrio com muita intensidade. A primeira, uma marcha arrastada mais uma vez conduzida pela batida metronômica da bateria de Tolhurst, continha uma letra inspirada por outro ídolo literário dos paranoicos, Franz Kafka, cujo conto deu à faixa seu nome. A canção parecia tão insistente em manter uma sensação sufocante de desespero que a banda poderia com facilidade tocar seu groove em câmera lenta por mais uma hora. Quanto à última faixa, a inspiração lírica de Smith era mais oblíqua; ele declarou que ela vinha de "uma medição arbitrária de tempo – que de repente parecia estar em todo lugar quando a música foi composta". Embora essa não deva ser a explicação mais concisa e fácil de compreender, poucos desses estudos sobre a solenidade eram ditados por letras ou qualquer coisa parecida com uma mensagem; Smith logo deixaria isso para os Bono Vox da vida. Ele estava mais focado em buscar uma mentalidade à maneira de *Five Leaves Left*, de Nick Drake, ou *Low*, de Bowie, álbuns que tiveram papel crucial na definição do tom e do estilo de *Seventeen Seconds*.

"Sabia exatamente o que queria fazer com *Seventeen Seconds*", Robert Smith declarou anos mais tarde. "Sabia bem como queria que soasse e não queria ninguém interferindo naquilo. Qualquer um que quisesse tocar mais de uma nota no piano podia fazer isso em outro lugar." O produtor Hedges ficou impressionado com o foco intenso da banda: era quase irreconhecível em comparação com os novatos que fizeram *Three Imaginary Boys*. "Gostei muito da direção musical – morosa, atmosférica, bem diferente de *Three Imaginary Boys*", disse. "Segui as instruções de Robert – ele queria um determinado som" (*Seventeen Seconds* não apenas salvou a carreira do The Cure, como também provou que Hedges era muito mais do que um funcionário de estúdio caseiro. Sua carreira também decolou).

O Cure não percebeu que havia criado um álbum tão influente com *Seventeen Seconds*. Em 2004, o então guitarrista e compositor do Red Hot Chili Peppers John Frusciante, jurou lealdade a *Seventeen Seconds* e seu sucessor, *Faith*, revelando que os dois discos foram grandes influências no megaplatinado *Californication*, de 1999. Não há dúvida de que a sonoridade sombria da banda conseguiu muito mais do que apenas ser uma referência sonora para o movimento gótico.

Smith se sentia muito mais próximo de *Seventeen Seconds* do que de *Three Imaginary Boys*. "Durante *Seventeen Seconds*, honestamente, sentimos que estávamos criando algo que ninguém mais tinha feito", afirmou à *Rolling Stone*. "A partir dali, pensei que todo álbum seria o último do The Cure, então sempre tentei fazer algo que virasse uma espécie de marco. Acho que *Seventeen Seconds* é um dos poucos discos que conseguiu isso de verdade."

Com o álbum agora finalizado, em 18 de março o Cure voltou ao Lakeside, em Crawley, para seu primeiro show em casa desde a confusão pré-Natal na Crawley College. Sua última apresentação na cidade havia sido marcada por skinheads mal-humorados e ciúmes locais. Desta vez, foi muito mais divertido. Porl Thompson até tocou com a banda em "I'm A Cult Hero", no bis. Claramente inspirado, Smith reuniu logo em seguida o The Cult Heroes para seu único show, abrindo para o Passions no Marquee, em Londres, cinco dias depois (ele obviamente tinha perdoado os colegas de Fiction pelas "ideologias muito peculiares" que haviam manchado a turnê de 1979).

Para a apresentação no Marquee, Smith chamou o verdadeiro herói cult, o carteiro Frank Bell, mais duas estudantes locais e seus amigos do The Cure. Movido a álcool suficiente para embriagar um time de futebol e com a presença de cerca de 400 fãs de Horley e Crawley, o Cult Heroes voltou a 1973, tocando um set "Top 10" que Smith havia gravado de um programa de rádio de Jimmy Savile. Era improvável que qualquer banda pós-punk tivesse considerado fazer covers de "Whiskey In The Jar", do Thin Lizzy, "Blockbuster", do Sweet, e "Do You Wanna Touch Me (Oh Yeah)", de Gary Glitter, mas isso foi um exemplo da camaradagem mostrada no palco. Quem conseguia ficar em pé caía de rir.

Com tempo livre antes do lançamento do primeiro single de *Seventeen Seconds*, essa foi a primeira de várias aparições de Smith. Ele também gravou backing vocals no disco do The Associates e depois se tornou membro temporário dos Stranglers, tocando guitarra para os pioneiros do pop-punk no Rainbow Theatre, em Finsbury Park, como parte de um show beneficente para seu guitarrista recentemente preso, Hugh Cornwell. Mesmo com boas intenções, tudo foi apenas um aquecimento para o evento principal: o lançamento do primeiro single do segundo disco do The Cure.

"A Forest" foi lançado em 5 de abril. Seu lado B era a faixa ao vivo "Another Journey By Train", uma versão instrumental de "Jumping Someone Else's Train", que antes tinha o prosaico nome de trabalho de "Horse Racing". "O nome [novo] aconteceu porque o ritmo da demo deixou de soar um pouco como cavalos galopando para uma espécie de trem em fuga", contou o sempre lógico Simon Gallup, mas "Another Journey" não foi a gravação na qual a maioria dos críticos ficou interessada: com "A Forest", eles testemunharam um novo The Cure, uma banda que havia passado por mudanças físicas e espirituais desde seu nem tão bem-sucedido *Three Imaginary Boys*. As resenhas foram variadas, mesmo com a resposta comercial a "A Forest" tendo sido incrível para os padrões do The Cure.

Julie Burchill, da *NME*, que mais tarde se tornou uma escritora de livros de ficção erótica que venderam milhões de cópias, não era fã do The Cure, como foi provado por seus disparos à banda. Ela achou "A Forest" insatisfatório como um todo. Em sua resenha para o single, acusou a banda de "tentar prolongar uma vida escassa gemendo de forma mais expressiva do que qualquer um já gemeu... sem uma melodia". Inadvertidamente, havia dado crédito a Smith por não fazer as coisas em passos curtos, mas esse não era o tipo de cobertura animada da imprensa que a banda esperava. No entanto, outros críticos notaram o quanto a banda tinha progredido em relação a seu LP de estreia. "Não é o que você chamaria de uma música imediata", escreveu um deles, "mas há algo muito atraente nela". O coprodutor Smith também foi elogiado na mesma resenha, que declarou que "A Forest" "tem a melhor produção [da banda] até o momento".

O ano de 1980 também marcou o momento em que o alcance do The Cure se estendeu para além da Europa e do Reino Unido. "Boys Don't Cry", com "10:15 Saturday Night" no lado B, foi lançada na Austrália e na Nova Zelândia pela Stunn Records, um selo indie neozelandês comandado por Terry Condon, amigo de escola de Chris Parry. Uma segunda versão do compacto, específica para o mercado local, acrescentou "Killing An Arab", formando um single muito raro (e colecionável) de três faixas. Assim, a reputação da banda começou a crescer no hemisfério sul, com estações de rádio alternativas (como a 2JJ, de Sydney) devorando "Boys Don't Cry".

Por mais que tenha sido recompensador para Parry construir uma legião de fãs em sua parte do mundo, ele também tinha planos maiores para o Cure. Em fevereiro de 1980, uma versão repaginada de *Three Imaginary Boys*, rebatizada de *Boys Don't Cry*, virou o primeiro lançamento norte-americano da banda. Com uma imagem na capa tão pouco informativa quanto a do disco de origem – três palmeiras de tamanhos diferentes em um ambiente egípcio que cheirava a "Killing An Arab" –, *Boys Don't Cry* compilava oito faixas de *Three Imaginary Boys* mais os lados A de seus primeiros três singles no Reino Unido, além de "Plastic Passion" e "World War", uma gravação então inédita das primeiras sessões da banda no Morgan para a Fiction. Esse reorganizado álbum de estreia do The Cure também foi lançado pela Stunn na Austrália e Nova Zelândia.

Parry estava animado o bastante para agendar a primeira turnê da banda nos EUA, que começava em 10 de abril. Em vez de lançar um ataque intenso nos Estados Unidos, o que poderia consumir meses e milhares de libras, ele se concentrou nas cidades do leste do país com o tipo de rádio universitária (e fãs de música nova) que aceitaria este quarteto britânico sorumbático. A banda abriu a turnê no Emerald City, em Cherry Hill, Nova Jersey, e depois tocou três noites (15 a 17 de abril) no Hurrah's, em Nova York, e mais um show em Boston, no Allston Underground, no dia 20.

Em seu primeiro show nova-iorquino, o Cure abriu com "A Forest", certeira para definir o clima. O restante do set equilibrou presenças garantidas como "10:15", "Boys Don't Cry", "Arab" e "Plastic Passion" com cerca de metade de *Seventeen Seconds*. A banda e Parry sabiam que não havia uma grande lógica em tocar muitas músicas que não estavam disponíveis nas lojas de disco dos EUA, ainda mais naqueles tempos pré-download. Jon Young, jornalista da revista norte-americana *Trouser Press*, estava no meio de uma plateia que ele descreveu como "intranquila". Smith lutou para lidar com um espectador que "gritava sem coerência como se esperasse Bruce Springsteen". Ele acabou parando de tocar, e simplesmente perguntou ao homem o que ele queria, o que Smith interpretou como "mijar em Portobello Road – ou algo assim", mas Smith riu por último quando o perturbador foi aos bastidores depois e elogiou a banda.

Embora Smith possa ter mostrado níveis invejáveis de confiança no estúdio e quando precisava lidar com o público, ele não tinha tanta certeza de que receberia outro convite para tocar nos EUA tão cedo. Então, enquanto ficaram por ali, os membros da banda aproveitaram como turistas, virando noites e saindo com o nascer do sol para aproveitar a vista. Simon Gallup, enquanto isso, continuava impressionado com a sensação relativamente nova (para ele) do backstage – na América do Norte, sua bebida preferida era a Southern Comfort. O 21º aniversário de Smith foi celebrado quando eles estavam em Boston; a banda e Parry festejaram pesado, no que Smith lembra ser "algum evento da mídia de arte". Ele fez um brinde ao dia aparecendo para seu último show nos Estados Unidos 90 minutos atrasado e, depois, pegando uma carona perigosa no capô de um carro dirigido por Parry – ambos estavam bêbados, é claro. Quando Smith tentou trocar um pneu murcho, quebrou o polegar, mas demorou um pouco para que o sinal fosse transmitido de seu dedo ao cérebro. "Esmaguei meu dedo", disse mais tarde.

De volta ao Reino Unido imediatamente depois do show de Boston (via um desvio não planejado em Cape Cod), Smith já mostrava sinais de receio quando se tratava de lidar com a imprensa (isso atingiria proporções gritantes enquanto a banda ficava cada vez maior nos EUA). Ao falar com o semanário *Record Mirror*, Smith mostrou sentimentos confusos sobre sua primeira turnê norte-americana. "[Estávamos] sendo bombardeados por pessoas que fazem as mesmas perguntas e todas querem apertar sua mão", disse. "Você simplesmente se vê sugado para dentro da estrada do rock que estamos tentando evitar."

Os comentários de Smith foram um pouco dissimulados, porque em 24 de abril o Cure foi escalado para sua estreia no *Top Of The Pops*. Aparecer nessa instituição pop semanal não era bem o tipo de jogada que daria credibilidade de rua para uma banda, mas expôs o Cure a vários milhões de espectadores, o que não prejudicaria sua carreira em gradual ascensão, mesmo se a visão do polegar de Homem-Elefante de Smith fosse suficiente para assustar adolescentes impressionáveis.

Smith tinha emoções conflitantes sobre aparecer no *Top Of The Pops*. Sua consciência foi incomodada pelo que descreveu como lado "antitudo" de sua natureza, dizendo a ele que o programa representava tudo o que havia de errado com a música: vendia pop pasteurizado dublado por estrelas retocadas (é necessário deixar claro, no entanto, que o Cure estava em boa companhia em sua estreia no programa: Blondie, The Undertones, Dexy's Midnight Runners e Bad Manners também apareceram), mas também havia um lado mais pragmático na natureza de Smith. "Fiquei convencido de que deveríamos fazer o *Top Of The Pops* porque percebi, mesmo naquela época, que se não fôssemos, alguém iria – e o fato de tocarmos ou não era indiferente para a maioria das pessoas que assistiam." O que Smith não sabia era que o futuro jornalista da *NME* Andrew Collins se tornou um dos muitos novos convertidos ao The Cure com sua estreia no *Top Of The Pops*, quase da mesma maneira pela qual Smith se apaixonou por Bowie oito anos antes. "Caí de amores pelo The Cure aos 15 anos, em 24 de abril de 1980", Collins escreveu. "Eles eram... um trio [sic] desconsolado, tímido, olhando para os pés, mas que produzia essa música pop estranhamente linda que devo ter ouvido pela primeira vez no John Peel, pois era onde eu ouvia tudo primeiro." Então, a banda não perdeu tanto seu tempo.

(Robert Smith manteria muitas relações instáveis durante a longa vida do The Cure, mas nenhuma como aquela entre ele, a banda e essa não tão venerável instituição pop britânica. Ele sempre se sentiu pouco à vontade em aparecer ali. Em 1985, declarou que seu desconforto era "principalmente porque consigo ver o público e eles parecem tão entediados. Sempre fico mal por eles. Vão esperando uma grande festa – e é a pior experiência, dá para ver em seus rostos. Além disso, não sou muito bom em fingir que estou me divertindo". Quase todas as aparições do The Cure no programa seriam rapidamente seguidas pela queda do single que estavam tentando promover nas paradas. "Nossos discos sempre despencam depois que fazemos o *Top Of The Pops*. Na verdade, vamos ao programa como uma jogada de carreira para que não fiquemos famosos demais", concluiu.)

Gallup e Hartley, enquanto isso, ficaram muito mais entusiasmados do que Smith. O lacônico Tolhurst riu disso. "Tudo o que dava para ver na TV", disse depois, "era o curativo enorme de Robert se movendo pelo braço da guitarra. Foi hilário". As imagens de sua aparição no *Top Of The Pops* foram entrelaçadas com imagens de uma floresta, para o videoclipe de "A Forest", dirigido por Dave Hillier. O polegar de Smith foi, de longe, a estrela do clipe, o primeiro da banda. "Passamos a impressão de que éramos muito melancólicos e desinteressados", disse Smith, "o que de fato éramos".

Apesar do problema no dedo de Smith, o Cure voltou à estrada, começando mais uma turnê britânica no West Runton Pavilion, em Cromer, na noite após sua estreia na TV. Encerrando no Rainbow Theatre, em Londres, em 11 de maio, a banda fez 16 shows em 16 dias. "A Forest", enquanto isso, sorrateiramente chegou ao número 31 da parada de singles britânica, sua posição mais alta até então. Enquanto o trem do The Cure rodava, começaram a chegar as resenhas sobre *Seventeen Seconds*.

A reação de Chris Westwood, do *Record Mirror*, exemplificou a incerteza que os críticos sentiram sobre o álbum: ninguém sabia ao certo o que achar deste novíssimo The Cure. "Por que o Cure não sai de seu casulo?", perguntou. "Este é um Cure recluso e perturbado, sentado em quartos frios, escuros, vazios, vendo relógios." Em uma resenha típica de Nick Kent para a *NME* chamada "Why Science can't find Cure for Vagueness" ["*Por que a ciência não consegue encontrar a cura para a imprecisão*"], o crítico não ficou muito convencido com o lado impenetravelmente escuro da banda, mesmo abrindo com o argumento válido de que o Cure era uma banda com pressa. "Poucos cobriram tanto território em tão curto espaço de tempo", observou. Kent estava certo: quase no mesmo tempo que muitas bandas levam para dominar "Louie Louie", o Cure tinha lançado alguns singles de qualidade crescente, feito mais de 100 shows e gravado dois LPs. No entanto, Kent sentia que o álbum não mostrava totalmente o tipo de tensão acumulada que a maioria das faixas sugeria. Referindo-se em específico a "A Forest", ele escreveu que "o cenário, assim que criado, logo soa murcho, isento de qualquer tensão ou mistério. É um sintoma ao longo de *Seventeen Seconds*".

"Para muitos", concluiu, "*Seventeen Seconds* pode parecer uma progressão válida. Eu, no entanto, achei deprimentemente regressivo. Mesmo assim, aguardo seu próximo movimento com muito interesse".

Em 18 de maio de 1980, Ian Curtis, líder do Joy Division, coroado "um dos vocalistas e escritores mais talentosos do rock contemporâneo" pela *NME*, cometeu suicídio. O último videoclipe de Curtis, da assustadora, sombria, e linda "Love Will Tear Us Apart", havia sido filmado poucos dias depois do lançamento de *Seventeen Seconds*. *Closer*, um álbum que foi tanto um adeus ao Joy Division quanto um tributo a Curtis, saiu em julho. Robert Smith ficou verdadeiramente atordoado.

"Lembro que ouvi *Closer* pela primeira vez e pensei: 'Não consigo imaginar fazer algo tão poderoso quanto isto'. Achei que teria de me matar para fazer um disco convincente."

Só que Robert Smith ainda não estava pronto para acabar com a própria vida. Depois de seu último show no The Rainbow, em Finsbury Park (Londres), o Cure atravessou o canal para sua primeira turnê europeia completa, tocando em um festival na França junto com The Clash e UFO que se desfez em uma maré de tumultos e gás lacrimogêneo e, depois, sendo presos (mas não acusados) por exposição indecente durante uma farra na madrugada em Roterdã. Enquanto continuavam na Holanda para uma série de shows ao ar livre, a *NME* publicou uma matéria chamada "Days Of Wine And Poses" ["*Dias de Vinho e Poses*"], escrita por Paul Morley, o mesmo crítico que havia descartado *Three Imaginary Boys* como "música cansada". O jornalista e a banda em ascensão foram muito mais educados desta vez – Morley, veja só, era fã de *Seventeen Seconds*.

A matéria deu uma visão do caso ambivalente de Smith com a imprensa. Quando Morley detonou *Three Imaginary Boys*, Smith e a banda reagiram escrevendo uma resposta cáustica ao crítico e, depois, durante uma sessão com John Peel, transformando "Grinding Halt" em uma carta envenenada endereçada ao coração negro do escriba da *NME*. Mas, quando eles se encontraram,

Smith confessou uma coisa: também não era tão fã do LP de estreia – tinha ouvido o álbum umas "três vezes" antes de seguir em frente até *Seventeen Seconds*. Enquanto Smith e Morley relaxaram com uma garrafa de vinho, o verdadeiro Robert Smith começou a aparecer. "Imaginei que ele seria durão, mas Smith é delicado", escreveu Morley. "Não é um grande molenga. Sempre está em uma linha fina entre agitação e tédio, e esse equilíbrio acaba sendo leve e sinuosamente cativante". Quando Morley perguntou se Smith se levava a sério, ele respondeu: "Levo, sim, mas há um ponto além do qual você se torna um personagem cômico". Smith também não tinha certeza sobre a encarnação ao vivo da banda: eles estavam no palco para divertir ou iluminar? Ou seu trabalho era apenas autossatisfação – o público que se dane? "É muito egoísta quando subimos ao palco", Smith disse. "É claro que importa a opinião da plateia, mas escrevo músicas para mim mesmo. Prefiro impressionar muita gente que gostará de nós por muito tempo a dar uma noite boa a alguém que a esquecerá na semana seguinte."

Na mesma entrevista, Smith admitiu ter um gênio agressivo, mas não era do tipo físico. Como Tolhurst já tinha mencionado, havia certa fleuma britânica ali – as emoções ficavam guardadas para cada um. "Não dou chiliques ou coisas assim", disse, "então, em vez de quebrar tudo, escrevo as coisas. Serve para extravasar".

Enquanto a aparentemente interminável turnê de 1980 continuava, Smith e Gallup, sobretudo, encontraram novas válvulas de escape para suas más vibrações. A dupla estava no processo de desenvolvimento de um interesse mais do que intenso pela cocaína e havia quase desistido de dormir. Eles passavam boa parte do tempo das folgas em um estado quase catatônico, de walkmans grudados na orelha. Smith ainda estava lidando com seus sentimentos conflitantes sobre o suicídio de Ian Curtis: para que sua banda fosse levada a sério, ele realmente teria de fazer isso? Não era bem o ambiente ideal para o novo recruta, Matthieu Hartley. Tolhurst, como sempre, continuou sendo o alvo da banda: se não fosse o palhaço do grupo, provavelmente eles teriam se matado. Até Hartley entrou em ação, como revelou no livro *Ten Imaginary Years*.

"Meu caro Lol, ele é o mestre", disse o tecladista. "Batíamos nele, dávamos canseira, enquadrávamos, mas ele entende. Sabe que temos de liberar nossas tensões de alguma forma, e é o alvo" (fotos da época normalmente mostram Tolhurst enterrado até o pescoço na areia em uma praia). O que Tolhurst não sabia – na verdade, não poderia saber – é que estava se posicionando para a maior de todas as quedas possíveis dali a alguns anos.

A agenda implacável de shows da banda – mais de oitenta entre março e novembro de 1980 – também significava que seu séquito estava aumentando. A equipe do The Cure agora incluía um roadie chamado Elvis, um ex-Teddy Boy que, segundo Smith, considerava o grupo "um bando maltrapilho de vadias". Seu empresário de turnê era Welshman Lawrie Mazzeo, um sujeito com paixão por restaurantes caros e o hábito de não pagar hotéis. Também havia Mac, da iluminação, que estava com a banda durante a farra às 6h30 em Roterdã que acabou em um incidente de indecência pública.

Quando o Cure chegou à Nova Zelândia, em 24 de julho, para sua primeira turnê na Oceania, o cansaço começou a aparecer. Cartazes prometiam aos fãs a chance de "Uma Dose de The Cure" – o recém-lançado *Seventeen Seconds* havia ido bem nas paradas locais, assim como na Holanda e na França – mas à medida que a banda ia de Auckland a Wellington, Christchurch a Dunedin, fazendo nove shows no total, o peso das músicas que tocava começava a desgastá-la. "Estávamos tocando demais e ficando saturados", lembrou Smith. Foi também durante esta turnê que Smith tomou ácido pela primeira vez; ele passou a maior parte de sua experiência de expansão mental tirando fotos de sua imagem refletida no espelho do quarto de um hotel (em uma foto, "há uns 2.000 palitos de dente espetados em mim", revelou em 2003. "Na pele, naquelas partes – eu parecia um porco-espinho"). Em Auckland, a banda relaxou redecorando o quarto do hotel, destruindo uma porta e diversos itens. Dessa vez, Mazzeo pagou a conta antes de fazer check-in em outro hotel.

Smith minimizou o incidente no dia seguinte. "Não somos o tipo de banda que destrói móveis", afirmou. "Não somos o Who. Foi só parte de nosso dia de trabalho. Era óbvio que preferiam que saíssemos, então fomos para outro hotel." Por mais que Smith tentasse declarar esse como sendo mais um dia na vida do The Cure, não era muito o tipo de publicidade de que a banda precisava às vésperas de sua primeira turnê australiana. Esses rapazes podem não chorar, mas sabiam como beber (e tomar LSD).

Apesar do sucesso da turnê – a Austrália aceitou a banda com o mesmo fervor da América do Norte em poucos anos –, foi uma época difícil para a caravana Cure. O fato de o itinerário ter aumentado para 24 shows não ajudou. Além disso, Hartley tinha desenvolvido um caso sério de febre da estrada (como Michael

Dempsey antes dele): o incidente de Auckland havia escalado de uma pequena discussão com Smith que saiu completamente do controle. "Tudo começou a dar errado com o Matty", contou Smith. "Ele estava ficando muito rabugento, muito cansado e reclamando que não conseguia comprar comida vegetariana. Muita coisa o incomodava." Pelo que Smith lembra, Hartley costumava descontar sua raiva em Tolhurst, o saco de pancadas particular da banda. Mesmo assim, o Cure conseguiu bater um novo recorde no Bondi Lifesaver, em Sydney, enfiando 2.200 fãs em um lugar construído para comportar menos da metade dessa capacidade.

Quando a banda parou em Perth, na costa oeste da Austrália, a caminho da Europa, sabia que Hartley precisava admitir que não havia sido feito para a estrada, ou para o grupo. Além disso, seu ronco não ajudou na relação com os outros. Assim como Dempsey, Hartley não ficou muito entusiasmado com a direção cada vez mais sombria na qual Smith planejava levar o Cure. "Não era meu estilo de música", declarou. "Além disso, fui tratado de um jeito estranho, infantil. Robert parou de falar comigo, e Lol também. Cansei. [Os fãs] me perguntavam se gosto de Joy Division e, sabe, era exatamente o estilo de banda que não suporto. Percebi que o grupo estava indo rumo a uma música suicida, sombria – o tipo de coisa que não me interessava nem um pouco."

A banda fez um último show em Estocolmo, em 30 de agosto, antes de finalmente voltar para casa. Ela estava viajando por seis semanas seguidas: foi um período um pouco difícil (sem mencionar o fato de que a banda não havia tido uma folga verdadeira desde março). Quando Parry recebeu seus pupilos em Heathrow, as rachaduras apareceram de forma muito óbvia: enquanto Smith, Gallup e Tolhurst se espremiam na frente da picape, Hartley ficou no banco de trás, espremido entre os equipamentos da banda. Assim que Hartley chegou em casa, decidiu poupar o trabalho de Smith: ligou para ele e disse que estava saindo do The Cure, tendo durado apenas nove meses. [1] Smith não ficou ressentido. "Matty foi muito bom nessa situação toda", revelou. "Ele me telefonou, e acabou assim."

1 O interessante é que ele agora mora perto de Smith, em Bognor Regis, trabalhando em uma loja fotográfica e ainda fazendo música.

Capítulo Seis

"Tinha 21 anos, mas me sentia muito velho. Achava que viver era inútil. Não tinha fé em nada. Não via muito sentido em continuar vivendo."
– Robert Smith

Nick Kent subestimou o caso da banda quando comentou que ela havia coberto muito território em um curto espaço de tempo. A maioria das bandas teria alegado insanidade temporária depois de uma turnê tão impiedosa e saído de cena pelo menos até o ano seguinte. Mas não o Cure. Quase em seguida, Smith, Gallup e Tolhurst escolheram voltar ao Morgan Studios, no final de setembro, para começar a trabalhar no terceiro álbum, mais uma vez com Mike Hedges produzindo.

Acabou sendo um grande erro de cálculo, principalmente porque todos estavam esgotados quando entraram no estúdio em 27 de setembro, menos de um mês depois da última apresentação com Hartley, em Estocolmo. Entre as novas músicas que tentaram capturar em fita nos três dias seguintes, estavam "All Cats Are Grey" e "Primary". Embora ambas acabassem selecionadas para o álbum que virou *Faith*, nenhuma foi gravada de forma satisfatória nessa primeira sessão no Morgan. Smith esperava algo "fúnebre", mas "elas só soavam monótonas". Infelizmente para a banda, essa sessão abortada definiu o tom de *Faith*. Enquanto *Seventeen Seconds* e *Three Imaginary Boys* haviam ficado prontos em tempo recorde, a gravação do terceiro álbum se tornou uma odisseia que viu a banda ir a quase tantos estúdios quanto o número de músicas gravadas.

Tolhurst sabia que a banda não estava pronta para outro LP. "A existência do The Cure na estrada não era do tipo que dava para compor músicas", ele me disse. "Tivemos de escrever boa parte de *Faith* no estúdio." Mas, como explicou, sair da linha de frente musical nem passou pela cabeça deles. "Nunca pensamos em voltar para casa e não fazer nada por seis meses", contou. "Nosso contrato dizia para fazermos um álbum por ano, e foi o que fizemos."

O Cure sempre lutou pela autossuficiência financeira. Na época de *Faith*, a banda tinha quase conseguido isso. Seus discos eram relativamente baratos de produzir e as turnês constantes ajudavam a pagar as contas. Mesmo assim, foi um ponto baixo real na vida de Robert Smith. "Tinha 21 anos", disse em 1985, "mas me sentia muito velho. Não tinha esperança alguma no futuro. Achava que viver era inútil. Não tinha fé em nada. Simplesmente não via muito sentido em continuar com a vida".

Só que antes de Smith se envolver demais em pensamentos sobre o valor de sua existência, o Cure pensou que, se o estúdio não estava funcionando para banda, era melhor voltar para os braços dos fiéis. Eles voltaram para a estrada em 3 de outubro, mais precisamente no The Rockpalais, em Estocolmo, que havia sediado seu último show com Hartley cinco semanas antes. Nas três semanas seguintes, o novo trio The Cure foi para Bremen, Munique, Amsterdã, Bruxelas, Bordeaux e Hamburgo, trabalhando arduamente para consolidar sua crescente base de fãs na Europa. Essa turnê de 27 datas pela Escandinávia, França, Alemanha e Países Baixos terminou em 31 de outubro, em Rodange, onde a banda tocou no The Blue Note. A banda podia estar ficando rapidamente sem fôlego, mas a turnê atingiu seu objetivo: quase todas as datas tinham casa lotada, enquanto *Seventeen Seconds* subiu para o Top 10 na Bélgica e Holanda, onde o Cure – uma banda ainda sem qualquer coisa que parecesse um visual definitivo – viu-se na companhia de grupos altamente visuais, como Abba, Queen, Stray Cats e Spandau Ballet. Foi quase o suficiente para distraí-los da tarefa complicada de gravar seu terceiro álbum.

De volta ao Reino Unido, o Cure decidiu terminar seu ano mais ativo até então com uma série de shows em universidades (e, depois, só em universidades abertas ao público). Foi um posicionamento inteligente da parte de Parry: se os críticos da imprensa musical estavam tendo dificuldade com o Cure, era melhor focar em sua base de fãs leitores de livros da Penguin Classics. Afinal, quem precisa de boa mídia quando as pessoas estão comprando seus discos? (Como comprovado por "A Forest", que havia se tornado um sucesso improvável no Top 40 em abril.) Em vez de chamar os aspirantes de sempre para abrir, a banda pediu que fitas demo fossem enviadas, para dar uma chance a um novo grupo em cada cidade que visitasse. Tudo fazia muito sentido. Para comemorar, o Cure planejou uma festa de final de ano com um show de Natal (o primeiro de muitos), na Notre Dame Hall, ao lado da Leicester Square, em Londres, em 18 de dezembro. Nesse evento (só para convidados) também tocaram Siouxsie & The Banshees, The Associates, The Scars e Tarzan 5.

Embora a noite fosse manchada pela morte, 10 dias antes, de John Lennon, o único beatle a sobreviver ao punk com sua lenda intacta, Smith e a banda celebraram do modo típico do The Cure: ficaram absurdamente bêbados. Livres depois de seis meses durante os quais a banda havia tocado em 13 países diferentes, eles tinham a desculpa perfeita para encher a cara. Tudo o que Smith consegue lembrar da noite era que "estávamos em volume muito alto no palco e havia muita gritaria e muita bebida".

Tinha sido um ano estranho para o Cure. A banda aprendeu com os erros de *Three Imaginary Boys* e lançou um álbum muito mais fiel ao som que Robert Smith conseguia ouvir em sua cabeça (só que a imagem ainda era um problema: a foto de Andrew Douglas na capa de *Seventeen Seconds* era tão enigmática quanto os itens domésticos do disco de estreia). O grupo tinha feito uma turnê implacável e lidado com a vida como um quarteto antes de voltar a ser um trio. A banda também havia feito o aparentemente impensável ao tentar gravar dois álbuns em um ano, uma atitude que logo se tornaria absurda em um mundo prestes a ser atropelado por departamentos de marketing decididos a espremer cada disco lançado até a última gota. A lembrança das sessões interrompidas no Morgan pode ter amargado um ano extremamente animado para o Cure, mas Smith e a banda sabiam que não podiam perder muita energia contemplando o que não poderiam mudar.

Com o começo de mais um ano sob o regime repressor de Thatcher, Smith começou a passar cada vez mais tempo nas muitas igrejas de Crawley, e o tema do álbum seguinte da banda começou a surgir. Antes, ele tinha planos vagos para um disco "de ideias", mas agora queria se concentrar na fé – ou na falta dela, em seu caso. Smith levava um caderno, escrevendo enquanto as missas prosseguiam em seu modo solene e austero. Músicas sérias e parecidas com hinos, como a faixa-título e "The Funeral Party", foram tentativas ousadas da parte de Smith de capturar a ideia de religião e devoção em estúdio. Enquanto absorvia tudo, ele estava prestes a fazer uma descoberta que o deixaria apavorado.

"Pensava na morte, olhava para as pessoas na igreja e sabia que estavam ali, acima de tudo, porque queriam a 'eternidade'. Percebi que não tinha fé nenhuma e fiquei assustado."

Ao mesmo tempo, a mãe de Tolhurst, Daphne, talvez sua maior fã, ficou gravemente doente. Smith e seu aliado musical e pessoal de longa data passavam horas conversando sobre a morte. O falecimento da mãe de Lol (em 21 de junho, dois meses depois do lançamento de *Faith*) e, logo depois, da avó de Smith tiveram um grande peso sobre o terceiro álbum do The Cure. "Acho que isso marcou um ponto para começarmos uma vida adulta", disse Tolhurst.

Em fevereiro de 1981, o plano para *Faith* era relativamente simples: agendaram alguma horas (entre os dias 2 e 11) no estúdio 1 do Morgan, que havia provado ser uma referência para o segundo álbum. Embora *Seventeen Seconds* possa ter tido um processo de gravação de surpreendente eficiência, ficando pronto em poucas semanas, *Faith* foi um caso de teste em estúdio. As sessões continuaram ao longo do mês, quando a banda frequentou diversos estúdios: Red Bus, Trident, Roundhouse e o lendário Abbey Road. Os problemas que Smith encontrava com sua falta de fé se estendiam para o processo de gravação: faixas gravadas eram eliminadas o tempo todo e a relação interna da banda, bem como o entendimento entre Smith e o produtor Mike Hedges, chegou ao ponto de ebulição.

Smith descontava sua raiva nos colegas de banda e no sempre presente roadie Gary Biddles, sobretudo quando eles saíam para beber enquanto Smith estava tentando gravar seus vocais sussurrados e reflexivos. Como ele lembrou, a banda havia feito as bases para as faixas de uma "forma completamente desinteressada, como se outra pessoa estivesse fazendo aquilo, não nós. [E] sempre que eu começava a cantar, a atmosfera escurecia".

O gosto recém-descoberto por cocaína também não ajudou nas sessões improdutivas do álbum. "Usei muita [cocaína] durante a gravação daquele disco", Smith confessou em 2000, "e era um clima muito difícil e mal-humorado. Tudo o que fazíamos dava errado. Estava o tempo inteiro de olhos vermelhos e azedo, e *Faith* não saiu como eu queria. Lembro que terminei os vocais no Abbey Road e me senti incrivelmente vazio". As duas mortes iminentes nas famílias Smith e Tolhurst, além do legado sombrio de Ian Curtis, que Smith não conseguia esquecer, só dificultaram as sessões de *Faith*. Lol Tolhurst foi direto ao ponto: "Escuto *Faith* agora e não acho que é tão bem-acabado quanto *Seventeen Seconds*".

Chris Parry, enquanto isso, teve permissão para ver as sessões, mas não gostou do que ouviu. Obviamente, as sessões extra em estúdios cada vez mais elegantes e caros estavam atingindo a Fiction onde realmente doía: seus lucros. Ele nunca revelou números, mas afirmou que *Faith* "custou muito mais do que o necessário".

Enquanto Parry se preocupava com os custos de gravação, a banda estava tentando se preparar para outra realidade: logo, começaria a fazer turnê com as mesmas músicas que tinham sido tão difíceis de gravar. Não é de se estranhar que os integrantes da banda ficassem se enterrando em uma montanha de pó. Finalmente, no final de fevereiro, seu terceiro LP foi concluído. Ele testou muito mais do que a fé do The Cure: havia sido uma provação maldita.

Se *Seventeen Seconds* tinha sido uma meditação em 10 faixas sobre o sofrimento, *Faith* afundou ainda mais no abismo espiritual de Smith. Durante a abertura em fogo baixo, "The Holy Hour", sua voz novamente fica enterrada na mixagem, uma presença espectral em um lodo de guitarra cheia de efeitos e baixo/bateria pesados. E essa era a mesma banda que criou a batida tão melódica, imediata e sessentista de "Boys Don't Cry"! "The Holy Hour" havia começado a tomar forma na imaginação de Smith quando ele assistia à missa na Friary Church, de Crawley, em uma noite de domingo. Boa parte do disco tinha sido composta a partir das tentativas de Smith de desvendar o enigma que era a fé católica, uma presença constante em sua criação. Ele ficou enfeitiçado pelos fiéis (embora não se incluísse entre eles), enquanto respondiam ao catecismo. "The Holy Hour" foi uma de várias faixas de *Faith* testadas ao vivo antes de entrar no disco. No momento de sua gravação, tinha sido ajustada a tal ponto que não havia absolutamente excesso algum na faixa – nem a mais leve sugestão de alegria. O tom de *Faith* tinha sido definitivamente estabelecido.

"The Holy Hour" foi seguida por "Primary", sucessora natural de "A Forest". Movida pelos baixos duplos de Smith e Gallup, mais um padrão constante e simples de Tolhurst na bateria e a guitarra rítmica perdida em um túnel de vento, "Primary" era uma peça climática urgente e elaborada com precisão, tão evocativa quanto "A Forest". Smith cospe a letra elíptica – que admitiu ser inspirada pela noção de morrer muito jovem, "inocente e sonhador" – como se deixasse um gosto venenoso na boca. A faixa seguinte, "Other Voices", era dominada pela linha de baixo constante e abafada de Gallup antes de Smith soltar um grito de guerra que não teria sido rejeitado por guerreiros indígenas. Muito se fala sobre "quartos vazios" e "ruídos distantes/outras vozes" durante "Other Voices", uma faixa cuja inspiração principal foi tirada de um dos estudos precisos de Truman Capote sobre o gótico sulista americano, *Outras Vozes, Outros Lugares*. Embora não fosse essencial que o jogo de palavras de Smith fizesse algum sentido literal – afinal, ele não era nenhum Truman Capote –, sua letra parecia combinar perfeitamente com a noção épica de melancolia que pairou sobre *Faith* como uma nuvem negra. Como "A Forest" em *Seventeen Seconds*, "Other Voices" tinha a sensação de um mantra: parecia que a faixa poderia continuar para sempre, deslizando sinuosa pelo breu da noite.

A faixa seguinte, "All Cats Are Grey", não fez nada para diminuir a sensação de desespero – na verdade, o hino gótico de cinco minutos e meio apertou um pouco mais o nó. Assim como "Other Voices" (e "Killing An Arab", "M" e "At Night" anteriormente), a faixa teve uma fonte literária: desta vez, foi a trilogia *Gormenghast*, de Mervyn Peake, romances góticos publicados entre 1946 e 1959 que poderiam ser lidos como um estudo alegórico da Grã-Bretanha pós-guerra. Esses livros são tão reverenciados que foram comparados à prosa de Charles Dickens e J. R. R. Tolkien. O interessante é que os três livros, *Gormenghast*, *Titus Alone* e *Titus Groan*, não se apressam para chegar a algum lugar, como *Seventeen Seconds* e *Faith*. Como um crítico literário observou, "o domínio que Peake tem da linguagem e o estilo peculiar dão o tom e a forma de um mundo intricado em câmera lenta, de ritual e imobilidade". Soa familiar? [1]

"All Cats Are Grey" se desenrola lentamente, com o vocal fúnebre de Smith contido até a faixa estar quase na metade; a essa altura, a banda entra sem remorso em um groove seriamente amargo. Mais do que qualquer outro lugar em *Faith*, ou em *Seventeen Seconds*, Smith cantou com a convicção solene de alguém que deu uma espiada no verdadeiro coração escuro da humanidade, e não gostou do que viu. Como em outras faixas de *Faith*, e como em "A Forest", a música foi uma tentativa de Smith de capturar um pesadelo recorrente que vinha tendo, no qual se via várias vezes perdido em uma série de cavernas, incapaz de encontrar qualquer maneira de escapar. Assustador.

A coletânea *Still*, do Joy Division, analisada pela *NME* seis meses depois de *Faith*, pode ter sido celebrada como um disco que "confrontou... e revelou as causas da depressão atual [e a encontrou] como enraizadas na pobreza espiritual, e não material", mas Smith parecia estar ainda mais embaixo no poço sem fundo do desespero do que Ian Curtis (embora o Cure não tivesse um tributo da

---

1 N. de T.: Smith também se referiu à trilogia de romances de Peake na música "The Drowning Man" – em particular ao terceiro livro da série, *Titus Groan*.

mesma graciosidade que "Love Will Tear Us Apart"). "The Funeral Party" levou a obsessão de Smith a uma conclusão naturalmente desalentadora, uma parede monumental de teclados estendida sobre a faixa como um manto negro, enquanto Smith gemia, uivava e vociferava como um pobre infeliz que luta para achar uma maneira de lidar com seus demônios. A música era sem vida, sem melodia, uma marcha à moda antiga, mas estranhamente sedutora e agradável ao mesmo tempo (mais tarde, Smith declarou que havia esticado o tema da música para incluir uma consideração sobre a futura morte de seus pais e, naturalmente, a própria). A essa altura, na metade do álbum, a pergunta continuava: o Cure poderia ir ainda mais fundo?

"Doubt" respondia a essa questão com a guitarra relativamente limpa de Smith e um andamento que sugeria ainda haver alguma vida no The Cure. Não é um desabafo menos amargo e raivoso do que a antecessora, pois Smith jorrava o que descreveu como "raiva e frustração com a inutilidade de tudo" –, mas a banda havia quase parado em "The Funeral Party" e obviamente decidiu retomar o ritmo com algumas batidas em "Doubt". Mas a sensação sufocante de desalento volta em "The Drowning Man", mais um mantra pessimista que se desenrola lentamente sobre sofrimento; uma música que também chorava a morte da inocência e do que Smith chamou de "amor cego". Se a cocaína foi a droga que deixou um milhão de pessoas ligadíssimas, era claro o seu efeito inverso no The Cure – parecia que o pó só ajudou Smith a abordar o lado pessimista de sua natureza. "The Drowning Man" exemplificava isso.

O terceiro álbum do The Cure fechava com a faixa-título, "Faith", que derramava o humor mórbido de Smith por sete épicos minutos. Qualquer ouvinte que, a essa altura, não tivesse sucumbido totalmente à sensação de desespero do disco, agora não tinha escolha a não ser se render (se já não tivesse saído correndo e gritando da sala). A voz de Smith foi reduzida a um sussurro agonizante, a cozinha de Tolhurst e Gallup era um arrastar de pernas pesadas. Se *Faith* fosse uma trilha sonora, seria para o mais imponente filme de cortar os pulsos já feito, mas Smith defendeu a faixa de encerramento em análises posteriores sobre *Faith*. Ele acreditava firmemente que, como a última faixa sombria de seu LP seguinte, *Pornography*, a música oferecia uma leve faísca de esperança, o raio de sol mais breve em um disco que prometia pouquíssimas boas vibrações. Segundo Smith, "Faith" era "o mais otimista que eu conseguia ser".

Em *Faith*, Robert Smith foi implacável com o uso de som e textura para reforçar um clima; não poupou o ouvinte de absolutamente nada ao liberar toda a sua dor, sofrimento e lamento encharcando o som da banda com o baixo estrondoso de Gallup, as batidas contidas e escassas de Tolhurst e a parede ocasional de sintetizadores. O manto de dor semelhante do Joy Division não parecia tão desolador quando tocado lado a lado com *Faith*. Smith pode ter gritado "não há mais nada além de fé", enquanto a faixa-título caminhava lenta e tristemente para sua morte, mas você ficava questionando quanta fé ele tinha depois de um exercício tão impiedoso de melancolia.

Robert Smith usou seu manto de "Guru do Gótico" como uma espécie de coroa de espinhos, mas não fez nada para dissuadir os verdadeiros seguidores com *Faith* – ao se referir de forma direta aos livros *Gormenghast*, referenciais do estilo, estava claramente cravando seu posto como o maior gótico do pedaço. Smith podia não estar tão pronto para se juntar a Ian Curtis e dar o salto final no desconhecido, então optou por fazer um álbum tão para baixo, tão triste que deveria ter vindo com um aviso sobre ser tocado por quem tinha nervos frágeis ou fosse persuasível.

Com a Picture Tour (como a turnê do álbum *Faith* ficaria conhecida) se aproximando, o Cure usou mais uma alternativa incomum com relação à sua banda de abertura. A ideia de bandas locais enviarem fitas e, depois, usar uma diferente em cada cidade visitada funcionou razoavelmente bem na turnê do final de 1980, mas Smith conseguia ver suas limitações. Embora acreditasse que algumas bandas contratadas passavam no teste de controle de qualidade, havia outros fatores que podiam atrapalhar uma grande noite. "O problema", disse, "é que, se chegamos tarde para uma passagem de som ou algo dá errado, temos de fazer uma escolha – ou a banda de abertura faz a passagem e você leva metade do tempo necessário, daí seu som fica horrível e a plateia se decepciona, ou a banda de abertura não passa o som e o seu fica bom, mas a plateia fica irritada durante todo o show de abertura porque não consegue ouvir nada". A solução foi simples: dispensar a banda abertura.

Smith tinha um plano totalmente novo. Entrou em contato com várias escolas de cinema, dando a ideia para um curta-metragem que seria exibido em vez de uma banda de abertura. Então, o irmão de Gallup, Ric, foi contratado. Ele produziu uma obra animada séria chamada *Carnage Visors*, com o título sendo uma versão sombria para o termo "lentes cor de rosa", só que o filme, rodado na garagem de Gallup, quase se desfez antes da primeira exibição – quando pegou a película nos processadores, percebeu que as exposições de luz haviam sido ajustadas incorretamente, e o resultado na tela era ainda mais obscuro do que a música que o Cure tocaria. Gallup foi forçado a começar do zero, refazendo vários meses de trabalho em poucos dias.

A reação da *NME* ao filme, quando ele estreou na Picture Tour, foi contida. "Não é muito bom", relatou, "só uma série de formas em evolução para as pessoas olharem enquanto a trilha sonora austera de Smith impõe as condições corretas para a entrada do The Cure" (uma busca no Google revelará, no entanto, que uma espécie de culto a *Carnage Visors* se desenvolveu entre fanáticos pelo The Cure. Vários sites são dedicados ao curta perturbador de Gallup). O Cure deve ter aprendido algo com a experiência esgotante de gravar *Faith*, porque gravou a música de acompanhamento em tempo recorde. Em 16 de março, depois de alguns dias de ensaio, o trio, movido a muitas garrafas de vinho e auxiliado por uma bateria eletrônica Dr. Rhythm, gravou a trilha sonora instrumental de 27 minutos em poucas horas no Point Studios. Essa gravação apareceu no lado B da versão em fita cassete de *Faith*.

No entanto, antes da estreia pública de *Carnage Visors*, o primeiro single de *Faith* foi lançado. "Primary" teve como lado B "Descent", uma faixa que ficou fora de *Faith*. "Descent" continuou instrumental porque, como Smith admitiu, "não queria escrever mais nenhuma palavra. Tinha escrito tudo o que precisava para o álbum *Faith* e realmente não tinha mais nada a dizer". O single saiu no final de março, ficando em meio aos tapa-buracos das paradas do dia, que incluíam coisas leves como "This Ole House", de Shakin' Stevens, "Kids In America", de Kim Wilde (mais sobre ela em outras páginas), e o Joy Division diluído do Ultravox, cuja "Vienna" tinha sido adotada como trilha sonora da geração new romantic que amava mangas bufantes. A pulsação gótica estrondosa e descontente de "Primary" foi difícil de vender. No entanto, foi um feito considerável da banda – e prova concreta de sua reputação cada vez melhor – o single ter chegado ao número 43.

Todavia, uma segunda aparição no *Top Of The Pops*, em 16 de abril, não contribuiu muito para o valor do single nas paradas. Ela começou mal quando o apresentador, o DJ da Radio One Peter Powell, não conseguia lembrar o nome do

The Cure ou se a banda estava estreando no *Top Of The Pops* (não estava). Nos bastidores, os jovens depressivos do The Cure fizeram o máximo possível para ficar longe de outras atrações do programa, perdendo a chance de formar laços vitalícios com parceiros como Bucks Fizz, Nolans e Girlschool. Ninguém se divertiu.

As resenhas de "Primary" foram tão ambivalentes quanto a postura petulante do The Cure em relação ao jogo da fama. Adam Sweeting, da *Melody Maker*, eterno defensor do The Cure, chamou o single de uma "volta triunfante" depois do som pesado e das "divagações límpidas" de *Seventeen Seconds*. Ele escreveu que "Primary" era "insuportavelmente urgente, casando uma recém-descoberta noção de espaço com uma precisão brilhante e focada... [é] um pretexto muito melhor para um feriado nacional do que o Casamento Real". No entanto, a crítica de David Hepworth, da *Sounds*, exemplificou a reação a um Cure ainda mais sombrio e desolador do que o ouvido em "A Forest". "Questiono quanto tempo o Cure pode continuar fazendo suas músicas com a mesma progressão de acorde, o mesmo estilo de baixo e a bateria cínica. No momento, sua música rápida (esta aqui) soa exatamente como sua lenta mais acelerada".

A *NME*, por sua vez, ficou em cima do muro. "O vocal seco e perdido de Smith", observou Chris Bohn, "fala sobre uma pessoa inquieta ouvindo uma voz estranha, enquanto a banda toca um som atraentemente maldito". Simon Tebbutt, do *Record Mirror*, resumiu com concisão o clima musical do single quando observou como a banda "soa incrivelmente entediada". De volta a Crawley, Robert Smith ponderou: se os críticos notaram o quão entediada a banda soava no disco, que chance o Cure teria quando fosse forçado a reviver o álbum noite após noite nos seis meses seguintes?

Faith finalmente fez sua presença sofredora ser sentida nas lojas em 11 de abril, chegando ao número 14 nas paradas do Reino Unido. Embora tão enigmática quanto as anteriores, a imagem da capa foi a versão da Parched Art (Porl Thompson e seu colega Undy Vella) para a Bolton Abbey, uma pequena vila perto de Skipton onde agora fica North Yorkshire. Era um lugar que Smith conhecia extremamente bem: quando era pequeno, durante férias da família em Yorkshire Dales, ele brincava no terreno das ruínas da abadia ao lado do rio Wharfe. É ali, em um marco local conhecido como Strid, que o rio se estreita e a correnteza aumenta. Segundo o folclore de Dales, você pode pular o rio neste ponto, mas, se não conseguir, a correnteza vai te puxar e é quase certo que você se afogará. "É uma das minhas lembranças mais antigas", admitiu.

Essa foi a primeira capa de LP do The Cure feita por Thompson, embora ele tivesse desenhado a capa do single "Primary". Foi mais um caso do The Cure mantendo as coisas "em casa", com Thompson, claro, sendo um ex (e futuro) membro da banda e futuro marido de Janet, irmã de Robert.

Nada impressionado com as capas dos dois discos anteriores do The Cure, Thompson (que estava estudando design em West Sussex) conversou com Smith e disse que a sua Parched Art poderia fazer um trabalho muito melhor. Ele mergulhou na tarefa, abandonando a faculdade e ficando com a banda nos vários estúdios onde o álbum foi gravado. Apesar de tudo isso, e de sua insistência de que a Parched Art era a dupla certa para o trabalho, a capa de *Faith* não é uma grande progressão do que veio antes. Smith, no entanto, não pareceu se importar, porque Thompson e Vella também criaram as capas de *The Head On The Door* e *The Top*. Thompson também ajudou no encarte de *Pornography*.

O ano de 1981 no rock seria marcante para todo o cenário gótico, com o lançamento de álbuns como *Still*, o canto do cisne do Joy Division, *Juju*, da Siouxsie & The Banshees, e *Mask*, do Bauhaus. Embora seja igualmente triste, *Faith* não estava destinado a ser tão estimado. Foi "Primary" de novo: os críticos não sabiam bem o que achar de todo esse sofrimento inútil – o governo Thatcher era culpado ou era o tempo que deixava Robert Smith tão deprimido?

Adam Sweeting foi um dos poucos defensores do álbum, observando que ele definitivamente deveria ser catalogado como "nada fácil de ouvir" nas lojas de discos. Sentia que havia algo em *Faith* que poderia entrar pelos poros. "Na maior parte do tempo", comentou, "*Faith* é um exercício sofisticado em atmosfera e produção; melancólico, mas em geral majestoso. Você pode não amar, mas ficará viciado nele". A *NME* resmungou que o Cure agora era líder da "nova categoria de composição conhecida por especialistas como Angústia da Escola de Gramática", embora admitisse que havia um lado positivo no novo álbum. "É muito bem executado, lindamente gravado – e não diz quase nada de significativo de uma maneira bem deprimente."

Mike Nicholls, do *Record Mirror*, foi um pouco menos generoso em seu elogio, comparando a banda ao PiL, o experimento em ruído de John Lydon pós-Sex Pistols. "O Cure continua preso no lamento maldito surrado que deveria ter morrido com o Joy Division", argumentou, não sem razão. "[Eles] estão perdidos no labirinto de suas divagações covardes... ocas, rasas, pretensiosas, insignificantes, absortas e desprovidas de qualquer coração e alma verdadeiros." Em resumo, Nicholls concluiu, *Faith* era péssimo.

Quando revisitou o álbum e a Picture Tour mais de 20 anos depois, Robert Smith também não ficou tão feliz com *Faith*. Convenceu-se de que a morte de sua avó e a doença da mãe de Tolhurst (também houve uma morte na família Gallup) haviam criado uma nuvem negra sobre o disco, uma tristeza mórbida e nebulosa quase palpável em suas músicas. "As demos que fizemos na sala de estar dos meus pais são bem animadas", contou Smith. "Então, menos de duas semanas depois, o clima da banda mudou completamente. Compus 'The Funeral Party' e 'All Cats Are Grey' em uma noite e aquilo deu o tom do álbum."

"Muita gente em volta da banda começou a reagir mal ao fato de que estávamos fazendo sucesso, em uma escala bem limitada. Havia muito ciúme e ressentimento, pessoas dizendo: 'Vocês mudaram!'. Tínhamos mudado porque não íamos aos mesmos pubs o tempo todo, já que estávamos em turnê pela Europa. Então, perdemos muitos amigos e ficamos mais isolados. Bebíamos até cair e tocávamos essas músicas."

Da mesma forma, a Picture Tour foi implacável, marcada por um pouco mais do que tristeza, embora o uso do equipamento do Pink Floyd deu ao show uma intensidade sonora (Smith havia citado *Ummagumma*, do Floyd, nas primeiras discussões sobre *Faith*, quando admitiu admirar discos "construídos em torno de repetição". Ele também incluiu cantos beneditinos e mantras indianos na lista). Smith ficou impressionado, o que era compreensível, com o amplificador do Pink Floyd depois que a banda o testou em Shepperton antes do primeiro show no Friars, em Aylesbury. Era umas 10 vezes maior do que seu sistema anterior e provavelmente não quebraria com a frequência de seu equipamento antigo. "No momento", Smith disse com alguma insistência, "queremos confiabilidade".

Depois de alguns shows da Picture Tour – batizada assim por causa da exibição de *Carnage Visors*, de Ric Gallup –, o Cure definiu um set list ao qual permaneceu fiel pelos oito meses seguintes. O trio de músicas de abertura costumava ser a combinação de "The Holy Hour" e "Other Voices", de *Faith*, com "In Your House", de *Seventeen Seconds*, dando uma atmosfera decididamente sombria à noite. Seus sets agora incluíam cerca de 20 músicas, mas, com a exceção de uma dose de faixas pré-*Seventeen Seconds* ("Killing An Arab", "10:15 Saturday

Night"), Tolhurst, Smith e Gallup se ativeram ao clima triste e deprimente que permeava seus dois LPs mais recentes. A lenda do The Cure como a banda essencial dos góticos que usavam sobretudo e obcecados com a morte foi estabelecida de forma sólida em 1981.

A morbidez das músicas que tocavam também começou a invadir a psique da banda fora do palco. No passado, eles tinham conseguido equilibrar a austeridade no palco com bebedeiras e brincadeiras fora dele, mas a melancolia implacável desses shows era como uma espécie de experimento social que tinha dado terrivelmente errado. "Não percebi o efeito que teria sobre o grupo", afirmou Smith. "Achei apenas que podíamos incluir as [novas] músicas ao vivo e as outras músicas [mais antigas] equilibrariam, mas isso afetou a todos. Aquelas músicas tiveram o efeito de uma espiral descendente em nós – quanto mais as tocávamos, mais abatidos e tristes ficávamos."

A crescente legião de fãs do The Cure ainda não estava preparada para esses cantos fúnebres e para a depressão cada vez maior do trio. Mesmo durante a primeira semana da turnê, em um show em Oxford, os roqueiros locais estavam ficando cada vez mais inquietos. Enquanto uma plateia agitada gritava pedidos não atendidos – "A Forest", "10:15 Saturday Night", "Killing An Arab" –, a banda tocava seu material recente com determinação e sangue frio. Como a *Melody Maker* observou, não havia muito amor entre banda e público. "O Cure já tinha tocado umas quatro músicas. Quando pararam para respirar, gritos [para músicas mais antigas] começaram no local. Pagamos o ingresso e queremos hits, droga. O cantor e guitarrista Robert Smith foi até o microfone e disse: 'Esta se chama "The Funeral Party"'. Acho que o vi sorrir."

A revista rival *NME* testemunhou uma atmosfera semelhante em Reading três noites depois, em 26 de abril, no Hexagon, mas admitiu que o show mostrava uma reverência e uma solenidade que beiravam o "religioso". "Eles permitiram que uma sensação de fatalismo e ruína pairasse sobre si mesmos com uma impressão de escolha pessoal", relatou. "Às vezes, pareciam mais impressionados com seu próprio uso exclusivo de um vocabulário maldito do que convencidos disso, fantasmas brancos extraindo o glamour de sua palidez."

Foi uma descrição astuta do The Cure para 1981. Basicamente da mesma forma em que um dia seria considerada uma banda de esquisitos pop bonitinhos, abraçáveis e cabeludos, como foi capturado em sua sequência de hits de sucesso e videoclipes feitos para a MTV por Tim Pope, ela agora estava presa em uma armadilha macabra, fazendo o papel de voz da maldição. Smith mergulhou tão fundo em seu personagem que, às vezes, saía do palco chorando.

No entanto, houve alguns relances de bom humor: um show na Dublin College, em 22 de maio, seria mais lembrado pela banda porque ela fincou pé dentro de uma barraca de cerveja (o show em si foi um set meia-boca tocado para locais desinteressados). Duas semanas depois, em Freiburg, na Alemanha, havia quase tantas pessoas no palco quanto na plateia – o Cure claramente não atraía tanta gente no país quanto na vizinha França. Smith passou a maior parte da noite sentado na frente do palco cantando, meio que para si mesmo, e depois ficou alegremente bêbado com os poucos espectadores que enfrentaram o calor escaldante de 32 graus.

Mas esses foram raros momentos de alegria inebriada. A Picture Tour despencou, atingindo um ponto baixo em 24 de junho, quando a banda tocou no Terrein Serviem, em Sittard, Holanda. Depois de acabar o set, e com a plateia esperando um bis, Tolhurst recebeu um recado urgente para ligar imediatamente para a Inglaterra. Quando ligou, a voz do outro lado da linha tinha uma mensagem simples e chocante: "Sua mãe morreu". A banda voltou ao palco e começou a tocar "Faith", mas depois do que talvez tenha sido o minuto mais insuportável de sua vida, Tolhurst parou e desabou. O show chegou ao fim.

No dia seguinte, a banda voltou à Inglaterra para o funeral de Daphne Tolhurst, tocando a fita do show da noite anterior durante o velório e algumas músicas preferidas de Daphne do The Cure no violão. Poucas horas e muitos drinques depois, Tolhurst insistiu que o show precisava continuar. Caso contrário, enlouqueceria.

"Quando estávamos na Alemanha", ele me contou, "voltei para vê-la – ela estava ficando com minha irmã, que trabalhava como enfermeira. Sabia que tinha só mais um mês. Falei a todos da equipe que, se recebesse uma ligação sobre minha mãe antes de um show, era para me contarem depois, porque não poderia fazer muita coisa."

"Estávamos na Holanda quando meu irmão ligou. Fui até Amsterdã naquela noite, voltei de avião para casa, vi todo mundo, tomei as providências do funeral e, depois, continuei com a turnê porque achei que era o que minha mãe desejaria. As noites seguintes foram os shows mais esquisitos que já fiz."

"Há uma pequena estrada elevada na Holanda, e me lembro de dirigir por ela um dia ou dois depois da morte dela. Vi cisnes de um lado, na água doce, e também no mar, o que sempre achei muito estranho", continuou Tolhurst. "Acho que foi um momento crucial para mim sobre a forma como comecei a pensar nas coisas e escrever sobre elas. Até então, muito do que compúnhamos vinha de livros, não da vida real. Mas agora conseguíamos falar sobre o que estava acontecendo conosco e como acontecia; isso chegou ao auge em *Pornography*."

No futuro imediato, entretanto, Tolhurst estava à beira do colapso: sua jornada descendente pelo alcoolismo crônico tinha começado. "Desde que minha mãe morreu, por pelo menos seis meses, toda restrição que eu tinha voou pela janela. Eu estava triste, muito daquilo foi um luto."

A Picture Tour recebeu outro golpe duas semanas depois, durante um show em 5 de julho em um festival em Werchter, na Bélgica, que teve a combinação improvável do The Cure no palco antes do bonitão do soul branco Robert Palmer. A equipe de Palmer havia ameaçado cortar a energia se o Cure não parasse de tocar, mas o empresário de turnê da banda gritou que ela podia tocar mais uma música. Enquanto começava "A Forest", Smith fez um anúncio à plateia: "Esta é a última, porque não nos deixaram continuar. Todos querem ver Robert Palmer, acho". Smith, Tolhurst e Gallup transformaram a música em um arrasto de nove minutos. Quando finalmente chegaram perto do final, com a equipe furiosa de Palmer observando, Simon Gallup começou um coro de "foda-se Robert Palmer, foda-se o rock 'n' roll". Minutos depois, a equipe de Palmer se vingou, jogando o equipamento do The Cure para fora do palco e trocando socos com a banda. O Cure usou sua atitude "nós contra o mundo" como uma medalha de honra e a turnê se arrastou.

Entre essas datas em festivais europeus e a próxima turnê norte-americana, o Cure fez uma pausa para gravar um novo single, mais uma vez com Mike Hedges produzindo. A banda finalmente tinha superado o Morgan Studios; desta vez, gravou no Playground Studio, de Hedges (que tinha sido batizado por Smith). A faixa "Charlotte Sometimes" foi gravada em dois dias, 16 e 17 de julho. Não apenas inspirada pelo livro de Penelope Farmer, mas também com o mesmo nome – a sutileza não é um dos pontos fortes de Smith –, "Charlotte Sometimes" não foi um grande single do The Cure, mas marcou uma transição suave de seu passado sombrio para seu futuro mais pop.

Gravada durante a mesma parada no estúdio, "Splintered In Her Head", o lado B de "Charlotte Sometimes", era igualmente digna de nota porque foi uma indicação sonora muito clara para o álbum seguinte, *Pornography* (o título também foi extraído de uma frase do livro de Penelope Farmer). A música surgiu de uma batida aleatória que Smith estava fazendo. "A intenção era de que ela complementasse 'Charlotte'", admitiu nas notas de encarte de *Join The Dots*, "que tivesse o mesmo tipo de vibração. Apesar de minha gaita levemente enlouquecida, acho que ela tem. Também há sinais definitivos do que viria em *Pornography*".

No entanto, o videoclipe para "Charlotte Sometimes" foi um grande erro, ficando entre os piores da carreira da banda. A conselho de Chris Parry, foi dirigido por Mike Mansfield, que tinha feito vários clipes para a banda da moda do momento, Adam & The Ants. O vídeo foi filmado no Netherne Hospital, onde o ex-baixista do The Cure, Michael Dempsey, tinha trabalhado. Smith esperava algo "bem misterioso", mas o clima frio e estéril do clipe não favoreceu ninguém. Quando "Charlotte Sometimes" foi lançada, em outubro, a arte do disco tinha uma imagem tipicamente oblíqua e enigmática na capa, que na verdade era uma foto de Mary Poole, tirada por Smith em um castelo escocês em 1980. A música engatinhou para o número 44 da parada de singles do Reino Unido.

Menos de uma semana depois da gravação do single, o Cure estava em Nova York para dois shows no The Ritz, mas a banda mal atravessou a primeira noite intacta. Smith e Gallup tinham alegremente tomado dois calmantes cada um, oferecidos nos bastidores. Devem ter sido superfortes, porque Tolhurst, no papel incomum de homem sóbrio – havia ido ao dentista à tarde e foi aconselhado a não beber –,temeu de verdade pela vida da dupla quase inconsciente enquanto levou os dois a diversos clubes de Nova York.

"Tive que entrar nos clubes carregando os dois, e sei que não se lembram disso, porque passaram o resto da noite basicamente inconscientes, sentados no sofá", contou Tolhurst. "Tentei levar Simon ao banheiro para jogar água no rosto, porque parecia que ele morreria a qualquer momento. Infelizmente, não consegui segurá-lo e ele caiu de cara na pia, o que deve ter doído depois."

"Então, um frequentador do clube se aproximou, porque era óbvio que eu estava tendo problemas para segurar o Simon, e ofereceu ajuda. Mas antes que eu conseguisse fazer ou falar algo ele começou a soprar um pó no nariz de Simon, que recuperou a consciência por tempo suficiente para achar que o homem o estava atacando, então começou a pisar no pé dele. E aí caiu em estupor mais uma vez."

"Acabei achando melhor levá-los de volta ao hotel para dormir", Tolhurst continuou. "A única maneira de conseguir persuadi-los a vir comigo era começando uma briga com Simon para que ele se levantasse, viesse correndo atrás de mim e entrasse em um táxi para retornarmos ao hotel. Quando chegamos, levei uma hora para convencer Simon de que não precisava escovar os dentes antes de dormir."

"Não tínhamos muito dinheiro na época, então dividimos uma suíte. Finalmente empurrei os dois rumo ao quarto. Então, ouvi Simon tentando escovar os dentes. Resolvi abandonar o esforço e fui dormir. O dia seguinte foi engraçado."

O tom foi dado para o resto da turnê norte-americana e os shows em agosto, na Austrália e Nova Zelândia: Smith ficou tão assustado com os admiradores de sempre depois do show em 27 de julho no Whisky A Go Go, em Hollywood, que se refugiou no quarto do hotel, chorando. Algumas noites depois, em Auckland, procurou Severin, que estava na Escócia com os Banshees. O líder do The Cure sentia que precisava dar ao novo amigo uma prévia de "Charlotte Sometimes", que logo tocou pelo telefone para Severin antes de dormir. No entanto, um perigosamente grogue Smith não havia desligado o telefone. Na manhã seguinte, o Cure teve de pagar uma conta de 480 dólares.

Uma crítica do show em Christchurch, em 6 de agosto, mostrou acertadamente a reação incerta que a banda estava recebendo da imprensa e dos fãs durante a Picture Tour. "O show do The Cure foi cansativo, por vezes difícil, uma barreira acessível, nada divertido, mas mereceu respeito", David Swift escreveu no jornal local *The Press*. "A banda não estava próxima do público, mas ganhou aplausos o tempo todo." De modo bizarro, Swift comparou o baixista Simon Gallup ao cigano do rock Phil Lynott, do Thin Lizzy, algo que faria Robert Smith (antigo fã do Lizzy) dar uma rara gargalhada. A reação de Swift à abertura da noite, *Carnage Visors*, foi dar de ombros e esperar a atração principal. "Acho que ninguém se lembrará do filme", presumiu. Quanto ao líder taciturno da banda, Swift sentiu que a única amostra de personalidade que Smith deu a noite inteira foi sua camiseta, estampada com a imagem da sex symbol trágica Marilyn Monroe. A morte estava por todo lugar.

A banda, então, foi para a Austrália, onde encontrou uma maneira de lidar com os incessantes pedidos por suas músicas mais acessíveis pré-*Seventeen Se-*

conds: através do confronto físico. "Eles esperavam um show mais leve e pop", acreditava Smith, com certa razão, "e... começamos com 'The Holy Hour' e 'All Cats Are Grey', sete minutos de atmosfera".

O clima piorou quando a banda voltou ao Canadá para uma série de shows, seguida por um mês de turnê na França, que terminou com uma noite difícil no Theatre D'Hiver, de Toulon, em 23 de outubro. A essa altura da cada vez mais violenta e aparentemente infinita turnê, Smith e Gallup tinham desenvolvido um entendimento não falado: quando Smith começava a tirar a guitarra do ombro, Gallup sabia que era hora de pular na multidão "para acertar as contas".

Smith contou em *Ten Imaginary Years* que boa parte da turnê foi, para ele, um borrão de multidões enraivecidas e sua própria cabeça frágil (ele e Gallup obviamente ainda estavam se recuperando do episódio com os calmantes em Nova York). "Não me lembro bem de muitos daqueles shows", disse. "Estava entrando na fase maníaca que levaria a *Pornography*. Precisava de uma folga – era um excesso de tudo, sem descanso." Pena que não foi tão fácil. A banda tinha shows agendados no Reino Unido antes de poder parar para descansar a cabeça e decidir se essa dor (física e existencial) realmente valia a pena. A artista de abertura da última perna britânica da Picture Tour foi Lydia Lunch, que havia se unido a Steven Severin, dos Banshees, o cara que tinha ficado horrorizado com o terno xadrez verde de Smith quando se conheceram alguns anos antes. Essa nova colaboração se chamava 13.13. O laço entre Severin e Smith não apenas se estreitaria nessas datas, como também Lydia e Robert Smith formaram sua própria aliança profana.

Nascida apenas cinco semanas depois de Smith, dia 2 de junho de 1959 em Rochester, Nova York, Lydia já era uma veterana aos 22 anos quando o conheceu durante a turnê. Parecia ter nascido para o punk. Aos 16 anos, foi uma participante fundamental da cena no wave de Nova York, gritando e cantando à frente do Teenage Jesus & The Jerks, que contribuiu com quatro faixas para a muito elogiada compilação de Brian Eno, *No New York*, um instantâneo da fugaz cena que também gerou bandas como James White & The Blacks e Defunkt. Ela também havia estrelado em três filmes de 8 mm da cineasta Vivienne Dick antes de gravar o crucial álbum *Queen Of Siam* com uma banda que incluía o ex-guitarrista dos Voidoids (e que depois tocou com Lou Reed) Robert Quine, e o baixista Jack Ruby (nome verdadeiro: George Scott), que havia tocado com John Cale. Quando comandava a instável formação do 13.13, Lydia tinha se mudado para a Califórnia.

Steven Severin estava ao seu lado quando ela chegou para o primeiro show no Lyceum, em Sheffield, em 25 de novembro. Tinha sido convidada pessoalmente por Robert Smith a entrar para a turnê. A banda And Also The Trees, que logo trabalharia em estúdio com Lol Tolhurst, também estava na escalação.

Quando falei com Lydia, no final de 2004, ela guardava lembranças fortes e muito profundas da turnê, que expressou em sua mistura típica e poderosa de prosa e poesia. "Naquela época", contou, "estava experimentando com a explosão espontânea de *The Agony Is The Ecstasy* [trabalho que acabaria sendo lançado em 1982 como um EP gravado com o Birthday Party]. Agonia e êxtase – nunca houve um título mais adequado".

Ao que parece, os shows foram tão agitados para ela quanto foram para o Cure, como explicou. "Pegue músicos que nunca tocaram juntos, jogue-os no palco com o vago tema 'siga as letras' – [tocando] músicas tristes sobre morte, decomposição e assassinato – e os incentive a ilustrar. Reze pelo melhor, espere o pior."

Enquanto o método do The Cure para lidar com a apatia e a agitação do público durante a turnê foi recorrer à violência física, Lydia e o 13.13 apenas seguiam em frente, enquanto as plateias olhavam, sem saber ao certo o que pensar da cena selvagem que viam. Se havia uma coisa que o 13.13 e o Cure aprenderam com a Picture Tour, foi esta: tinham passado por uma experiência de aprendizado pesada. "A turnê me ensinou", ela contou, "ainda mais diante de milhares de românticos tristes vestidos de preto, que meu instinto sempre foi improvisar louca e descontroladamente, com a força da visão, mesmo se tal experimento cria um estrondo atroz, terrível, com o qual ninguém – às vezes nem eu – está em sintonia. Isso é muito melhor do que repetir, noite após noite, uma lista definida de músicas cujo tédio é muito mais incômodo do que os sons apavorantes, como uma ferida aberta, fervendo de agonia, amplificada a um ponto insuportável e febril de quase histeria".

Quanto à turnê em si, ela não se lembra de ser um momento muito sociável – não era bem um mar de risos nos bastidores. Em vez disso, lembra que foi "um dos períodos mais sombrios para todos que conheço". Lydia me disse que havia três denominadores comuns na Picture Tour: "abuso de drogas, depressão, álcool". Na verdade, o set dela era tão exaustivo física e mentalmente – gritar a plenos pulmões para uma plateia impávida pode causar isso – que na maioria das noites ela não tinha energia para ficar por ali até o show acabar. Em vez disso, simplesmente dormia como uma pedra.

Por mais árduas e esgotantes que essas datas fossem, Lydia e Smith mantiveram o que ela descreveu como uma "relação de longa distância" depois do final da turnê, em 3 de dezembro. Smith deve ter tido fortes sentimentos sobre seus momentos juntos: até fez uma inscrição "misteriosa" dedicada a Lydia entalhada no sulco desgastado do vinil de um de seus primeiros álbuns (provavelmente *Pornography*).

"Sempre o achei incrivelmente doce, sensível e tímido", ela me disse, oferecendo uma visão bem diferente de um homem às vezes conhecido por pular no meio de plateias e confrontar fisicamente todos os desafetos. Em um esforço para continuar sua relação/amizade, Smith e Lydia criaram um pequeno livro com montagens de poesias e fotos que mandavam um para o outro nos anos seguintes. "Ainda o tenho", ela contou. "[Contém] mechas de cabelo, fotos de bonecos brancos como fantasma sem olhos, histórias criminais de amores que deram errado. Um lindo livro de funeral."

Seria um desafio sério encontrar um símbolo mais adequado à Picture Tour do que o "lindo livro de funeral" de Smith e Lydia. O Cure – e Smith em particular – havia se pressionado perigosamente nos últimos oito meses. Tinha afastado plateias, testado as próprias capacidades tóxicas e se flagrado continuamente questionando o motivo para fazer música. Quando perguntado sobre a época de *Faith* em 2004, Smith conseguia ver que claramente era um ponto baixo do The Cure.

"Quando fizemos a turnê desse álbum, o clima estava muito desolador", relembrou. "Não era uma coisa particularmente saudável porque estávamos revivendo um momento muito ruim, noite após noite, e ficou deprimente demais. Então, meio que tenho sentimentos conflitantes sobre *Faith*."

Quando a turnê finalmente acabou no Hammersmith Palais, em 3 de dezembro, em vez de se recolher em seus respectivos centros de recuperação em Crawley – Smith ainda morava com os pais; só em 1985 comprou um apartamento em Londres, em Maida Vale, que dividiu com a companheira de longa data e parceira de sofrimento Mary Poole –, o Cure se jogou no próximo projeto: seu quarto álbum, *Pornography*. Acabaria sendo a noite mais longa e escura de uma carreira que, naquele ponto, poderia ter se beneficiado desesperadamente de uma injeção de algo um pouco animado e positivo. Robert Smith não conseguiu resistir à tentação de dissecar a própria alma negra e depois a exibir em público.

Capítulo Sete

"Queríamos fazer o álbum definitivo, intenso. Não consigo lembrar exatamente o motivo, mas fizemos."
– Lol Tolhurst

A Picture Tour havia sido quase um esforço para encerrar a carreira, um labirinto de plateias desinteressadas, noites perdidas e viagens intermináveis, mas em vez de fazer uma pausa e se recompor, o trio Smith, Tolhurst e Gallup mal tirou folga para reencontrar parentes e amigos antes de começar as sessões para o quarto álbum. Dessa vez, o próprio Smith sentia que queria trabalhar com alguém além do produtor Mike Hedges – o ideal seria uma pessoa mais jovem e um pouco mais flexível em seus métodos de trabalho. Parry e Smith, brincando, fizeram uma aposta com Hedges: se o single "Charlotte Sometimes" fracassasse, procurariam um novo produtor. Talvez não estivessem de brincadeira. A contribuição de Hedges para o Cure havia sido essencial, especialmente na gravação de *Seventeen Seconds* e *Faith*, álbuns que ajudaram a definir o lado mais sombrio da musa de Robert Smith, mas a banda e Parry sabiam que era hora de experimentar. Hedges facilitou a decisão quando optou por produzir o disco *A Kiss In The Dreamhouse*, da Siouxsie & The Banshees, em vez de outro LP do The Cure.

O produtor iniciante Phil Thornalley tinha sido recomendado à banda pelo veterano de estúdio Steve Lillywhite. Thornalley havia sido engenheiro e ajudante geral no estúdio de Lillywhite durante a gravação do LP *Talk Talk Talk*, de 1981, que lançou o Psychedelic Furs (um encontro difícil, como se soube, com brigas frequentes interrompidas pela gravação das músicas). Ele também havia trabalhado com Lillywhite durante várias outras sessões no estúdio RAK. Não conhecia bem o Cure, mas não era um completo estranho para Parry. Seus caminhos tinham se cruzado quando ele foi operador de fita no álbum *All Mod Cons* em 1978, um sucesso do outro trio suburbano de Chris Parry, The Jam. Thornalley, no entanto, minimizou qualquer ligação forte com o Cure quando nos falamos no final de 2004. Ressaltou que era apenas "um nome em uma lista" quando foi contratado pela banda na folga de Natal/Ano Novo. [1]

Se Robert Smith estava falando sério sobre procurar alguém com estilo, histórico e idade diferentes de Mike Hedges, não poderia ter feito uma escolha mais astuta do que Thornalley, oito meses mais novo do que ele. Nascido em Warlington, Suffolk, em 5 de janeiro de 1960, Thornalley era o mais novo de dois filhos, com o irmão Jonathan sendo dois anos mais velho. Não veio de uma família especialmente musical, mas, como me contou, seus vizinhos de infância tinham inclinações musicais, e foi aí que desenvolveu seu gosto pelo rock. Em 1978, quando saiu da Culford School, em Bury St Edmunds, Phil Thornalley já havia tocado em várias bandas. "Mas esse não pareceu o caminho. Estava interessado em ser um produtor e compositor, e o estúdio parecia o lugar certo para mim."

Basicamente o adolescente certo no lugar certo, ele conseguiu um emprego fabuloso: um aprendizado como engenheiro de som no lendário RAK Studios, em Londres, onde começou a trabalhar em 1978. Havia poucos lugares melhores para aprender o trabalho em estúdio, ainda mais para alguém como Thornalley, que tinha uma vocação real para o pop inteligente. Aberto em 1976, o RAK Studios (e a gravadora RAK) era o bebê de Mickie Most, que havia produzido a seminal "House Of The Rising Sun", do The Animals (em 15 minutos!), entre outros sucessos dos anos 1960. Most era um sujeito com bom ouvido para as paradas, contratando mais tarde vendedores de milhões de cópias como Suzi Quatro, Smokie, Kim Wilde e Hot Chocolate para o selo RAK. O amante do pop Thornalley não podia ter esperado um chefe ou mentor melhor (mais tarde, como parte da banda pop Johnny Hates Jazz, ele gravou com o filho de Most, o tecladista Calvin Hayes, e Mike Nocito, também engenheiro de som de *Pornography*).

"Era fantástico: não havia nenhum produtor como ele", disse Thornalley sobre Most. "Seus instintos eram totalmente comerciais, mas de um jeito revigorante, porque suas sessões acabavam rápido. Ele sabia se algo era um hit ou não." Quando Chris Parry e Smith escolheram trabalhar com Thornalley, inicialmente por um dia descrito como um "ensaio de laboratório", ele era o engenheiro residente do RAK.

1 Essa lista também incluiu o produtor do Kraftwerk, Conny Plank, que se encontrou com Smith e Tolhurst na época, mas, infelizmente, morreu pouco depois.

A abordagem do The Cure foi um tanto atípica. Como Nocito me contou, normalmente o primeiro dia de gravação é usado "só para acertar o som da bateria". Mesmo assim, o Cure chegou e tocou o disco inteiro, do início sombrio ao fim melancólico, de uma tacada só. Thornalley e o engenheiro Nocito ficaram estupefatos. Então, Smith, Tolhurst, Gallup e Parry saíram para considerar o veredito: Thornalley era o produtor de que precisavam? ("Acho que eles estavam decidindo se gostavam da minha atitude", disse Thornalley.)

Enquanto os colegas de banda e o empresário pensavam cuidadosamente nisso, Smith passou um fim de semana em um moinho em Guildford (é sério), onde ajustou a maioria das letras do álbum. Ainda tonto e confuso com a implacável Picture Tour, ele tinha decidido que suas novas letras deveriam entrar em um território ainda mais pesado do que *Faith* ou *Seventeen Seconds*, se isso fosse humanamente possível. "Realmente achei que era pelo grupo", afirmou em 2003, relembrando outro de seus momentos mais sombrios. "Tinha toda a intenção de acabar. Queria fazer o disco de despedida definitivo, e então o Cure terminaria. Seja lá o que eu fizesse depois, teria conseguido uma última coisa com a banda. Então *Pornography*, desde o momento em que começamos, sabíamos que era o fim."

"Tinha duas opções na época", disse Smith em outra discussão sobre *Pornography*, "que eram ceder completamente a isso [imitando, assim, Ian Curtis do Joy Division] ou fazer um álbum sobre aquilo e tirar isso de mim. Fico feliz por ter escolhido fazer o disco. Teria sido muito fácil apenas me curvar e desaparecer".

Com as letras envenenadas agora prontas, Smith e a banda se reuniram. Eles obviamente aprovaram Thornalley, porque no Natal de 1981 concordaram em fazer o álbum com ele. Mesmo assim, apesar da estrela em lenta ascensão da banda, Thornalley não ficou nem um pouco impressionado com o trio melancólico. Para ele, era só o próximo grupo na agenda do RAK, encaixado entre sessões com máquinas de fazer sucessos como Hot Chocolate, Racey e a cantora pop Kim Wilde, que trabalhava no estúdio ao lado no RAK enquanto o Cure fazia seu quarto álbum. A banda às vezes passava por ela no corredor, depois de terminar uma sessão de noite inteira (a maioria das sessões para *Pornography* ia das 20h à hora do café da manhã). A essa hora, o Cure estava com "uma cara um tanto enlouquecida", como Smith contou. Kim não achou graça. "Acho que deixei a Kim Wilde apavorada", Tolhurst me disse. "Eu a encostei na parede uma vez e tive uma conversa longa sobre nada. Ela estava pronta para ir trabalhar e eu estava pronto para ir ao pub, mas ela levou na boa."

Thornalley defendeu o igualitarismo musical da RAK. "[Todos os outros artistas eram] muito pop", ele me disse, "não particularmente 'arte' sombria e com significado, embora legítima em seu próprio direito". Na verdade, a única música do The Cure que ele tinha ouvido era "Killing An Arab", e mesmo assim aleatoriamente no rádio. "Aqueles primeiros discos tinham um som, mas não um que eu tentaria conseguir. Trabalhava no estúdio e o Cure foi só o próximo grupo a entrar", Thornalley me explicou. "Era meu trabalho. Não havia um discurso da minha parte, era muito despretensioso. Um dia podia ser um cantor de beira de estrada, no outro uma orquestra, depois o Cure por três semanas. Você simplesmente vai com a maré, entende?"

"Não sabia nada sobre a história da banda. Talvez isso fosse positivo, porque tinha meus próprios sentimentos sobre boas sonoridades. Havia aprendido muito com Mickie Most e Steve Lillywhite, que tinham uma abordagem mais agressiva. Eles tentavam colocar alguma empolgação na fita em vez de frieza."

Thornalley logo entendeu a hierarquia dentro do The Cure: Smith era um aluno disposto e interessado no ofício da gravação, enquanto Tolhurst e Gallup o deixavam sozinho na sala de controle e se concentravam em acertar suas partes. "Simon e Lol não eram tão interessados, mas do ponto de vista de gravação eram experientes; tinham ensaiado bem", Thornalley pensou, com razão. "Obviamente haviam feito aquilo muitas vezes antes. Isso foi muito revigorante. Sabiam onde as coisas pertenciam, sabiam o que estava acontecendo."

Como Thornalley lembrou, Smith passava muito tempo envolvido na produção do álbum. Por mais que isso soe inofensivo, o sistema do estúdio estava preso na mentalidade de velha guarda, da BBC: o lugar certo do talento era do outro lado do vidro, enquanto produtor e engenheiro comandavam a sala de controle. A atitude de Smith no estúdio beirava a heresia.

"Robert estava muito interessado no estúdio e acredito que, de alguma maneira, achou legal que alguém um pouco mais jovem do que ele sabia como usar aquilo", disse Thornalley. "Sempre estava olhando sobre meu ombro. Na verdade, naquele álbum, estava com as mãos na mesa. Naqueles dias, o engenheiro ou o produtor rosnava para o artista se ele chegasse perto demais. Eles tentavam deixar aquilo o mais místico possível."

Mais do que a maioria das bandas, o Cure tem um fantástico legado de criação de mitos. De todos os seus LPs, *Pornography* continua sendo o mais citado por fãs e críticos como o mais aflitivo e árduo para a banda gravar. O próprio Smith aumentou a aura em torno de *Pornography* ao insistir que passou a maior parte das três semanas de gravação completamente chapado. "Dormimos pouquíssimo durante a gravação", disse em 2003. "Houve muita droga envolvida." Em outra entrevista, ele insistiu que nem conseguia se lembrar de gravar boa parte do álbum. "Provavelmente bebemos e nos drogamos mais do que deveríamos – um processo interessante, mas que me mataria agora."

Se a história documentada da banda deve ser lida como o Evangelho Segundo São Bob, o *Lovecat* Robert Smith usou várias de suas sete vidas apenas tentando fazer o disco, mas essa teoria se baseia na memória seletiva e nas paisagens sombrias incrivelmente tristes e pessimistas capturadas por Thornalley e pela banda. Uma dose saudável de perspectiva, pelo menos da parte de Smith, também entra em jogo. Mesmo assim, para seu produtor, *Pornography* foi quase a experiência perfeita em estúdio: Thornalley passou três semanas (do primeiro dia das demos à mixagem final) trabalhando com uma banda que entrou em estúdio bem ensaiada e preparada para fazer um álbum extremamente pesado. Não houve overdoses, chiliques, nem ataques de nervos. No entanto, houve uma salgada conta de 1.600 libras na verba de gravação para cobrir o consumo de cocaína da banda, de acordo com pelo menos um funcionário do estúdio com quem conversei. Sem o envolvimento de Thornalley e Nocito, a maioria das noites começava com várias carreiras de pó para animar. Às vezes, quatro ou cinco horas se passavam antes que qualquer trabalho fosse tentado. Smith nem considerava gravar os vocais – normalmente capturados de madrugada – se não estivesse "doidão", como o engenheiro (e dedo-duro) Nocito me disse. Mas esse era um comportamento comum para uma jovem banda de rock no estúdio.

"Não me lembro de [as sessões] serem sombrias e melancólicas", disse Thornalley. "A música era obviamente sombria, mas, quanto ao processo, nao lembro se foi assim também. Acho que sim. Talvez Robert fosse o artista torturado e os outros não fossem tão envolvidos emocionalmente." O engenheiro Nocito concordou que não foi tudo tão melancólico durante a gravação, embora admitisse que o tempo (foi um inverno inglês cruel) e as longas horas não formaram o ambiente de trabalho mais ideal. "É difícil estar animado às quatro da manhã", afirmou.

Como era de se esperar, Smith ofereceu uma versão muito mais sombria da gravação do álbum – comparou à comédia *Feitiço do Tempo*, em que o personagem de Bill Murray, um jornalista amaldiçoado, é forçado a reviver o mesmo dia várias vezes. "Você sabia o que ia fazer, que drogas tomaria", insistiu. "Sabia como se sentiria na manhã seguinte. Acabou se tornando uma rotina bizarra."

"Na época", acrescentou, "perdi cada amigo que tinha, todo mundo, sem exceção, porque estava incrivelmente insuportável, abominável, egoísta. A tensão no estúdio era palpável, mesmo. De uma forma estranha, até foi divertido de fazer porque era muito ruim". Talvez Smith e Thornalley estejam se lembrando de álbuns diferentes – quem pode dizer?

Pela minha pesquisa, a única vez em que Smith e Thornalley realmente colidiram foi bem no início da gravação. Quando uma sessão acabou às 9h, o muito noturno Smith disse à equipe do estúdio RAK que o esperasse de volta às 15h, o que deu a Thornalley e Nocito a chance de ter apenas cinco ou seis horas de sono absolutamente necessário, quando muito. Smith fez isso por várias sessões, mas quase nunca chegava ao estúdio antes das 20h. Thornalley, compreensivelmente, ficou cansado e questionou o profissionalismo dele. Uma breve discussão aconteceu, mas, a partir dali, Smith foi um pouco mais realista ao dar um horário de início. O clima melhorou rapidamente, ao ponto de banda e equipe do RAK receberem apelidos: Thornalley ficou conhecido a partir de então como "Da Vinci", o engenheiro Nocito era "Mitch" e Smith era "Sandy", o nome de um personagem da novela *Crossroads* (o apelido de Nocito é usado até hoje).

Phil Thornalley acredita que Lol Tolhurst foi maltratado na história documentada de *Pornography* e da própria banda. Segundo Robert Smith, Tolhurst como baterista era tão útil quanto tentar bater palmas com uma mão amarrada nas costas. Ele insistiu que Tolhurst precisou da ajuda dos colegas de banda para terminar as sessões de *Pornography*.

"Não quero ser difamador", Smith disse em uma coletiva de imprensa em 2003, antes de difamar, "mas Lol tinha, às vezes, um alcance muito limitado".

Smith também tinha declarado que, durante as sessões de *Pornography*, ele e Gallup escolheram ficar ao lado de Tolhurst, baquetas na mão, tocando com ele "porque estava fisicamente fraco demais para fazer isso – e queríamos um som grande e estrondoso". Além disso, Smith disse várias vezes que o papel fundamental de Tolhurst no The Cure era de mascote/saco de pancadas da banda, alvo voluntário e frequente do escárnio dele e de Gallup. Parecia que seu papel musical era mínimo, quase inexistente (a visão de Smith sobre o companheiro-fundador do The Cure sem dúvida foi influenciada pelo processo que Tolhurst mais tarde abriu contra ele e a banda na Justiça. É difícil dar uma opinião equilibrada sobre um amigo quando ele te leva para o tribunal).

Thornalley discorda da opinião de Smith sobre o valor criativo de Tolhurst. Ele sentia que Tolhurst era um baterista de rock-steady, cuja marcação sólida de tempo formou a essência da sombria parede de som de *Pornography* (o que David Quantick, da *NME*, chamaria de "Phil Spector no inferno"). "Acho que Lol era um bom baterista – não era ótimo, mas era muito, muito consistente", disse. O produtor era uma testemunha confiável: tinha ficado impressionado com o número de bateristas terríveis em bandas punk e pós-punk que tinham gravado no RAK. A maioria desses "marcadores de tempo" não conseguia ficar acordada, quanto mais se manter no compasso. "Era tão difícil conseguir bons sons de bateria, porque eles não conseguiam tocar. Só que Lol conseguia; ele conseguia se manter no tempo, e essa é a base do disco, o mantra da bateria. Eles começam com um padrão e se mantêm lá. Ele era sólido, acompanhou aquele riff de dois compassos."

"Lol era limitado, mas isso não significa que alguém não seja bom", continuou Thornalley. "É uma pena. O trabalho dele naqueles primeiros discos é peculiar, e é isso que você quer ser quando é músico."

Nocito concordou com essa opinião sobre Tolhurst. "Todos sabiam que Lol não era um ótimo baterista, mas era ótimo para o Cure. Se Boris [Williams, futuro baterista da banda] tivesse tocado em *Pornography*, o álbum não teria sido nada disso". (Depois de *Pornography*, quando Nocito viu a banda na turnê – ele até gravou um show em Glasgow com a unidade de gravação móvel do RAK –, ele continuou maravilhado com os punhos de aço de Tolhurst. "Lembro que fiquei muito impressionado com Lol, porque você ficava se perguntando se o negócio se desmancharia, mas de alguma forma ele mantinha tudo unido.")

Tolhurst me disse que seu chamado "mantra da bateria" foi, em parte, resultado da compra de um novo equipamento. Ele tinha comprado uma caixa enorme, com 25 a 30 cm de profundidade, do baterista John Bradbury, do The Specials. Ele também reconheceu que a sala que usaram no RAK era perfeita para o som cavernoso da bateria que pode ser ouvido em todo o álbum. "Só queríamos algo muito potente", disse. "Essa sala que usamos no RAK tinha um teto enorme, o que deixou o som muito mais alto e reverberante. Combinou com o tom do material."

"As músicas eram muito afiadas e cheias de raiva, o som grande e explosivo parecia certo. Foi uma das minhas lembranças preferidas de tocar bateria. Era raivoso, mas também contido. Queríamos fazer o álbum definitivo, intenso. Não consigo lembrar exatamente o motivo, mas fizemos."

Durante as várias semanas de gravação de *Pornography*, o Cure adotou uma mentalidade de colonização. A banda decidiu acampar nos escritórios da Fiction, que não ficavam longe do estúdio RAK. Smith montou algo parecido com uma barraca em uma sala do "acampamento" Fiction, no chão, atrás de um sofá. Prendeu um cobertor na parede com uma tachinha, o que criou uma espécie de estrutura improvisada – e era o dono de seu domínio.

"Ocupamos a Fiction e não deixávamos ninguém entrar", Smith relembrou em *Ten Imaginary Years*. "Tinha todos aqueles trecos, coisas que achei na rua e levei para meu ninho. Realmente saiu do controle." Quando Tolhurst, Gallup e o roadie Gary Biddles não estavam enfurnados em suas salas na sede da Fiction, ou cheirando suas 1.600 libras de cocaína (a verba foi consumida em uma semana, aparentemente), estavam construindo uma montanha de latas de cerveja no canto do estúdio, ou distraindo Smith com suas brincadeiras. Na época, o resto da banda estava aborrecido com a seriedade de Smith, embora Gallup acabasse entendendo sua atitude. "Ele tinha que se concentrar 20 horas por dia, e nós apenas 12." (Segundo Thornalley, "Robert se ressentia daquilo porque estava tentando fazer uma declaração".)

No final de cada noite de gravação, Thornalley tinha ordens rigorosas para impedir que os faxineiros removessem a pilha alta de latas de cerveja. No entanto, ele podia levar para o estúdio alguns fãs do The Cure que trabalhavam em uma loja de bebidas nas proximidades – eles tinham a tarefa fácil de entregar o suprimento noturno de cerveja da banda. Para o Cure, essa construção em alumínio marcou o álbum tão vividamente quanto as fitas de cada música. "Era muito difícil explicar para o faxineiro todo dia – 'não toque nas latas'", disse Thornalley. "O fedor deve ter sido terrível." O engenheiro Nocito aprendeu uma dura lição quando tentou limpar essa bagunça que se espalhava rapidamente: Parry deu uma enorme bronca nele. "Só acho que ele poderia ter me deixado esvaziar as latas", riu.

"Construímos essa montanha de latas vazias no canto", contou Smith, "uma pilha gigante de lixo. Ela simplesmente cresceu". Ele diz que ainda tem uma foto do Himalaia de latas de cerveja, e Tolhurst também.

Apesar das afirmações de Smith de que seu estado mental frágil entrou em colapso durante a gravação de *Pornography*, Thornalley lembrou que houve só uma pausa durante as três semanas, que aconteceu porque Smith subestimou a potência de um ácido fortíssimo que tomou quando a cocaína acabou – não por causa de algum tipo de colapso mental ou síndrome do artista torturado. "Sim, um ácido muito forte foi consumido", Thornalley confirmou rindo. "Houve uma falta total de foco [por um dia], mas depois tudo voltou ao normal." Tão normal quanto a vida podia ser em meio a farras de noites inteiras e uma pilha de 1,5 m de latas de cerveja, claro.

"Eu me lembro de ir ao estúdio", Tolhurst contou, "e estar sentado em uma cadeira. Robert estava aos meus pés e de repente começou a rir descontroladamente. Olhei para o Phil e disse: 'Ah, acho que não gravaremos hoje'. Robert passou os dois dias seguintes escondido atrás do sofá sob uma pilha de lençóis".

Apesar do consumo maciço de cerveja e pó pelo The Cure durante e depois de cada sessão de gravação, Thornalley só viu uma noite de comportamento realmente digno de Calígula – e, mesmo assim, foi quando as sessões terminaram e o Cure se reuniu com os Banshees e os Associates para uma bebedeira monumental pós-gravações.. O produtor Mike Hedges também participou da festa, assim como Ric Gallup, que organizou uma exibição especial de *Carnage Visors* para a noite (ele tinha feito a mesma coisa durante a mixagem do álbum, mostrando o filme na parede do estúdio RAK). "Foi bem devasso", disse Thornalley, em voz baixa.

Quanto à política interna da banda, se havia alguma tensão grave dentro do The Cure, foi completamente ignorada por Thornalley. O Cure também não parecia guardar rancores, porque os ex-membros Matthieu Hartley e Michael Dempsey visitaram a banda durante a gravação do disco. No entanto, Thornalley já tinha certa experiência, o que o deixou imune a qualquer briga interna, se é que existiu. "Estive em situações com o Psychedelic Furs em que eles trocavam socos no estúdio", ele me contou. Nocito, por sua vez, ficou impressionado com a sagacidade de Smith e boquiaberto com sua natureza profundamente sarcástica. Tolhurst, em particular, era a vítima frequente das vociferações de Smith. O interessante é que Nocito sentiu que o laço entre Tolhurst e Smith era mais forte do que entre Smith e Gallup. "Lol e Robert eram muito próximos", ele me contou. "Simon, no máximo, era o mais fácil de conversar da banda."

Na verdade, Lol Tolhurst conseguia sentir que a pura intensidade da música que estavam fazendo, e o foco da banda na gravação do álbum, tinham começado a criar uma distância entre Smith e Gallup. No final da turnê seguinte, eles passaram a "conversar com os punhos". "[Na época do] *Pornography* ainda era muito democrático, mas a natureza do que fazíamos dificultou as coisas, especialmente entre Robert e Simon", Tolhurst contou. "Simon gostava de ir para o estúdio, tocar o que tivesse de tocar e relaxar, mas a própria natureza do *Pornography* significava que tínhamos de estar ligados o tempo todo. Aquela foi a semente da saída de Simon. Foi uma época muito intensa."

Chris Parry, enquanto isso, mais uma vez se manteve distante durante a gravação do álbum. Talvez ser o segundo alvo do sarcasmo de Smith – "'Bill' era basicamente mais atacado do que todos", disse Nocito – o deixou cauteloso. Ele só interviu quando percebeu que obviamente não havia outra "Boys Don't Cry" ou "A Forest" entre as nove densas faixas do álbum. A chance de extrair um single de *Pornography* era quase a mesma de limpar a montanha de latas de cerveja do The Cure. Parry admitiu que ficou entediado com o álbum, com a possível exceção da faixa "A Strange Day". Chegava às sessões às 22h na maioria das noites, mas só conseguia aguentar poucas horas antes de sair. Ao mesmo tempo, entendia a necessidade de uma música para as rádios e achava que podia salvar algo de "The Hanging Garden". Pediu que "polissem" a música. Thornalley e Smith tentaram, mas o produtor sente que foi tempo (e dinheiro) perdido.

"Sob pressão de Chris Parry, [trabalhamos em] 'Hanging Garden'" – que finalmente foi lançada como single em julho de 1982, chegando até o número 32 das paradas britânicas – "para adicionar algo mais contagiante. Acho que passamos mais tempo nela [do que em qualquer outra faixa do álbum] tentando deixá-la mais palatável para os programadores de rádio". Eram os mesmos programadores, claro, que na época tocavam hits como "Shy Boy", do Bananarama, e "It Started With A Kiss", do Hot Chocolate. Uma canção sobre a "pureza dos animais fodendo", embalada por alguns batuques selvagens primitivos, sempre seria difícil de vender.

Mas Smith estava em uma onda diferente da de Parry. Embora não fosse avesso a um disco de sucesso, não era tão obcecado com as paradas. Seu sonho era criar um álbum que fosse visto como uma declaração de intenção artística séria, de um compositor esperando dizer algo mais profundo do que "meninos não choram". Se isso não funcionasse, dane-se, o Cure acabaria e ele seguiria em frente.

Embora Thornalley admita que não sentiu uma conexão com a mensagem de Smith – "Não sabia do que ele falava, sinceramente. Tinha 21 anos e não estava no mesmo nível sentimental dele, tanto no lado emocional quanto no artístico" –, eles se entendiam quando se tratava de exploração sonora. Ele e Smith experimentavam com o que era conhecido na época como "found sounds", um conceito introduzido à música comercial pelo lançamento recente de *My Life In The Bush Of Ghosts*. Esse álbum essencial foi uma colaboração entre dois intelectuais do rock que pensavam parecido: David Byrne, do Talking Heads, e o pioneiro de estúdio (e ex-tecladista do Roxy Music) Brian Eno.

Inspirados por esse LP inovador, Smith e Thornalley zapeavam entre canais de TV, procurando trechos aleatórios de ruído para gravar e incorporar à nebulosa paisagem sonora de *Pornography*. Durante uma noite de exploração, não apenas encontraram o trecho sonoro perfeito, como também deram o nome do álbum, quando descobriram um debate televisionado entre dois oponentes improváveis: a feminista Germaine Greer e o comediante Graham Chapman, do Monty Python. O tópico da discussão era, claro, pornografia. Alguns segundos de sua versão "desconstruída" do debate podem ser ouvidos na abertura da faixa-título de *Pornography*.

"Foi uma dessas coincidências esquisitas", disse Thornalley. "Naquela época, era considerado bem legal colocar um microfone perto da TV e gravar qualquer coisa como uma espécie de canal de efeitos. Por acaso a discussão que gravamos era um debate sobre pornografia. Uma coincidência muito estranha."

A Polydor, que era responsável por distribuir e comercializar os lançamentos da banda pelo selo Fiction, de Parry, não ficou tão impressionada com o título *Pornography*. Quando a *NME* revelou o nome proposto para o disco, no início de março, um porta-voz mal-humorado da Polydor fez o seguinte comentário: "Veremos se esse realmente será o título ou não".

O nome do novo álbum do The Cure, no entanto, era uma preocupação menor para a Polydor e Parry quando receberam uma prévia do disco no novo estúdio de Mike Hedges, em Camden. Se *Seventeen Seconds* e *Faith* tinham sugerido que se estava ouvindo uma banda que lidava com dor genuína, *Pornography* era o som da morte, pura e simplesmente. Parry resumiu a sensação quando declarou: "O primeiro álbum foi feito com ingenuidade, o segundo com uma visão clara, o terceiro sob dificuldades e *Pornography* era todos esses três em um. Foi uma bagunça". (Parry pode ter encontrado algum consolo no fato de que *Pornography*, diferentemente de *Faith*, ficou dentro da verba, mesmo havendo muitos gastos listados na coluna "cocaína".)

Smith, como tinha feito com "Charlotte Sometimes", "Killing An Arab" e "At Night", tirou algumas de suas ideias líricas da literatura que consumia na época (quando não estava fritando o cérebro, claro). Durante uma pausa da Picture Tour, ele tinha ficado obcecado por livros sobre psiquiatria, insanidade clínica e o que categorizava como "saúde mental em geral". O verso "a charcoal face bites my hand" [*"um rosto de carvão morde minha mão"*], que surge da névoa sonora da faixa "A Short Term Effect", foi extraído de suas leituras mais recentes.

No entanto, como Tolhurst explicou, as ideias por trás de outras faixas de *Pornography* vieram de experiências da vida real: "The Hanging Garden" documentava mais uma noite maluca de Robert Smith, quando ele vagou pelo quintal de casa, nu em pelo, depois de ouvir o que achava ser o barulho de gatos do lado de fora. Smith mais tarde observaria que "The Hanging Garden" também lidava com "a pureza e o ódio de animais transando... ver alguém trepando com um macaco não me choca em particular". A faixa "Siamese Twins" – Smith gravou o vocal com Mary Poole olhando – foi inspirada por algo semelhante. "A Strange Day" mostrava "como eu me sentiria se fosse o fim do mundo", nas palavras de Smith. "Cold" e algumas partes de "A Short Term Effect" foram diretamente influenciadas por seu intenso consumo de drogas nos dois anos anteriores; e a letra de "The Figurehead" surgiu depois de uma experiência do tipo Hamlet durante a gravação do lamentável clipe de "Charlotte Sometimes", quando desenterrou uma caveira no sanatório abandonado que serviu de locação. Ah, pobre Yorick, realmente. [2]

Por mais edificante que isso soe, as letras sérias de Smith não eram nada se comparadas com as músicas fúnebres, quase mortas, de *Pornography*. O álbum abre com "One Hundred Years", uma faixa que Smith caracterizou como uma trilha sonora para "puro desprezo por si mesmo e futilidade". Poucos discos começaram com um verso de abertura tão incrivelmente niilista quanto "it doesn't matter if we all die" [*"não importa se todos morrermos"*]. Era uma declaração da

2 N. de T.: Yorick é um personagem shakespeariano, citado pela primeira vez na Cena I do Quinto Ato da peça teatral *Hamlet*.

missão à qual o Cure aderiu. "O niilismo tomou conta", Simon Gallup afirmou muitos anos depois, quando perguntado sobre o período de *Pornography*. "Cantávamos 'não importa se todos morrermos' e é exatamente o que pensávamos na época". Smith explicou assim: "Se não tivéssemos feito essas músicas, eu teria virado um filho da puta gordo e inútil. Passei um período achando que todos estavam ferrados e, então, comecei a escrever essas músicas. Canalizei todos os elementos autodestrutivos da minha personalidade para fazer algo".

Se os ritmos robóticos de Lol Tolhurst e o verso de abertura impiedosamente sombrio de Smith fizeram de "One Hundred Years" uma introdução dura a *Pornography*, a faixa vai ladeira abaixo a partir dali. Em um estado mental cada vez mais deprimente, Smith canta sobre o assassinato de patriotas, dor, medo e, curiosamente, sobre uma risada mórbida quando um pequeno objeto cai da boca de alguém; enquanto isso, a música aumenta de intensidade como o giro de uma broca de dentista. Por mais triste que "One Hundred Years" fosse – muitos veem a faixa e o disco *Pornography* como o som que lançou um milhão de góticos –, Smith usa a música para dar seu recado: a partir daqui, ainda mais do que em *Faith* ou *Seventeen Seconds*, não será nada fácil de ouvir isso. O álbum essencial do "foda-se" tinha começado.

A batida primitiva de Tolhurst no tambor é o ponto central da mixagem na faixa seguinte, "A Short Term Effect". Aliado ao baixo seco, quase atonal, de Gallup e mais um vocal de uivo ao abismo de Smith, o efeito é incrivelmente claustrofóbico. Mais uma vez, Smith usa imagens dispersas em vez de rimas elaboradas com detalhes enquanto cospe a letra que, em sua evocação para ser coberto com terra, não sugere nada menos do que um funeral. É realmente arrepiante: o som de um homem se desfazendo aos poucos.

"The Hanging Garden", a faixa que Parry havia marcado como a única possibilidade comercial do álbum, chega rapidamente, mas você não diria que ela ofereceu um descanso do que veio antes. Quando Smith vocifera "fall fall fall into the walls" ["*cair, cair, cair, cair dentro das paredes*"], é como se tivesse aberto a porta para um de seus piores pesadelos, o que diz muito. O andamento da bateria selvagem de Tolhurst aqui acelera um pouco, mas a sonoridade geral é incansável e esmagadora como tudo no álbum – ou como muito do que poderia ser ouvido naquele ano do gótico, quando não apenas o Cure, mas também os australianos do The Birthday Party (*Junkyard*), Lydia Lunch (*The Agony Is The*

Ecstasy), Siouxsie & The Banshees (*A Kiss In The Dreamhouse*) e o Bauhaus, comandado por Peter Murphy (*The Sky's Gone Out*), soltaram os cachorros. Outros também esperavam nos bastidores: em menos de um ano, o Birthday Party lançou seu EP *The Bad Seed*, enquanto o Creatures – que a *NME* chamou de "Sonny e Cher da ala psiquiátrica" – veio com *Feast* e o Southern Death Cult lançou seu disco de estreia homônimo. Foi a melhor e a mais gótica das épocas.

"Siamese Twins" continuava de onde "The Hanging Garden" tinha parado: não é tanto uma música quanto uma marcha fúnebre, a batida impiedosa das baquetas de Tolhurst aliada a um toque raro de teclado (os três tocaram o instrumento durante as sessões). Até o ato de fazer amor foi reduzido a algo primitivo, brutal e feio por Smith, enquanto ele despeja versos sobre retorcer sob uma luz vermelha e os gêmeos siameses do título como se estivesse descrevendo uma luta suada. Na metade da música ele desiste, alegando que seria melhor ser deixado de lado já que logo será esquecido. Não é de espantar que a brigada de sobretudo preto se agarrou a *Pornography* como gatos a um novelo de lã: Smith havia escrito o manual para a danação eterna. "Siamese Twins" exemplificou o quão sombrio este álbum realmente era.

Segue um breve momento de respiro, com a linha de guitarra de "The Figurehead", mas seu vocal ainda vinha de um lugar emocionalmente frio e distante. Ele repete duas vezes um verso sobre não significar nada como se fosse a última meia dúzia de palavras que teria a chance de dizer, enquanto a música avança até o mantra de fechamento sobre nunca mais ser incorruptível. Por mais difícil que fosse escutar *Pornography*, o Cure merece pontos por sua busca obstinada por um som único: este psicodrama em forma de álbum quase não oscilava de tom durante seus sombrios 35 minutos.

"A Strange Day", não surpreendentemente, é mais do mesmo clima aterrador, outra trilha sonora para os demônios que povoavam a cabeça de Robert Smith (tanto que, poucas notas depois de começar, ele realmente anuncia a fragmentação de sua mente). Como em "The Figurehead", Smith faz uma breve concessão à melodia com outra linha de guitarra intrincada – mal dá para chamar de riff –, mas ela fica meio mergulhada sob mais uma de suas letras venenosas. Dessa vez, ele ilustra um dia em que cai em águas profundas. Smith acreditava que não havia como sair – embora admitisse que não estava pronto para imitar Ian Curtis.

"Cold", a faixa seguinte, faz jus ao nome; é uma ode frágil que rasteja lentamente ao nada, em que Smith uiva para o vazio como estava em um estado embrionário, sonhando em ser enterrado e se tornar um memorial aos dias passados, com toda a palidez de zumbi de Andrew Eldritch, do Sisters Of Mercy. Ainda assim, diferentemente de Eldritch – que ainda estava a anos de distância de sua própria obra-prima do rock gótico, *Floodland*, de 1987 –, era difícil de acreditar que havia aqui uma fagulha de senso de humor, ainda que mórbido: se Smith queria mesmo matar o Cure, tinha acabado de escrever o discurso do enterro.

Mas espere, tem mais: a faixa-título conduz este épico deprimente a um encerramento ingrato. Abre com os trechos abafados do debate entre Germaine Greer e Graham Chapman, sampleados por Smith e Thornalley, antes de entrar em mais um dos climas carregados da banda. Se isso continuar, Smith adverte, o resultado será fatal. Era o encerramento perfeito de um álbum que tinha "suicídio de banda" espalhado por toda parte com o sangue de Tolhurst, Gallup e Smith. Dito isso, há um finíssimo raio de luz nesta última faixa do álbum, que acabaria sendo o último rito da primeira fase do The Cure, quando Smith jura lutar contra sua tristeza melancólica e, inevitavelmente, encontrar sua cura. O que ele não poderia saber é que a cura viria na forma de um *videomaker* inglês excêntrico com uma visão musical totalmente diferente da sua. Só que isso ainda estava longe.

Pornography provaria ser tremendamente influente. Várias décadas depois, seria citado como referência para monstros do nu-metal como Deftones e System Of A Down; e quem se considerava um verdadeiro amante do The Cure, não apenas um incauto seduzido pelas músicas pop e pelo cabelo armado, tinha certeza de que *Pornography* era o álbum definitivo da banda.

Obviamente foi uma venda difícil em seu lançamento, em maio de 1982, embora o álbum chegasse a um auge nas paradas para a banda, no número nove. Como Mark Coleman, da *Rolling Stone*, apontou com lucidez em 1995, ainda que com o benefício de fazer uma retrospectiva: "Embora *Pornography* seja reverenciado pelos seguidores do The Cure como uma obra-prima, ouvintes normais provavelmente o acharão impenetrável". *Pornography* acabou sendo o tipo de disco – como *Berlin*, a novela junkie de Lou Reed, ou *Low*, o álbum movido a cocaína de Bowie – que exigia alguma distância e alguns anos de história na música para ser realmente apreciado.

Resenhas publicadas uns 20 anos depois acharam muito mais razão para gostar do álbum do que os críticos conseguiram em 1982. A seguinte crítica exemplificou essa atitude revisionista: "Com *Pornography*, [Smith] entrou na espiral descendente que gerou as melhores músicas de sua carreira. A faixa-título é puro inferno pois Smith abandona totalmente a música, mas as faixas restantes estão entre as melhores que os anos 1980 tinham a oferecer. 'One Hundred Years', 'Siamese Twins' e 'The Figurehead' são estudos góticos em terror por excelência. Nada soava como *Pornography*, nem mesmo outros discos do The Cure". A *Uncut* disse o mesmo em agosto de 2004. "Em seu lançamento, *Pornography* foi visto com espanto e desgosto. Na verdade, é uma obra-prima de autodepreciação claustrofóbica".

No entanto, em meados de 1982, *Pornography* era um álbum difícil de amar. Em sua resenha para a *NME*, publicada em 8 de maio, Dave Hill abriu com a seguinte advertência: "Ele [*Pornography*] não melhorará sua vida social nem aliviará sua pressão, e esta música prova não ser um antídoto para muita coisa, embora possa limpar seu sistema... este disco retrata e desfila seu quinhão de futilidade exposta e medo nu com tão poucas distrações ou enfeites – e quase nenhuma noção de vergonha. Realmente diz demais". Embora muito mais reverente do que a demolição de Paul Morley para *Three Imaginary Boys*, não era bem uma recomendação brilhante de Hill, ainda mais se comparada aos elogios feitos ao LP *A Kiss In The Dreamhouse*, dos Banshees, lançado poucos meses depois. "Além das esperanças e dos sonhos mais loucos", observou Steve Sutherland, da *Melody Maker*, ao dissecar o terceiro e mais conhecido álbum dos Banshees, "além de todas as sugestões e impulsos passados, além de todos os padrões ditados neste ano, *Dreamhouse* é um feito inebriante". Era muito claro quem estava no topo da hierarquia do rock gótico – e não eram os três rapazes imaginários de Crawley.

Mesmo assim, *Pornography* se tornou uma espécie de hit, de alguma forma encontrando seu lugar no Top 10 britânico ao lado de artistas muito mais frequentes nas paradas, como ABC, Madness, Duran Duran e a mais recente criação de Malcolm McLaren, Bow Wow Wow. A estranhamente atraente e ultrapegajosa "I Want Candy", destes últimos, estava rapidamente se tornando o hino do verão de 1982, junto com outros hits como "Happy Talk", uma versão da música de Rodgers & Hammerstein extraída de *South Pacific* pelo ex-Damned Captain Sensible, e "Don't Go", do Yazoo. Robert Smith pode ter se sentido muito desconfortável sob o holofote pop, mas o produtor Phil Thornalley, pelo menos, ficou satisfeito com o sucesso em pequena escala de *Pornography*. "Aquele foi meu primeiro trabalho como produtor – e meu nome estava nas paradas", ele me disse, tão empolgado quanto 20 anos antes.

Enquanto isso, o Cure tinha questões mais urgentes para tratar. A banda tinha mais uma turnê agendada, o que consumiria o trio por boa parte do trimestre. A Fourteen Explicit Moments Tour começou a jogar seu feitiço macabro com shows no Printemps, em Bourges, em 10 de abril e no Top Rank Skating Bowl, em Plymouth, em 18 de abril, com o Zerra 1 abrindo a noite. Mesmo nesse início de turnê, Smith teve de lidar com tensões internas na banda – Tolhurst pode ter sido o alvo normal do sarcasmo afiado de Smith, mas o líder do The Cure havia começado a brigar com Gallup.

"*Pornography* foi um período intenso de irracionalidade", admitiu. "Eu estava cheio de raiva. Sentia que não tinha conquistado o que queria. Achava que tudo estava terminando. Odiava Simon – que era meu amigo de longa data – mais do que ninguém no mundo. Tudo era uma completa bagunça." E a crescente camaradagem de Smith com Steven Severin também não estava ajudando o Cure. A ideia de diversão de Severin era ficar nos bastidores dos shows do The Cure e esconder as bebidas de Tolhurst, ou batizá-las com LSD. Ao mesmo tempo, ele ficava no ouvido de Smith, tentando seduzi-lo para ser membro oficial dos Banshees. "Sempre pedia para Robert dissolver o Cure e entrar para os Banshees", Severin admitiu. "Definitivamente plantei as sementes da discórdia."

O interessante é que Tolhurst não tinha problema algum com Severin, apesar de seu papel divisor no mundo do The Cure. "Adoro o Steven", Tolhurst disse em 2005. "Tivemos muitas noites loucas na turnê ou nos clubes, [mas] por causa do histórico dos Banshees com guitarristas, tenho certeza de que ele pensou em atrair Robert."

A mentalidade sofredora de Smith e do The Cure foi exposta no set list daquele show de abertura em Plymouth, além da pintura sombria de Porl Thompson com animais caindo do céu, pendurada atrás da banda. O plano havia sido usar a imagem de Thompson – claramente influenciada pela letra de "The Hanging Garden" – como arte do álbum, mas ele perdeu o prazo final. Então, eles ampliaram a imagem que Thompson tinha pintado e a usaram como pano de fundo no palco. "The Holy Hour", que abria a maioria dos shows da Picture Tour, havia sido rejeitada e substituída pela igualmente mórbida "The Figurehead". "M", "Cold" e "The Drowning Man" seguiram em uma sucessão rápida e incansável. Claramente disposto a agradar apenas a si mesmo, o Cure mergulhou então nas águas existenciais lodosas de seus álbuns recentes. Na verdade, a banda já havia tocado oito músicas quando começou algo que parecesse um hit, "Primary", de 1981, mas foi mais fundo ainda na melancolia com "Siamese Twins", "One Hundred Years", "Play For Today", "A Forest" e "Pornography". Com relutância, tocou duas faixas mais antigas e familiares, "10:15 Saturday Night" e "Killing An Arab", antes de se despedir com "Forever", uma faixa raramente ouvida (e não gravada).

A ordem das músicas e o set list quase não mudaram quando a banda passou por Bristol, Brighton, Southampton, Sheffield e Newcastle. Quando *Pornography* finalmente chegou às lojas, o Cure estava em Londres, fazendo um show de 20 músicas no Hammersmith Odeon. Nesse momento, tinha adotado totalmente seu visual de palco recém-apresentado, que logo se tornaria uma característica do The Cure: o batom vermelho-cereja borrado em volta dos olhos e na boca, que escorria assim que as luzes do palco eram acesas, dando a impressão de que o trio estava sangrando. "[Parecia que] tínhamos levado uma surra", contou Smith. Pareceu o visual perfeito para acompanhar a música tórrida e feia que a banda estava fazendo.

Tolhurst, Gallup e Smith também estavam na fase inicial de seu período de cabelo comprido. Altamente inspirados pelo corte de cabelo que o ator Jack Nance usava em *Eraserhead*, o filme excêntrico e aterrador de David Lynch, Smith e Gallup, sobretudo, estavam começando a testar os limites aceitáveis da altura que seu cabelo poderia chegar. Já Tolhurst – que tinha o cabelo naturalmente cacheado – adotou um estilo que o fez parecer um poeta encharcado (as mangas bufantes que a banda logo usaria levaram essa imagem à sua conclusão lógica de vítima da moda), mas isso ainda estava por vir: na época da turnê Fourteen Explicit Moments, o cabelo imenso e a maquiagem sangrenta do trio exacerbaram o impacto da música brutal lançada para o público. Era um show de aberrações.

Steve Sutherland, da *Melody Maker*, um correspondente musical profundamente envolvido com o rock gótico, publicou um ataque sobre a turnê mais recente da banda que fez a crítica de Paul Morley parecer pouco mais do que palavras vazias. "Raramente três jovens em busca de atmosferas sem direção conseguiram tão pouco com tanta petulância", escreveu. "The Cure – que piada. Está mais para um sintoma." Sutherland aceitou com relutância que sua palavra não significava nada para os fiéis do The Cure, crianças perdidas que absorveram toda aquela morbidez, mas isso não o impediu de descrever Tolhurst, Smith e Gallup como "três estudantezinhos [ui!] espremendo espinhas e traduzindo a prosa de Camus para estrofes ao estilo de Shelley". Resumindo: achou o Cure uma porcaria.

A *NME* foi um pouco menos brutal quando cobriu o show da banda no The Dome, em Brighton, na noite do 22° aniversário de Smith. Ele obviamente gostou de seus experimentos sonoros com Thornalley, porque a banda reciclou os murmúrios truncados estranhos no começo e no final de "Pornography", que encerrava o set (a banda voltava para um bis de três músicas com "10:15", "Killing An Arab" e "Forever"). Mas o crítico Richard Cook conseguiu sentir certa discordância dentro da banda. "O Cure se sentiu insatisfeito com esta performance", escreveu. "Smith, em seu aniversário, parecia desgostoso e cansado. Se este é o Cure de segunda, seu melhor deve estar muito à beira do abismo."

E Cook estava certo: o Cure estava tão perto do abismo que um empurrão mais forte e algumas palavras mal escolhidas o teriam destruído completamente. Quando a Fourteen Explicit Moments chegava ao continente europeu, em 5 de maio – com o show em Roterdã, no De Doelen, sendo o primeiro desde o Hammersmith Odeon –, algumas grandes rachaduras começaram a abrir. Diversos fatores contribuíram: Gallup culpou o calor europeu e a intensidade da música; Smith acreditava que Gallup tinha começado a provocar Tolhurst porque "não conseguia me atingir"; e o fiel roadie Gary Biddles sentia que parte do problema era a popularidade cada vez maior de Gallup com as plateias. Smith também sentia que Gallup tinha ciúme da maior atenção que ele recebia como vocalista do The Cure.

Smith ainda estava se consumindo com a percepção de que, diferentemente de Ian Curtis, não estava preparado para fazer o sacrifício máximo por sua música. Teve o que mais tarde descreveria como "uma verdadeira paixão por estar vivo. A vida nunca ficou tão dolorosa para mim", disse. "Mesmo quando o vazio se abriu diante de mim, sempre pensei: 'O sol vai nascer se eu estiver aqui ou não, então é melhor eu ficar aqui enquanto puder e tentar encontrar alguma diversão'." Mas Smith estava aprendendo que o rock era um negócio volúvel, mesmo em questões tão importantes quanto vida e morte.

Seja lá qual for a causa da tensão, este trio que um dia tinha sido unido agora era formado por caras solitários. Depois da maioria dos shows, Gallup preferia pegar carona com a equipe do The Cure em vez de viajar com os colegas de banda, enquanto Smith passava cada vez mais tempo sozinho, frequentando o bar em vários hotéis antes de ir para o quarto secar o frigobar, às vezes curando bebedeiras no banheiro.

Durante a Picture Tour, às vezes a banda brigava com a plateia, mas agora o Cure brigava com todos: entre si, com funcionários carrancudos em clubes europeus e até com gangues de motoqueiros. Smith, em particular, saía de alguns desses confrontos bastante machucado. Até membros da equipe se agrediam com raiva. Quando a locomotiva ensanguentada do The Cure chegou a Estrasburgo, em 27 de maio, para um show no Hall Tivoli, quase todos os envolvidos estavam esperando ansiosamente pelo fim da turnê, que seria dali a duas semanas em Bruxelas.

Depois de mais um show brutal, para uma plateia perplexa, Gallup e Smith foram beber em andares diferentes de um clube em Estrasburgo. Gallup, junto com seus novos amigos da equipe de montagem, estava encerrando a noite quando um funcionário do bar disse que ele não havia pagado as bebidas. Ao que parece, ele tinha sido confundido com Smith – a evidência usual conflitante, no entanto, não indica com clareza quem errou. Independentemente do caso, Gallup decidiu que tinha se cansado de Smith, então foi até o colega de Cure e o agrediu.

Na opinião de Gallup, Smith parecia ignorar seu dilema. "Eu estava exausto, mas [o barman] me levou até o bar de cima e Robert parecia ver o que estava acontecendo. Bati nele, ele reagiu e brigamos."

"Ele não queria pagar pelas bebidas dele porque achou que eu não estava pagando pelas minhas", Smith explicou. "Falei para calar a boca e ele me deu um soco. Foi a primeira vez que me agrediu, tivemos uma desavença enorme."

Lol Tolhurst, enquanto isso, estava no bar com membros da banda Zerra 1. "Estava conversando com Paul e Grimmo, da banda de abertura", Tolhurst me contou. "Alguém veio e disse: 'Acho que houve uma briga, e Simon e Robert saíram do clube'. Achei melhor continuar lá porque estava me divertindo. Quando me levantei, na manhã seguinte, o empresário da turnê me disse que os dois tinham ido embora – pegaram voos diferentes de volta para casa."

"Pensei em colocar uma peruca em Paul Bell [do Zerra 1], tocar uma fita da noite anterior e deixar as luzes bem fracas, [assim] poderíamos continuar.

Pensei melhor e, alguns dias depois, eles voltaram e terminaram a turnê, mas o aviso tinha sido dado para Simon."

O pai de Smith também deu uma mãozinha para manter o show em sua estrada esburacada. Quando Smith chegou inesperadamente em casa, ele falou ao filho sobre suas responsabilidades como artista. "As pessoas compraram ingressos", repreendeu. "Pode voltar para a turnê."

Mas era claro que o dano tinha sido feito. O Cure estava a caminho de uma queda séria e era impossível alguém evitar que isso acontecesse. O inevitável aconteceu em 11 de junho no Ancienne Belgique, em Bruxelas, último show da Fourteen Explicit Moments Tour. Nos bastidores, um visivelmente esgotado Smith anunciou que seria o baterista do show da noite. Gallup pensou que se Smith podia inverter, ele também podia; portanto, tocaria guitarra. Tolhurst chegou e pegou o baixo de Gallup. Embora ninguém declarasse em voz alta, havia um clima de despedida: os três podiam sentir que esse era o fim do The Cure, talvez para sempre. Então, em vez de se despedir com uma lamúria, escolheram dizer adeus com uma algazarra. "Pensei: 'Não vou passar por este fingimento'", Smith revelou. "Sabia que era nossa última chance de deixar isso memorável do pior jeito possível. Nunca tinha tocado bateria em público e acho que Lol não sabia como usar o baixo."

De alguma forma o show continuou, com a banda recém-configurada tocando as obrigatórias "Siamese Twins", "Primary" e "One Hundred Years" em rápida sucessão, mas quando o brigão Cure conseguiu começar sua última música, "Pornography", o roadie Gary Biddles – que basicamente estava do lado de Gallup – pegou o microfone. Tinha uma mensagem simples para o público: "Robert Smith é um cretino" (Smith insistiu que ele também gritou: "Tolhurst é um babaca"). Smith, ainda em um estado mental violento, jogou as baquetas em Biddles, acertando sua cabeça; Gallup, então, entrou na confusão. Tolhurst, enquanto isso, tirou os cachos dos olhos e continuou se entendendo com o baixo. "Foi bem calmo naquela noite", relembrou Tolhurst. "Acho que Gary Biddles estava pulando pelo palco, falando várias coisas sobre Robert e eu. Ele fazia parte da aliança Gallup." Quando tudo finalmente parou, os três sabiam que o sonho realmente estava acabado. Para Robert Smith, o Cure estava morto.

"No final da turnê, não estávamos com a melhor saúde mental", Smith subestimou incrivelmente ao ser questionado em 2003 sobre a briga que encerrou a primeira fase da carreira do The Cure. "Noite após noite tocando aquelas músicas – na maioria das vezes depois dos shows ficávamos bem enlouquecidos, como uma reação ao que estávamos fazendo musicalmente. Eu estava muito deprimido, tomando muitas drogas – de tudo [menos heroína, declarou mais de uma vez]. Não tem como evitar, seu equilíbrio mental vai para o ralo." Tolhurst admitiu que o consumo de drogas não estava ajudando nos problemas da banda, mas sentia que eles eram mais profundos do que seja lá o que for que usavam. "Não acho que [a cocaína] deixe as pessoas sensatas. Ela exacerba as coisas, mas também acho que os problemas existiam e teriam vindo à tona mais cedo ou mais tarde." Ele também sentia que parte dos problemas da banda tinha a ver com a época da turnê – *Pornography* não havia sido lançado em muitos dos lugares onde fizeram shows, o que significava que a banda estava tocando músicas desconhecidas para plateias despreparadas.

"A principal verdade é que foi a primeira turnê que fizemos sem lançar o álbum [para coincidir]", Tolhurst disse. "Estávamos viajando e tocando músicas de um disco que ninguém tinha ouvido. Eles nos agendaram para locais enormes na Europa e ali estávamos, tocando músicas que ninguém conhecia. E talvez não estivéssemos na melhor condição mental – acho que deveríamos ter feito uma pausa antes de cair na estrada."

Quanto a Smith, ele estava insatisfeito com a música que o Cure estava tocando – sentia que a banda não estava se esforçando. "Fiquei muito decepcionado com o que estávamos fazendo", afirmou. "Achava que deveríamos estar em outro nível, não em termos de sucesso, mas pensava que tínhamos de fazer música que pudesse ser comparada com as sinfonias de Mahler, não música pop. Só sentia que não estava fazendo o que queria. [Foi] a clássica crise dos 20 e poucos anos."

Mas a verdade era: Robert Smith tinha sido brilhantemente bem-sucedido. Seu plano mestre para *Pornography* era gravar o álbum de despedida essencial, um adeus sombrio, destemido, cru. Não apenas tinha conseguido isso, afastando, assim, muitos fiéis do The Cure, mas também havia conseguido enfiar uma estaca sangrenta bem no coração da própria banda.

Assim que a equipe arrumou a bagunça do último show da turnê, Tolhurst, Smith e Gallup voaram de volta para casa, dormindo o tempo todo. Quando aterrissaram em Heathrow, um rabugento Smith se virou para Gallup e murmurou um apressado "tchau" ao colega de banda e amigo. Os dois aliados do The Cure só voltaram a se falar 18 meses depois.

Capítulo Oito

"Minha reação a toda essa gente que achava que o Cure só conseguia ser pessimista e previsível foi fazer uma música demente e calculada como 'Let's Go To Bed'."
– Robert Smith

Sua banda podia estar se desfazendo, mas em um aspecto crucial Robert Smith era um homem de sorte. Nos três anos e três álbuns anteriores do The Cure, tinha sofrido um colapso emocional e feito o melhor para afastar público, amigos e colegas de banda, mas a única constante em sua vida era Mary Poole, sua namorada de longa data. Mesmo quando tinha ido mais fundo do que achava ser possível, com o Cure desmantelado no final de um período que Smith descreveu como "mais uma turnê de rúgbi do que do The Cure", Mary ficou ao seu lado. Smith era inteligente o bastante para reconhecer sua confiança incrível e inabalável nele e o quanto ela o ajudava a manter a cabeça no lugar.

"Eu estava bem fora de sincronia, um pouco perturbado", Smith comentou sobre seu período difícil no início dos anos 1980. "Já sabia que Mary era a garota para mim, porque ela ficou do meu lado, mas todos que conheço chegam a um ponto em que largam mão e enlouquecem por um tempo – caso contrário, você nunca sabe quais são seus limites. Só estava tentando encontrar os meus." [1]

Em meados de 1982, Smith teve certeza de que não podia afundar mais: tinha de se curar. "Cheguei a um ponto espiritual muito baixo naquela época", confessou. "Inevitavelmente houve um declínio físico depois. Nada mais me interessava. Muitas coisas diferentes foram necessárias para me trazer de volta." Mary, claro, era a única pessoa que conseguia mexer com Smith, colaborando na sua recuperação. "Ela foi a maior força motivacional", Smith concordou. "Há

1 Smith retribuiria a lealdade de Mary muitos anos depois, à medida que o valor comercial do The Cure aumentava – às vezes de formas muito materiais. Supostamente, uma vez renegociou o contrato da banda com a gravadora com uma condição: antes de colocar sua caneta no papel, um Porsche preto deveria ser entregue a ela.

uma grande vantagem em conhecer alguém por tanto tempo, da mesma idade e com a mesma vivência. Você sabe o que a outra pessoa representa e o que está enfrentando." No entanto, Smith era um pessimista de alma e percebeu que precisaria de mais do que conforto físico e palavras acolhedoras para sair de seu sofrimento existencial. "Não podem te dizer que vai ficar tudo bem porque vocês sabem que, no fundo, nem tudo ficará. Ao mesmo tempo, foi bom ter alguém para quem não precisei fingir. Podia ser eu mesmo."

No final da tour, Smith era um desastre físico: um jovem de 23 anos com problemas psicológicos preocupantes, além de drogas e bebidas. Ao contrário dos anos anteriores, em que ele apenas se jogava de volta à música, desta vez ele prestou atenção no que seu corpo e sua cabeça diziam: precisava de uma pausa, e precisava muito. Depois de um encontro rápido com os Banshees – cuja companhia Smith claramente preferia à de seus irmãos irritados do The Cure –, que estavam gravando seu álbum *A Kiss In The Dreamhouse*, ele e Mary desapareceram para um mês de acampamento/desintoxicação no País de Gales (o irmão de Smith, Richard, tinha comprado uma fazenda lá). Durante essas férias, ele se absteve de qualquer coisa que alterasse a mente – embora cerveja fosse permitido, claro. Tolhurst, enquanto isso, viajou pela Europa por várias semanas, e um decepcionado Gallup voltou a Horley e ao pub King's Head, incerto sobre seu futuro musical.

Chris Parry e a Fiction tinham preocupações mais imediatas: precisavam que sua galinha dos ovos de ouro continuasse gerando produtos. Assim, "The Hanging Garden" finalmente foi lançado como single em julho, em uma rica variedade de versões em sete polegadas (o lado B trazia uma gravação ao vivo de "Killing An Arab", extraída do show no Manchester Apollo, em 27 de abril) e com faixas bônus. Saiu até embalado como um disco duplo com quatro faixas, que também incluía a versão ao vivo de "Arab" junto com "A Forest". (Em 1983, "The Hanging Garden" foi o primeiro lançamento japonês do The Cure. No final de 1982, como parte de um disco de quatro faixas chamado "The Singles", seria o último da banda a sair na Austrália pelo Stunn Records, o selo comandado por Terry Condon, amigo de escola de Parry.)

O single foi razoavelmente bem para uma banda que estava quase morta, chegando ao número 34 das paradas de singles do Reino Unido. Não estava exatamente causando pesadelos em líderes das paradas como "Fame", de Irene

Cara, e "It Started With A Kiss", do Hot Chocolate, mas seu sucesso mediano demonstrou que, apesar dos melhores esforços de Smith, nem todos os fãs do The Cure estavam completamente afastados pela fúria autodestrutiva da banda. No entanto, o jornalista Adrian Thrills, da *NME*, não estava entre os convertidos. "O Cure se desviou de maneira decepcionante e indulgente da invenção pop idílica de seus primeiros dias", escreveu com algum escárnio, "um declínio nos padrões reforçado pela inclusão das versões originais de 'Killing An Arab' e 'A Forest' em uma parte deste pacote duplo". Thrills pode ter se equivocado em alguns pontos pequenos – as gravações de "Arab" e "A Forest" eram ao vivo –, mas falou bem. Parecia que nem Chris Parry tinha confiança na nova música do The Cure – que outro motivo haveria para incluir essas faixas antigas no mais recente lançamento da banda?

Parry estava terminando seu casamento no segundo semestre de 1982, o que pode ter sido uma motivação para tentar manter o Cure unido: o que poderia ser pior do que perder a esposa e sua principal banda? O dinheiro viria a calhar, então ele tomou uma decisão crucial. Se Smith queria matar o Cure como os fãs conheciam, pensou: por que não tentar reinventar a banda? Seu grande plano foi fazer o Cure amenizar a desolação e mergulhar mais fundo no sentido puro de melodia que permeava faixas iniciais como "Boys Don't Cry". Tudo o que Parry precisava fazer agora era reunir a banda.

Não foi difícil convencer Tolhurst: não havia nenhuma tensão no relacionamento deles (pelo menos naquela época) como existia entre Smith e o chefe da Fiction. Tolhurst visitava com frequência os escritórios da Fiction, e Parry teve tempo de informá-lo sobre tudo o que deu errado para o Cure. Surpreendentemente, não foi tão difícil convencer Smith de que reinventar o Cure como uma banda pop era uma boa ideia. Como Parry declarou em *Ten Imaginary Years*, "isso atraiu Robert porque ele queria destruir o Cure de qualquer maneira; estava disposto a fazer aquilo".

Mas antes da banda passar por sua transformação, Smith tinha duas tarefas mais imediatas para cumprir: uma musical, outra ditatorial. A revista *Flexipop* havia entrado em contato com ele para gravar uma música para um compacto flexi disc promocional. Como o Cure não existia de fato na época, Smith pediu para Severin ajudá-lo a gravar uma faixa chamada "Lament", que havia composto quando estava em Gales com Mary. Eles a prepararam durante uma sessão no Garden Studios, em Londres; o flexi disc foi distribuído com a edição 22 da *Flexipop*, que tinha Martin Fry, do ABC, em uma pose estudada e máscula na capa.[2]

O passo seguinte de Smith foi avisar a Tolhurst que seus dias na bateria tinham acabado. Seu grande plano foi transferir Tolhurst para os teclados. Tolhurst tinha começado a aprender a tocar piano, mas suas habilidades com as teclas eram, quando muito, limitadas: todos para quem perguntei admitiram que sua proeza não ia muito além de dedilhar com dois dedos, embora ele tenha ido muito além disso com suas bandas pós-Cure (Presence e Levinhurst).

O produtor Phil Thornalley, que logo retornaria ao santuário interno do The Cure, suspeitou que a nova função de Tolhurst fosse parte de um esquema de Robert Smith. "Ele não era um tecladista muito bom. Não sei o que aconteceu ali. Acho que Robert queria expandir o padrão rítmico da banda." O outro engenheiro de som de *Pornography*, Mike Nocito, também sentia que havia algo meio suspeito na mudança de instrumentos de Tolhurst. Thornalley e Nocito sabiam que a bateria dele era perfeita para o Cure, então qual outro motivo poderia existir por trás dessa mudança?

Quando perguntei a Tolhurst sobre a mudança, ele enfatizou que foi um esforço seu para adotar novas tecnologias e manter a banda progredindo. "Àquela altura, éramos só nós dois. O White Stripes ainda não tinha surgido e pensamos: 'Como vamos fazer isso?'. Mesmo durante *Seventeen Seconds* havia algum tipo de elemento eletrônico na bateria que me deixava fascinado. Pareceu uma evolução natural passar da bateria para os teclados, que também são rítmicos. Entrar na era eletrônica, mais do que tudo, era o que realmente queríamos fazer."

Em setembro e outubro, Parry coordenou o que ficariam conhecidas como sessões "Art Under The Hammer", em que o novo duo The Cure fez demos de várias ideias para sua canção pop descartável perfeita. Ao mesmo tempo, Simon Gallup tinha se separado da esposa, Carol, com quem teve dois filhos, Eden e Lily. Isso fez dele o mais recente morador do escritório da Fiction, que foi onde ficou sabendo por acaso sobre a movimentação de seus ex-colegas de banda. Uma manhã, ele atendeu ao telefonema de um fã, que fez uma pergunta simples: "Onde o Cure está gravando?". Isso era novidade para Gallup – nem

2 Parry obviamente se envolveu pouco no projeto porque não havia uma matéria na revista sobre o Cure. A troca típica para uma canção gratuita é uma matéria gratuita. Quanto a "Lament", uma versão mais polida apareceu na coletânea *Japanese Whispers*, de 1983.

Smith nem Parry tinham o avisado oficialmente que ele estava fora da banda. "Quis conversar sobre isso [com Smith]", Gallup disse, "mas depois da ligação do fã, sabia que era tarde demais. Nos seis meses seguintes, fiquei amargo e mal-humorado, e mesmo depois daquilo, quando os vi no *Top Of The Pops*, ficava pensando: 'Eu deveria estar lá'".

Junto com o músico de estúdio Steve Goulding (ex-baterista do Wreckless Eric), Tolhurst e Smith fincaram pé no estúdio da Island Records para gravar "Let's Go To Bed", uma faixa escrita em parceria pela dupla e que, ao menos na superfície, era mais uma provocação de Smith. O embrião da música também foi composto durante seu retiro galês com Mary. Em sua forma original e desacelerada, a faixa poderia ter se encaixado em *Pornography*, mas Robert Smith não era bobo. Na verdade, era muito inteligente. Sabia que se o experimento pop do The Cure afundasse como uma bigorna de chumbo, poderia se defender descartando a faixa como sendo uma brincadeira. Assim, a credibilidade da banda continuaria intacta. Mas se a música fizesse sucesso, talvez fosse a hora de reconsiderar os rumos do The Cure.

Smith havia criado letras a partir de fontes extremamente sérias – literatura existencial francesa, sonhos movidos a drogas, imagens feias e sórdidas –, mas produziu uma reviravolta total com "Let's Go To Bed". "Quando compus 'Let's Go To Bed'", contou, "achei estúpida. É uma besteira, uma piada. Todas as músicas pop [da época] estão basicamente dizendo 'Venha para a cama comigo'. Então, vou deixá-la a mais direta possível [e] colocar este sintetizador brega – tudo o que odiava na música do período. Era lixo. Lol e eu a gravamos, a Fiction lançou e, de repente, estamos tocando 15 vezes por dia nas rádios norte-americanas. Lei de Murphy, não?".

"Minha reação a toda essa gente que achava que o Cure só conseguia ser pessimista, negativo e previsível foi fazer uma música demente e calculada como 'Let's Go To Bed'", falou em outra análise sobre a faixa. "O objetivo era exatamente destruir nossa imagem e, então, recomeçar de alguma forma."

"Let's Go To Bed" pode ter sido totalmente descartável – em 2001, Smith ainda a desprezava, declarando que a "linha de baixo é tocada errada há quase 20 anos" – mas qual pop de qualidade não é? Exibindo uma dissimulação considerável, Smith estava aproximando o Cure das Madonnas e Duran Durans que invadiam as paradas de 1982 como uma praga.

Entretanto, o Cure também precisava de um visual diferente para acompanhar seu som mais moderno. O cabelão e os olhos sangrando que tinham sido exibidos ao público na última turnê foram um grande começo: agora, aquela imagem fantasmagórica precisava de um pouco de luz. Eles não poderiam ter encontrado um transformador melhor do que o diretor Tim Pope, que Parry contratou para filmar o videoclipe de "Let's Go To Bed". A escolha foi perfeita: Pope ainda era relativamente novato, com toda a contundência que isso representa.

Como muitos diretores de clipe, Tim Pope estava basicamente pronto para qualquer trabalho que lhe oferecessem antes de aceitar dirigir "Let's Go To Bed". Tinha dirigido vídeos para "Happy Birthday" e "I Could Be So Happy", do Altered Images, "Love My Way", do Psychedelic Furs, "Young Guns (Go For It)", do Wham, e "Pleasure Boys", do Visage. Também havia dirigido quatro clipes do Soft Cell, para as músicas "Sex Dwarf", "Torch", "What" e "Bedsitter", a faixa que chamou a atenção de Chris Parry. Embora isso provasse seu talento para dirigir videoclipes, ele também tinha trabalhado em anúncios (seus clientes incluíam as pilhas Energizer, Rice Krispies da Kellogg's e Pizza Hut) e passado um tempo trabalhando na BBC. Curiosamente, o primeiro grande projeto de Pope envolveu treinar políticos sobre como lidar com aparições na TV, então massagear egos era algo que entendia profundamente. Porém, sua relação com o Cure se tornaria o seu projeto mais conhecido, um impulso na carreira que o levou a dirigir videoclipes famosos para artistas multiplatinados como Pretenders, Fatboy Slim e Hall & Oates, além de trabalhar em Hollywood dirigindo filmes da série *O Corvo*.

Os vídeos do The Cure (antes de Pope) eram péssimos. Smith estava ciente disso – ele descreveu Mike Mansfield, que dirigiu o clipe de "Charlotte Sometimes", como "muito inútil". Também desprezava o vídeo de "The Hanging Garden", dirigido por Chris Gabrin, que havia trabalhado com o Madness em "Grey Day" e "Shut Up", chamando-o de "realmente terrível". "Eles queriam nos fazer parecer sérios e queríamos que eles nos fizessem parecer o Madness." Um fracasso nos dois aspectos.

Lol Tolhurst concordou. "Aqueles clipes foram desastres completos; não éramos atores e nossas personalidades não transpareciam."

Na tela pequena, o Cure parecia tão emburrado e deprimido quanto a música que fazia, mas encontrou em Pope uma alma com empatia. Ele estava bastante disposto a experimentar com este formato relativamente novo tanto quanto o Cure estava disposto a brincar com sua imagem pública de jovens sérios. Essa provou ser a união perfeita.

"O que você vê nos vídeos de Tim Pope era a personalidade da banda", disse Tolhurst. "Li algo em que ele disse que somos as pessoas mais inteligentes do mundo ou as mais estúpidas e não conseguia decidir qual. É o que eu gostava no The Cure: levávamos o que fazíamos a sério, mas não nos levávamos a sério. Sempre tivemos essa noção do absurdo e ele foi a primeira pessoa a ilustrar isso."

Segundo Phil Thornalley, que fazia parte do The Cure quando Pope dirigiu o clipe de "The Lovecats", o entendimento entre Smith e o diretor era bastante profundo. "[Pope] e Robert pareciam estar na mesma sintonia. [Ele era] um inglês excêntrico, mas não daquele jeito 'Ah, sou maluco'. Um cara muito criativo. Você sabe que as pessoas são realmente boas quando não ficam na defensiva. Qualquer um podia dar ideias e, mesmo que as dispensasse, ele as considerava. Esse é um bom sinal."

Tolhurst também admirava a excentricidade inglesa de Pope. "É o verdadeiro motivo para gostarmos dele. Todas as cidades em que crescemos tinham esses personagens excêntricos. Tim Pope se encaixava nisso. Tinha esses pensamentos abstratos e estranhos – isso nos atraía muito mais do que alguém elegante e suave. Gostávamos de pessoas perturbadas."

Parry tinha se reunido com Tolhurst e Smith depois da mixagem de "Let's Go To Bed" e debatido ideias para o videoclipe. Foi quando Parry lembrou que viu a fita promocional de Pope. "Investiguei e descobri que ele era um tanto novo no negócio e um pouco esquisito. Valia o risco porque, pela primeira vez, tínhamos calculado aquilo – perguntamos o que achava e ele respondeu: 'Ótimo'. Robert estava buscando algo bizarro, que tirasse sarro das outras músicas pop contra as quais esta faixa supostamente concorria."

Pope (ou "Pap", como ficou conhecido no universo de apelidos da banda) já tinha ouvido um pouco da música do The Cure, e achava que seriam idiotas sombrios, mas quando encontrou Smith sentiu uma conexão verdadeiramente forte. "Pensei: 'Este não pode ser o coroa que faz todos esses discos malditos', porque ele era um rapaz engraçado com o cabelo em pé." Quando Smith e Pope foram apresentados um ao outro, Smith teve a sensação estranha (mas confortável) de que já se conheciam. "Sentimos que nos conhecíamos havia muito tempo." Ele descreveu Pope como um "cara muito surreal" que "conseguiu trazer à tona o lado humano que costumávamos esconder. Fez um ótimo trabalho para o Cure". Assim começou a união pop perfeita.

A relação entre Robert Smith e Tim Pope não podia ter começado em melhor hora. A Music Television (mais conhecida como MTV) foi lançada em 1° de agosto de 1981, quando transmitiu o satírico clipe de "Video Killed The Radio Star", do The Buggles. Na mosca: graças ao poder sedutor das imagens, um vídeo que causasse barulho agora tinha tanto impacto comercial quanto uma música em alta rotação nas rádios. A indústria da música nunca mais seria a mesma. Prince, Madonna, Duran Duran e bandas de metal farofa como Mötley Crüe e Twisted Sister foram algumas das primeiras estrelas da MTV que entenderam o poder da imagem móvel (às vezes giratória). Todas elas logo perceberam que a nova música não tratava apenas da canção: se você tinha um clipe maluco, vibrante e ousado para acompanhar, estava a caminho do sucesso. Ter um visual fabuloso era tão crucial quanto ter um bom som, e isso basicamente matou os poucos dinossauros restantes do rock progressivo e cantores/músicos sensíveis, que não tinham chance de competir com as acrobacias simuladoras de orgasmo de Madonna ou o rebolado atrevido de Prince. OK, o Cure nunca seria uma banda especialmente sexy – suas fãs prefeririam pentear seus cabelos a transar com eles –, mas seu novo visual estranho foi feito sob medida para a Geração MTV.

Pope escolheu um estúdio em St. John's Wood para o clipe de "Let's Go To Bed", filmado em 13 tomadas. O diretor não ficou muito impressionado com a descrição do roteiro da banda – sua reação real foi "que inferno, isso é incoerente" –, então, em vez disso, persuadiu Smith, pela primeira vez em sua carreira, a atuar. Por mais impressionante que isso parecesse para um cara cujo lado obscuro rivalizava com o da escritora Sylvia Plath, Smith fez exatamente isso – e a câmera de Pope o amou. Smith tinha convicção de que havia um lado mais leve no The Cure que não tinha sido abordado, e entendia que era necessário um excêntrico como Pope para compreender (e explorar) totalmente esse lado. "Há outros aspectos no que fazemos que acho completamente absurdos, e fazer vídeos é parte desse processo. Tim vê um lado do grupo que é, por essência, bobo."

E Pope de fato mostrou essa característica do The Cure no clipe da animada e leve "Let's Go To Bed". Ele abria com Tolhurst vestindo um macacão branco e fazendo uma dança trágica; parecia um rejeitado da banda Thompson Twins, executando o que pareciam sinais. Embora Smith parecesse um tanto duro nas primeiras cenas – Pope mais tarde disse que ele estava "muito, muito tímido" –, logo entrou em seu novo papel como artista, conduzindo uma conversa animada com dois ovos cozidos pintados, antes de passar tinta no infeliz Tolhurst (Robert também teve a chance de citar Mary, cujo nome foi escrito em uma veneziana no meio da locação minúscula). Claro, a maquiagem ficaria mais bagunçada e o cabelo ficaria muito maior (e as verbas também), mas o vídeo marcou o nascimento do novo Cure: iluminado, vibrante e brincalhão.

Em seu lançamento, em novembro, "Let's Go To Bed" inevitavelmente virou um hit, chegando ao número 44 das paradas, mas não antes de Smith e Parry entrarem em mais um debate acirrado sobre a direção que o Cure deveria seguir. Do contra como sempre, Smith não tinha tanta certeza de que "Let's Go To Bed" deveria ser ligada ao nome do The Cure. Ele queria rebatizar a banda como Recur, pelo menos para esse single. Foi mais um passo cauteloso e inteligente de Smith: se fracassasse, ele poderia rir disso tanto quanto da indulgência do Cult Hero; e se, de alguma forma, ela se conectasse com as massas, poderia chamar de jogada, mas Parry insistia que aquela era uma música do The Cure – por que construir um público só para confundi-lo? Com relutância, Smith cedeu. No entanto, tinha uma condição: se o single chegasse ao Top 20, Parry o liberaria do contrato e permitiria que gravasse um álbum solo. (Ah, o projeto solo, um dos pontos de discussão preferidos de Smith. Apesar de muitas garantias de que estava pronto para acontecer em vários períodos de baixa durante a carreira do The Cure, ele ainda não aconteceu, embora vários LPs da banda possam se passar por discos solo de Smith.)

Tendo perdido sua última luta com Parry, Smith resolveu destruir "Let's Go To Bed" em uma série de entrevistas que deveriam promover a faixa. "Não acho que seja uma música do The Cure", disse ao *Record Mirror*. "Esse single foi lançado para tocar durante o dia e é decepcionante para mim porque é a primeira vez em que nos veem envolvidos com as modas ou tendências atuais. Sermos vistos em uma área que não respeito me deixa chateado." Depois, falou para a *Melody Maker*: "Percebi quando a gravei que não era suficientemente horrível, só era boba o bastante para ser comercial".

"'Let's Go To Bed' foi como ir a uma festa", disse à *NME*. "Gravamos um disco em vez de ficarmos bêbados." Petulante como sempre, Smith ameaçou romper com a banda se ela chegasse ao topo das paradas. "Eu nunca deixaria que fôssemos vistos competindo para ser um grupo número um", declarou. "É uma besteira tão grande." Os críticos do The Cure concordaram. Em uma resenha para "Let's Go To Bed", um observador nada impressionado escreveu: "Não vamos para a cama. Vamos zumbir com uma base sub-funk e falar sobre as implicações disso, certo, Rob?". Ainda assim, com resistência, a resenha reconheceu as possibilidades comerciais da faixa. "O *timing* insidioso e a produção incomum podem garantir a esta bobagem um caminho até o topo das paradas."

Enquanto "Let's Go To Bed" fazia exatamente isso, Smith fez mais uma jogada inesperada. Ao contrário de Tolhurst, ele tinha um plano de fuga das pressões do The Cure já pronto, que colocou em ação quando houve mais inquietude nos Banshees. Severin, que volta e meia aparecia nas gravações de "Let's Go To Bed", mais uma vez ficou no ouvido de Smith: é claro que ele preferiria ser um banshee, um "músico sério", a um membro dessa banda pop acidental. Quando o guitarrista John McGeogh deixou os Banshees, em novembro, Smith aceitou a oferta de Severin para voltar à banda.

O momento não poderia ter sido pior para Parry e a Fiction. De repente, o chefe da gravadora tinha uma banda pop no portfólio: uma fonte real de dinheiro. Agora, seu coração criativo estava fugindo para uma turnê que consumiria cada gota de energia pelo menos até o final do ano. E Smith também parecia estar voltando a um estilo de vida que quase o matou alguns meses antes. Como Severin relembrou, os Banshees se tornaram muito protetores com seu novo recruta.

"A pressão da gravadora [sobre Smith] foi enorme. Eles sempre estavam esperando escondidos, como abutres. Era do tipo 'Se não dermos a Robert o que fazer com os Banshees, ele fará alguma coisa com o Cure, então vamos pensar em algo: um ensaio, um festival, uma sessão fotográfica, qualquer coisa para mantê-lo longe da Fiction'. Não seríamos coadjuvantes do The Cure."

Robert Smith aparentemente tinha encontrado o equilíbrio perfeito entre o veículo criativo (e comercial) no The Cure e uma fuga da pressão com os Banshees. "Quando estava com eles [Banshees], fazia música sombria e gótica; ao mesmo tempo, com o Cure, estávamos fazendo todas aquelas músicas e vídeos dementes. Era como ter duas vidas separadas, mas de alguma forma paralelas." No entanto, em dezembro de 1982, a *Melody Maker* fez uma pergunta muito sensata: "O Cure acabou? Robert Smith está entrando para os Banshees?". Smith estava particularmente em boa forma quando se esquivou de perguntas do agitador Steve Sutherland.

"O Cure realmente existe ainda?", Smith perguntou retoricamente. "Tenho ponderado essa pergunta. Sabe, como escrevi 90% do álbum *Pornography*, não podia sair de verdade porque não teria sido o Cure sem mim." A única pista que deixou sobre o futuro da banda foi: "Independentemente do que acontecer, não seremos mais eu, Laurence e Simon juntos. Sei disso". Quanto a seu futuro nos Banshees, ele também foi vago. "Até onde eu sei, só estou fazendo esta turnê. Nunca acredite em boatos."

Lol Tolhurst esperou com seu primeiro papel em produção, trabalhando no autointitulado álbum de estreia do And Also The Trees. Este era um quarteto melancólico de Worcestershire formado em 1979; tinha sido uma das bandas locais que abriram para o Cure alguns anos antes, quando atenderam ao chamado para bandas de apoio desconhecidas. "Aos 15 anos, foi um pouco surreal", disse Justin Jones, líder do And Also The Trees. "Mil skinheads chegaram achando que seríamos uma banda punk, gritando: 'Toquem mais rápido, bastardos do Drácula'."

"Realmente nos entendemos bem com o Lol no estúdio", continuou. "Ele era muito divertido e generoso." Durante as sessões, Tolhurst até falou com Jones sobre tocar guitarra em um disco solo que ele estava planejando, para ocupar o tempo enquanto Smith estava com os Banshees. Tolhurst gravou algumas faixas solo (ainda inéditas) com Paul Bell, do Zerra 1, e fez alguns trabalhos de produção na França.

Ainda assim, Tolhurst estava convencido de que o laço forjado entre ele e Smith nos últimos cinco anos do The Cure era forte demais "para desaparecer". "Sempre tive certeza de que Robert queria comandar seu próprio negócio com o Cure", Tolhurst me disse, "então nunca me preocupei com uma saída definitiva dele. Sempre vi o que ele fazia com os Banshees e Steven como férias musicais. Sabia que ele voltaria." Muitos outros, no entanto, devem ter questionado o futuro do The Cure, especialmente quando Smith fazia declarações em público como "Não entro em desespero sobre perder contato com o Cure. É mais desesperador pensar que nunca chegarei à altura de um Bach ou Prokofiev". Esse não era lá o voto de confiança de que os viciados em Cure precisavam.

Em 2005, Tolhurst continuava sem saber ao certo por que suas tentativas de manter o Cure nos trilhos na época foram constantemente menosprezadas por

Smith. "Sei o que fiz, o que contribuí para o Cure. Ainda estou ciente disso", ele me falou. "Ainda parece estranho – dar a mim mesmo um crédito razoável não parece diminuir o que o Cure fez; e também não faria mal."

"Não sei bem o que é. Talvez Robert tenha medo de que pareça ter mais a ver comigo do que somente com ele. Para minha própria sanidade, procuro ignorar a maior parte disso. Sei a verdade sobre a maioria dessas coisas, [mas] tenho certeza de que Robert também tem sua própria versão."

As demandas dos Banshees sobre seu guitarrista recém-contratado eram física e mentalmente exaustivas quanto qualquer viagem anterior do The Cure, mas com uma diferença essencial: Smith não precisava tomar as principais decisões. A banda fez uma turnê pelo Reino Unido até o fim de 1982; depois, passou janeiro e fevereiro de 1983 excursionando por Austrália, Nova Zelândia e Japão. No começo, Smith estava muito feliz com a vida de guitarrista contratado. Não havia expectativas de composição, nenhum vídeo ou disco para gravar – tudo o que precisava fazer era aparecer toda noite e tocar. "Apenas estou lá", disse a um jornalista, que pediu uma definição de sua função nos Banshees. "Sou só o guitarrista dos Banshees. Não há nada formal, e provavelmente é por isso que está funcionando." Quando pressionado, Smith admitiu que os Banshees ficaram "meio aborrecidos por eu fazer outras coisas", mas no começo de 1983 ele tinha pouco a fazer além de tocar guitarra. Até admitiu se dar bem com a notoriamente difícil Siouxsie Sioux. "Acho que é porque não a levo a sério demais", acreditava. "É novidade para ela alguém lhe mandar calar a boca, porque a maioria das pessoas tem medo demais."

Mas os problemas estavam surgindo: "Let's Go To Bed" havia se tornado um pequeno sucesso nas rádios dos EUA, especialmente na costa oeste. O público limitado do The Cure na região estava rapidamente crescendo, tudo graças à força de um pastiche pop com uma doce subversão e um videoclipe bizarro de Tim Pope. O Cure precisava capitalizar em cima disso.

E não demorou muito para Smith ficar irritado com seu papel de contratado dos Banshees: ele queria voltar a compor. "No fim das contas", disse, "fiquei frustrado porque não conseguia ter o mesmo controle [que tinha com o Cure] sobre o que eles faziam".

"Siouxsie tem uma personalidade muito forte", acrescentou Tolhurst. "Ele nunca seria mais do que uma mão de obra na banda e sabia disso." Porém o laço entre Smith e Severin estava mais forte do que nunca. Na verdade, como Smith declarou uma vez, essa aliança acabou sendo a única coisa que o manteve nos Banshees. "Acho que não era o guitarrista certo para a banda. Meu envolvimento se baseou principalmente em minha amizade com Steven Severin."

Chris Parry vinha ficando cada vez mais frustrado. Estava convencido de que os Banshees estavam lucrando com o nome de Smith, enquanto ele continuava com eles apenas porque tinha um sonho peculiar de estar em um "supergrupo". Parry também tinha certeza de que Smith só havia concordado em fazer a perna europeia da turnê, que o manteve ocupado até o fim de 1982 – de repente, ele estava do outro lado do planeta, sem planos de voltar até fevereiro de 1983. Sua primeira reação foi um pouco extrema: ele tentou processar seu astro relutante se ele não voltasse ao The Cure. Smith, segundo o que contam, ligou de volta e ameaçou quebrar as pernas de Parry. A jogada seguinte do dono da gravadora foi surpreendentemente humilde, ainda mais para um homem que me descreveram como "audacioso" e "muito bom nos negócios": ele contatou Smith e pediu desculpas por sua ameaça jurídica. Voltar atrás não era um dos pontos fortes de Parry – ele já tinha batido o pé para tudo, da arte da capa de *Three Imaginary Boys* ao lançamento de "Let's Go To Bed" com o nome da banda. Não parecia que pedir desculpas era algo natural para Parry, mas ele faria quase tudo o que fosse necessário para atrair seu astro de volta.

"Ele estava preocupado que as pessoas achassem que o Cure não existia mais", disparou Smith, "mas eu não dava a mínima – sempre poderíamos nos refazer. Odiava ser visto como uma fonte de dinheiro; estar com os Banshees foi uma reação contra isso".

Enquanto ainda pensava no futuro em março de 1983, Smith, pela primeira vez em muito tempo, estava sem banda. Finalmente longe da estrada, Budgie e Siouxsie Sioux estavam tocando como The Creatures, enquanto Tolhurst continuava trabalhando com o And Also The Trees, o que deixou Smith livre para qualquer oferta que viesse em sua direção. E essa oferta veio do lugar mais inesperado.

Nicholas Dixon tinha sido recentemente nomeado coreógrafo do Royal Ballet. Jovem e mais moderno do que a maioria das pessoas associadas a uma forma de arte tão sofisticada, procurou Smith com a ideia de escrever uma trilha sonora musical para uma produção de *Les Enfants Terribles*, o tributo doentio de Jean Cocteau ao amor, morte e incesto. Smith ficou lisonjeado com a oferta, mas também era um tanto pragmático para perceber que essa não era bem sua praia. Como teste, propôs a coreografia de uma faixa do The Cure: "Siamese Twins", de *Pornography*. Com Tolhurst brevemente de volta à bateria, Severin no baixo e uma seção de cordas a cargo do Venomettes, Smith tocou a música ao vivo enquanto dois bailarinos dançavam ao seu redor. O experimento de Smith e Dixon foi ao ar no programa *Riverside*, da BBC2, em fevereiro. Apesar de uma resposta favorável, a adaptação planejada ficou na geladeira (e continua lá, décadas depois).

O projeto além-Cure seguinte de Smith estava muito mais perto de sua zona de conforto. Ele e Severin prometiam havia muito tempo fazer uma colaboração séria, algo muito mais satisfatório do que aparições na BBC ou dividir um palco como parte dos Banshees. Smith às vezes dormia no chão do apartamento de Severin, em Londres, usando vários casacos para evitar que o frio inglês o transformasse em um bloco de gelo cheio de batom. A ligação entre os dois claramente era muito forte. Em março, eles mudaram a base para o Britannia Row Studios, um local de propriedade do Pink Floyd, para gravar uma colaboração que chamaram de The Glove (Tolhurst também usou o Britannia para mixar o álbum *Shantel*, do And Also The Trees).

O nome do projeto também foi uma homenagem ao amor juvenil de Smith pelos Beatles – The Glove era um personagem do viajante desenho *Yellow Submarine*, de 1968, uma amostra peculiar e impassível da psicodelia da era hippie repleta de piadas internas e referências aos Beatles. Em uma cena que se destaca, enquanto "All You Need Is Love" toca ao fundo, John Lennon confronta o chamado "Flying Dreadful Glove", um dos membros malvados do Blue Meanies, na batalha final entre bem e mal (The Glove, claro, transforma-se em "Love" quando é enfeitiçado pela música dos Beatles). A aliança Smith/Severin agora era oficial: seu nome era a combinação perfeita do amor de Smith pelos Beatles e sua atração mútua por filmes sombrios e *trash*. O fato de o Glove ter dois lados (um bom e um ruim) não foi ignorado pela dupla.

É forçado chamar o Glove de uma verdadeira colaboração musical: estava mais para uma festa infinita, movida a ácido e grosserias em vídeo, com os Banshees, os Associates e a banda de Marc Almond fazendo participações. Smith retrataria o Glove como "um experimento em desorientação". Durante a gravação do LP *Blue Sunshine*, ele e Severin fizeram um pacto peculiar: "Havia essa ideia não declarada de que deveríamos fazer um álbum com o máximo de drogas diferentes que pudéssemos usar". Ácido foi o alterador de mente escolhido e a dupla o tomava como aspirina (Severin não conseguiu se lembrar de tomar ácido durante as sessões, mas o LSD pode ter esse efeito). A festa transformada em gravação de álbum começava na maioria das noites às 18h e continuava pelas 12 horas seguintes, quando o duo ia ao apartamento de Severin, onde se acalmava assistindo a coisas chocantes como *Videodrome*, *Os Filhos do Medo*, *Uma Noite Alucinante* e o mais classudo filme de Nicholas Roeg, *Bad Timing*, que viam em câmera lenta.[3]

Quando não estavam absortos por esses filmes B chocantes, passavam a tesoura em dezenas de revistas espalhadas pelo apartamento de Severin e criavam murais bizarros. As gravações e a festa aconteciam nos estúdios Britannia Row, Morgan, Trident e Garden, enquanto a dupla alternava entre indulgências químicas e composição.

"O ácido me fazia sentir muito conectado com Severin", afirmou Smith. "Caminhávamos por Londres vivendo nesse mundo de desenho animado de *Yellow Submarine*. Era muito animado e divertido, porque me livrei de todas as coisas ruins de *Pornography*. Quando você toma ácido com alguém de quem gosta, é muito, muito engraçado. Aquela época do álbum do The Glove foi fantástica."

O terceiro membro do The Glove era Jeanette Landrey, ex-dançarina e coreógrafa e ex-namorada de Budgie, baterista dos Banshees, que fez os vocais em boa parte do álbum.[4] Embora não percebesse na época, sua função era pouco mais do que ser cantora na gravação – e testemunha silenciosa da relação cada vez mais estranha entre Smith e Severin. "Não sei o que esperava, na verdade", disse quando o disco foi lançado, em agosto de 1983, "mas se me oferecessem algo parecido novamente, teria uma ideia muito mais clara dos problemas envolvidos. Ainda me sinto como uma voz sem rosto até certo ponto. É basicamente o bebê de Steven e Robert – só que isso sempre ficou claro, então não posso reclamar".

---

3 O extremamente enervante filme de Roeg teve influência direta sobre a faixa de "Sex Eye Make-Up", tanto quanto uma carta que Smith tinha e havia sido escrita por um louco e endereçada à rainha da Inglaterra.

4 Chris Parry havia aconselhado Smith a não cantar nas sessões por causa de um possível problema com royalties, então Smith e Severin usaram uma aparição no *John Peel Show* para anunciar que estavam procurando vocalistas. No entanto, Smith acabou cantando em duas faixas.

Blue Sunshine tirou seu título de um dos filmes de horror que passavam sem parar no apartamento de Severin – "blue sunshine" [*ou "raio de sol azul"*] era o nome de um tipo especialmente potente de ácido. Embora possa ter sido gravado durante momentos bastante loucos, *Blue Sunshine* foi tratado com muita reverência em seu lançamento, mais devido ao envolvimento de Severin do que ao de Smith. "Like An Animal" foi o primeiro single; a resenha de Allan Jones na *Melody Maker* foi cheia de elogios, declarando que esse exercício em psicodelia tinha o mesmo tipo de "pressa espaçosa que 'Eight Miles High', do The Byrds". Bela comparação. "O Glove é o novo conjunto de arte experimental da costa oeste [*americana*]?", Jones perguntou. "Que seja: como todos os bons discos pop, 'Like An Animal' soa como se sempre estivesse ali. O Glove ainda pode provar ser um prato cheio."

Quando se encontraram com Steve Sutherland, no início de setembro, Smith e Severin estavam na defensiva, insistindo que era um experimento único e que não estavam exatamente prontos para acabar com suas bandas principais. Smith parecia mais interessado em falar sobre o processo de gravar o disco, em vez de dissecar faixas como "Mr. Alphabet Says" e "Blues In Drag". "Foi um verdadeiro ataque aos sentidos quando estávamos gravando", gabou-se Smith. "Saíamos do estúdio às seis da manhã, víamos todos aqueles filmes dementes, íamos dormir e tínhamos sonhos bem malucos. Assim que acordávamos, voltávamos quase direto ao estúdio, então era um pouco como um ataque mental perto do fim." Em outra análise posterior sobre o Glove, Smith confessou o quão esgotante o deleite tinha sido. "Depois daquele período com Steven, fiquei fisicamente incapaz de escovar os dentes. A coisa toda era surreal – e não é algo que provavelmente repita em breve."

Apesar de seus problemas odontológicos, a jogada seguinte de Smith foi ainda mais ousada (ou, pensando bem, talvez mais estúpida). Enquanto Simon Gallup voltou ao trabalho com o Cry (rapidamente rebatizado como Fools Dance), uma banda formada com outro membro do clube dos ex-Cure, o tecladista Matthieu Hartley, Smith decidiu que conseguia conciliar deveres de gravação entre os Banshees e o Cure. Isso, mais do que qualquer coisa que vivenciou antes, foi o que quase matou Robert Smith.

Capítulo Nove

"Sempre fingíamos entender o que o outro estava dizendo, mas acho que não tínhamos a menor ideia."
– Tim Pope sobre Robert Smith

Em teoria, o grande plano de Robert Smith para o restante de 1983 e começo de 1984 parecia o malabarismo perfeito. Ao gravar e viajar com os Banshees, ele era considerado um músico respeitável, tocando com uma banda altamente prestigiada. Como líder e compositor do The Cure, tinha um veículo criativo pronto. E quando Siouxsie provou ser demais para aguentar, ou Parry começou a pressionar o Cure, ele tinha o retiro perfeito. No entanto, no fundo, sabia que uma pausa não seria tão má ideia. Até disse isso em voz alta ao falar com a revista *Flexipop* sobre o álbum *Blue Sunshine*. "Preciso de férias", disse Smith. "Fico fazendo planos de sair toda semana, mas toda semana vou para outro grupo."

Em abril de 1983, o Cure fez outro retorno rápido, dessa vez se apresentando no *Oxford Road Show*, da BBC. Pediram para Smith tocar "Let's Go To Bed" e "Just One Kiss", o lado B do single no Reino Unido. Sempre do contra, Smith pensou em não fazer isso – disse que preferiria tocar duas faixas sombrias de *Pornography*, "One Hundred Years" e "The Figurehead". Claro, havia um pequeno problema: além de Smith e Tolhurst, o Cure de fato não existia. Parry não tinha planos de perder essa grande oportunidade, então recrutou Andy Anderson, baterista do Hawkwind e, há menos tempo, da banda Brilliant. Anderson conhecia Smith – tinha o ajudado durante a festa interminável que gerou o LP *Blue Sunshine*. Derek Thompson, do SPK, entrou como baixista temporário. Diferentemente do *Top Of The Pops* temido por Smith, sua apresentação foi ao vivo e teve o efeito desejado sobre o vocalista: ele adorou a experiência. Poucas semanas depois da exibição do *Road Show*, quis gravar mais um single do The Cure.

Dessa vez, seria apenas Smith e Tolhurst juntos no estúdio. Para as sessões de cinco dias que gerariam as faixas "The Upstairs Room", composta na época em que ele dormia no chão de Severin, "The Dream", uma regravação de "Lament' – a faixa preferida das quatro para Smith, em que ele sentia mostrar seu "lado romântico" – e o próximo single, "The Walk", a dupla escolheu trabalhar com o produtor e fumante compulsivo Steve Nye. Como Thornalley, Nye havia aprendido com os mestres, tendo começado como engenheiro assistente do produtor dos Beatles, George Martin, no AIR Studios, em 1971. Entre muitas produções posteriores, trabalhou com o XTC e o Roxy Music e havia produzido *In Your Mind*, disco solo de Bryan Ferry. Mas Nye era mais conhecido por Smith pelo seu trabalho no álbum *Tin Drum*, do Japan, de 1981, considerado por muitos o melhor desses dedicados seguidores da moda do pop com sintetizadores.[1]

Embora Smith procurasse algo tão contagiante quanto "Let's Go To Bed", também estava pronto para alguma direção no estúdio. "Achei que seria bom fazer algo estruturado", afirmou, "chegar e ter alguém me dizendo: 'Esse vocal não está bom, continue tentando'." Em resumo, ele não queria outro *Blue Sunshine*. E o Jam Studios, onde escolheram gravar as quatro faixas, tinha todos os itens essenciais para Smith: uma boa mesa de sinuca, geladeira cheia e um espaço onde poderia compor.

O single e o videoclipe dirigido por Tim Pope para "The Walk" pareciam uma progressão muito natural do novo início da banda, em "Let's Go To Bed", Sob a superfície eletropop da faixa havia uma referência ao new romantic em que o Cure havia resvalado, mas também uma insistência e melodia que a tornavam a música pop perfeita para qualquer um que tivesse superado o Culture Club. E embora na tela Smith não tivesse aperfeiçoado o personagem Lovecat que logo faria dele um astro, parecia mais à vontade no segundo clipe de Pope para o Cure.

Filmado contra um fundo preto liso, Tolhurst mais uma vez faz o papel de bobo, com uma dança desengonçada dentro de uma piscina de bolinhas usando um vestido (por sua insistência). Smith, por sua vez, olha para a câmera com uma confiança cada vez maior – ele até dança com a boneca que era jogada como uma bola durante o clipe. Não fazia muito sentido literal – e quem era a misteriosa velhinha "sinalizando" e dublando a letra de Smith? –, mas não era esse o objetivo. Tim Pope não tinha tanta segurança. Ele acabou esclarecendo o misterioso "entendimento" que tinha com Smith. "Sempre fingíamos que entendíamos o que o outro estava dizendo, mas acho que não tínhamos a menor ideia."

1 *Tin Drum*, por acaso, foi outro lançamento da Hansa: para Smith, deve ter parecido uma volta a 1977.

O clipe de "The Walk" foi filmado em um estúdio a apenas 400 metros do RAK Studios, onde o Cure tinha estourado o orçamento quando gravou *Pornography*. Phil Thornalley, que havia produzido o álbum, decidiu ir ver a filmagem e falar com Tolhurst e Smith. Acabou sendo um encontro fortuito para ele, como me contou. Enquanto assistia a Tolhurst de vestido e Smith brincando na piscina infantil, recebeu indiretamente uma oferta que não pôde recusar.

"Tinha ido lá para ficar uma hora, algo assim", disse. "Eles falaram: 'O Simon foi embora, você conhece algum baixista?'." Thornalley com certeza conhecia: ele mesmo. Embora seja mais conhecido como engenheiro e produtor (e, mais tarde, compositor), ele tocava baixo em bandas desde a adolescência, e desde que trabalhou com a banda em *Pornography*, sua cotação havia aumentado consideravelmente: seus créditos de produção subsequentes incluíram *Mummer*, do XTC, *Seven And The Ragged Tiger*, do Duran Duran, e *Sunshine Playroom*, de Julian Cope. Ele foi seduzido pela possibilidade de entrar para uma banda que estava começando a fazer sucesso nas paradas – tinha conquistado muito, mas não havia de fato tocado em um grupo bem-sucedido. Thornalley, claro, também tinha um plano de fuga – percebeu que apenas preencheria uma vaga e poderia sair e voltar para o estúdio se tudo fosse além da conta.

"Havia uma sensação temporária naquilo", disse. "Um festival no verão, algumas datas nos EUA." Claro, também houve algum ego envolvido na decisão, como Thornalley admitiu com sinceridade. "Era o desejo de glória, o pensamento de receber a chance de estar em uma banda que tocava em teatros em vez de banheiros. Foi uma chance de ver o mundo e tudo mais."

Enquanto Thornalley retornava brevemente ao trabalho no estúdio, "The Walk" se tornou um hit. Smith sabia que algo estava acontecendo quando sua mãe, Rita, disse que gostava da faixa. "Ela costuma odiar qualquer coisa do The Cure", riu, enquanto a música subia até o número 12 nas paradas. As resenhas sobre o single, como o esperado, esnobaram esse segundo passo na nova direção pop da banda. "Robert Smith na verdade soa como se estivesse de muito bom humor aqui", relatou a *NME*, "mas tenho certeza de que está só passando por uma fase boba". Em seguida, outra visão condenatória de "The Walk": "Eu ficaria bem enojado se gastasse todos os meus ganhos de royalties em um estúdio de gravação caro só para sair com um monte de besteira como este."

Robert Smith, como sempre, fez o melhor para ficar ao lado dos críticos e diminuir sua mais recente criação pop quando disse: "Acho que muitos idiotas devem estar comprando 'The Walk'".

A BBC havia hesitado muito em transmitir o videoclipe dirigido por Pope para "The Walk" porque – pasmem – Tolhurst e Smith estavam usando maquiagem. A solução simples foi inventar mais uma formação de mentirinha do The Cure e passar pela tortura do *Top Of The Pops* não uma, mas duas vezes. Sua primeira aparição foi em 7 de julho, com Anderson na bateria, Tolhurst nos teclados e Porl Thompson, de óculos escuros, fazendo o playback das linhas de baixo. Eles voltaram logo depois, desta vez com o recém-recrutado Thornalley no baixo. Ao assistirem, os frequentes críticos da *Melody Maker* aceitaram com resistência que algo estava acontecendo ali. "O Cure no *TOTP* foi um evento quase tão absurdo quanto a idiotice de Jimmy Savile", afirmaram. "Eles pareciam e agiram entediados, mas em todo o país fãs convertidos da banda, novos convertidos e os que não conseguem distinguir o Cure do Culture Club e nem se importam com isso, interpretaram os bocejos contidos de Smith como uma arrogância enigmática. Esse é o poder da reputação, esse é o impacto de se vestir de preto."

Muito do que disseram era verdade, mas não foi um caso do *mainstream* se curvando para acomodar o Cure – foi mais um caso da banda diminuir o sofrimento e explorar seu próprio coração pop. As paradas com certeza não tinham passado por nenhum tipo de mudança radical; quando "The Walk" começou sua marcha rumo ao Top 10, os companheiros de parada eram Paul Young (com a melosa "Wherever I Lay My Hat [That's My Home]"), Eurythmics, Shalamar e Nick Heyward. Ficou ainda mais claro que o Cure estava em ascensão quando o New Order, que havia surgido das cinzas do Joy Division, acusou a banda de plágio: "Blue Monday", lançada quase na mesma época, tinha algumas semelhanças impressionantes com "The Walk". Ou foi o inverso?

"Muita gente nos copiou", reclamou Peter Hook, do New Order, "mas o Cure realmente leva o prêmio às vezes". Alguns anos depois, Smith se defendeu quando revelou que, se "The Walk" estava roubando de alguém, era do Japan, e não do New Order – e se havia alguma semelhança entre "The Walk" e "Blue Monday", ele creditava isso ao fato de que as duas bandas gostavam de baixos de seis cordas.

É claro que o New Order riu por último, porque "Blue Monday" se tornou o single de 12 polegadas mais vendido de todos os tempos, revelando a banda aos Estados Unidos e finalmente ajudando a deixar o legado de Ian Curtis para trás. Mas o comentário de Hook dizia algo sobre o Cure: eles tinham se tornado atuantes de verdade no mundo pop, uma banda que não poderia ser ignorada.

Com dois singles de sucesso, o Cure agora estava pronto para uma volta ao trabalho "sério" ao vivo, em vez da pantomima do *Top Of The Pops* ou sua aparição única no *Riverside* (dupla, na verdade, porque Smith tinha retornado em julho, dessa vez com Severin, tocando "Punish Me With Kisses" do The Glove). O Cure aceitou ser a atração principal do evento conhecido como Elephant Fayre, realizado em St. Germans, Cornwall, em 30 de julho. A banda se aqueceu com dois shows em clubes em Bournemouth e Bath.

Smith poderia ter usado o Elephant Fayre como uma oportunidade de testar na estrada o Cure mais iluminado, ousado e extrovertido como capturado em "Let's Go To Bed" e "The Walk". Em vez disso, decidiu usar o evento como uma homenagem fúnebre ao The Cure que veio antes, a banda que ousava não sorrir. Seu set de 18 músicas era cheio de suas paisagens sonoras pré-Pope: abrindo com "The Figurehead", eles passaram por "The Drowning Man", "Cold", "Siamese Twins", "Pornography" e mais, nem se incomodando em incluir seus dois singles mais recentes. Smith, no entanto, sabia o que estava fazendo. "Era uma espécie de obrigação tocar todas as antigas", afirmou depois, "mas esse foi o motivo para fazer isso. Só queria tocar aquelas músicas mais uma vez. [Foi] como o fim de uma era para nós, acho".

Steve Sutherland, da *Melody Maker*, conseguia ver o valor do novo Cure, mesmo com a banda tocando as velhas músicas melancólicas só mais uma vez. Em sua resenha sobre o show, observou que a ressurreição do The Cure era o retorno mais improvável do verão de 1983. "Alguns meses atrás", declarou, "se alguém apostasse em um renascimento artístico de verão, o Cure nem apareceria nos bolões. [Eles] eram, para todos os fins, considerados por muitos uma causa perdida. Mas de algo velho surgiu algo novo... foi uma mostra de resistência com o poder do transe... Valerá a pena esperar pelo futuro [do] The Cure".

O Elephant Fayre claramente teve o efeito certo sobre Smith: em menos de cinco dias, o Cure estava no meio de uma temporada de duas noites no The Ritz, em Nova York, seguidas por shows em Toronto e San Francisco. "Let's Go To Bed" havia lançado sua magia nos Estados Unidos: se sua última rodada de shows atraiu os tipos tristes de sempre usando sobretudo, agora havia mais do que alguns clones de Smith nas plateias. Não chegava a ser uma Curemania, mas sua estrela estava muito claramente ascendendo. Tolhurst notou a evolução, declarando que a base de fãs norte-americanos da banda agora incluía sua cota de adolescentes de 14 anos gritando. "Lembro que fiz uma aparição em um clube e mal pude acreditar: havia umas mil pessoas ali cantando junto com a música. Foi algo que aconteceu fora dos nossos shows, era completamente novo. Pensei: 'OK, são os anos 1980, é assim que vai funcionar, vamos nessa'." Quando um sutiã foi arremessado ao palco, o Cure percebeu que seu mundo tinha mudado.

De volta para casa, Smith, Tolhurst, Thornalley e Anderson pararam em Paris, onde contrataram o Studio Des Dames, de propriedade da Polydor, por cinco dias para gravar três faixas: "The Lovecats", "Mr. Pink Eyes" e "Speak My Language".

Se "Let's Go To Bed" e "The Walk" eram obras de uma banda no meio de uma transição, "The Lovecats" era o som do The Cure como um grupo totalmente pop – e excelente nisso. Smith não foi muito fundo na busca por um significado: a música foi inspirada pelo desenho *Aristogatas*, de Walt Disney. "Sabia todas as falas [do filme] de cor", admitiu. "Era completamente obcecado." No entanto, de quase todas as músicas pop que Smith compôs e gravou, "The Lovecats" foi perene, uma faixa que para sempre seria associada à era de cabelo "ninho de pássaro" e batom borrado do The Cure. Em 2005, a música ainda era ouvida em todo lugar – foi usada até como tema de abertura de um programa de rádio da hora do rush na ABC australiana, entre atualizações políticas de Canberra e notícias sobre o tempo. Onipresença, seu nome era "The Lovecats". Até a camisa de bolinhas que Smith usou no clipe se tornou um item obrigatório da moda.

Para o baixista temporário Phil Thornalley, as sessões francesas que resultaram em "The Lovecats" foram, de longe, seu momento mais agradável com a banda. Junto com Smith e Parry, ele coproduziu as três faixas, que foram em seguida mixadas no RAK. "Aquela foi a melhor época com o Cure", Thornalley me disse. "Eu estava fazendo o que fazia de melhor: estava produzindo e tocando baixo. Foi uma sessão ótima. O estúdio estava cheio desses instrumentos orquestrais, e fizemos três faixas em cinco dias. Em muitos aspectos, dado o meu histórico como pessoa do pop, 'Lovecats' foi o momento em que senti que brilhei de verdade com o Cure; foi a melhor gravação que já fiz com eles, principalmente porque todos gostaram." Thornalley mal conseguia entender que essa era a mesma banda – menos Gallup, claro – que havia feito o colapso terminal que era *Pornography*.

"É uma ótima canção pop", continuou. "Todos fizeram um grande trabalho, especialmente Robert. Foi bom gravar algo no momento em que ele ficava mais pop. E ele tem isso – compôs todas essas faixas pop ótimas: 'Boys Don't Cry', 'Friday I'm In Love', 'In Between Days'. Nunca tinha visto esse lado dele."

Quanto a Smith, ele ficava mais à vontade falando de gravações que não viraram single do que de "The Lovecats", que considerava uma "música pop amadora". "Speak My Language" basicamente saiu do nada – ou pelo menos de uma linha de baixo que cantou no estúdio para Thornalley e Anderson, que fizeram uma jam com ele. "Inventei as partes de piano e a letra enquanto tocávamos", Smith afirmou nas notas do encarte de *Join The Dots*. "[Tem] muito jazz.". "Mr. Pink Eyes" foi um pedaço de autobiografia em escala menor, temperada com alguns estouros na gaita de Smith, composta depois que o Lovecat se viu no espelho de um banheiro depois de outra bebedeira. "Eu era o 'Mr. Pink Eyes' [*Sr. Olhos Rosados*]", admitiu.

Uma filmagem de Tim Pope foi organizada assim que a banda chegou a Londres – Parry sabia que "The Lovecats" seria um sucesso óbvio. O videoclipe foi filmado em um pátio abandonado na England's Lane, em Primrose Hill, uma casa que Pope só conseguiu alugar quando convenceu o dono de que tinha planos de comprar a espelunca.

Robert Smith estava se adaptando muito claramente a seu mais novo personagem na telinha, mais afável, pois perseguiu a câmera como um aspirante a Hollywood durante todo o clipe, enquanto Anderson e Thornalley aceitaram de imediato suas participações coadjuvantes no vídeo parte performance, parte pantomima. Thornalley gostou do videoclipe tanto quanto de seu trabalho na faixa. "Sabe lá Deus o que os vizinhos pensaram", riu. "Começamos a filmar lá pelas sete da noite. Foi divertido." Tolhurst, como sempre, fez o palhaço do The Cure – dessa vez, usando uma fantasia de gato, que continuou vestindo depois do fim das filmagens, apavorando um rastafári que acordou cedo e estava vagando pelas ruas vizinhas.

Com "The Lovecats" em banho-maria – o engenheiro David "Dirk" Allen tinha de fazer alguns acertos antes de finalizar –, foi lançado outro single de *Blue Sunshine*, do The Glove. Por mais curiosa que fosse a faixa "Like An Animal", era só um degrau no caminho até "The Lovecats", que foi lançada em 25 de outubro e rapidamente se tornou o melhor momento pop do The Cure, chegando ao número sete. Até Steve

Sutherland elogiou o hit certeiro, embora não o considerasse à altura dos dois singles que o tinham precedido, "Like An Animal", do The Glove, e "Right Now" do The Creatures. No entanto, mais uma vez, Robert Smith já havia seguido em frente – de volta aos Banshees. Era parte de uma corda bamba musical sobre a qual ele tentou ao máximo caminhar nos seis meses seguintes.

Talvez Smith não tivesse certeza de que estava pronto para o estrelato, ou apenas gostasse da ideia de diversificar muito. Independentemente do motivo, quase nunca teve um momento para parar e pensar depois de setembro de 1983. Primeiro, foi um show na Itália e a filmagem de um vídeo com os Banshees para sua versão magistral de "Dear Prudence", dos Beatles, lançada um mês antes de "The Lovecats" com uma reação muito menos empolgada ("O grupo de Siouxsie está ficando nebuloso e indeciso", observou a *NME*, que achava que "Dear Prudence" era "um tratamento subnutrido de uma castanha ressecada"). Também houve um show dos Banshees em Israel, onde Smith acabou com o carro da banda após o show, seguido por duas apresentações no Royal Albert Hall de Londres, em 30 de setembro e 1° de outubro, que foram documentadas no LP duplo dos Banshees, *Nocturne*. Ao mesmo tempo, Smith já estava mostrando sinais da grande queda que estava por vir, admitindo: "Se continuasse daquele jeito por mais alguns meses, seria o próximo a ter um colapso".

Em 27 de outubro, o Cure voltou ao *Top Of The Pops* para mais uma performance de "The Lovecats", que continuou sua ascensão nas paradas. Não importava que Smith tivesse esquecido a letra da música: a essa altura, tinha sorte de lembrar em que banda estava.

Japanese Whispers foi lançado em dezembro, uma coletânea tapa-buraco de oito músicas com a trilogia de singles pop do The Cure – "Let's Go To Bed", "The Walk" e "The Lovecats" – mais cinco lados B. O álbum foi recebido com uma advertência, já que começou a vazar um boato de que Smith estava considerando uma volta a águas emocionais mais turvas para o Cure. "Cuidado!", advertiu Bill Black, da *Sounds*. "Todos os sinais são de que Smith pretende retornar ao terreno arrastado de trabalhos anteriores para o próximo álbum, então fiquem felizes enquanto puderem." A fase mais esquizofrênica da vida musical de Smith foi resumida com precisão em 25 de dezembro, quando ele estrelou com os Banshees e o Cure na edição de Natal do *Top Of The Pops*, tocando "Dear Prudence" e "The Lovecats".

Não era como se ele tivesse muito tempo para sentar e aproveitar, porque Smith agora estava alternando entre dois álbuns, com as sessões para *The Top*, do The Cure, no Genetic Studios, em Reading; e *Hyaena*, dos Banshees, no Eel Pie Studio, em Twickenham. A essa altura, o disco dos Banshees tinha sido um projeto intermitente que estava levando quase um ano. Vinte anos depois, ainda impressionado por ter conseguido sobreviver com corpo e mente relativamente intactos, Smith relatou um dia típico daquela época.

"Costumava fazer o álbum dos Banshees no Eel Pie... depois viajava até o Genetic... de táxi. [O Cure] estava ficando em um pub, então eu ia encontrar os outros, que já estavam um pouco bêbados. Tomava alguns drinques e entrava no estúdio. Começávamos a gravar às duas da manhã. Depois, eu voltava para o Eel Pie. Dormia no táxi."

Durante essas seis semanas alucinadas, Smith foi sustentado por uma mistura um tanto potente de chá de cogumelo mágico, cortesia do baterista Andy Anderson, que, com Tolhurst e Smith, formou o núcleo musical de *The Top* (Thornalley estava ausente, trabalhando em material do Duran Duran).

Smith não foi o único que começou a desmoronar naquela época. O alcoolismo de Lol Tolhurst foi exacerbado pela decisão do The Cure de montar acampamento em um pub enquanto gravavam *The Top*. "Foi o começo da piora do meu vício", afirmou. "[Estava] preso no interiorzão inglês, durante o inverno, no estúdio de Martin Rushton. A receita para o desastre – e isso é essencial – foi ter ficado no pub local, John Barleycorn. Eles nos deram a chave, para podermos chegar às cinco ou seis da manhã e seguir em frente. O dono fazia café da manhã para nós, então às oito da manhã estávamos acordados, tomando cerveja no café da manhã, depois de trabalhar a noite inteira."

O lado bom de sua estada no John Barleycorn foi que isso deu a Tolhurst a chance de ficar mais próximo do novo baterista do The Cure, Andy Anderson. "Ele ainda estava bastante lúcido na época", afirmou. Também no estúdio, estranhamente, estava Nigel Revlor, um amigo de Parry que era empresário de Pete Shelley. Ele estava se divorciando na época e se escondia no estúdio enquanto *The Top* era gravado. Segundo Tolhurst, "ele vinha ao estúdio toda noite para dormir e fugir de casa. Ficou ali o álbum inteiro – acordava às seis da manhã, tomava banho e ia trabalhar. Ficou lá o tempo todo, mas acho que não escutou nada".

Em meio ao malabarismo movido a cogumelos, Smith também ajudou Tim Pope com sua própria gravação, a distorcida "I Want To Be A Tree". Era um sentimento que Smith conseguia compreender, especialmente quando a tensão começou a aumentar no Eel Pie. Ele aparecia para as gravações dos Banshees e ficava sabendo que os outros tinham saído para comer curry e o deixavam trabalhando com o produtor Mike Hedges. Também ajudava o fato de que Severin, Budgie e Siouxsie sentiam, compreensivelmente, que Smith não estava dando tudo que podia. As relações dentro da banda estavam elétricas – e alguém com um ego tão forte quanto o de Siouxsie não poderia ter deixado de se incomodar quando, durante sua parada italiana alguns meses antes, o cartaz da turnê dizia "Siouxsie & The Banshees com Robert Smith". De quem era a banda, afinal? Mais uma vez, foi só a amizade de Smith com Severin que o manteve focado em *Hyaena* – ou tão focado quanto conseguia, por causa de seus horários e estilo de vida.

Foi inevitável Smith desmoronar. Isso tinha acontecido antes, nas turnês Picture e Fourteen Explicit Moments, assim como em suas relações com os antigos baixistas Michael Dempsey e Simon Gallup e com o dono da Fiction, Chris Parry. Dessa vez, a saúde de Smith foi a responsável. Foi citada uma infecção sanguínea como a causa oficial do apagão, mas um colapso físico completo estava mais próximo da verdade. "Foi como a vingança de Deus", afirmou. "Minha pele começou a se desfazer, descamar. Era quase como se meu corpo estivesse dizendo 'bom, se você se recusar a parar, vou te deter'. Tudo o que você puder imaginar aconteceu de errado comigo. Não tive bem uma síncope, mas era como uma bomba-relógio de brinquedo que esgotou o tempo." Smith sabia que algo tinha de ser feito quando seu corpo começou a tremer descontroladamente – e não tinha nada a ver com nervosismo pré-show ou uma má reação química.

O esgotamento de Smith levou a uma das demissões mais bizarras da história do rock. Chamado para fazer uma turnê nos EUA com os Banshees em maio de 1984, ele recusou, mostrando a Siouxsie um atestado médico que declarava que ele simplesmente não estava apto para trabalhar. Foi algo interessante e diferente das velhas "diferenças musicais" padrão – não é sempre que o membro de uma banda se recusa a viajar depois de aceitar o conselho do médico. Mas antes de sua relação com os Banshees chegar a esse ponto baixo e estranhamente formal, Smith tinha muitos negócios dos dois lados da cerca musical. Houve um single dos Banshees, "Swimming Horses", seguido por uma turnê em março. Depois, uma turnê do The Cure pelo Reino Unido em abril para promover mais um single deliciosamente excêntrico, "The Caterpillar". A aparição obrigatória do The Cure no *Top Of The Pops*, que foi ao ar em 12 de abril, deu uma ideia de como Smith se sentia: ele e a banda (agora solidificada com Smith, Tolhurst, Anderson e Thornalley) tocaram o novo single sentados de pernas cruzadas no palco. "Estávamos esgotados", Smith ressaltou – e isso era evidente.

O quinto álbum do The Cure, *The Top*, e finalmente *Hyaena*, dos Banshees, foram lançados com um mês de diferença: o primeiro em maio de 1984 e *Hyaena*, em junho. Foi o lance final de um período absurdamente produtivo (mas turbulento) na vida de Smith. Nos 18 meses anteriores, ele tinha lançado quatro singles de sucesso para o Cure ("Let's Go To Bed", "The Walk", "The Lovecats" e "The Caterpillar", todos com videoclipes de Tim Pope), concluído três álbuns – *The Top*, *Hyaena* e *Blue Sunshine* – para três bandas diferentes, viajado com o Cure e os Banshees e tomado ácido e chá de cogumelo suficientes para perder várias de suas sete vidas. De alguma forma, também conseguiu manter sua relação com Mary; logo, eles se mudariam para Maida Vale, onde ficariam por muitos anos. Só que em junho de 1984, com *The Top* e "Caterpillar" subindo nas paradas, ele finalmente apresentou a Siouxsie sua demissão aprovada pelo médico. Robert Smith não era mais um banshee.

Em uma entrevista da época, Smith achou que estava passando por uma crise de meia-idade aos 25 anos, dizendo que "o momento de parar de trabalhar com música contemporânea, acho, está cada vez mais perto". Quando perguntado sobre a vida como um banshee, Smith foi honesto. "As coisas que fazíamos ao vivo eram absolutamente brilhantes", afirmou, "mas as gravadas não tinham a mesma definição, e talvez tenha sido um erro gravar aquele disco [*Hyaena*]. Boa parte dele é legal, mas não é coeso o suficiente para ser ótimo." E seu atual estado mental? "Feliz, mas muito confuso", respondeu.

Steven Severin, o cúmplice de Smith no The Glove e principal motivo para sua longa estada nos Banshees, não estava tão entusiasmado, em especial porque Smith tinha acabado de dar seu aviso prévio à banda. Sua aliança aparentemente inquebrável havia terminado. Muitos anos depois, quando questionado se manteve algum tipo de relação com Smith depois da separação, Severin praticamente o desprezou. "Robert tem uma tendência a excluir as pessoas de sua vida quando se cansa de sugá-las", disparou. "Tenho a impressão de que ele vive em um casulo hermético de astro do rock cercado por bajuladores. Que seja. Duvido que ainda tenhamos algo em comum."

Robert Smith não aprendia rápido. Pode ter sofrido um colapso físico, com corpo e mente implorando por descanso, mas continuou excursionando com o Cure. Depois de três shows no Hammersmith Odeon, em Londres, o Cure 1984 (Smith, Tolhurst, Thornalley e Anderson) fez a turnê europeia obrigatória, concentrando-se na França, Holanda e Alemanha, países que não se opunham muito a sua recente transformação pop. Depois de um último show em 31 de maio, em Utrecht, Smith passou a promover *The Top*, um álbum que soava notavelmente coerente, dada sua criação bizarra e tumultuada. Ele, no entanto, não estava tão certo, condenando-o como "um disco muito autoindulgente – uma reação contra 'The Lovecats', de certa forma. Tive de botar isso para fora do meu sistema, mas há músicas ali que realmente indicavam o caminho que eu queria seguir".

Ele pode ter dado créditos a Anderson, Thompson e Tolhurst nas notas de encarte de *The Top*, mas o mais recente álbum do The Cure era na verdade o mais próximo que Smith chegaria de seu tão falado disco solo. Esses créditos também davam algumas pistas óbvias quanto ao papel reduzido de Tolhurst no The Cure: ele foi listado apenas como tendo tocado "outros instrumentos". Tolhurst era somente uma presença física no estúdio, diminuída pela obsessão de Smith e seus próprios problemas tóxicos.

"Para ser sincero", Tolhurst admitiu em 2005, "toquei algumas partes de teclado naquele álbum. Os créditos de composição que tenho em *The Top* são para as letras, na verdade. Acho que foi o início da minha espiral descendente. A visão do The Cure estava começando a evaporar para mim; embora estivesse fisicamente no estúdio todo dia e por quase todo o álbum, minha alma estava em outro lugar, olhando para aquele abismo horrível do qual, felizmente, agora estou livre".

Tolhurst não era o único em uma espiral descendente. Tim Pope deixou escapar que Dave Allen, coprodutor de *The Top*, contou que a auto-obsessão maníaca de Smith tinha rendido algumas sessões "apavorantes". Quando a *Melody Maker* o comparou ao maldito Syd Barrett, do Pink Floyd, em sua resenha para *The Top*, estava mais próxima da verdade do que imaginava.

"Tentar chegar ao fundo de *The Top*", o onipresente Steve Sutherland observou, "é um pouco como tentar decidir se um lunático feliz ficaria melhor lúcido.

É bobo e sinistro, perfeitamente amoral e muito incompatível com qualquer outra coisa que aconteça agora".

Agora é muito mais fácil esmiuçar *The Top*. Junto com seu sucessor ainda mais bem-sucedido, *The Head On The Door*, lançado em agosto de 1985, *The Top* era um experimento e uma aposta de Smith. Ele estava tentando encontrar uma maneira de deixar os dois tipos de amantes do The Cure felizes, criando faixas pop animadas o suficiente para satisfazer os seduzidos por "The Lovecats", sem negar a brigada de sobretudo e olhos maquiados que havia entendido *Pornography* como o evangelho gótico. Essa dualidade também foi refletida nos set lists do The Cure da época, quando a banda tentava apresentar seus dois lados, incluindo músicas melancólicas épicas ("Play For Today", "One Hundred Years", "Wailing Wall") e hits ("Primary", "The Lovecats", "The Caterpillar") Era um equilíbrio delicado que Smith acabaria aperfeiçoando, para seu grande benefício comercial, se não crítico.

The Top abre com "Shake Dog Shake", na qual Smith solta talvez o grito mais arrepiante que já gravou – e isso diz muito, porque não é como se seu histórico de gravações tivesse poucos gritos inquietantes e miados felinos, mas aqui ele soa possuído de verdade. Musicalmente, remete às paisagens sonoras claustrofóbicas e oscilantes de *Pornography*, mas "Shake Dog Shake" não chega a ser um aviso do que está por vir. Era só um lembrete de que o Cure não havia se afastado completamente de seu passado petulante. A mais contida "Birdmad Girl" vem em seguida, um exemplo inicial dos esforços de Smith em experimentação vocal. A música pode ser um estudo mórbido do que ele descreveu como "selvageria insensível", mas havia uma jocosidade notável na voz de Smith, enquanto ele se envolvia em um riff de guitarra escorregadio e um piano austero ("Birdmad Girl" é uma das poucas composições em parceria com Tolhurst no álbum; *The Top* realmente era o disco de Smith).

O clima musical do álbum, mas não necessariamente seu tom lírico, está muito bem estabelecido já no começo, nas primeiras duas faixas – cada música sombria seria equilibrada por algo mais leve e animado. Era como se o malabarismo que ele estava tentando manter com os Banshees e o Cure também fosse capturado em suas composições. Para cada "Wailing Wall" – um canto fúnebre com sabor de Oriente Médio que Smith criou durante sua turnê em Israel com os Banshees – há uma peça pop barroca como "The Caterpillar", com seu violino enferrujado e interlúdio em piano de brinquedo. Depois, há a estranhamente sedutora "Dressing Up", uma preferida de Smith, faixa que começa com o que soa como todas as flautas andinas do mundo, como se ele tivesse sampleado sons malucos de alguma trilha sonora esotérica da América do Sul. E "The Empty World" conta com uma banda militar em escala menor, com apitos e tudo mais. Acrescentada a isso está a suavemente retorcida faixa-título, em que Smith e o coprodutor Allen estavam tão decididos a capturar o som de um pião que dedicaram boa parte de uma noite de gravação para fazer só isso. Ele estava bem longe da correria "três noites e chega" que foi a gravação de *Three Imaginary Boys*.

Smith pode ter se aproximado do equilíbrio musical perfeito em *The Top*, mas sua mentalidade lírica ainda era negra como a noite. A insistente e gritada "Give Me It" chega como um aviso, enquanto Smith implora para seu protagonista o deixar sozinho para que fique livre para encontrar afeição, como se estivesse documentando os últimos gritos agoniados de um moribundo. Também há "Piggy In The Mirror", outra música influenciada pelo filme de Nicholas Roeg, *Bad Timing*, uma faixa que Smith descreveu como "eu me odiando novamente". Quando ele nos convida a segui-lo em sua busca por onde o verdadeiro prazer possa estar, durante "Shake Dog Shake", não é bem um convite – parecia mais um desafio. Claramente, isso provava que Smith estava sentindo a tensão de fazer coisas demais, enquanto alternava entre bandas e agendas como uma bola humana de tênis. E nenhum álbum do The Cure seria completo sem um empréstimo literário: para *The Top*, foi a vez de J.D. Salinger. Seu conto "A Perfect Day For Bananafish" ["Um Dia Ideal Para os Peixes-banana"] deu o título, se não a mensagem, de "Bananafishbones". No entanto, quando perguntado sobre o significado da música, Smith admitiu que era muito mais pessoal e alinhado com o resto de *The Top*. "Novamente, sou eu me odiando", respondeu.

Mas se havia uma faixa de *The Top* que resumia as emoções confusas de Smith enquanto ele lutava para entender se era líder de uma banda pop em formação ou algo muito mais pesado e dark, era a faixa-título. Embora fosse claro que ele não tinha nenhuma resposta imediata para o dilema, pelo menos finalmente havia criado coragem para questionar em voz alta, enquanto cantava sobre não conseguir se importar, mas também ser igualmente incapaz de admitir isso sem ter um sentimento apreensivo de remorso. Smith sabia que essa era uma música importante para ele, por mais simples que possa parecer quando desconstruída. Chamava de um caso clássico de "finalmente fazer sentido; [é] uma espécie de letra referencial". Robert Smith não estava totalmente livre do passado sombrio de sua banda, mas estava criando coragem para considerar seu futuro pop fantástico. *The Top* era prova disso.

O papel de Lol Tolhurst no álbum (e no The Cure) pode ter sido reduzido a algumas coautorias em composições e "outros instrumentos", mas ele parecia totalmente ciente de que o Cure era uma banda em transição. "Com *The Top*, era 50/50, sabe?", disse. "Havia alguns dias em que fazíamos coisas tristes e meio claustrofóbicas, e outros eram felizes e animados. Isso mostra a variação. [Foi feito] puramente por esse motivo, só para experimentar e tentar ver se acreditariam que éramos nós. Acho que gostamos de confundir as pessoas. Somos um pouco malandros." Quanto a Smith, ele revelou que havia voltado a seu velho método de compilar uma fita de músicas preferidas enquanto fazia o álbum e a tocava várias vezes para dar inspiração. O conteúdo da fita – "Getting Some Fun Out Of Life", de Billie Holiday, e "Interstellar Overdrive", do Pink Floyd – parecia explicar a esquizofrenia sonora de *The Top*, ou talvez o motivo pelo qual, cinco anos depois, Smith admitiu que o álbum inteiro tinha sido gravado no andamento errado. Com andamento errado ou não, *The Top* chegou ao Top 10 britânico.

Agosto de 1984 foi o mês mais incomum para Robert Smith: ele só tinha como compromisso voltar a Gales com Mary, com o álbum ainda subindo nas paradas, e vasculhar horas de fitas do The Cure – cerca de 160 no total – para seu disco ao vivo, *Concert*. No lançamento, em outubro, parecia que Smith tinha atingido o equilíbrio, alinhando o clima duro e sombrio de "One Hundred Years" e "The Hanging Garden" com seus quase hits "Primary" e "A Forest". Ele foi ainda mais fundo no catálogo, até "10:15 Saturday Night" e "Killing An Arab". É claro que não ficou satisfeito, mas isso já era de se esperar. "Metade dele é muito boa", disse, "e metade é... interessante se você gosta do The Cure; caso contrário, ficará entediado. Muito entediado".

Quando *Concert* foi lançado, o Cure estava de volta aos palcos. A perna seguinte da turnê mundial começou em Wellington, Nova Zelândia, em 30 de setembro. A banda só voltou para casa no fim de novembro.

Não teria sido uma turnê do The Cure sem pelo menos uma crise e uma saída: dessa vez, foi a do baterista Andy Anderson. Mas, diferentemente da maioria das turnês do The Cure, em que a inquietação demora um pouco a aparecer, já havia tensão desde o começo. Phil Thornalley me disse que, quando chegaram à Austrália, Anderson estava claramente fervendo mais do que o chá de cogumelo mágico. "A tensão naquela turnê era imensa", disse. "Quando chegamos à Austrália, a coisa com Andy já estava tensa. Foi estranho e muito triste."

As rachaduras, na verdade, tinham começado a aparecer em maio, quando Anderson se irritou em Nice (França) ao jogarem spray de gás lacrimogêneo nele após ser confundido com um intruso (estar vestido de Rambo, em roupa de combate, marchando pelo corredor de um hotel cinco estrelas e com um som portátil no ombro pode causar esse tipo de confusão).

"A primeira vez em Nice até que foi interessante porque tive de ir com Parry tirá-lo da cadeia", contou Tolhurst. "Ele voltou de manhã em roupa de combate, som estéreo no ombro, cabeça raspada, andando pelo saguão desse hotel chique. O segurança o agarrou e jogou spray, o que não foi a coisa certa a fazer, porque ele ficou furioso. Perseguiu o cara e começou a bater na porta de um quarto no qual achava que tinha entrado, mas que na verdade era da filha do prefeito de Nice. Então, ele foi escoltado até a cadeia."

"Quando Chris e eu o liberamos, passei três horas na praia em Nice o convencendo a não voltar ao hotel e encontrar o cara. Então, o prefeito disse muito gentilmente: 'Se o senhor Anderson sair da cidade hoje, não haverá acusações'."

Lol Tolhurst acrescentou: "Falamos para ele: 'OK, você tem mais uma chance'". Só que, dessa vez, Anderson realmente chegou ao fundo do poço. Ele e Smith tinham discutido depois de um show em Sydney, em 12 de outubro; quando chegaram a Tóquio, cinco dias depois, Anderson explodiu. Naquela noite, eles tinham feito o segundo de dois shows no Nakano Sun Plaza Hall e a banda tinha ficado em um clube até umas quatro da manhã. Smith, que admitiu ter tomado "um pouco de saquê demais", cambaleou até a cama. Quando acordou, percebeu que Anderson tinha deixado uma onda de destruição atrás dele, atacando sistematicamente banda, equipe e qualquer um que chegasse perto. Talvez a mistura de chá de cogumelo com a vida exaustiva na estrada o tenha levado à beira do abismo. Houve até sugestões de que Anderson perdeu a linha depois de comentários excessivos sobre sua cor. "Definitivamente havia problemas com racismo", afirmou Smith. "Quando íamos a lugares como o Japão, você notava coisas, a atitude das pessoas, como era difícil para ele ser atendido nos clubes. Acho que isso o afetou bastante."

Phil Thornalley relutou muito em dar detalhes sobre o alvoroço de Anderson em Tóquio. No entanto, disse que, quando o Cure chegou ao Japão, a situação do baterista estava totalmente fora de controle. "Ele não estava feliz. Como sempre, nas turnês com o Cure, havia muita bebida, drogas – isso apenas tinha cobrado seu preço."

"Tínhamos um empresário de turnê alemão, Jade Kniep", Lol Tolhurst me contou, "que havia passado um tempo no exército, o que foi bom, porque ele conseguiu conter Andy para que não se machucasse ou machucasse os outros. Tivemos uma reunião no dia seguinte e dissemos a Andy: 'OK, você vai para Londres e veremos o que acontece quando voltarmos'".

Como Tolhurst ficou sabendo depois, Anderson tinha um histórico de comportamento imprevisível. "As pessoas nos diziam 'Ah, vocês precisam chamar o Andy, ele é um baterista muito bom', mas ninguém nos disse que ele pirava se ficasse na estrada por muito tempo." [2]

Era um cenário clássico do The Cure: a banda estava a cinco dias de seu primeiro show em uma turnê pelos EUA, e agora faltava um integrante. Embora seu tempo com o Cure estivesse acabando, Thornalley provou ser o salvador da pátria, procurando um baterista que pudesse vir com apenas um telefonema. Sua primeira ligação foi para Mike Nocito, colega de RAK durante as sessões de *Pornography*, que tocava bateria por tanto tempo quanto Thornalley tinha sido baixista. Por mais interessado que estivesse em entrar para uma banda prestes a tocar em alguns lugares de médio porte nos EUA (como o Beacon Theater, em Nova York, e o Hollywood Palladium), Nocito recusou, principalmente porque sua reputação de estúdio tinha aumentado desde *Pornography*. "Interessado?", Nocito riu quando perguntei sobre a empreitada. "Teria sido magnífico." A ligação seguinte de Thornalley foi para Vince Ely, que havia conhecido ao trabalhar em *Talk Talk Talk*, do Psychedelic Furs. "Estou dentro", Ely respondeu.

Mas Ely, que trabalhava na costa oeste na época, era só um substituto, alguém para manter a batida pelos primeiros shows da banda nos EUA. Boris Williams, outro contato de Thornalley (que o conhecia por seu trabalho na ban-

2 Tolhurst ainda mantém contato com Anderson. "Andy é um ótimo músico e amigo quando está bem." Anderson e Tolhurst uma vez fizeram uma turnê curta pelos EUA, mas quando estavam programados para fazer mais shows, Anderson simplesmente não apareceu. "Não é o Syd Barrett, mas é imprevisível. Gosto muito dele, mas não dá para contar muito com o cara."

da Thompson Twins), assumiu as baquetas para o show de 7 de novembro, em Minneapolis. Williams ocupou o lugar por boa parte dos 10 anos seguintes, embora admitisse não ser um grande fã do The Cure. "Gosto de algumas coisas que o Cure fez, mas nunca comprei seus discos", disse pouco depois de entrar. O que o atraía à banda era o gosto pela bebida – o Thompson Twins era uma zona sem álcool. "A ideia de uma festa com o Thompson Twins", Williams contou, "era uma xícara de café e um sanduíche de queijo".

Embora só houvesse 16 datas na turnê norte-americana, já havia sinais do que acabaria ficando conhecido como Curemania. Uma aparição em uma loja de discos de Vancouver deu dicas do que estouraria durante as turnês seguintes. A banda estava agendada para uma sessão de autógrafos às 16h na Odyssey Records; quando finalmente chegou, com quase duas horas de atraso, a loja estava lotada. "O que era uma fila organizada se tornou uma massa impaciente dentro do local", noticiou o jornalista Dean Pelkey. Quando Smith e a banda chegaram, foram atacados. "[O ataque] foi instantâneo", relatou, "com pedidos de autógrafos; a banda foi presenteada com pôsteres e bichos de pelúcia e sufocada com beijos. Eu me pergunto se os rapazes do Duran Duran não deveriam começar a se preocupar". Pouco menos de um ano depois, quando o Cure voltou à América do Norte, Pelkey ficaria sabendo o quão precisa sua inusitada previsão era.

Andy Anderson não era o único rejeitado do The Cure daquele período. Phil Thornalley sabia que seu tempo estava quase acabando quando a banda voltou para o Reino Unido, no final de novembro. Em poucas semanas de viagem, percebeu que não tinha nascido para turnês; a zona de segurança do estúdio era bem mais seu estilo. "Fazer turnê não é para os fracos de coração, mas valeu a pena simplesmente para descobrir como meu caráter é falho", Thornalley me disse. "Você voa para todo lugar, não se cuida, isso pode te desgastar muito rápido. Quando outra pessoa me pedia para voltar para a estrada [depois do The Cure], eu tinha de estar muito pilhado."

A saída de Thornalley foi acelerada consideravelmente quando o roadie Gary Biddles negociou uma reunião entre Gallup e Smith. Gallup tinha ficado bastante magoado após seu confronto em Bruxelas com Smith e admitiu sentir muito ressentimento sempre que via o Cure no *Top Of The Pops*. Também acreditava que Thornalley não pertencia à banda – ele deveria ser o baixista do The Cure, e não esse sujeito de estúdio. Afinal, Gallup pensava, ele e Smith eram velhos amigos, deviam estar tocando juntos. Chris Parry também percebeu isso e iniciou um plano engenhoso para tirar Thornalley da banda quando houve o rumor de que Gallup e Smith tinham ficado bêbados e feito as pazes. Quase 20 anos depois, Thornalley ainda estava impressionado com as maquinações de Parry.

"Foi muito habilidoso o jeito como foi feito", disse. "Robert não estava nada envolvido com aquilo, foi Chris Parry, que é muito safo politicamente. Ele foi esperto. Falou: 'No próximo disco, queremos que você seja o engenheiro de som. Não queremos que coproduza, não queremos que toque baixo'. Claro, se você acabou de ser baixista e produtor, isso te faz perguntar: 'O que está acontecendo?'. Pirei. Olhando para trás, isso foi muito inteligente, porque me fez entrar em autocombustão."

Assim que a poeira baixou, no início de 1985, Simon Gallup estava de volta ao The Cure, assim como Porl Thompson, o antigo maior guitarrista de Crawley. O Cure estava prestes a entrar em sua época de ouro.

Capítulo Dez

"Tudo o que eu tinha sonhado em fazer estava dando frutos. De repente percebi que havia um número infinito de coisas que poderia fazer com a banda."
– Robert Smith

Simon Gallup havia se mantido bastante ocupado durante seus 18 meses como ex-Cure. Como parte do Fools Dance, com o antigo tecladista do The Cure Matthieu Hartley, lançou um miniálbum chamado *Priesthole* e fez alguns pequenos shows em clubes na Europa, mas parecia que toda vez que Gallup ia ao bar em sua cidade natal uma música do The Cure estava tocando ou alguém o lembrava de seu passado. Ele tinha duas opções: podia apagar completamente seus dias com o Cure da memória ou se reconciliar com Smith e ver se podiam tocar juntos novamente. Felizmente para Gallup, Biddles facilitou essa decisão para ele quando ligou para Smith do King's Head uma noite e reuniu a dupla.[1] Como Biddles relembrou em *Ten Imaginary Years*: "Os dois se encontraram perto da minha casa, disseram 'oi' muito baixinho e saíram dali. Algumas cervejas depois, estavam conversando de novo". Estava claro que o papel de Biddles no The Cure ia além de dirigir, carregar amplificadores e trocar um soco aqui e ali.

"A decisão de ir encontrar Simon e pedir para ele voltar ao grupo foi a coisa mais positiva que eu tinha feito em anos com relação ao The Cure", Smith afirmou. "Quando ele aceitou [retornar], sabia que podia retomar de onde havia parado com *Pornography*." Só que o grande plano revisado de Smith para o Cure envolvia música com clima muito mais positivo do que a feita antes. "Podia usar o que estava no grupo na época para animar as pessoas", continuou, "em vez de simplesmente gemer sobre as coisas".

1 Tolhurst me disse que costumava evitar o King's Head, embora também fosse seu bar local, porque "Simon... ainda sentia muita raiva por ter saído da banda e, se me visse, seria como um pano vermelho para um touro – ainda mais se ele tivesse tomado algumas cervejas, o que normalmente era o caso".

Fevereiro de 1985 chegou e o novo The Cure – Smith, Tolhurst, Gallup, Boris Williams e Porl Thompson – se reuniu no F2 Studios, na Tottenham Court Road, onde Smith tocou pela primeira vez uma fita com faixas que formariam o núcleo de seu próximo álbum, *The Head On The Door*. Gallup, que certamente não era o baixista de dedos mais ágeis que já existiu, não estava tão certo de que poderia ajudar a segurar a seção rítmica junto com um músico tão habilidoso como Williams. No entanto, assim como em sua reconciliação com Smith, ele percebeu que algumas cervejas ajudavam a acalmar os nervos (o que era irônico, na verdade, por causa dos problemas futuros de Gallup com bebida e drogas).

As músicas de *The Head On The Door* começaram a tomar corpo no primeiro semestre, com as sessões alternando entre os estúdios Angel, Townhouse e Genetic. Dave Allen, cujo primeiro grande crédito foi de engenheiro de som do álbum de estreia do The Human League, *Dare*, de 1981, coproduziu com Smith. As gravações progrediram com tranquilidade, embora grandes rachaduras estivessem começando a aparecer na relação entre Tolhurst e o resto da banda. Segundo Smith, Tolhurst não conseguia enfrentar uma sessão sem encher a cara. "Não acho que Lol se lembre muito disso", afirmou depois. "Ele estava fora do mundo toda noite e tinha de voltar para casa de táxi." Tolhurst sabia que tinha um problema grave com a bebida, mas não sabia bem como lidar com isso.

"Não estava tão ciente para decidir qual era o problema", disse em 2004. "Só pensava: 'Bom, vou continuar bebendo'. Sentava no estúdio muito chateado comigo mesmo por não conseguir tocar algo ou ter uma boa ideia, coisas que sempre consegui fazer." A única solução de Tolhurst era continuar bebendo. A seu favor, no entanto, ele recebeu crédito musical mais substancial por *The Head On The Door* do que por *The Top* ("teclados" em vez de "outros instrumentos"), mas, desta vez, diferentemente dos cinco álbuns anteriores, não houve contribuição musical ou lírica de Tolhurst: cada música foi feita por Smith. As regras do novo The Cure estavam em vigor: Robert Smith era líder da banda, ditador e sua força criativa.

Mais do que qualquer disco anterior, *The Head On The Door* é o som da banda se sentindo mais confortável do que nunca, acolhendo o seu bom senso melódico e a visão pessimista de mundo de Robert Smith. Ele abre com o hit descontrolado "In Between Days", em que Smith atinge o quase impossível, de alguma forma conseguindo fazer o pronunciamento calamitoso sobre se "sentir tão velho que poderia morrer" soar como uma celebração. Foi um dos principais feitos musicais de sua carreira, o equilíbrio perfeito entre melodia e melancolia. Conduzida por guitarras inquietas e um órgão contagiante, "In Between Days" deixava muito claro o que os ouvintes podiam esperar: um álbum pop com um núcleo obscuro, uma cobertura de açúcar com recheio envenenado. Até em uma faixa tão triste quanto "Kyoto Song", uma música que o vocalista criou depois de mais uma noite na casa de Severin durante sua farra de *Blue Sunshine*, Smith conseguiu fundir sua letra sombria com uma melodia divertida e inventiva, com um vocal ousado e experimental (a confiança de Smith estava crescendo tanto ao cantar quanto diante da câmera de Tim Pope). Era algo pop, mas diferente de muitas outras coisas chamadas de música pop em 1985.

"The Blood", com seus falsos violões flamenco e ritmos intermitentes, na verdade era uma canção sobre bebedeira. Foi escrita (ou melhor, rabiscada) depois que Smith secou uma garrafa de uma bebida portuguesa conhecida pelos locais cautelosos como "Lágrimas de Cristo". [2] Quando ele gemia sobre estar paralisado pelo sangue de Cristo, não estava falando de uma espiritualidade há muito tempo submergida. Estava cantando sobre ficar completa e tragicamente embriagado com essa forte bebida, cujo rótulo tinha uma imagem nada sagrada da Virgem Maria com o menino Jesus em um braço e uma garrafa no outro. Steven Severin mantinha um estoque dessa e de outras bebidas igualmente potentes em casa.

Um piano cambaleante abre "Six Different Ways", uma faixa sobre múltiplas personalidades e um dos muitos pontos altos de *The Head On The Door*. Era mais um estudo clássico da habilidade pop em rápido desenvolvimento e senso de humor frequentemente negligenciado de Smith – em um mundo dominado pelos sons austeros e nada divertidos de Simple Minds, Echo & The Bunnymen e U2, o Cure soava como alienígenas vindos de um universo pop paralelo. "Push", no entanto, parecia um passo para trás, com suas guitarras ecoantes e bateria cavernosa se aproximando demais do "rock moderno" do Big Country e seus pares. Se havia uma música no sexto álbum do The Cure que era uma concessão musical ao mundo em volta dele, era essa, mas foi um raro passo em falso em um disco que oferecia obras-primas em pequena escala, como o minimalismo contagiante de "Close To Me".

---

2 N. do T.: *Um tipo de vinho do Porto bastante doce.*

Robert Smith não estava necessariamente no estado mental mais saudável em *The Head On The Door* – este era um álbum, afinal, que tinha assuntos tão familiares quanto drogas como tema ("Screw") ou fonte de inspiração (Smith admitiu que "New Day" era "uma improvisação induzida por drogas"). Ele também liberou sua frustração com a marcha inabalável do tempo (veja "Sinking") e, como tinha feito com "A Forest", documentou seus piores pesadelos em faixas como "The Baby Screams" e "Close To Me". Robert Smith já havia lidado com essa negatividade em outras oportunidades – na verdade, ganhava muito bem a vida fazendo isso –, mas, dessa vez, essas letras e temas pessimistas acompanhavam o tipo de pensamento livre musical que logo consolidaria a posição do The Cure como astros inesperados. Era uma banda pop totalmente ferrada que, de alguma forma, conseguiu achar um jeito de combinar as noites escuras da alma de seu líder com voos de capricho musical como "In Between Days" e "Close To Me".

Essas eram canções pop que operavam em dois níveis. Na superfície, eram muito fáceis de cantar junto, mas também podiam ser examinadas mais detalhadamente para se encontrar sinais do humor volúvel de Smith. Como ele explicou, seus objetivos com o disco eram bastante claros: "Queria gravar músicas sombrias e músicas pop e colocá-las no mesmo álbum. Sabia que havia pessoas prontas para aceitar as duas coisas ao mesmo tempo". Smith também considerou *The Head On The Door* um renascimento do The Cure. Esse também foi um comentário sensato, já que o disco foi gravado com mais uma formação refeita. "Havia uma sensação real de estar em uma banda pela primeira vez desde *Seventeen Seconds*", Smith afirmou. "Era como estar nos Beatles – e eu queria fazer música pop substancial, no estilo de 'Strawberry Fields'. Queria que tudo fosse bem contagiante."

Na verdade, muitos fãs se afastariam de *The Head On The Door*, especialmente aqueles que juraram lealdade à turbulenta trilogia de *Faith*, *Seventeen Seconds* e *Pornography*; mas, para cada membro carrancudo da brigada do sobretudo o Cure atraiu para o lado escuro alguns fãs de pop mais endinheirados. Foi uma manipulação elaborada da parte de Smith e da banda, que provaria ser ainda mais eficaz na América do Norte, onde seus seguidores aumentavam de tamanho e de nível de fanatismo. Como Smith e Parry sabiam, era ali que poderiam ganhar muito dinheiro.

Smith nunca escondeu sua ambição de criar a melhor música possível com o Cure; agora, queria vender essa música para o máximo de gente possível. "Estava procurando um público maior", admitiu. "Não tinha nada a ver com ser muito conhecido – queria que mais pessoas nos ouvissem. Achava que estávamos em risco de desaparecer um pouco."

Para atingir esse objetivo, outra ligação foi feita para Tim Pope, que realmente se superou com dois videoclipes marcantes para "In Between Days" e "Close To Me". O primeiro marca a chegada da fase de cabelos compridos, roupas folgadas e batom borrado. É um vídeo de performance, qualquer nota, mas com um louco toque surrealista: a banda parece passar o clipe inteiro sendo perseguida por um batalhão de meias fluorescentes voadoras. Pope ressaltava que estava apenas dando vida à visão criativa de Smith (tudo pela bagatela de 8.000 libras). "As instruções de Robert eram para fazer parecer novo e exuberante. Deveriam ser uma espécie de efeito colorido embaçado, mas, quando pegamos o filme de volta, pareciam exatamente como meias. Robert ficou muito irritado." A MTV, no entanto, não se importou, porque o clipe rapidamente entrou em rotação máxima.

"Close To Me" foi outro vídeo de performance, mas com uma diferença – a banda estava enfiada em um armário que lentamente enchia de água, cambaleando à beira do penhasco de Beachy Head. O clipe funcionou em diversos níveis: era estranhamente divertido, as imagens pareciam casar de modo perfeito com a faixa eletropop simples e, o mais importante, grudou na cabeça dos telespectadores da MTV. Ele não apenas transformou a banda numa estrela internacional, mas também se tornou o clipe mais conhecido de Tim Pope. "Aonde quer que eu vá", afirmou em 2003, "alguém o menciona". As lembranças da filmagem não são tão nostálgicas para o diretor: giraram em torno de um armário minúsculo, um estúdio enorme e a digestão de Lol Tolhurst. "As entranhas de Lol foram um problema em um espaço muito confinado", Pope admitiu.

"Ficamos presos naquela água horrível, morna, por várias horas", lembrou Tolhurst. "Foi meio bizarro. Gosto do truque que ele fez com as pessoas, ficou divertido. A única coisa que digo é que Tim sempre me escolhia para fazer a coisa mais perigosa nos clipes. Alguns dias depois [das filmagens], sempre ficava com hematomas e uma pequena concussão por causa do que ele me mandava fazer, mas confiava nele."

Novamente, Pope havia adotado uma abordagem muito literal para um conceito de Smith. Eles se encontraram uma semana antes da filmagem, quando Smith mencionou que tinha uma imagem em mente para o encarte do single: a banda enfiada em um guarda-roupa prestes a despencar da Beachy Head. "Pensei que ficaria bem surreal", Smith disse. Pope achou que a imagem seria desperdiçada em um encarte de disco e roubou a ideia para o videoclipe. Segundo Smith, "Tim traduziu aquilo assim: 'Como posso deixar isso ainda mais desconfortável?'. Ele nos prendeu em um armário e nos jogou em um tanque de água suja".

O Cure e as paradas agora eram amigos íntimos. O single "In Between Days", com o lado B "The Exploding Boy" (uma música que Smith pensava expressar perfeitamente "a felicidade que sentia tocando na nova formação"), galopou até o número 15 em seu lançamento, em julho de 1985. Até a imprensa estava começando a gostar do jeito pop estranho de Smith, mesmo que com relutância, como mostrou a opinião de Steve Sutherland sobre *The Head On The Door* na *Melody Maker*.

"Robert Smith conseguiu atingir uma posição invejável, mas precária, nos últimos 18 meses", escreveu. "Não sabemos mais o que esperar. Ele escapou da camisa de força da depressão que moldou *Faith*, rompeu com a claustrofobia de *Pornography*... e agora vagueia entre nós, um excêntrico inofensivo." Sutherland conseguia ver o apelo óbvio de *The Head On The Door*, observando que "Close To Me" era uma faixa pop sedutora e admitindo que todo o álbum era "uma espécie de perfeição", mesmo se fosse apenas "uma coletânea de canções pop". A *Rolling Stone*, no entanto, não foi tão convencida pelo disco. Embora reconhecesse que esse era o LP que faria a banda se destacar nos EUA, ainda sentia que ele dependia "da doce e envolvente 'In Between Days' e de pouco mais".

Na verdade, não importava. Quando o novo The Cure botou o pé na estrada e fez seu primeiro show em Barcelona, em 20 de junho, seu status de estrela estava confirmado. Para se ter uma ideia, depois de um show em Atenas, onde dividiu a noite com Nina Hagen, Talk Talk e Boy George, Tolhurst foi confundido com o próprio Boy. Muitos champanhes grátis depois, cantou "Do You Really Want To Hurt Me" como se realmente fosse o artista conhecido às vezes como George O'Dowd. Mary Poole, que tinha tomado conta do bar do hotel, riu da brincadeira. Em 12 de setembro, o Cure esgotou os 11.000 ingressos da Wembley Arena, seguido por shows lotados no Manchester Apollo e no Birmingham NEC, para 12.500 pessoas. Quando o single "Close To Me" foi lançado, em setembro, a banda estava se preparando para mais uma turnê nos EUA – 14 shows em um mês, culminando com um totalmente esgotado no Radio City Music Hall, em Nova York. O Cure era uma força que não podia ser detida, com um álbum de sucesso e dois clipes em alta rotação na MTV.

Mas por que o Cure? Nada radical tinha acontecido nas paradas; em agosto de 1985, quando *The Head On The Door* foi lançado, Huey Lewis comemorava o sucesso de "The Power Of Love", Bryan Adams sonhava com "Summer Of 69" e o Dire Straits tinha "Money For Nothing". Era o negócio medíocre de sempre. Exceto pela extravagância de Kate Bush em "Running Up That Hill", o Top 40 ainda era uma zona de conforto, um lugar para que artistas respeitáveis pregassem aos convertidos e, depois, contassem seu dinheiro. No entanto, com sua mistura bem-sucedida de músicas pop excêntricas e incríveis vídeos esquisitos – e um visual que era perigoso no limite do aceitável –, o Cure tinha encontrado seu posto entre as Tinas, os Phils e as Whitneys do mundo. Foi uma grande conquista: cinco britânicos descabelados, um alcoólatra e outros bêbados em desenvolvimento, tinham conseguido virar astros pop.

O ano de Robert Smith sob os holofotes terminou com uma aparição em dezembro no programa Oracle, da BBC, preparando um coquetel que havia criado. Ele tinha se tornado uma espécie de celebridade: a revista adolescente *Just Seventeen* queria saber seu signo, a *Smash Hits* fez dele o astro da capa. A prematura crise de meia-idade de Smith parecia em remissão enquanto ele flertava com a imprensa, começando até um boato de que estava cogitando um EP com músicas de Frank Sinatra. A mídia, que alternava entre chamá-lo de Mad Bob, por causa de suas "férias químicas" com Severin, e Fat Bob, por seu crescente peso, fez a festa.

De muitas formas, Smith era o astro perfeito. Não enrolava quando faziam perguntas razoáveis, mas, ao mesmo tempo, valorizava totalmente o poder da alteração – só suas respostas sobre o "segredo" por trás do nome *The Head On The Door*, que sempre mudavam, já seriam suficientes para encher um capítulo deste livro. Ele até conseguiu convencer um jornalista ingênuo de que Mary Poole era, em momentos diferentes, uma freira e uma stripper. E agora o Cure tinha um visual de identificação instantânea, cortesia de Tim Pope, com um histórico suficientemente grande para satisfazer fãs de longa data e convertidos recentes que, antes de "Let's Go To Bed", não distinguiam o Cure do Cutting Crew.[3] Seus shows ao vivo, que agora tinham 20 ou mais músicas, podiam com facilidade acomodar os muitos lados do The Cure, cobrindo tudo, de "10:15 Saturday Night" e "Boys Don't Cry" a "In Between Days", "The Walk" e "One Hundred Years". As concessões eram pequenas e as recompensas enormes.

---

3 N. do T.: *Banda inglesa de rock formada em 1985.*

Enquanto o Cure recobrava o fôlego nos primeiros meses de 1986, Smith teve a chance de revisar os 18 meses que haviam passado desde sua saída dos Banshees. Se fatos e números diziam alguma coisa, ele tinha feito uma jogada sagaz: ao longo de dois álbuns e alguns singles de sucesso – "Close To Me", "In Between Days", "The Caterpillar" – sua banda tinha se tornado uma verdadeira presença pop estelar na Europa e estava cada vez mais perto do sucesso *mainstream* nos EUA. O fato de que a imprensa britânica ainda descartava o Cure nem importava. Smith, no entanto, ria por último, já que a MTV continuava a passar os clipes dirigidos por Pope e *The Head On The Door* se agarrava às paradas como um crustáceo de cores fluorescentes.

O passo seguinte de Smith foi tipicamente inesperado. O contrato de gravação da banda estava para ser renovado e a Polydor tinha planos para a obrigatória coletânea de sucessos. Smith desconfiava de retrospectivas de carreira – costumavam ser um sinal claro de que uma banda tinha passado do prazo de validade. Ciente de que não podia impedir a Polydor de lançar uma compilação, decidiu se envolver ativamente no processo. "Se não renovássemos", percebeu, "eles imediatamente lançariam um álbum do tipo 'the best of' e colocariam uma arte horrível, então isso me fez pensar que deveríamos fazer aquilo agora, sem esperar pela gravadora".

Smith não apenas ajudou com a seleção das faixas como também remixou e regravou o vocal em "Boys Don't Cry". Junto com Tim Pope, ele também ajudou a compilar alguns vídeos do The Cure. Como nenhum clipe tinha sido feito para "Boys Don't Cry", a dupla optou por filmar um vídeo de performance com algo diferente. Smith e Tolhurst escolheram a dedo três pré-adolescentes de uma escola de teatro musical, que conseguissem dublar de forma convincente a música, enquanto os três rapazes imaginários originais – Smith, Tolhurst e Michael Dempsey – tocavam atrás de uma tela. Claro, Smith podia estar andando em falso ao revisitar o catálogo da banda, mas pelo menos estava encontrando um jeito de dar um novo toque a uma velha favorita.

Tolhurst se lembrou da reunião como "meio estranha". Os três se encontraram para almoçar em um clube de Londres; depois, pouco antes da filmagem, jogaram uma partida muito cavalheiresca de raquetebol [4] de três. Os tempos definitivamente tinham mudado.

4 N. do T.: *Jogo similar ao squash.*

Dempsey tinha mantido distância do The Cure desde sua saída, em 1979. Não surpreendentemente, ficou espantado quando Smith ligou para ele informando sobre o vídeo planejado, mas não sabia bem se aquele era um ato de generosidade "ou se aquilo apenas se encaixava no esquema geral". Mesmo assim, apareceu e tocou mais uma vez. O clipe funcionou de forma brilhante, mesmo com o novo vocal de Smith parecendo histérico em algumas partes.

A fama da banda no continente europeu estava chegando ao ponto em que "Close To Me" rumava para a liderança nas paradas francesas. Com isso em mente, em abril de 1986 o Cure voltou de seu breve exílio para uma aparição em um programa de TV chamado *Champs-Élysées* ("*Wogan* e *Top Of The Pops* em um só", segundo Tolhurst). Com Thompson e Williams ainda de férias, Tolhurst fez um breve retorno à bateria enquanto Martin Judd, com quem dividia um apartamento, fingiu tocar os teclados. A *Record Mirror* não pôde deixar de notar como a banda tinha crescido, mesmo sem sua formação completa disponível. Ela escreveu que "o Cure é a maior coisa que aconteceu na França desde que o coração de Joana d'Arc se recusou a queimar em Rouen".

Como o Pink Floyd antes dele e Jeff Buckley depois, o Cure havia tocado na parte da psique francesa atraída à música sombria e melancólica. "A imprensa do rock amava a banda; ela fazia turnê pela França, sua música é muito emotiva e 'romântica' – e os franceses amam isso", explicou Claude Duvivier, um profissional da indústria da música de Paris. A mídia francesa, enquanto isso, estava convencida de que Judd era a mais recente aquisição do The Cure. Lol Tolhurst tem boas lembranças de Chris Parry "correndo freneticamente e tentando falar para todo mundo que ele não era o novo membro da banda, para minha diversão e do Robert". Colecionadores franceses ainda podem comprar um cartão-postal do The Cure com Judd na formação.

A banda comemorou ao estilo The Cure, em 22 de maio, quando pegou o Expresso do Oriente até Veneza para uma filmagem ao vivo do programa *Old Grey Whistle Test* (seu show em Verona foi arruinado pelos bombeiros locais, então o *Whistle Test*, em vez disso, filmou suas proezas a bordo). Livres de quaisquer compromissos imediatos, os integrantes da banda e seus convidados tiveram uma despesa recorde no bar do Expresso do Oriente. Dependendo de qual relato você escutar, foi de 1.500 a 2.000 libras. Um grande avanço desde a época em que empurrava a van verde e se apresentava pelo dinheiro da gasolina.

Quando *Standing On A Beach*, sua coletânea com 13 singles, foi lançada em maio, junto com a compilação de videoclipes *Staring At The Sea*, a banda decidiu não fazer a turnê normal com várias datas pelo Reino Unido. Em vez disso, fez alguns shows em festivais europeus: o último foi como atração principal em Glastonbury, em 21 de junho, onde um set quase só de grandes sucessos terminou em uma explosão de lasers e luzes de queimar a retina. O Cure podia não ser a banda mais animada no palco, mas agora tinha a verba e o público para fazer seu próprio espetáculo de rock. Smith estava tão eufórico em Glastonbury que, quando desejou à plateia um "feliz amanhã", a chuva persistente parou de cair. Só uma estrela poderia fazer isso.

O sucesso na Europa era bom, mas Smith e Parry ainda tinham olhos para os EUA. A banda voltou ao país no começo de julho para três semanas de shows coincidindo com o lançamento de *Standing On A Beach*. A pergunta padrão feita pela imprensa foi: quem era o velho estranho na capa do álbum? Era John Button, um pescador que vivia uma aposentadoria tranquila na cidade portuária de Rye. Seu rosto enrugado era perfeito para a capa. Button também foi a única pessoa a aparecer no recém-filmado videoclipe de "Killing An Arab". Por um momento, ele se tornou o sexto rosto do The Cure. ("Se posso ajudar esses jovens a fazer sucesso, por que não?", disse.)

O Cure agora estava em sua quarta gravadora norte-americana, a Elektra (a Sire tinha lançado *Japanese Whispers*, mas rejeitou *The Top*). Como sempre, havia um pouco de discórdia nos bastidores. De seu jeito muito literal, programadores de rádios nos Estados Unidos tinham começado a usar "Killing An Arab" como uma espécie de ferramenta de propaganda – seu lançamento foi pouco depois dos ataques aéreos e marinhos dos EUA no Golfo de Sidra, na Líbia, em 24 de março de 1986. Rapidamente, a Liga Árabe pediu à Elektra para retirar a faixa de *Standing On A Beach*. Smith respondeu, avisando à Elektra que ela podia apagar todo o álbum, mas que a música ficaria. Eles chegaram a um acordo quando Smith aceitou escrever uma explicação sobre a faixa, que apareceu em um adesivo grudado na capa do disco: "A música 'Killing An Arab' não tem absolutamente um tom racista. É uma faixa que denuncia a existência de todo preconceito e consequente violência. O Cure condena seu uso no incentivo a sentimentos antiárabes". "Killing An Arab" foi silenciosamente retirada das rádios dos EUA, mas isso não impediu a venda do álbum.

"Fiquei desesperado, mesmo, em ter de dar uma explicação", contou Smith, "e fiquei muito irritado com a sugestão inicial da Elektra de retirar a faixa, mas continuar vendendo o álbum, o que me recusei a fazer. A música foi composta... quando eu tinha 16 anos. Parecia ridículo, para mim, ela ter virado um problema de repente".

Contra os desejos de Smith, a Elektra relançou "Let's Go To Bed" para ajudar a divulgar a coletânea, em vez da escolha dele, "Boys Don't Cry". De qualquer maneira, ele sentia que o Cure vendia mais singles do que álbuns nos EUA, e reagiu de modo estranhamente tranquilo quanto à discordância. "Desisti de lutar contra a gravadora na América", comentou enquanto a turnê viajava do leste para a costa oeste, onde a banda teria seu encontro infeliz com o automutilador suicida Jonathan Moreland. "Desde que lance o disco e não faça besteira, realmente não me importo."

Smith estava certo e errado. *Standing On A Beach* rapidamente se tornava sua maior venda nos EUA, mas por causa da força dos singles da banda, em especial os que tinham clipes de Tim Pope (como ficou óbvio com a MTV), como "Close To Me" e "In Between Days". A imagem pública de Smith também não diminuiu seu valor. O *East Village Eye* capturou o espírito da época perfeitamente quando o descreveu como um "profeta da melancolia [que] é a coisa mais fofa desde os coalas da Qantas [5]; é bonitinho com um jeito de mascote".

Em fevereiro de 1987, *Standing On A Beach* era o primeiro disco de ouro do The Cure na América do Norte, com mais de 600 mil cópias vendidas. Sua compilação de vídeos, *Staring At The Sea*, também conquistou o ouro, em setembro do mesmo ano (*The Head On The Door* tinha atingido 250 mil cópias depois de 38 semanas nas paradas de discos dos EUA; tudo o que veio antes dele tinha venda média de 40 a 50 mil cópias). "*Standing On A Beach* foi um tremendo sucesso comercial", declarou Smith. "Tudo o que eu tinha sonhado em fazer estava dando frutos. De repente percebi que havia um número infinito de coisas que poderia fazer com a banda."

Smith era um homem de palavra. Depois da tragédia em Los Angeles [ver Prólogo], sua turnê de maiores sucessos acabou em um teatro romano em Provença, em 9 de agosto, onde a banda teve milhares de fãs franceses loucos pelo The Cure e as câmeras de Tim Pope como companhia. Pope tinha arrecadado razoáveis

5 N. do T.: *Empresa aérea australiana que usa coalas em anúncios.*

150.000 libras para filmar o que ficaria conhecido como *The Cure In Orange*, que teve um discreto lançamento nos cinemas em outubro de 1987. Quando perguntado por que a banda era tão grande na França, Smith não soube responder. "Gostam de nós porque somos esquisitos", foi tudo o que conseguiu dizer.

Com o show devidamente registrado, o Cure agora estava pronto para começar a criar um álbum que refletisse a banda em seu momento mais prolífico. O grupo poderia ter chamado o sétimo álbum de *The Many Sides Of The Cure [As muitas faces do The Cure]* – realmente havia de tudo.

A gravação de *Kiss Me Kiss Me Kiss Me* também foi uma indicação do novo status banhado a ouro do The Cure. Os diversos estúdios de Londres nos quais gravaram – RAK e Townhouse, entre outros – contavam com todos os equipamentos modernos de produção que uma banda em ascensão (e com uma verba à altura) poderia desejar, com equipes de produção que conseguiam entender a música que soava nos ouvidos de Robert Smith, mas o estúdio Miraval, onde a banda montou acampamento por 10 semanas, tinha algo a mais. Para começar, o estúdio era a fuga perfeita: no interior do sul da França, quase no meio do caminho entre Marselha e Nice, e a cerca de 40 minutos de carro de Cannes e St. Tropez. O Miraval também tinha camas suficientes para abrigar a banda e seus muitos convidados (a maioria dos parceiros do The Cure se mudou para lá durante as sessões). O estúdio também tinha alguma história – desde que abriu, em 1977, seus ocupantes incluíram o Pink Floyd, que levou para lá o monstro que quase encerrou sua carreira, *The Wall*. David Sylvian, Stevie Winwood, Yes, Sade e Belinda Carlisle também gravaram ali. E o Miraval, situado no terreno de um imponente castelo provençal do século XVII, oferecia todos os confortos de sempre, como piscina e sala de jogos, além de uma grandiosa sala de jantar que era perfeita pelo tipo de esbórnia com a qual o Cure tinha se acostumado.

"O Miraval era ótimo", contou Tolhurst, "porque na época tínhamos dinheiro suficiente para gravar onde quiséssemos. Vimos que o melhor lugar para nós era longe de todas as distrações". Também havia uma história no local, como Tolhurst explicou. "[O dono] Jacques Loussier tinha brigado com a máfia local pela casa. A máfia a queria para ser uma caixa forte ou algo assim."

Ainda mais decisivo para o Cure, o estúdio estava cercado por 120 hectares de morros, pinheiros – e excelentes vinhedos provençais. A banda não era avessa a uma bebida ocasional, então o Miraval deve ter dado a sensação de estar em casa, mesmo não sendo exatamente o lugar perfeito para Lol Tolhurst e seu alcoolismo em situação cada vez pior. Naqueles dias, segundo Smith, "Lol se tornou uma figura deplorável".

"Não estava legal parte do tempo", Tolhurst lembrou. "Às vezes muito bem, às vezes muito triste."

A embriaguez da banda durante as gravações era tão forte que Tolhurst sentia que os donos do estúdio perdiam uma grande oportunidade. O negócio normal era que, ao alugar o local, os residentes recebessem todo o vinho que conseguissem beber. "[Mas] conosco eles teriam preferido o inverso. Em todas as histórias sobre bebida há um elemento de fabricação de mitos", acrescentou, "mas, sem sombra de dúvida, Robert, Simon e eu pegávamos pesado. Naquela época tinha virado lugar-comum – simplesmente precisávamos fazer aquilo".

"Era uma situação surreal", comentou Smith. "Dez semanas completamente isolados do mundo. Foi uma coisa muito incestuosa, muito secreta – porque estávamos nos divertindo tanto que não queríamos que ninguém viesse quebrar o encanto."

Esse retiro também quase foi o fim da banda – ou pelo menos da maioria de seus membros. Depois de mais uma noite embriagada, Smith, Tolhurst e Boris Williams decidiram subir no jipe de Smith e ir visitar o piloto de carros Alain de Cadenet, que morava perto. O plano era desafiá-lo para uma corrida. Como Tolhurst contou, eles não foram muito longe. "Estávamos dirigindo rápido, de faróis apagados, claro. Havia muitas saliências descendo o morro do vinhedo, com uma queda de uns 4,5 metros de cada lado. Ficamos presos e Robert queimou a embreagem tentando tirar o carro daquela inclinação. Só dava para ver escuridão à nossa volta. Conseguimos sair e voltar, mas na manhã seguinte vimos que o balanceamento estava péssimo. O carro foi inutilizado. E nunca encontramos Alain de Cadenet."

Apesar de todos os passeios noturnos malucos da banda, *Kiss Me Kiss Me Kiss Me* foi a empreitada mais ampla e musicalmente aventureira da carreira do The Cure. A mixagem levou Smith e o coprodutor Dave Allen ainda mais longe, para o Compass Point, em Nassau, além de Nova York e Bruxelas. Foi uma viagem estranha, ainda mais à luz do início mais humilde do álbum: as primeiras demos haviam sido gravadas no Beethoven Studios, na gelada Londres, durante a folga no verão de 1986.

Como o álbum mostraria, foi um verdadeiro trabalho de equipe. Também foi a primeira vez em que Smith introduziu um sistema de "pontuação" para cada música oferecida pelos membros da banda. Esse sistema relativamente democrático tinha linhas simples: cada um iria a seu estúdio caseiro, gravaria demos em fitas cassete e as entregaria a Smith, que tocava cada uma e fazia várias anotações em cadernos. Como Boris Williams contou, ele depois dava nota às músicas. "Ele desenha uma carinha, uma careta, um sorriso ou rosto apático ao lado de cada música e, entre todas, escolhemos as melhores." A atitude mais inclusiva de Smith pode explicar por que há muita carne envolvendo o esqueleto de *Kiss Me Kiss Me Kiss Me* – e também como Porl Thompson e Boris Williams conseguiram seus primeiros créditos de composição no The Cure.

Para Smith, era mais uma prova de que aquela realmente era a melhor formação da banda – todos estavam dispostos a contribuir. Lol Tolhurst concordou. "Essa foi a versão bem-acabada [do The Cure]", afirmou. "Porl era um músico maravilhoso. Boris era um ótimo baterista. Foi uma banda com verdadeira empatia entre seus membros. Junte todos nós e éramos como a melhor gangue da cidade. É por isso que continuamos – tínhamos essa lealdade uns com os outros e o que estávamos fazendo funcionava."

Isso era muito diferente dos dois álbuns anteriores, em que Smith tinha exercido o que chamava de sua "ditadura negativa" (que foi redefinida pelo baterista Williams como "ditadura democrática... na hora das decisões finais, é Robert quem decide quais músicas vão funcionar no álbum").

"Entre nós cinco há uma verdadeira empolgação em fazer as coisas", disse Smith. "Com este álbum, insisti que os outros me dessem fitas cassete com músicas e recebi seis ou sete de cada um. Aquilo mostrou que todos realmente queriam participar." Smith até comparou o processo ao tradicional festival europeu da canção, o Eurovision.

Antes de se esconder no Miraval, a banda passou 15 dias na Provença fazendo demos das faixas aprovadas. Smith se lembrou dessas sessões com tanta afeição quanto dos meses de lazer no Miraval. "Foi realmente divertido", declarou. "Havia um campo de futebol e jogávamos contra os moradores locais todo dia." Quanto ao disco finalizado, apesar das brigas de Tolhurst com a bebida, Smith sentiu que "foi um prazer gravar, uma alegria".

Relembrando aquela época, Tolhurst agora percebe como seus problemas crônicos com a bebida estavam acabando com sua criatividade e envenenando sua mente – ele queria contribuir com o Cure, mas percebeu que quanto mais bebia, menos compunha. "Estava lá porque queria estar e contribuir com algo", disse, "mas ter essa psique deteriorada significava que eu estava vivendo ensimesmado boa parte do tempo. Minha cabeça não me deixava fazer aquilo. Naquela época, simplesmente não saía nada".

Se o álbum *The Top* era praticamente um disco solo de Robert Smith (menos no nome), e *The Head On The Door* era Smith com o apoio de sua formação preferida do The Cure de todos os tempos, *Kiss Me Kiss Me Kiss Me* era uma empreitada igualitária, mesmo precisando de um editor com mão de ferro. Foi um bom álbum com cara de compilação de 18 músicas. Cada faixa trazia Smith/Gallup/Thompson/Williams/Tolhurst nos créditos, o que dizia muito sobre o espírito "todos por um" do disco, e também garantia músicas diversificadas. A *Rolling Stone* acertou em cheio quando declarou que "sob a presença orientadora de Smith, o Cure labuta em músicas animadas de banda de garagem cheias de wah-wah, peças altamente depressivas e climas de disco-rock empolgantes com a mesma confiança". Em resumo, *Kiss Me Kiss Me Kiss Me* oferecia algo para todos – talvez até demais. Para Smith, era um documento da história musical complicada da banda e um mapa para a fase seguinte de sua carreira. "Metade dele olha para frente", disse, "e metade está tentando resumir o que o grupo fez no passado".

Kiss Me... não era um álbum com pressa de chegar a algum lugar: quase quatro minutos de rajada de guitarra durante a abertura, "The Kiss", antes de a voz de Smith surgir das sombras com um gemido característico. Então, ele só balbucia alguns dos versos mais assustadores de sua vida como letrista, que envolvia a palavra "fuck" em um desprezo agora típico por seu martírio sofrido. Depois vem um lembrete de que o Cure, no fundo, era uma banda pop: "Catch" é a seguinte, uma balada suave temperada com violão dedilhado e teclados fazendo o papel de cordas. Uma faixa discreta e encantadora que, junto com "Just Like Heaven" e "Why Can't I Be You?", formava o trio de singles a surgir desse LP bem-sucedido.

A partir dali, há um cabo de guerra musical entre o lado da banda pronto para a MTV (e as rádios universitárias) e sua natureza melancólica, bem representada por faixas urgentes e insistentes como "Torture" e "Fight". A mais *dark* de todas é a épica "If Only Tonight We Could Sleep", baseada em um falso riff oriental – sombras de Led Zeppelin – e um vocal desesperado de Smith que pode ter sido gravado do fundo de um túnel de vento.[6]

O inverso dessas odes profanas ao nada, movidas a guitarra e teclados, eram produtos doces como a maníaca "Why Can't I Be You?" e "Hot Hot Hot!!!". Foi aqui que o Cure apareceu como uma banda de ressuscitação do funk: a Soul Train de Sussex, com Smith citando diretamente "She", de Charles Aznavour, na abertura de "Hot Hot Hot!!!". Conduzida por uma guitarra funk embriagada, a faixa foi comparada por Smith a uma "gravação de Louis Armstrong". Essas duas faixas de *Kiss Me...* eram tão livres, estridentes e irresistíveis quanto qualquer coisa que a banda tinha dado antes a seu público levemente confuso, mas não menos apaixonado. Mais do que tudo nesse álbum, elas exemplificaram a abordagem vale-tudo da banda.

"Estávamos tentando ser muitas bandas diferentes que gostávamos na época", Tolhurst explicou.

"Just Like Heaven", claro, foi outro momento mágico de Robert Smith como compositor; junto com "In Between Days" e "The Lovecats", é uma canção pop quase perfeita. A melodia de "Just Like Heaven" surgiu para Smith em Maida Vale durante mais uma fase de bebedeira intensa em sua vida. Ele admitiu que, em 1987, precisava estabelecer um regime de compor dia sim, dia não, 15 dias por mês. "Caso contrário, acordava no meio da tarde, via TV até os pubs abrirem e saía para beber." Assim que terminou "Just Like Heaven", percebeu que era uma boa música pop, provavelmente ótima – mesmo com a estrutura lembrando um pequeno sucesso do The Only Ones de 1979, "Another Girl, Another Planet". Essa semelhança não foi ignorada por Smith.

"Ainda consigo me lembrar nitidamente de ouvir ['Another Girl'] no rádio tarde da noite nos anos 1970. Introduzi algumas mudanças de acorde, que dão aquela sensação levemente melancólica." No entanto, Smith não tinha uma letra para a música, cujo andamento original era muito mais lento do que o da versão final. Ainda instrumental, ele a cedeu para o programa de TV francês *Les Enfants du Rock*, que a usou como tema. Havia, claro, um método na generosidade de Smith. "Já sentia que era o single mais óbvio", percebeu, "e isso significava que a música seria familiar para milhões de europeus antes mesmo de ser lançada".

6 Anos depois, ganhou uma nova versão incrivelmente competente da banda Deftones, em um episódio do programa *MTV Icon* dedicado ao The Cure.

Sucesso não apenas na Europa, a música conseguiu até alcançar o Top 40 norte-americano e foi gravada por vários artistas em espanhol, alemão e francês – há até uma versão clássica executada pelo Section Quartet, de Los Angeles. "Just Like Heaven" recebeu uma transformação mais famosa, pesada e grunge pelo Dinosaur Jr. em 1989. De todas as muitas versões de músicas do The Cure, esta se tornou uma das preferidas de Smith, praticamente desde que J Mascis, do Dinosaur Jr., lhe enviou uma fita cassete. "Nunca tive uma reação tão visceral a uma cover, nem antes, nem depois", disse em 2003.

Smith também foi inteligente o bastante para perceber que posicionamento era tudo com um álbum tão longo como *Kiss Me Kiss Me Kiss Me*. Ele sabiamente colocou músicas leves como "Why Can't I Be You?" logo depois do arrasto cabisbaixo que era "If Only Tonight We Could Sleep". Smith manteve esse equilíbrio quase constante ao longo das 18 faixas. Como havia dois tipos bem diferentes de amantes do The Cure – os garotos pop loucos por Smith, o Lovecat, e os malditos da noite esperando por um novo *Seventeen Seconds* –, ele se recusou a afastar qualquer um. O álbum foi mais uma aposta inteligente de Smith e da banda – e teve uma compensação financeira ainda maior do que *The Head On The Door*. *Kiss Me*... ganhou disco de ouro nos EUA em agosto de 1987, três meses depois de seu lançamento, e de platina três anos depois. Só saiu das paradas de álbuns do país depois de um ano.

Em termos de letras, Robert Smith estava usando as fontes de sempre. Há as músicas obrigatórias sobre drogas, incluindo "Hot Hot Hot!!!" e "Icing Sugar" (com um sax suingado de Andrew Brennen). Há músicas sobre morte ("If Only Tonight We Could Sleep") e fuga ("Why Can't I Be You?"), sobre a decadência de Tolhurst ("Shiver And Shake"), brigas ("Fight", claro), festas ("Hey You!!!", uma imitação não tão sutil do tema da série *The Man From U.N.C.L.E.*), sexo ("All I Want"), e até de amor ("The Perfect Girl"). A citação literária obrigatória veio com a faixa mais fraca do disco, "How Beautiful You Are", que Smith adaptou de um conto de Baudelaire.

"É sobre você achar que está muito próximo de alguém", explicou, "que vocês pensam do mesmo jeito e gostam das mesmas coisas, mas de repente há um incidente que te faz perceber que a pessoa tem uma opinião completamente diferente sobre as coisas, mas você ainda consegue se dar muito bem com ela". Smith estava evidentemente considerando sua relação em crise com Lol Tolhurst e o valor imensurável de seus fiéis aliados, Mary Poole e Simon Gallup.

Então, há os momentos claramente autobiográficos, como "Just Like Heaven", que de forma sutil revela detalhes de uma noite que Smith, Mary e alguns amigos passaram na famosa praia dos namorados Beachy Head, o mesmo lugar onde o Cure tombou para seu fim encharcado no videoclipe de "Close To Me". Também foi o lugar para onde Smith e Mary se mudaram quando se cansaram de Londres.

"Estávamos bebendo e alguém achou que seria legal sair para uma caminhada", lembrou Smith quando foi indagado sobre a noite que inspirou "Just Like Heaven". "Só que, de repente, a neblina veio, perdi meus amigos de vista e não consegui enxergar nada à minha frente. Achei que pudesse cair do penhasco se desse mais um passo, então tive de sentar até o amanhecer. Mais tarde, fiquei sabendo que eles nem procuraram por mim." Ele e a banda revisitaram o lugar para o vídeo de Tim Pope; olhe com atenção e você verá Mary Poole, girando e dançando como um anjo caído, parecendo exatamente o que se esperaria de uma parceira de Robert Smith.

A transição do The Cure de banda para marca foi concluída com o lançamento de *Kiss Me Kiss Me Kiss Me*, em maio de 1987. Não tanto por causa de seu sucesso mundial – depois das altas vendas de *Standing On A Beach*, isso era quase garantido –, mas pela imagem que estampava a capa do álbum: os lábios de Robert Smith com batom em detalhe microscópico e um close de seu olho no encarte. Muitos astros do rock tinham sido sinônimos de suas partes do corpo antes – Iggy Pop gostava de soltar sua "iguana", assim como o "Rei Lagarto" Jim Morrison –, mas desde os lábios carnudos de Mick Jagger um artista não era tão diretamente ligado a uma parte do corpo. Smith admitiu ter uma obsessão com bocas e lábios. Não é por acaso que referências a eles apareçam frequentemente em suas letras. "Acho que é porque são um orifício público", disse. "E têm tantas finalidades – falar, comer, sexo. Algo deve ter acontecido comigo quando era bebê. Uma boca gigante deve ter tentado sentar no meu rosto quando eu estava no carrinho".

Estava claro que o Cure estava prestes a atingir seu auge comercial, porque a Elektra tinha grandes planos para o álbum. A gravadora sugeriu com veemência que a banda contratasse o "fabricante de sucessos" Bob Clearmountain para mixar o disco – ele tinha acrescentado sua potência sonora característica a discos dos Rolling Stones (*Tattoo You*), David Bowie (*Let's Dance*) e Bruce Springsteen (*Born In The USA*). Smith sorriu, continuou gastando o dinheiro da Elektra e voltou ao trabalho com Allen.

"Sempre ouvimos esse tipo de coisa de nossas gravadoras americanas", disse Smith, "e nunca prestamos atenção. Tudo o que fizemos teve uma motivação muito egoísta".

Com *Kiss Me Kiss Me Kiss Me* concluído, Smith e Mary decidiram tirar férias e dirigir pela França, hospedando-se em lugares pequenos e afastados e tentando ao máximo ser um casal normal. No entanto, tudo o que a viagem conseguiu foi dar um lembrete de quão grande o Cure tinha se tornado, em especial na França. "De manhã sempre havia umas 30 pessoas na frente do hotel porque tinham descoberto que eu estava lá", revelou Smith. "Foi um puta pesadelo. Percebi muito rápido que não gostava daquele nível de sucesso."

Robert Smith agora estava entrando em uma nova fase de sua vida, em que lutava para encontrar maneiras de lidar com sua estrela em rápida ascensão. Uma tática foi dar pistas enormes sobre o fim do The Cure. Como alarme falso dos góticos, *Kiss Me...* seria o último de muitos álbuns do The Cure em que Smith sugeriria com ênfase ser o canto do cisne da banda. Ele até deixou isso escapar durante uma rápida viagem promocional aos EUA, em março de 1987, dois meses antes do lançamento do LP. "Quando fizemos este disco", Smith disse, "realmente pensei: 'este tem de ser o melhor do The Cure, porque será o último'". Como era de se esperar, ele voltou atrás e disse que esse tipo de afirmação era apenas uma ferramenta motivacional: que melhor jeito de animar a banda do que sugerir que estava acabando?

No entanto, se Smith estava falando sério, obviamente tinha decidido acabar em grande estilo. A banda teve sua primeira turnê sul-americana agendada para março de 1987, precedida por várias semanas de ensaios na Irlanda, onde encaixaram mais uma filmagem maluca com Pope, dessa vez para "Why Can't I Be You?". Pope se juntou à banda em um estúdio em Bray, cuja dona era ninguém menos do que a lenda da TV Mary Tyler Moore.

A banda pode ter demorado uns dois ou três vídeos para se acostumar melhor com a esquisitice de Pope, mas agora tinha aceitado totalmente sua metodologia maluca. Para "Why Can't I Be You?", o negócio era se fantasiar. Smith escolheu uma fantasia de urso, Gallup fez o papel de um corvo, de capa preta, bico amarelo enorme e calças apertadas; depois, fez um dançarino folclórico. Williams usou uniforme básico de garota colegial, enquanto Thompson representou um escocês e uma mulher (Smith também se travestiu). Quanto a Tolhurst, seu papel de bobo da corte do The Cure ficou muito claro: ele usou uma maquiagem negra – "o irmão feio do Prince", riu um membro da banda – e depois fez as vezes de marimbondo, voando descontroladamente em fios pendurados pela equipe de Pope. [7]

Smith, claro, riu de tudo. "É isso", gritou enquanto a loucura da filmagem acontecia a seu redor, "o grande final, o clímax. 'Estudante Bêbada em uma Orgia de Sexo Gay'". Então, voltou a fazer uma das danças mais mal coreografadas já vistas na MTV. Quanto a Tim Pope, ele não poderia estar mais feliz. "Este é... o vídeo que sempre quis fazer", comemorou. "O Cure dançando! Não acredito que estou vendo isso. É o fim." Pode ter sido para Tolhurst, mas o Cure só estava crescendo.

Se Smith precisava de provas do quão grande o Cure tinha se tornado e do quão longe tinha ido desde sua vida como um trio pós-punk de Crawley, elas estavam totalmente à mostra durante a primeira ida à América do Sul. Os sinais estavam ali desde o momento em que o avião pousou em Buenos Aires, em 15 de março. Em vez da chateação normal de passar pela alfândega, esperar pela bagagem, entrar em uma van e seguir até o hotel, a banda e Parry receberam tratamento digno dos Beatles: foram conduzidos por uma porta lateral até um carro que os esperava, seguido por toda a cidade pelo que Smith descreveu como "uma caravana bizarra de carros que buzinavam, com gritos e acenos de mãos". Já havia pelo menos 500 fãs devotos acampados na calçada em frente ao Sheraton Towers quando eles chegaram, incluindo membros do "Bananafishbones Club", a coisa mais próxima de um fã-clube oficial que esses astros relutantes tinham.

O tumulto se intensificou com o primeiro show, numa noite de quinta-feira. Segundo Smith, houve alguma "confusão" quanto à venda de ingressos: 19 mil tinham sido vendidos para um lugar com capacidade para 17 mil pessoas. O caos se instaurou: viaturas de polícia foram vandalizadas, vários cães de segurança foram mortos – até o vendedor de cachorro-quente do lugar sofreu um ataque cardíaco e morreu – e tudo antes de a banda subir ao palco. "Por quase duas horas, tocamos em meio a uma baderna ensurdecedora, antes de sair correndo e gritando até o carro para longe dali", contou Smith. Na noite seguinte,

7 Fora da câmera, durante a filmagem posterior de "Hot Hot Hot!!!", Smith cuspiu de verdade em Tolhurst. Sua espiral descendente estava quase completa.

quando a banda começou o set, a temperatura estava chegando aos 38°C. Apesar da segurança reforçada e das barricadas mais altas diante do palco, outro tumulto aconteceu (Smith jurou que viu "vários homens de uniforme pegando fogo"). A multidão extravasou jogando na área do palco tudo o que conseguisse pegar: moedas, garrafas, o que fosse. Thompson foi o primeiro a ser atingido, mas Smith perdeu as estribeiras quando uma garrafa de Coca-Cola o acertou em cheio no rosto durante "10:15 Saturday Night". O restante do show foi um esporro punk, tocado tão rápido quanto humanamente impossível. "Fora dali", Smith disse enquanto fugiam do tumulto, "não é diferente do centro de Beirute".

Depois a banda foi ao Brasil, para dois shows em Porto Alegre, no ginásio Gigantinho, com 12 mil lugares, um local descrito por Smith como "uma mistura estranha da Brixton Academy com a Wembley Arena", mas com fiação pior (durante todo o set, a banda sofreu choques frequentes). Na segunda noite no Gigantinho, o Cure estava tão exausto com o calor e o barulho que precisou tomar oxigênio antes de tentar um bis. A plateia era menos volátil que a de Buenos Aires, até ajudando Smith quando ele esqueceu a letra de "The Blood".

Três dias depois, a banda estava em Belo Horizonte para um show diante de 20 mil fãs no Mineirinho. O calor e a multidão eram tão intensos quanto os shows anteriores na América do Sul, e Smith se lembra de "corpos carregados às centenas, mas com os sobreviventes ainda cantando loucamente enquanto íamos embora".

Mais do que qualquer loucura que havia acontecido antes, na terceira semana da turnê o Cure sabia que estava em um novo e estranho universo pop. A banda foi a um jogo de futebol entre Vasco e Bangu, no Maracanã. Depois que se sentou no camarote da diretoria, quase caiu para trás quando o imenso placar eletrônico mostrou uma simples mensagem: O BRASIL DÁ BOAS-VINDAS AO THE CURE. Era oficial. O Cure era muito grande.

A essa altura em sua posição comercial, o Cure havia entrado na rota bem estabelecida de gravação/imprensa/turnê; boa parte do restante de 1987 foi consumida por temporadas longas na América do Norte (9 de julho a 11 de agosto) e Europa, que começou com um show em Oslo, em 22 de outubro, e terminou com nada menos que três noites na Wembley Arena, de 7 a 9 de dezembro.

Com o sucesso, naturalmente, vem a perturbação. O Cure estava sujeito a brigas internas mesmo quando era a maior das bandas cult; agora, parecia que os problemas se intensificavam proporcionalmente ao seu sucesso. No final de 1987, Lol Tolhurst estava caindo aos pedaços. Durante um momento mais honesto em sua passagem maluca pela América do Sul, Smith mencionou que, ao levantar relativamente cedo um dia, "todos se alegraram ao ver Lol tomando café". A mensagem era clara: Tolhurst era um homem com um problema grave. O ex-tecladista do Psychedelic Furs e do Thompson Twins, Roger O'Donnell, amigo próximo do novo baterista Williams, tinha sido chamado pela banda para a turnê europeia e para continuar depois. Ele ficou espantado com a limitada contribuição musical de Tolhurst.

"Não consegui entender por que ele estava na banda. Poderia ter contratado um professor e ter feito aulas diárias, mas não estava interessado em praticar. Só gostava de estar no grupo." Gallup, no entanto, explicou o papel de Tolhurst ao novo recruta: "É divertido tê-lo por perto", disse, "mesmo que não contribua muito com a música. É parte do The Cure". [8] O simples fato de O'Donnell ser contratado dizia muito sobre a decrescente colaboração de Tolhurst.

"Ele era como uma válvula de segurança para todas as nossas frustrações", admitiu O'Donnell. "O que era realmente doentio. No final [da turnê] foi horrível." Tolhurst simplesmente bebeu durante toda a turnê mundial de 1987, a tal ponto que, segundo Robert Smith, "nem se incomodava em retaliar [a provocação da banda]. Era como ver uma criança deficiente sendo constantemente cutucada com uma vara".

Contudo, como Tolhurst me contou, Smith era um cara prático: era evidente que Tolhurst tinha algo a oferecer ao The Cure, ou teria sido expulso muito antes. "As pessoas perguntavam ao Robert: 'Por que você mantém o Lol se ele não faz nada?'. Mas eu continuava fazendo coisas. Robert é muito pragmático: não manteria na banda alguém que não estivesse fazendo nada. [E] como éramos amigos, ele me segurou por muito, muito tempo."

Como vocalista e figura central de uma banda no meio de uma ascensão meteórica, Smith também teve de lidar com seus próprios demônios em 1987. Contra seus instintos, estava sendo sugado para dentro do vácuo de astro pop – como ficou sabendo, quando se está cercado por bajuladores e parasitas, cuja principal função é lembrar você de seu brilhantismo, é difícil resistir à tentação de concordar com eles. Essa auto-obsessão, que ficava claríssima toda noite quando milhares de

8 Gallup estava claramente sendo educado. Smith insistiu que, se Tolhurst ficasse na banda por muito mais tempo, "Simon o teria jogado de uma sacada".

pessoas gritavam seu nome e suas músicas, não foi ajudada pela vida na estrada. Quando cidades se tornam um borrão e você é levado para coletivas de imprensa, hotéis e shows por uma frota de limusines e jatos particulares, é muito fácil esquecer o resto do mundo. A obsessão de seus fãs aumentou essa distância; na Europa, Smith tentou vários disfarces (cabelo liso, chapéus etc.), mas nenhum deles parecia funcionar – incrivelmente, seus tênis de cano alto costumavam denunciá-lo. Depois disso, só conseguiu circular como parte de uma imensa comitiva.

Para seu crédito, Smith acabou conseguindo detectar os sinais óbvios da completa autoimersão, embora no final da turnê de 1987 estivesse totalmente absorto. "Era como pingar tinta na água", admitiu. "Virei propriedade pública e não estava preparado para o nível que tínhamos atingido. Era fanatismo. De repente, era reconhecido em todo lugar que ia nos EUA, e quando voltei a Londres havia 30 ou 40 pessoas acampadas diante do meu prédio."

"No final daquela turnê minha personalidade tinha mudado muito. Fiquei muito convencido, não só fingindo ser um astro pop, mas vivendo isso. Percebi que não podia continuar daquele jeito."

Na passagem de 1987 para 1988, Robert Smith começou uma hibernação autoimposta. O Cure só tocou ao vivo de novo 18 meses depois.

Robert Smith não sentia apenas que estava perdendo o controle da realidade, mas também que o Cure estava sendo mal compreendido. "Just Like Heaven" e "Catch" podiam ser canções pop doces, mas não tinham nem de longe a mesma força emocional das músicas de *Pornography* ou *Faith*, ou de algo mais recente como "If Only Tonight We Could Sleep". E ele não sabia ao certo se tinha formado a banda uma década antes com o intuito de ficar famoso.

Enquanto ele e Mary consideravam uma nova vida fora de Maida Vale, Smith ficou seriamente retraído. Ao contrário da época antes de *Kiss Me Kiss Me Kiss Me*, em que pediu para todos contribuírem, ele agora gravava sozinho. E pela primeira vez desde as sessões de *Blue Sunshine*, com Severin, começou a tomar ácido regularmente. Mas ele não estava com humor para mais uma festa interminável ou "férias químicas"; desta vez, estava usando a droga para mergulhar em seus pensamentos atordoados. E Smith estava prestes a atingir um marco na vida, porque em breve completaria 30 anos. Ele estava afundando cada vez mais em uma depressão que enfim o faria acabar de verdade com o Cure – ou o levaria a *Disintegration*.

Capítulo Onze

"Estava lutando contra ser um astro pop e a expectativa de ser grandioso o tempo todo, e isso realmente mexeu com minha cabeça. Fiquei muito deprimido e comecei a usar drogas de novo: drogas alucinógenas."
– Robert Smith

O *annus horribilis* de Robert Smith, 1988, não começou necessariamente assim. Boatos do fim do The Cure depois da conclusão de *Kiss Me Kiss Me Kiss Me* foram bastante exagerados, porque ele tinha decidido fazer pelo menos mais um álbum. Sem prazo final para cumprir e com dinheiro no banco – ele até saiu nas páginas de uma revista voltada aos endinheirados –, Smith não era um homem com pressa. Não havia shows agendados para o ano. *Kiss Me...* saiu aos poucos das paradas, com seu produto final sendo uma "Hot Hot Hot!!!" radicalmente retrabalhada, remixada por François Kevorkian, que entrou no Top 50 britânico em fevereiro. As rádios voltaram ao normal: os primeiros meses de 1988 ofereceram algum pop de qualidade, como "Need You Tonight", do INXS, ou "Fairytale Of New York", em que o beberrão do Pogues, Shane MacGowan, trocava insultos com Kirsty MacColl; além das bobagens de sempre, como a paródia britânica de Morris Minor & The Majors para os Beastie Boys, "Stutter Rap", ou o hino dance do M|A|R|R|S, "Pump Up The Volume". E os nomes usuais dominavam o Grammy – U2, Sting e Paul Simon levaram todos os prêmios.

Mas não foi a situação da música moderna que levou à mais recente crise existencial de Smith: como Dorian Gray, foi o medo de envelhecer. Em abril, comemorou seu 29º aniversário com a animação de sempre, mas depois entrou no que chamou de um "período ruim", quando percebeu que em 12 meses teria 30 anos. Parte de sua preocupação era o simples fato de sentir que o Cure, apesar do sucesso multiplatinado, ainda não tinha feito uma obra-prima legítima. Sabia que as verdadeiras lendas do rock – Beatles, Stones, The Who, Kinks, Led Zeppelin, Hendrix, Bowie, até Alex Harvey – tinham chegado ao auge de sua arte muito antes de virarem trintões. Quase no mesmo instante em que Smith apagou as 29 velas do bolo de aniversário, começou a compor "a coisa mais intensa que o Cure já fez". Se *Kiss Me Kiss Me Kiss Me* era uma soma da música do The Cure nos primeiros 10 anos de sua vida e uma celebração de toda a música que amavam, Smith queria que o álbum seguinte fosse mais pessoal, uma volta à introspecção de *Pornography*.

"Quis fazer de tudo antes dos 30. [Daí] no dia depois de fazer 29 percebi que o próximo aniversário seria o de 30", declarou Smith. "É como um paradoxo. Acho que quanto mais jovem você é, mais se preocupa em envelhecer – no meu caso, é verdade. Acho que o lado mais sombrio desse disco [*Disintegration*] veio do fato de que eu faria 30 anos." [1]

Na verdade, Smith estava chocado por ter ido tão longe: como um Pete Townshend pós-punk, sempre achou que teria sorte de morrer antes de envelhecer. Ele fez um pacto consigo mesmo de que não estaria à frente da banda aos 30 anos. E tinha outra questão, mais urgente, para lidar, à medida que começou a compor novas músicas: eram adequadas para o Cure? No meio do ano, a banda se reuniu na casa de Boris Williams, onde Smith apresentou as demos caseiras que tinha gravado. Também compôs algumas outras músicas de *Disintegration*, como "Lullaby", sentado no quintal da casa de Williams durante raras tardes de sol no verão inglês. "As demos eram muito, muito boas, brilhantes, divertidas", Smith lembrou, e a maioria da banda concordou. Foi a única coisa necessária para convencer Smith a abandonar, mais uma vez, seus planos de um LP solo.

"Teria ficado muito feliz em fazer essas músicas sozinho", afirmou. "Se o grupo não tivesse aprovado, não teria problema." Mas quando a banda começou a tocar com ele, Smith sabia que elas pertenciam ao The Cure. Ele levou um gravador de 16 canais a essa jam session, e 32 músicas foram gravadas na casa de Williams. Quando as sessões terminaram, Smith foi embora para continuar escrevendo as letras.

Na época, Smith também começou a trabalhar em um rascunho musical chamado "Lovesong", uma música com um clima notavelmente diferente do resto do novo material. Era uma batida suave no meio de fogo e enxofre legítimos. Para Robert Smith, era algo inédito – e o título dizia tudo. "É uma demonstração aberta de emoção", admitiu. "Levei 10 anos para chegar ao ponto de me

1 "É um título muito adequado", Lol Tolhurst me disse. "Eu estava desintegrando."

sentir confortável cantando uma música de amor muito direta. No passado, sempre senti uma necessidade de último minuto de disfarçar o sentimento."

O que Smith realmente estava compondo era um presente para Mary Poole – um presente de casamento. "Não conseguia pensar no que dar para ela", contou, "então escrevi essa música – simples e alegre. Ela teria preferido diamantes, acho, mas talvez olhe para trás e fique feliz que dei isso". Finalmente, depois de 15 anos juntos, eles se casaram na Worth Abbey em 13 de agosto, com boa parte do The Cure (incluindo o cada vez mais instável Lol Tolhurst) testemunhando. Simon Gallup foi padrinho e Smith foi o DJ por boa parte da festa, que durou a noite inteira.

"Só nos casamos para nos divertir", Smith afirmou logo depois, "para que Mary pudesse caminhar até o altar de vestido branco e [podermos ter] todos os meus tios ali. É um pouco besta, mas fui conquistado". Para Smith, a decisão de se casar se resumia a uma conta simples: ele e Mary se conheciam por mais da metade de suas vidas, então era hora de oficializar. Smith, no entanto, não estava pronto para ser pai. Quando um repórter local perguntou depois do casamento, apenas respondeu: "Não, acho que não fui feito para a paternidade – e tenho sorte de Mary também achar que não foi feita para a maternidade". No entanto, eles "adotaram" duas crianças em um esquema do tipo World Vision – Smith, uma menina guatemalteca; Poole, um menino haitiano. Eles também decidiram sair de Londres e voltar para Sussex.

"Eu mataria meus vizinhos [de Maida Vale]", Smith explicou. "Em Sussex você pode ter uma casa e um jardim pelo mesmo preço e ser muito tedioso e normal, mas isso me salva [de] ir para a prisão; odeio o som de pessoas andando sobre minha cabeça."

O humor de Smith, no entanto, havia piorado consideravelmente quando ele e a banda se reuniram no estúdio Hook End Manor, para começar a gravar *Disintegration*. Embora Smith ressaltasse que as causas principais de seu desânimo eram um desejo de gravar o álbum que definisse a carreira da banda e a percepção de que os 30 anos estavam se aproximando, também havia o problema de Lol Tolhurst, que não poderia ser evitado por muito mais tempo. A lua de mel definitivamente tinha acabado.

Mas o comportamento de Smith ainda era difícil de entender. A banda tinha acabado de sair de um período verdadeiramente glorioso, com discos de ouro (*Standing On The Beach*) e platina (*Kiss Me Kiss Me Kiss Me*) e shows lotados na Europa e na América do Norte e do Sul, mas quando eles se encontraram para ajustar as demos que haviam gravado juntos na casa de Williams, ele afundou no que chamava de "um dos meus modos silenciosos", distanciando-se dos mesmos colegas de banda com quem tinha celebrado alguns meses antes, durante seu casamento.

"Eles acharam que perdi o trem", disse Smith. "Ainda estavam presos na ideia de que estávamos nos tornando uma banda muito famosa e não estavam entendendo que a música que eu queria fazer era incrivelmente soturna e lenta."

Apesar de seu êxito financeiro, Smith estava convencido de que seus álbuns de maior sucesso não tinham o tipo de seriedade que existia em *Pornography*. Era o que estava buscando com *Disintegration*.

"Ele soa muito arrogante, mas todos queriam um pedaço de mim [na época]", Smith contou em 2004. "Estava lutando contra ser um astro pop e a expectativa de ser grandioso o tempo todo, e isso realmente mexeu com minha cabeça. Fiquei muito deprimido e comecei a usar drogas de novo: drogas alucinógenas. Quando fomos gravar o álbum, decidi que agiria como um monge e não falaria com ninguém. Foi um pouco pretensioso mesmo, mas eu queria muito um ambiente levemente desagradável."

"Todos esperavam que eu compusesse a nova 'Just Like Heaven'. Achavam que manteríamos as coisas leves e animadas, mas fizemos o oposto." Mais uma vez, como durante a época de "Let's Go To Bed", ou quando fez uma turnê como os Banshees, Smith estava dando uma reviravolta, rejeitando o público que tinha feito dele um dos poucos astros pop milionários gordinhos, de cabelo desgrenhado e batom borrado do mundo. O que Smith esperava fazer era ressuscitar o lado do The Cure que sentia ter negligenciado. Estava buscando "emoções mais profundas. É inerente na música", achava, "do mesmo jeito que uma obra de Beethoven é mais emotiva do que um single de uma boy band".

Smith pensou em *Disintegration* como uma extensão dos devaneios mais sombrios da banda: *Faith*, *Seventeen Seconds* e *Pornography* (mais tarde, ele o incluiu como a segunda parte da dolorosa *The Cure Trilogy*, de 2002, em que *Pornography*, *Disintegration* e *Bloodflowers*, de 2000, foram tocados ao vivo, do começo triste ao fim sofredor, para um estádio de alemães igualmente melancólicos). Só agora Smith tinha a verba e o tempo para ir mais fundo do que nunca para um lamaçal emocional.

"Sei por que as músicas são assim", explicou. "Tem muito a ver com fazer 30 anos, casar... coisas que não têm a ver com mais ninguém, mesmo". Para seu crédito, ele estava sendo honesto: tinha tentado compor com um pensamento mais animado, mas agora se sentia triste, então a música refletia isso. Por mais autoflagelador e indulgente que isso parecesse, não era uma jogada nova de Smith – boa parte da carreira do The Cure (a de menos sucesso comercial, claro) tinha sido construída em torno de emoções pesadas e pensamentos sombrios.

"É como me sentia quando compus essas músicas", acreditava. "Não me sentia particularmente, humm, bem na época. As mesmas coisas me incomodavam e sempre me incomodarão. Estão intrinsecamente ligadas a minha própria deterioração e ficam mais agudas à medida que envelheço. Quando era novo, conseguia pensar no que me incomodava em termos abstratos, agora não. São reais demais."

Smith até imaginou os possíveis ouvintes – ele os visualizava mentalmente enquanto se enterrava bem no fundo dos vocais de *Disintegration*, gravados durante cinco longas e duras noites. "Tive diversas pessoas imaginárias e não imaginárias escutando o disco", explicou, "e descobri o que sentiam ouvindo as músicas. Todas estavam em quartos diferentes de um hotel. Sem serviço de quarto".

Smith considerava *Kiss Me...* "um disco de festa", uma análise razoável que convenientemente ignorava o motivo pelo qual o álbum se conectava com tantos ouvintes: era muito divertido. As extravagâncias da banda em "Hot Hot Hot!!!" e "Why Can't I Be You?" eram quase palpáveis. Mas com *Disintegration* ele estava tentando fazer o tipo de álbum que não apenas acabaria com festas, mas também faria quem estivesse nelas cortar os pulsos. Na verdade, a morte era uma das coisas em que ele mais pensava durante as gravações no Hook End Manor. Dois adolescentes neozelandeses tinham cometido suicídio recentemente, em um pacto de morte bizarro. A investigação posterior revelou que o evento teve o Cure como trilha sonora. Smith estava totalmente ciente disso – tanto que tinha um recorte de jornal com uma matéria sobre o suicídio duplo grudado na parede do estúdio durante as sessões.

"Sei que é trágico", disse, "mas, ao mesmo tempo, é horrível e engraçado porque obviamente não tem nada a ver conosco. Apenas fomos escolhidos". Smith estava frustrado em ficar preso a uma categoria junto com zumbis do rock como Southern Death Cult e Fields Of The Nephilim. Estava convencido, não surpreendentemente, de que o Cure tinha mais a oferecer do que uma saída fácil e um gosto pela moda fúnebre.

"Todos brincavam sobre ser música suicida e como eu aborrecia as pessoas com as letras", contou. "Elas [as músicas] com certeza não são para cima, mas há uma satisfação em ouvir algo que você sabe que tem muito ali dentro. Dá para notar que há pessoas envolvidas e que se importam. Eu me importo muito."

Só que se importar com a música que o Cure fazia no estúdio não estava bem no topo das prioridades de Lol Tolhurst. Seu alcoolismo agora estava fora de controle. Ele supostamente passou a maior parte das sessões de *Disintegration* colado na telinha, vendo MTV, embora tenha me dito que sua contribuição para *Disintegration* foi mais substancial do que em muitos outros álbuns. "Lembro que Dave Allen me disse que eu tinha tocado mais em *Disintegration* do que nos dois anteriores, mas não lembro se toquei."

Seu humor monótono arrastou as sessões – brevemente interrompidas por um incêndio em um quarto anexo aos estúdios, em dezembro de 1988 – ainda mais. Enquanto o perfeccionismo de Smith no estúdio estava esgotando Thompson, O'Donnell, Gallup e Williams, Tolhurst simplesmente deu de ombros e continuou bebendo. "Até meus últimos anos no The Cure, a banda era toda a minha vida, toda a minha existência", Tolhurst admitiu para mim. "Lá pelo final, fiquei mal e isso destruiu muitas coisas. Antes, dei tudo de mim."

O resto da banda, incapaz de atingir Smith, que estava trancado em seu mundo de *Disintegration*, provocava Tolhurst, ao ponto até de abusar fisicamente dele, só para ter alguma reação. Segundo Smith, "a única maneira de conseguirmos comunicar que ele estava se tornando uma paródia de si mesmo era batendo nele. Não sabia mais quem ele era e nem ele sabia mais quem era".

"Na gravação do *Disintegration*, eu costumava entrar em desespero e gritar com os outros porque a maneira como o tratavam era insana", continuou. "Eu o mantive na banda porque sentia certa responsabilidade por ele."

Mas a banda não aguentava mais e deu a Smith um ultimato: ou Tolhurst saía, ou eles saíam. Tinham chegado à conclusão perfeitamente razoável de que não havia como fazer uma turnê de um álbum tão desolador como *Disintegration* carregando um alcoólatra. Eles também sentiam que não fazia sentido Tolhurst receber mais royalties do que todos, exceto Smith, apesar de sua contribuição limitada. Embora Smith também soubesse que Tolhurst tinha de sair, foi algo muito mais difícil do que expulsar Phil Thornalley ou fazer Andy Anderson ser escoltado até o aeroporto de Tóquio. Ele e Tolhurst eram muito próximos; Tolhurst até tinha batizado a banda (embora com o Easy adicional). Aguentou firme quando o Cure não parecia estar indo a lugar algum a não ser por uma procissão aparentemente infinita de estradas na instável van verde de Smith. Tolhurst havia enfrentado a penosa relação com a Hansa e, claro, tinha sido um grande colaborador criativo. Pouco antes de *The Top*, o Cure era só ele e Smith.

A relação deles era ainda mais antiga – haviam sido colegas de escola na liberal Notre Dame Middle School e na menos progressiva St. Wilfrid's. Tinham muita história em comum, mas Smith também sabia que, se Tolhurst ficasse na banda, provavelmente beberia até ter uma morte muito pública.

Hoje, Tolhurst entende a reação de seus então companheiros do The Cure, mas também acredita que a história teve um grande papel no desequilíbrio dentro da banda. "Até o novo contrato [de 1986] com a Polydor, era 50/50, eu e Robert. E ao longo do caminho todas essas pessoas entraram na banda e eram tratadas muito bem, mas a porcentagem delas era inferior à minha. Eles me viam tendo uma vida ótima e sendo louco. Entendo sua frustração."

"[Mas] o outro lado disso é que, assim que fui removido, os problemas não necessariamente acabaram. De um jeito torto, meio que pensava comigo mesmo: 'Talvez precise aceitar isso, meu comportamento não foi o melhor'. No último ano, houve um momento em que eu acordava e não conseguia dizer o que aconteceria naquele dia. Fiquei com muito medo, achei que estava enlouquecendo. Não sabia onde iria parar. Isso acontecia com frequência, foi muito assustador."

Porl Thompson também percebia isso, porque durante as sessões de *Disintegration* perguntou a Tolhurst se ele estava pronto para a reabilitação. Na verdade, Tolhurst tinha passado pela primeira fase da desintoxicação cerca de um ano antes de sair da banda. Com a ajuda de seus vizinhos em Londres (um casal australiano), ele foi a um médico chamado Campbell, que aceitou ajudá-lo durante o processo.

"Ele encontrou o problema menos de 10 minutos depois [de me atender]", contou Tolhurst. "[Percebeu que] não sou como as outras pessoas. Não consigo beber ou fazer outras coisas recreativamente. Sou alérgico a isso e minha psique toda muda, minha cabeça muda. Vira uma obsessão."

"Ele me disse: 'Você precisa ficar uma semana no hospital e precisamos ir esta tarde'. Não estava pronto, mas aceitei e depois de uma semana me sentia bem melhor. Ele me falou sobre outro lugar para onde deveria ir, mas falei que me sentia muito melhor e fui para casa. Depois, tive o pior ano da minha vida."

"Depois de uma semana, eu me sentia quase normal, o que foi um erro. O problema é que não posso beber como os outros, sou um alcoólatra. Não dá para beber quando se tem o que tenho."

Algumas semanas depois de deixar o hospital, Tolhurst achou que estava suficientemente forte para ir a uma festa no pub de um amigo. Como me contou, estava muito errado. "Achei que podia beber umas duas cervejas. Foi como estar no topo de uma montanha russa e olhar para baixo. Era tarde demais, a obsessão tinha voltado."

Smith conseguia aguentar o drama de mais uma demissão, mas não sabia bem se podia lidar com uma tragédia. "Era muito mais fácil para ele não estar na banda", pensou. Tolhurst ajudou a acelerar a própria saída ao chegar para a sessão de mixagem de *Disintegration*, no RAK, completamente embriagado. Então, detonou o álbum sem piedade e os dois começaram a discutir.

Tolhurst sabia que esse era o fim da linha. "Naquela época realmente tinha ido longe demais", admitiu. "Cheguei lá e Robert tocava várias coisas para mim e me perguntava o que eu achava. Falei algo do tipo 'Bom, metade é boa e metade não é um disco do The Cure' e saí. Essa foi a última vez que nos falamos em uns 10 anos. Foi minha declaração de despedida. Agora percebo que a maior parte era minha frustração por não conseguir fazer as coisas."

Pouco depois do Natal de 1988, Smith escreveu para Tolhurst explicando por que sentia que o cofundador da banda não pertencia mais ao The Cure.

"Recebi uma carta do Robert", Tolhurst relembrou. "Assim que a vi, pensei: 'OK, isso faz sentido, é o que ele faria'. Há outra coisa inglesa: nada de confrontos. Liguei para ele assim que a li."

"Pensando bem, a carta foi muito boa. Dizia: 'Não sou só eu, todos sentem o mesmo e não se isolam, mas acho que você deveria ficar bem e não acho que deva estar na próxima turnê'. Para mim, aquilo foi como um pano vermelho para um touro na época. Liguei para ele, que se fez de indisponível, e conversei por um tempo com Mary."

Tolhurst sabia o que tinha de fazer se quisesse continuar vivo. Teve de completar as sessões de desintoxicação que havia deixado pela metade no ano anterior. Novamente, contatou o doutor Campbell, mas desta vez fez o programa inteiro.

"Sim, foi o mesmo médico", ele me contou, "mas depois fui para a reabilitação em Londres, no The Priory, ao lado do Richmond Park. O estranho é que conheci alguém de outra banda, cujo nome não vou dar, que estava ali por algo parecido. O que foi legal, porque tinha alguém com quem almoçar."

Em fevereiro de 1989, a saída de Tolhurst foi oficializada e Smith deu a seguinte declaração (desnecessária e cruel) à imprensa: "Era amigo dele, mas nunca fui muito, muito próximo. Lol simplesmente estava lá. Desde 1985 não tenho uma conversa com ele porque discordávamos sobre quase tudo".

Tolhurst acabou respondendo a isso em 1991. "O que tinha começado como uma banda em que todos tinham sua influência estava sendo implodido", disse, "até não parecer que havia algo para contribuir, mesmo que você quisesse".

Ele foi mais fundo na questão dois anos depois, declarando que Smith lhe disse, depois de receber a carta, para ligar para conversarem sobre as coisas. "Liguei, mas ele decidiu que não queria falar comigo. E foi aí que pensei que não deveria estar mais aqui [no The Cure]. Acho que foi completamente para o lado pessoal."

"Na metade do processo de *Disintegration* as coisas não estavam tão bem", acrescentou. "Não me sentia bem comigo mesmo e acho que a psicose do The Cure aconteceu de novo, de vez. Por muitos anos foi relativamente democrático e era uma situação feliz, mas depois não houve mais democracia e muita gente em volta da banda, como a gravadora, achou melhor assim porque só tinha de lidar com uma pessoa. Isso foi um pouco decepcionante, porque ao longo dos anos coloquei boa parte da minha vida naquilo."

Quando perguntei sobre sua saída e o alcoolismo, Tolhurst foi quase sereno. "Para ser sincero, não me arrependo de nada. Se não tivesse passado por aquilo, não seria quem sou hoje. [2] Minha existência é muito, muito mais feliz agora. Eu era bem rico [na época], mas tremendamente infeliz. Não sei se tenho muito mais controle, mas tenho muita paz."

"Quando começamos na indústria da música", continuou, "era quase esperado que fôssemos essas pessoas descontroladas. Sempre houve muita bebida e tal. Éramos três garotos suburbanos que nunca tinham visto nada daquilo acontecer. Você acaba ficando daquele jeito. Sou grato por ter sido aquilo e saído do outro lado e sobrevivido. Estou vivo."

2 Em agosto de 2005, Tolhurst comemorava 16 anos de sobriedade.

Mas isso estava no futuro. Depois de sua demissão, Tolhurst ainda estava muito amargurado e processou a banda pelo que acreditava ser royalties pendentes. O caso no tribunal tiraria o Cure de circulação por alguns anos e, quando a banda finalmente voltou de suas férias forçadas, a música popular tinha seguido em frente.

Isso não importava em 1989, claro. Com Tolhurst fora, o tecladista Roger O'Donnell foi efetivado no The Cure durante as sessões de *Disintegration*, favorecendo a bem estabelecida formação Smith/Williams/Gallup/Thompson. E sua contribuição para *Disintegration* foi crucial.

Desde *Seventeen Seconds*, no longínquo ano de 1980, os teclados haviam feito parte da parede sombria de som do The Cure. Mas com O'Donnell na banda eles tiveram um papel cada vez mais importante em *Disintegration*, o álbum que, enfim, fundiu com precisão os temas constantes de Smith (mortalidade, morte, desespero) com música grandiosa e altamente assoviável. O'Donnell elaborou formas imensas e monolíticas de som, a Grande Muralha dos teclados. Eles acrescentaram a seriedade necessária à mais recente crise na vida de Smith, algo que o dedilhado com dois indicadores de Tolhurst nunca conseguiria fazer.

"As músicas fluem em seu próprio ritmo lento", observou a *Rolling Stone* em sua resenha de quatro estrelas sobre *Disintegration*, que foi lançado em maio de 1989, "cuidadosamente empilhando camada por camada de texturas sintetizadas semiclássicas sobre os lamentos agora familiares de Smith e canções de amor perturbadas. *Disintegration* pode ser ouvido como o auge da carreira do The Cure ou uma maratona épica e sonolenta de rock artístico". (Em 20 de outubro de 1989, cinco meses depois do lançamento, um milhão de convertidos norte-americanos tinham concordado com a primeira opção. O disco vendeu cerca de 2,6 milhões de cópias no mundo todo.)

"Plainsong" prepara o ambiente para *Disintegration* perfeitamente, desenrolando-se lentamente em uma chuva de sintetizadores e guitarras antes de Smith pegar o microfone, declarando trechos de letras ("Estou com tanto frio") como se estivesse lendo algo tão sagrado quanto os Manuscritos do Mar Morto. Se ele e o navio do The Cure fossem afundar com *Disintegration*, como havia ameaçado, afundariam de modo grandioso. É um rock sinfônico, o tipo de paisagem sonora em tela ampla que não teria sido ignorado pelo herói de adolescência de Smith, David Bowie, especialmente em sua fase *Station To Station*.

Smith sabia que "Plainsong" era a música perfeita para criar o clima. "Queria algo muito rico, muito orquestral."

Equilíbrio era algo que Smith entendia com mais clareza a cada álbum do The Cure. Assim, a mais imediata e acessível "Pictures Of You" vem em seguida, uma espécie de yin do pop de sintetizador para o yang sofrido de "Plainsong". Isso não quer dizer que tenha um tom menos melancólico, mas sua melodia seria desperdiçada se ficasse enterrada no meio de *Disintegration* – era a faixa perfeita para suceder uma abertura tão fúnebre. E quando Smith uiva sobre como lembra quando o objeto de seu afeto estava encolhido em seu abraço ou como esperava senti-lo dentro do coração, enquanto sintetizadores oscilam ao fundo, o fato de ter se tornado uma espécie de ídolo pop quase fez sentido. Essa era uma canção de amor, mesmo que vista pelos olhos de alguém que tinha muita dificuldade em lidar com a idade.

Uma bateria estrondosa abre a faixa seguinte, "Closedown", antes de mais uma textura imponente de teclados entrar em cena. Aqui, Smith está especialmente melancólico – o que não é pouco – ao listar suas falhas. Enquanto lamenta a ausência de amor no coração, uma sinfonia de sintetizadores se ergue como uma orquestra de um homem só. Depois, há outra reviravolta, desta vez com a muito mais animada "Lovesong", que era a declaração de amor mais honesta e sincera a Mary Poole que Smith conseguiria escrever. De forma emocionante, como muitos compositores mais tradicionais antes dele, cantou sobre o contentamento que sentia na companhia dela. Para um homem que preferia cantar sobre desprezo em vez de amor, foi uma confissão corajosa. A sonoridade também era contagiante, construída em torno de uma linha de teclado e uma levada simples de Williams, colocada bem à frente na mixagem.

Smith sentia que "Lovesong" era uma faixa essencial em *Disintegration*. Sem ela, o disco teria sido a desanimação total, a maior queda de todas. "Aquela música, acho, faz muita gente pensar duas vezes. Se ela não estivesse no álbum, teria sido muito fácil falar que ele tem um certo clima, mas jogá-la nele meio que incomoda um pouco as pessoas porque elas pensam: 'Essa não se encaixa'."

"Lullaby" vem depois, uma ode brilhante criada para um dos muitos pesadelos de Smith. "É o tipo de cantiga que meu pai cantava quando eu era mais novo", explicou. "Ele costumava inventá-las. Sempre havia um fim horrível. Algo como 'agora durma, bebê' [seguido por] 'ou você não vai acordar'." Cordas pontilhadas e punhaladas agudas de guitarra formavam o embrulho perfeito para o vocal sussurrado e cada vez mais desesperado de Smith. Embora o videoclipe de Tim Pope fosse tão certo para a música que até superou o single que deveria promover, "Lullaby" era mais um exemplo de Smith encontrando o equilíbrio perfeito entre pop e compaixão.

Disintegration, então, passa pelas densas "Fascination Street", "Prayers For Rain", "The Same Deep Waters As You" e a faixa-título, antes de chegar a um fim de linda tristeza com "Untitled", uma música com apenas acordeão e um jogo de palavras sombrio. Quando ela acaba, não é de se espantar que Smith queria acabar com a banda – o Lovecat estava completamente esgotado, não tinha absolutamente mais nada para dar.

Mesmo assim, nem a contrariedade de Smith poderia impedir a ascensão de *Disintegration* e do The Cure; o álbum foi um sucesso mundial estrondoso. "Percebi nessa época que, apesar de meus melhores esforços, tínhamos virado tudo o que não queria que fôssemos: uma banda de rock de estádio. A maioria das relações dentro e fora da banda se desfez. Chamar o disco de *Disintegration* foi como provocar o destino e ele revidar. A ideia de família no grupo também acabou depois de *Disintegration*. Foi o fim do período dourado."

A gravadora concordou, pelo menos na primeira audição de *Disintegration*. Um mês antes da conclusão do álbum, foi organizada uma festa para ouvir uma versão adiantada com executivos da Elektra. Segundo Smith, eles chegaram esperando a sequência de *Kiss Me*... e saíram murmurando algo inaudível. Foi muito parecido com o conflito entre Smith e Tolhurst durante a mixagem do disco – essa não era a reação prevista. "Havia uma expressão de consternação absoluta no rosto das pessoas", Smith relembrou. "Fui informado uma semana depois de que estava cometendo suicídio comercial. Eles queriam adiar a data de lançamento – achavam que eu estava sendo 'deliberadamente obscuro', o que realmente estava escrito na carta [que Smith recebeu da Elektra]. Guardei e cuidei dessa carta porque *Disintegration* acabou vendendo milhões. Desde então, percebi que gravadoras não têm a menor ideia do que o Cure faz e o que a banda significa. Achava que era minha obra-prima e eles acharam uma merda."

Chris Roberts, da *Melody Maker*, ficou tão confuso quanto os engravatados da Elektra. "*Disintegration* é tão divertido quanto perder um braço", escreveu em maio de 1989. "Como um grupo tão perturbador e deprimente pode ser tão popular?"

Um passo em falso que Smith deu com *Disintegration*, no entanto, foi a imagem da capa: uma foto só do líder do The Cure, mais uma criação da Parched Art. Por causa da recente demissão de Lol Tolhurst e da crescente proeminência de Smith como astro da banda, pareceu uma estranha jogada egocêntrica. Talvez *Disintegration* estivesse mais perto do álbum solo de que Smith falou durante anos.

Previsivelmente, Smith recebeu críticas da imprensa musical e dos amigos da banda, mas se defendeu insistindo que ele e o resto do The Cure tinham aprovado a imagem. Também entrou em detalhes sobre a composição compartilhada em *Disintegration*; metade das faixas tinha colaboração musical substancial dos outros membros. Não era só Robert Smith e banda, mesmo que parecesse e soasse assim.

Quanto ao nome do álbum, Smith sabia que seria lido como o obituário do The Cure, mas essa não era bem sua intenção. Era mais sobre o efeito Dorian Gray. "Não tinha a ver com o grupo", disse quando o álbum saiu. "É mais como uma desintegração interior, e algo que senti de forma muito aguda e que sentirei ainda mais ao envelhecer. É aquela sensação de tudo desmoronando."

Se esse realmente era o fim da estrada para o Cure, alguém tinha se esquecido de informar seu público vestido de preto. Lançada em abril, "Lullaby" se tornou o single da banda que foi mais longe nas paradas britânicas, chegando ao número cinco. Em 13 de maio, *Disintegration* havia atingido o número três das paradas, mais um recorde para a banda. A Prayer Tour veio em seguida – Gallup ficou um pouco receoso com o nome, achando que poderia ser confundido com a turnê de Madonna para o disco *Like A Prayer*.

Smith percebeu que era melhor se despedir em grande estilo. Desde 1987, ele e Gallup tinham ficado com cada vez mais medo de voar, então, depois da perna europeia da Prayer Tour, que os fez tocar para 40 mil parisienses em duas noites no Paris Omnisports e também ir para o outro lado da Cortina de Ferro pela primeira vez, eles decidiram não voar para Nova York para começar a próxima turnê norte-americana. Para que voar quando se pode navegar no *Queen Elizabeth 2*?

O QE2 foi um truque como tantos outros na carreira de Smith e do The Cure. Ele declarou que, por causa de seu medo de voar (que Gallup por acaso também tinha), não poderia viajar de 747 à América do Norte. Chegar pelo mar era a única opção. Mas a verdade era: ao insinuar um medo de viajar de avião, Smith esperava reduzir o número de shows que a banda tinha de fazer e aumentar os dias livres para as viagens. Talvez os promotores se recusassem a pagar e a banda não tivesse de fazer a turnê. É claro que isso não aconteceu – e Smith não percebeu o que havia no mais sofisticado navio de cruzeiro: tantos bares a bordo quanto garçons, além de um cassino para aquelas horas ociosas.

"Cheguei à América destruído", contou sobre sua travessia do Atlântico. "Foram cinco dias em um barco com uns 47 bares e um cassino. Foi como uma turnê antes da turnê."[3]

O próximo choque à espera da banda foi seu primeiro show nos EUA em 1989, no Giants Stadium, em Nova Jersey, com capacidade para 54 mil pessoas. Mais de 44 mil fãs apareceram – 30 mil ingressos tinham sido vendidos no primeiro dia –, provando que o Cure tinha ido muito além do status de banda cult. Eram verdadeiros superastros pop. Roger O'Donnell, por exemplo, ficou boquiaberto com a recepção que a banda teve no Giants Stadium. "Ficamos no mar por cinco dias", ele se espantou. "O estádio era grande demais para absorvermos tudo. Decidimos que não gostamos de tocar em estádios tão grandes."

Enquanto isso, no continente europeu, o presidente francês François Mitterand tinha enviado um convite pessoal à banda para ir a Paris. Quando essa loucura acabaria?

"Nunca foi nossa intenção ficarmos tão grandes", Smith declarou, enquanto a turnê chegava a Filadélfia. "O objetivo era apenas aproveitar o que fazíamos no momento."

As vendas mundiais de *Kiss Me...* chegaram aos dois milhões de cópias e ainda aumentavam, e *Standing On A Beach* tinha atingido 2,3 milhões. "Fascination Street", o primeiro single nos EUA extraído de *Disintegration* – para acompanhar o filme *De Volta para Casa* –, já havia encostado no Top 40, enquanto "Lovesong" estava rapidamente atingindo o número dois, o mais alto que o Cure conseguiu chegar do topo das paradas dos Estados Unidos. *Disintegration* atingiu o número 12 nas paradas de álbuns da *Billboard*, vendendo seu primeiro milhão em meados de outubro – com o tempo, acabou superando as vendas do disco anterior. Era muito além do veredito de "suicídio comercial" que os executivos da Elektra tinham dado ao disco.

3 Não que isso tenha evitado que ele e parte da banda viajassem no *QE2* antes de suas duas turnês norte-americanas seguintes, claro. Foi uma das exigências pré-turnê mais esquisitas da história do rock.

A banda ensaiou mais de 50 músicas para encher seus sets, que agora passavam de duas horas. Para dar às massas o que elas realmente queriam, fizeram um videomaker percorrer os diversos estádios antes, para gravar pedidos. Smith e a banda assistiam à fita antes de começar a tocar.

Quando a Prayer Tour chegou à costa oeste (com Pixies, Shelleyan Orphan e Love And Rockets na abertura), o Cure lotou o Dodger Stadium, para 50 mil pessoas. A banda tinha chegado a um nível de fama desfrutado por lendas britânicas como Beatles, Rolling Stones, The Who, Led Zeppelin e Pink Floyd, e – naturalmente – isso inspirou Smith a lançar a mais recente de uma longa fila de ameaças de morte do The Cure.

"Chegou a um ponto em que pessoalmente não consigo lidar com isso", disse, "então decidi que esta vai ser nossa última turnê".

A comitiva de Smith, claro, havia inchado proporcionalmente ao novo status da banda, o que também deixava Smith incomodado. "É estranho estar no centro de um grupo de 30 pessoas e todas ouvirem o que você diz", admitiu. "[Mas] quando esse grupo se transforma em 300 pessoas, é mais do que estranho. Alguns se divertem com isso, eu não."

O Cure pode ter mantido o preço de seus ingressos em um patamar razoável (entre 18 e 20 dólares), mas isso não atrapalhou os lucros. A primeira noite, em Nova Jersey, arrecadou a ótima soma de 966.189 dólares; duas noites depois, a banda lotou os 16.500 lugares do Landover, em Maryland, que depositou outros 321.750 dólares nos cofres do The Cure. Um show esgotado no Spectrum, na Filadélfia, para mais de 15 mil pessoas, rendeu mais de 250 mil dólares, enquanto dois shows em Chicago no final de agosto levantaram quase 500 mil dólares. Seu show em 9 de setembro, no Oakland Coliseum, com capacidade para 13 mil pessoas, também lotou; depois, o Cure encheu os 20 mil lugares no Shoreline Amphitheatre, em Mountain View, Califórnia, os 12 mil do San Diego Sports Arena e o Summit, em Houston, onde teve 13.185 espectadores e recebeu gordos 250 mil dólares. No entanto, o recorde da turnê foi o show de 8 de setembro no Dodger Stadium, em Los Angeles. Não havia uma cadeira vazia no lugar – e a noite rendeu 1,25 milhão de dólares, que sem dúvida ajudaram a engordar o pé de meia da aposentadoria de Robert Smith. Dos 14 shows da Prayer Tour para os quais os números de bilheteria estão disponíveis, o Cure arrecadou quase 6 milhões de dólares, atraindo mais de 270 mil espectadores. Foi um ano muito bom.

Nos bastidores, entretanto, o clima não era tão animado. Embora os acordes épicos de *Disintegration* fossem ideais para estádios cavernosos nos EUA e galpões de concreto que o Cure estava lotando, o humor da banda oscilava no palco. Depois da turnê, a maior da vida do The Cure, Smith ouviu vários bootlegs dos shows, impressionado com as muitas faces da banda ao vivo.

"Algumas noites foram bastante emotivas", disse. "Eu estava histérico, arrancando os cabelos no final da turnê. Ela foi difícil, havia muita merda acontecendo nos bastidores."

Essa merda incluía as drogas recreativas obrigatórias, que vão de mãos dadas com uma banda tocando nesse nível platinado. Para Smith, isso só aumentou sua sensação rapidamente crescente de autoimportância, o que era intrigante para um cara que uma vez cantou "não importa se todos morrermos" – e acreditou nisso. Ele estava até começando a fazer compras típicas de astro do rock: em Nova Orleans, escolheu o que descreveria como "uma camisa indígena de invisibilidade com bolsos para ervas". A alfândega britânica reteve a camisa por sete meses, tentando entender o que havia nos bolsos, que não tinham sido abertos em 200 anos. Smith a usou exatamente uma vez antes de jogá-la no fundo do guarda-roupa.

"Não parecia eu", disse depois, refletindo sobre sua mentalidade na turnê, "mas aquilo também era parte das drogas. Estava vivendo duas vidas muito diferentes na Prayer Tour. Fui muito cruel. [E] se uma pessoa decide agir de certa maneira, [então] todas as outras estão ferradas".

Para colocar mais tensão em um relacionamento já problemático com todos ao seu redor, Smith lembrava a qualquer jornalista que perguntasse que essa era sua última turnê. Não havia dúvida, pelo menos para ele. Não era para o Cure ter ficado tão famoso. Ele tinha se cansado. Só queria desaparecer no quintal em Bognor Regis com Mary, seu telescópio e a cerveja caseira do pai (e, claro, sua gorda conta bancária), mas também havia uma pergunta sem resposta: até que tamanho o Cure poderia chegar?

Smith sabia que existiam influências externas ditando o futuro da banda, incluindo a Fiction e Chris Parry. "Era gente como Bill [Parry] dizendo 'Ah, vocês estão no auge, venderão mais discos, vão tocar para mais pessoas, podem ficar cada vez maiores', mas tudo se baseava na mesma coisa: 'Você pode ganhar muito dinheiro'."

O que Smith precisava, assim que a banda voltasse ao Reino Unido depois de 24 shows lotados na América do Norte, era de uma nova sensação. Ele estava cansado da rotina de gravar/promover/viajar e estava disposto a quebrar o círculo. A ideia que teve, que ficaria conhecida como *Mixed Up*, provavelmente foi a mais mal compreendida e difamada de sua vida.

No entanto, antes mesmo de *Mixed Up* sair, o Cure teve um ano bem animado, especialmente para uma banda que poderia estar em hibernação. Em fevereiro de 1990, "Lullaby" recebeu o prêmio de Melhor Videoclipe de 1989 na premiação anual Brits. O prêmio foi merecido: o clipe, em que um Smith preso à cama é lentamente digerido por um aracnídeo gigantesco enquanto seus colegas de banda cobertos de teias olhavam (e tocavam), era um total pesadelo gótico, talvez o melhor trabalho de Tim Pope com a banda. O vídeo de 80 mil libras – "estão fazendo um filme para o cinema aqui", disse Pope do set – foi filmado em um armazém no sul de Londres. A "aranha" na verdade era um grande orifício peludo que, segundo uma matéria da Q, estava "cheio de uma gosma pegajosa que tem a aparência e o cheiro de uma cola Airfix". Um Smith amarrado, mais uma vez sofrendo por sua arte, foi pendurado no teto e várias vezes mergulhado no buraco negro pegajoso e fedorento.

Entreat foi o próximo lembrete de que o Cure estava só dormindo. Com versões ao vivo de "Fascination Street", "Pictures Of You", "Prayers For Rain" e diversas outras faixas, gravadas nos shows em Wembley no verão inglês anterior, foi oferecido como brinde em edição limitada pela loja HMV, com a condição de que o fã dedicado também comprasse dois álbuns já lançados. No começo, Smith tinha planejado *Entreat* como um álbum apenas promocional para fanáticos pelo The Cure na França; ficou possesso (com razão) quando fãs começaram a reclamar da necessidade de comprar discos mais antigos para conseguir um suvenir de seus shows mais recentes. Smith acabou intervindo, mas só em 1991 o álbum foi disponibilizado nas lojas.

Enquanto Smith fazia o possível para acalmar os fãs, um terceiro single de *Disintegration*, "Pictures Of You", começou a subir para o número 24 das paradas britânicas no final de março, o que dizia muito sobre o poder de permanência de um álbum lançado 10 meses antes. Foi um sinal de que, apesar de uma invasão de produtos da banda nos últimos três ou quatro anos, para algumas pessoas simplesmente nunca era suficiente. Smith já estava reconsiderando não acabar com o Cure. Quando foram convidados para ser a atração principal do festival Glastonbury pela segunda vez, não precisou de muito convencimento para concordar. Pressionado para comentar, ressaltou que só havia dito que a banda não faria mais turnês. Simon Gallup foi mais direto. "O filho da mãe só queria fazer isso de novo", disse para a imprensa.

Em uma jogada que antecedeu boa parte da atividade do The Cure na década seguinte, Smith e banda alugaram uma mansão no campo (que já havia sido do ator Dirk Bogarde), para ensaiar um set para esse show único. Todavia, houve um estrondo na formação do The Cure: Roger O'Donnell, cuja contribuição tinha sido crucial para *Disintegration*, havia decidido seguir carreira solo. A versão oficial da banda foi a de que o recém-recrutado tecladista tinha brigado com Williams e Gallup ao ponto de "não poderem trabalhar juntos" (não até 1994 pelo menos, quando O'Donnell voltou).

Seu substituto foi o leal roadie Perry ("Teddy") Bamonte, algo que teve a mesma lógica da mudança de Lol Tolhurst da bateria para os teclados oito anos antes, porque Bamonte era técnico de guitarra. Bamonte, que tinha frequentado a St. Nicholas School com Martin Gore (Depeche Mode), tinha sido desencorajado a tocar guitarra na escola, em especial quando tentava tocar com a mão esquerda. "Consequentemente, só comecei a tocar aos 17 anos", contou via e-mail.

Um grande fã dos heróis glam Bowie e Bolan e do mago da guitarra Jeff Beck, Bamonte teve seu aprendizado musical em bandas há muito tempo esquecidas, como Anorexic Dread, The School Bullies e Film Noir. Ele me disse que havia um motivo para o anonimato delas. "Todas essas bandas eram uma porcaria. Toquei com elas para poder subir ao palco e fazer barulho. Não havia uma direção, nenhuma fagulha de potencial." O Anorexic Dread assinou contrato com uma gravadora, mas com base "principalmente no nosso visual", afirmou Bamonte. "Pense em um encontro da banda Virgin Prunes com o livro *O Senhor das Moscas*."

Através do irmão Daryl (na época roadie do Depeche Mode, depois virou empresário do The Cure), Bamonte conseguiu um trabalho de roadie com o Cure em 1984, alegremente abandonando sua mais recente banda. "O dinheiro era melhor", contou, "e eu podia ver uma das minhas bandas preferidas toda noite".

"Nunca vi uma possibilidade de entrar para o Cure", continuou, "nunca houve uma lista de finalistas, porque ninguém pretendia sair". Durante as gravações de *Kiss Me*... no Miraval, a irmã de Robert, Janet, ensinou Bamonte a tocar teclados, o que levou a seu recrutamento. "Com a paciência de uma santa, ela passou um mês me ensinando os rudimentos de tocar piano. Antes daquilo, não sabia nada." A verdade é que sua entrada foi mais um reconhecimento por seus serviços dedicados como membro de longa data da equipe. Foi semelhante ao recrutamento de Gallup em 1980: Smith continuava querendo se cercar de amigos leais.

"Poderíamos ter contratado um profissional para assumir seu lugar", pensou Smith, "mas por que não usar alguém que conhece todas as músicas?". Bamonte explicou como seu papel como roadie ia muito além de cordas partidas e afinações no meio do show. "Minha transição para membro da banda foi fácil, porque já era amigo de todos e passava o tempo todo com eles. Foi bem tranquilo."

Os meses seguintes não exemplificaram apenas o ano de 1991 do The Cure, mas basicamente toda a década: para cada destaque havia vários passos para trás. Bamonte estreou em Paris, no show anual do Dia da Bastilha.

"Passei o dia vendo a montagem do palco", lembrou quando conversamos, "pensando em como devia ter sido parecido para prisioneiros vendo a guilhotina ser construída. [O show] durou uma hora e meia, mas para mim pareceu 20 músicas, uma névoa de ruído e luz e teclas brancas e pretas".

O show do The Cure como atração principal em Glastonbury, seguido por oito datas em festivais europeus, foi bem recebido, mas Smith sentiu que o evento foi mal organizado ("Pensei: 'O que estou fazendo aqui?'", enquanto olhava para a multidão imensa).

Pouco antes de Glastonbury, o novo The Cure tinha passado um tempo gravando um EP com o produtor Mark Saunders (cujo currículo no futuro incluiria Erasure, Lisa Stansfield e Tricky). Embora as sessões fossem uma bagunça, a contratação de Saunders foi uma declaração muito clara de que os integrantes da banda não estavam totalmente desconectados do mundo exterior. O movimento da acid house tinha estourado na Inglaterra, trazido de Chicago por inovadores como Genesis P-Orridge, do Throbbing Gristle, que havia frequentado as boates de Chicago no fim dos anos 1980. Junto com a relativamente nova droga MDMA (nome nas ruas: ecstasy), o movimento tentou encontrar uma base comum entre guitarras, psicodelia e groove, e tinha levado a registros que definiram uma era, como o single "Voodoo Ray", do A Guy Called Gerald, e o disco *Newbuild*, do 808 State. *Bummed*, do Happy Mondays, veio logo depois – Smith era fã, chamando o som de "brilhante" –, assim como o autointitulado álbum de estreia do Stone Roses, de 1989, e o monumental *Screamadelica*, do Primal Scream. A mudança cultural inspirou até Irvine Welsh (de *Trainspotting*) a escrever um livro, com o título imaginativo de *The Acid House*. O movimento acid house também gerou derivados como "baggy", que parecia se referir tanto a usar roupas vergonhosamente folgadas quanto ao funk branco chapado tocado por bandas como Happy Mondays e Inspiral Carpets.

Smith tinha reconhecido o novo som do Reino Unido, o chamado Verão do Amor, mesmo que apenas para denunciá-lo. "Tudo parece horrível de tão forçado", disse a Tom Popson, do *Chicago Tribune*. "Acho que tem mais a ver com a venda de camisetas do que com a música."

Seu humor logo mudou, sobretudo depois das tumultuadas sessões com Saunders. "Estávamos fazendo muita coisa eletrônica", contou, "e achei que seria a hora de tentarmos aquilo de verdade, independentemente de funcionar ou não".

A única música que sobreviveu das sessões de Saunders, "Never Enough", era um exercício de guitarra solta e bastante suja com uma subcorrente funk e se tornou a primeira nova do The Cure nos anos 1990, chegando ao número 13 nas paradas britânicas no final de setembro. O videoclipe de Pope, em que boa parte da banda ficou espremida dentro de uma caixa pela primeira vez desde "Close To Me", tinha Chris Parry em sua primeira aparição na tela desde *The Great Rock & Roll Swindle*. Ele pode ser visto na abertura do clipe, disfarçado de mestre de cerimônias de um circo de esquisitices. Era claramente um caso de arte quase imitando a vida.[4]

Intrigado com as possibilidades do remix dance, que poderia dar nova vida a velhas músicas, Smith começou a encomendar faixas antigas, com planos vagos para um álbum de remixes. "Close To Me" foi oferecida ao DJ/produtor Paul Oakenfold, veterano das raves de Ibiza. "The Walk", que teve de ser regravada (a fita original tinha sido apagada acidentalmente), foi dada a Mark Saunders, assim como "A Forest". William Orbit trabalhou em "In Between Days", enquanto Bryan "Chuck" New ficou com "Pictures Of You". *Mixed Up* começou a tomar uma forma concreta no final de 1990, quando Smith retomou o Cure para a última década do milênio.

Smith defendeu com sensatez a esperada acusação de pegar o bonde da moda. "Fazemos coisas dançantes desde 1982, e só o Depeche Mode e o New

4 O diretor Pope também apareceu em "Never Enough", no papel de um vidente.

Order faziam isso na mesma época. Nunca fomos percebidos como muito modernos, contemporâneos ou cool, mas tudo bem, porque isso significa que podemos fazer as coisas e desconsiderar o que deveríamos estar fazendo. [E] se tínhamos que pegar algum bonde, ele foi embora há muito tempo."

Quando muito, Smith e o Cure estavam um pouco à frente do bando. No final da década, remixes eram tão comuns quanto vídeos caros e ônibus de turnê equipadíssimos para todos, do U2 ao Linkin Park, embora rappers como Sean "Puffy" Combs tentassem aumentar suas reputações duvidosas declarando que inventaram o remix. Apesar de estrear no Top 10 em meados de novembro, *Mixed Up* saiu rapidamente das paradas, depois de deixar os fãs do The Cure mais confusos do que felizes. Robert Smith percebeu que, para se manter no topo, o Cure teria de pensar mais em guitarras e menos nos grooves.

Para o Cure, 1991 começou ainda mais discretamente do que 1990. Houve alguns momentos de ação: um show "secreto" em janeiro no Town And Country 2, em Londres, em que a banda usou o nome não tão secreto de Five Imaginary Boys, e outro prêmio Brit em fevereiro, desta vez como Banda do Ano.

O apresentador Roger Daltrey (The Who) estava claramente feliz porque uma "banda de verdade", em vez de outro grupo pop pasteurizado, ganhou o prêmio, fazendo um comentário irônico de que era um alívio entregar o Brit a humanos, e "não a uma bateria eletrônica". Robert Smith, como era de se esperar, não ficou tão impressionado com a noite. "São um bando de idiotas", declarou na festa pós-premiação no Grosvenor Hotel. "E os votos são corrompidos. É uma farsa, porque achei que também fomos a melhor banda do ano passado." Sua opinião era a de que os organizadores do Brit se apoiaram no The Cure para aumentar a credibilidade da premiação (outros ganhadores da noite incluíram Betty Boo, MC Hammer e Lisa Stansfield, então não foi exatamente um ano notável para a música). Claramente enfurecido e sem a ajuda de playback, ao contrário da maioria dos outros artistas da noite, o Cure tocou "Never Enough" e depois encheu a cara.

Mas o desastre do Brit não foi nada se comparado ao vento gélido que começou a soprar na direção de Smith em meados de 1991. Lol Tolhurst pode ter seguido em frente depois do The Cure, casando com Lydia, sua namorada de vários anos (seu filho Grey nasceu logo depois), e formando um novo grupo, Presence, com o ex-roadie do The Cure Gary Biddles, mas ainda estava magoado com sua demissão. Também sentia que não tinha sido totalmente compensado por seus 12 anos na banda.

Em agosto, a revista *Select* noticiou que Tolhurst estava processando o Cure, exigindo um valor que sentia que estavam lhe devendo. Embora outras notícias dessem vários motivos para o processo de Tolhurst – até a propriedade do nome The Cure foi mencionada, assim como o mau uso de royalties devidos a ele que foram redirecionados para o fundo de turnê da banda –, o principal fator foi: os advogados de Tolhurst acreditavam que o contrato renegociado pela banda com a Fiction e a Polydor, assinado em dezembro de 1986, dava a Smith e Chris Parry uma fatia exagerada dos lucros do The Cure com gravações. Tolhurst tinha assinado, mas agora insistia que não havia recebido conselhos e informações adequados sobre o novo acordo. Afirmou que confiou em Smith para explicar o contrato – e agora se arrependia disso. (Qualquer um que tocasse em um disco do The Cure depois de 1986 receberia créditos de composição e "pontos" por participação, em vez de salário ou valor fixo. Como no final dos anos 1980 o Cure tinha vendido oito milhões de discos no mundo todo, era um acordo especialmente generoso da parte de Smith. Perry Bamonte confirmou isso: "Todos os membros da banda receberam o que considero uma fatia muito generosa dos royalties musicais para cada álbum", ele me disse. "Robert é sagaz e justo nesse sentido.")

"O caso nos tribunais... Eu sentia muito ressentimento", Tolhurst me explicou. "Na época, não sei, eu me senti maltratado."

"Fui consultar [um advogado] em Londres... [para] ver se estava legalmente livre para assinar um novo contrato para o Presence. Ele disse: 'Está, mas você notou que em seu contrato de 1986 você passou de sócio a basicamente um acionista e a parceria pode não ter sido dissolvida da forma correta? Talvez seja bom escrever para eles'. Concordei. Fizemos isso e os quatro anos seguintes começaram."

"Senti que pelo menos podia explicar às pessoas e ter meus sentimentos validados. Estava mais chateado com Parry do que com Robert ou outras pessoas."

Tolhurst admitiu [no tribunal] seus problemas sérios com álcool e que isso tinha afetado seu papel criativo na banda. "Estava bebendo muito", Tolhurst disse, "e era o alvo das piadas e agressões de todos. Como resultado do abuso e das críticas contínuas, fiquei muito doente e perdi mais de 6 quilos".

Ele também revelou, em detalhes muito francos, o "círculo vicioso" da bebida, como fazia isso para ganhar confiança, mas se viu perdendo o que precisava para tocar. Isso, inevitavelmente, levou Tolhurst a ser abusado pelo resto do The Cure. "Os outros membros da banda constantemente faziam pegadinhas comigo", revelou. "Os dias passavam e as piadas ficavam cada vez mais maldosas" (uma olhada superficial em qualquer videoclipe do The Cure a partir do LP *Kiss Me*... mostra como Tolhurst foi reduzido ao pateta da banda. Sua situação era muito pior longe da câmera de Tim Pope).

Smith ficou furioso e perturbado com as ações de Tolhurst. "É realmente estúpido", disse na época. "Ele perderá, terá de pagar os custos e isso custará mais do que espera ganhar. E ele vai perder qualquer credibilidade que tinha com relação ao que fez no The Cure, porque tudo será revelado."

Ele estava muito claramente se referindo a como a contribuição criativa de Tolhurst tinha diminuído disco após disco. Segundo o que consta, Smith gastou vários milhares de libras em um teclado Emulator para Tolhurst durante sua mudança da bateria para as teclas depois de *Pornography*, mas o instrumento só foi ligado três meses depois. Em vez disso, ele passou o tempo cultivando o hábito de usar cocaína. Tolhurst nega isso. "Tentei aprender", ele me contou. "Na época, você precisava de um diploma em Física para entender as coisas. Tinha hexadecimais e tudo aquilo."

"Àquela altura [época de *The Top*] eu era a única pessoa disposta a investigar esse tipo de coisa. Quis tentar entender essa nova tecnologia. Todos estávamos interessados nela, mas fui o único disposto a aprender." Justin Jones, do And Also The Trees, confirma isso. "Lembro que Lol estava muito mais interessado nos teclados do que na bateria [quando estava] passando de um para outro no The Cure", contou.

Cansado de um caso nos tribunais que considerava completamente inútil, Smith decidiu entrar em estúdio. Em setembro, ele e a banda finalmente tinham começado as sessões para seu próximo álbum, *Wish*. Saudosa da experiência pré-Glastonbury na velha casa de Dirk Bogarde, a banda montou acampamento no Shipton Manor, uma ampla mansão em estilo Tudor transformada em estúdio no interior de Oxfordshire, que pertencia a Richard Branson, empreendedor da Virgin. Se a banda precisava se afastar das más vibrações emanadas pelo processo de Tolhurst, esse era o lugar perfeito: espaçoso e isolado. Como um jornalista escreveu, “eles estão cercados por muita sofisticação: espelhos antigos gigantescos refletem cortinas pesadas de veludo e tapetes persas suntuosos, [e há] uma lareira que dá para morar dentro e uma mesa de madeira longuíssima”.

A propriedade de Branson era totalmente à moda antiga, exceto por um toque muito cafona e muito moderno: um mural imenso em *trompe l'oeil* que cobria o átrio do Manor. Era a própria Capela Sistina do Britpop dos anos 1980, um lembrete diário ao The Cure de basicamente tudo o que a banda desprezava na música. Sempre que eles passavam pelo átrio, olhavam para o teto e eram sujeitos a imagens enormes de Boy George, Mike Oldfield, Bono, Feargal Sharkey, Jim Kerr (um alvo em particular do escárnio de Smith ao longo dos anos) e Phil Collins olhando para eles. Estranhamente, os filhos de Branson também apareciam no mural.

A banda ficou enfurnada nessa mansão por muito tempo, mas não demorou muito para que se envolvesse em uma redecoração criativa. Bamonte, em especial, provou ser um verdadeiro artista. No final de sua estada, o sorriso convencido de Phil Collins permaneceu, mas seu cabelo esvoaçante foi substituído por uma careca rosa brilhante, uma representação muito mais exata do Sr. Collins no começo dos anos 1990.

A obra de arte de Bamonte também se estendeu a caricaturas brutais do grupo e de suas parceiras. Esses desenhos foram espalhados por todo o estúdio, junto com a coleção de Smith de poemas de Emily Dickinson, imagens da Tank Girl e manchetes preferidas recortadas, em estilo malicioso, do *The Sport* e do *News Of The World*. Era quase uma repetição da época divertida da banda no Miraval durante a gravação de *Kiss Me Kiss Me Kiss Me*, mas com menos mudanças na formação e sem um vinhedo à disposição.

O Cure, junto com o produtor Dave Allen, também havia adotado a piromania enquanto acampou na Branson Manor. Na verdade, havia mais fogos de artifício estourando fora do que dentro do estúdio: embora as gravações de demos em Londres para o álbum tivessem sido relativamente tranquilas, registrar isso provou ser extremamente difícil. Bamonte, que se lembrou das sessões de *Wish* como “um período maravilhoso em um lugar lindo”, virou o fogueteiro do The Cure: entrou em modo pirotécnico e o céu se iluminava toda noite.

"O que fiz durante nossa estada no Manor", contou, "foi construir foguetes – primeiro na forma de kit, depois com minhas próprias criações, cada vez maiores. Os melhores eram os lançamentos à noite, quando instalei luzes nos cones das pontas que iluminavam os paraquedas enquanto o foguete descia. OK, sou um *geek*, mas foi realmente divertido".

Embora a banda não tivesse ultrapassado seus feitos na degustação de vinhos das sessões no Miraval (a lenda diz que mais de 150 garrafas foram consumidas por semana), havia bebida suficiente em Shipton para inspirá-la a tentar a sorte na arte secreta de engolir fogo. As sessões podem ter sido difíceis de aguentar, mas a vida noturna era divertidíssima.

Quando não iluminavam os céus (ou botavam fogo em si mesmos), Smith e a banda tinham dificuldades de se reestabelecer musicalmente. Embora *Mixed Up* tivesse sido uma tentativa fracassada de experimentação (um passeio pelo mundo do remix e da acid house), o Cure agora estava se ajustando a uma formação com mais guitarras. Bamonte tinha passado para seu papel mais familiar como homem dos riffs, formando um ataque de guitarras triplas. Ao mesmo tempo, o chamado movimento "shoegazing" tinha gradualmente erodido o impacto do "baggy". Muitas bandas que tinham saído de Manchester no final dos anos 1980, como o Happy Mondays e o Stone Roses, não estavam fazendo músicas novas – estavam ocupadas demais se desfazendo em uma orgia de dólares e drogas. Agora quem estava sob os holofotes da imprensa musical eram bandas como Slowdive, Ride, Lush e My Bloody Valentine, todas com uma pegada cheia de efeitos e desprovidas de humor (e, às vezes, de afinação).

Quando perguntado se o "shoegazing" teve algum impacto em *Wish*, Smith apenas respondeu: "Definitivamente acho que teria sido um disco muito diferente se tivéssemos as mesmas músicas, mas gravadas na época do *Disintegration*".

O que está claro é que *Wish* foi o último suspiro do The Cure em seu auge comercial. O álbum estreou no número um no Reino Unido e na segunda posição nos EUA, vendendo um milhão de cópias em terras americanas um mês depois do lançamento. Lançado no 33° aniversário de Smith, o disco tem menos faixas que *Kiss Me Kiss Me Kiss Me* e não tinha boa parte do psicodrama de *Disintegration*. Em vez disso, *Wish* era o som do The Cure removendo algumas camadas. Com Roger O'Donnell fora da banda, o Cure pegou leve nos sintetizadores imponentes que haviam dominado o álbum anterior. Os arranjos de *Wish* eram mais concisos e baseados nas guitarras, mesmo com seu clima predominante tão dark e lúgubre quanto os anteriores.

Smith estava obviamente com um humor muito literal porque *Wish* abre com "Open" (e termina com "End"). "Open" é um jorro característico de emoções confusas de Smith e guitarras ríspidas; mas é bem fácil interpretar a faixa como a reação de Smith aos cinco anos intensos do The Cure sob os holofotes, em especial quando ele canta sobre o desespero com a pressão de relações públicas para cumprimentar quem pode beneficiar sua carreira – e as vendas da gravadora – quando ele claramente preferiria estar na cama. Era quase um ataque aos parasitas e bajuladores que o cercavam desde que *Standing On The Beach* estourou, em 1986. Também foi uma grande aposta de Smith, ousando insultar quem fez dele um astro, mas não foi tão anormal para um dos caras mais do contra no pop.

Mas Smith ainda entendia o poder da expectativa – afinal, qual o motivo para incluir joias pop leves como "High"? Criada em torno de uma melodia de Gallup, há na faixa alguns minutos tradicionais de amor e arrependimento, com uma linha de guitarra quase etérea de Porl Thompson, mas algo não está totalmente certo, não é totalmente convincente – é como se o Lovecat estivesse apenas permanecendo no personagem, seduzido pela possibilidade de só mais um hit (*Wish*, embora não fosse um fracasso, não gerou um single com a potência de "Lullaby" ou "Just Like Heaven", ainda que "Friday I'm In Love" muito possivelmente fosse o mais alegre que Smith já soou em um disco).

Wish então pega um caminho muito mais profundo e sombrio com "Apart" e a peça central do álbum, a arejada "From The Edge Of The Deep Green Sea", uma canção enganosamente simples, mas não menos épica, formada em torno de um riff insistente de guitarra e do expurgo emocional de seis versos de Smith. Quando questionado sobre o tema da faixa, Smith só respondeu: "Drogas". Se a motivação de "Deep Green Sea" realmente era algo tão direto, Smith estava usando alguns tóxicos potentes – o que mais explicaria uma letra depressiva ao extremo que descreve o prelúdio ao sexo de uma maneira tão direta e desanimadora e que atinge o clímax com uma entrega obediente e sem satisfação?

Wish era um álbum enganoso: o retorno das guitarras ao centro do som pode ter formado uma paisagem sonora mais simples e direta, mas Smith estava se abrindo liricamente ainda mais. Diferentemente de *Disintegration*, não tinha um matagal sonoro denso para se perder desta vez.

É claro que *Wish* não poderia ficar mais sombrio – Smith pode ter desejado afugentar alguns fãs tardios com o álbum, mas não queria afastar completamente todos. Movida por um som de guitarra funk, "Wendy Time" é mais leve e divertida, e provavelmente o elo fraco do disco, sem saber se é uma música pop ou algum tipo de experimento em funk-rock.

"Doing The Unstuck" – com seu canto "vamos ficar felizes" – é o mais vibrante que Smith tinha soado em anos. Foi a primeira música que a banda compôs no Manor. Smith ficou tão encantado com ela que grudou a letra na porta da sala de controle, "para que todos sentissem que tinham de aproveitar o dia ao máximo". Só que a faixa seguinte, "Friday I'm In Love", superaria até isso em pura exuberância alegre. Com uma guitarra acústica cuidadosamente dedilhada e Smith em pleno modo Lovecat – complementado por um videoclipe tipicamente caótico e extravagante de Tim Pope –, "Friday" era um hit certeiro, mesmo com um exame mais detalhado da letra indicando que seu autor ficava abatido por pelo menos seis dias da semana, até a sexta-feira tirá-lo da apatia. (Como foi revelado, "Unstuck" e "Friday" foram as duas últimas faixas concluídas por Smith no álbum. Todo o resto tinha sido composto durante os dois anos anteriores, quando seu humor estava um pouco mais azedo.)

"A Letter To Elise", uma das faixas com mais romantismo sombrio e poder emocional que Smith e a banda já gravaram, traz a referência literária obrigatória, com inspiração de *Les Enfants Terribles*, de Jean Cocteau (do qual Smith quase fez a trilha sonora para o Royal Ballet uma década antes), e *Cartas a Felice*, de Franz Kafka. Smith a caracterizou simplesmente como uma música sobre "resignação".

"Cut" e "To Wish Impossible Things" mantêm o ambiente triste. A última era mais uma música sobre "relacionamentos" de Smith. "Em todas as relações", ele disse, "há sempre buracos dolorosos, e é aí que desejos impossíveis entram". Smith levou o clima solene do álbum a um novo ponto baixo com "End". Seu apelo insistente aos fãs de que o haviam entendido mal era um pedido aos fanáticos sufocantes da banda, os seguidores que o haviam forçado a uma existência quase de ermitão, para se afastarem. Quase 30 anos antes, Smith havia ficado enfeitiçado quando sua irmã tocou "Help!", o grito de dor dos Beatles. Agora, ele entendia o lado ruim da celebridade e da fama com quase a mesma força que os Fab Four.

"De certa forma", disse, "sou eu falando comigo mesmo; é sobre o personagem que às vezes incorporo. Em outro nível, é para as pessoas que esperam que eu saiba coisas e tenha respostas – fãs e alguns indivíduos. Vai além das minhas circunstâncias de celebridade".

Em 2004, durante mais uma conversa com a *Rolling Stone*, Smith admitiu que se sentia muito isolado durante a gravação de *Wish*. Houve alguns paralelos com os dias sombrios passados gravando os vocais para *Disintegration*, com o resto da banda ausente. "[Foi] como se estivesse fazendo o álbum sozinho e os outros, só tocando", afirmou sobre *Wish*. "Alguns dias eram muito, muito bons; outros eram muito, muito horríveis. Senti que não estávamos fazendo nada diferente com ele, que só estávamos gravando um álbum. Acho que foi isso o que deu errado nele. Era quase como consolidar onde estávamos."

"Íamos voltar, ganhar mais fãs e tocar em lugares maiores, mas de alguma forma perdi meu entusiasmo. Havia elementos líricos e na maneira como cantei em que quase me deixei levar."

Não era bem um voto de confiança, já que mais uma volta ao mundo esperava por Smith, Gallup, Williams, Thompson e Bamonte. O estrelato havia possibilitado alguns grandes confortos para Smith e toda a banda, mas significava também que suas vidas – pelo menos por metade do ano – não pertenciam a eles. Não foi uma grande surpresa Smith ter escrito músicas como "Open", com sua sensação dominante de prisão, ou "End", onde ele pedia para quem estivesse próximo demais simplesmente cair fora.

No entanto, o que Smith não sabia é que outro membro do The Cure estava a caminho do colapso. Ele estava prestes a perder, pelo menos por algum tempo, seu aliado mais próximo na banda.

Smith e o Cure decidiram, sabiamente, começar devagar mais um ano promocional para *Wish*. Depois de uma sessão acústica em março com Mark Goodier, da BBC, a banda fez a chamada "Cure Party Night", uma série de 10 sessões prévias em clubes britânicos (com brindes) de *Wish*. Em seguida, houve uma turnê de 11 datas em clubes e teatros, que começou em 21 de abril, em Bradford. Em meados de maio, a banda voltou ao cada vez mais familiar QE2 e seguiu para a cidade que nunca dorme. Enquanto na Prayer Tour eles desceram do barco em Nova York e foram quase direto para o palco do Giants Stadium, dessa vez

Smith e a banda foram confrontados por um café da manhã de boas-vindas da MTV, seguido por um encontro com a imprensa na Lone Star Roadhouse. Smith sorriu, tentou ao máximo engolir a comida e manter a cabeça no lugar, e encarou a mídia.

Enquanto "Friday I'm In Love" continuava sua ascensão nas paradas do outro lado do Atlântico, chegando à sexta posição em junho, o Cure uniu forças com os melancólicos britânicos do Cranes para a Wish Tour, que aconteceu (quase sem parar) de meados de abril ao fim de dezembro. Gallup e Smith amavam o álbum *Wings Of Joy*, do Cranes, tanto que o escolheram em vez de outros concorrentes como My Bloody Valentine, Curve e PJ Harvey. "Ficamos tão surpresos quanto todo mundo", disse Mark Francombe, ex-guitarrista do Cranes. Seu primeiro show em conjunto foi em Pittsburgh, em 23 de maio.

Francombe tem lembranças nítidas da turnê – ele achou o Cure uma banda principal especialmente acolhedora. Depois de sua primeira data em Pittsburgh, o Cure até brindou com o Cranes com champanhe. O surpreendente é que a banda famosa estava um tanto apreensiva em falar com a de apoio.

"Fomos chamados ao camarim para dar um 'oi'", Francombe lembrou, "e foi muito assustador e estranho – lembro que Simon veio e disse: 'Também é assustador para nós conhecer vocês'".

Com o gelo quebrado, os dois grupos ingleses criaram laços durante a turnê, às vezes optando por uma partida de futebol nos bastidores em vez de passagens de som trabalhosas. Houve até uma batalha com pistolas d'água. "Saiu um pouco de controle", contou Francombe, "e foi interrompida pelo empresário da turnê, porque estávamos deixando os corredores molhados demais para os roadies descarregarem as coisas".

Durante um momento tranquilo, Smith disse a ele que o Cure frequentemente escolhia a dedo suas bandas de apoio apenas "para ter alguns amigos na turnê; eles precisavam andar com outros músicos". E foi assim – quando a turnê fez uma parada no Universal Studios, até filmaram um episódio de *Star Trek* criado pelo The Cure, com Perry Bamonte no papel do Capitão Kirk e Brian Adset, segurança da banda, fazendo um vulcano. A vocalista do Cranes, Alison Shaw, também aparecia. A generosidade de Smith era lendária: na Flórida, quando o bar do hotel encerrou expediente, ele pediu uma seleção de bebidas e convidou todos para irem ao *Chez Lovecat*, onde a festa continuou.

E os confortos do The Cure não foram negligenciados nos bastidores durante a Wish Tour. A comitiva da banda continuava crescendo, apesar das esposas e parceiras não estarem com eles na estrada durante toda a turnê, mesmo que aparecessem com bastante frequência ("devem ter sido muitas vezes", lembrou Francombe, "porque conheço todas"). E apesar das centenas de devotos que acampavam na frente dos hotéis e aguardavam cada movimento do The Cure, a única coisa que não havia eram groupies – Francombe ressalta que "não era esse tipo de banda".

Ele lembra que o ambiente nos bastidores era "muito aconchegante, com velas, cortinas e tudo mais". Smith também tinha um aparelho de som, TV e frigobar. Na maioria das noites, fitas de jogos de futebol eram enviadas, e Smith se acomodava na frente da TV, acompanhando cada partida do QPR. Diferentemente da Prayer Tour, drogas não eram tão comuns. "Não acho que tenham sido uma parte importante [da turnê]", disse Francombe, "mas eles gostavam de beber. Ah sim, um drinque ou três".

À medida que a turnê progredia, o estado físico frágil de Gallup começou a se deteriorar perigosamente. Ele estava separado da mulher, Carol, e dos dois filhos, e passava a maior parte do tempo na companhia da então namorada (e depois esposa) Sarah. Gallup estava deprimido, bebendo demais e não comendo quase nada. Um colapso físico total era iminente. Como Robert Smith relembrou, "era óbvio que Simon estava ficando muito mal, desde o primeiro show. Não consegui acreditar no quanto estava ruim quando começamos. Achei que algo aconteceria, porque teríamos muitas viagens longas".

Francombe testemunhou o momento em que Gallup se descontrolou. "De repente ele começou a gritar, depois chorar, e Brian Adset o consolou. Acho que não ligou para o lado de se sentir mal, só queria ir para casa".

Sofrendo de uma deficiência grave de vitaminas, Gallup tomou uma injeção de vitamina C antes de tocar em Milão, em 31 de outubro, "e fez o show de mau humor", como Francombe me contou. E foi isso – Gallup voou para casa no dia seguinte. Sua saída mudou todo o clima da turnê. "Ficou bem ruim até Simon voltar", disse.

Smith percebeu que o ataque de nervos de Gallup estava se aproximando, mas se sentiu impotente para impedir o colapso do amigo de longa data e aliado mais próximo. "É muito difícil", disse, "quando existe uma pessoa que você ama muito e você tenta fazer com que ela tome uma atitude, ver que está fazendo algo errado, e ela não te dá atenção. [Mas] não deveria ter esperado Simon ficar tão ruim a ponto de ter de voltar para casa e ir ao hospital".

O baixista substituto Robert Soave entrou no lugar de Gallup, mas a empolgação já tinha acabado na Wish Tour. Em novembro, quando a turnê estava finalmente começando a desacelerar, Smith estava ansioso por mais uma pausa prolongada. "[A turnê] parece muito mais longa do que seis ou sete meses", admitiu. "Parece durar 20 [meses]". O que Smith não poderia ter previsto é que só dali a quatro anos o Cure sairia em uma turnê internacional novamente, e nesse período a revolução do britpop – também conhecida como Cool Britannia – fez a banda ficar um tanto obsoleta.

Apesar de seu receio quanto à paternidade – Smith estava convencido, provavelmente com certa razão, de que não era o homem mais responsável do planeta –, no início dos anos 1990 ele era um tio dedicado, com muitos dos seus mais de 20 sobrinhos frequentemente passando um tempo com ele e Mary em Bognor Regis. Smith, um sujeito para quem não faltava dinheiro, até pegava alguns dos mais novos e os levava, num piscar de olhos, para um fim de semana na Euro Disney. Esse papel de pai substituto, bem como tarefas calmas e não muito rock 'n' roll, como jardinagem, consumiram cada vez mais seu tempo durante a década. Ao voltar do último show da turnê de *Wish*, dia 3 de dezembro em Dublin, foi exatamente isso o que ele fez: sujar um pouco as mãos.

"Fui ao jardim e tirei dois anos de ervas daninhas", contou. "Realmente gostei disso." Smith até estava se adaptando aos fãs malucos que acampavam na frente de sua casa. Às vezes, saía para falar com eles, mas normalmente os deixava em paz. O fanatismo assumiu uma perspectiva diferente na Inglaterra: ele sabia que era improvável que algum dos malucos em seu jardim fizesse algum mal a ele ou Mary. Ali não era Hollywood.

Os planos de Smith para os dois anos seguintes – a banda fez um show em 1993 e nenhum em 1994 – eram muito simples: ele queria continuar mexendo no disco solo que nunca acabava, e também planejava orientar o recém-filmado *Show* até a conclusão. Isso consumiu a maior parte de seu tempo entre janeiro e abril de 1993, mas ele não ficou feliz com o que viu na tela.

"Quando a versão do diretor voltou, estava horrível", disse. "Fiquei muito decepcionado e não conseguia acreditar que alguém pudesse nos fazer parecer tão maçantes e ruins no palco." Quando o filme ficou pronto para a estreia, Smith já estava mais feliz com o Cure em celuloide, tanto que apareceu para a primeira sessão. "Acho que está bom", finalmente admitiu, "mas eu diria isso de qualquer maneira".

O mais recente trabalho do The Cure em vídeo só foi mesmo uma distração para seu líder. O caso de Tolhurst no tribunal impôs uma sombra grande e pesada sobre quase tudo o que a banda fez em meados dos anos 1990. O humor de Smith com relação a seu antigo camarada de banda e amigo de escola oscilava: ele viu a nova banda de Tolhurst, o Presence, em 1991, vários meses depois de Lol ter escrito uma carta ameaçando tomar medidas legais. Smith sentiu que o Presence era "chato, tedioso. Lol estava na frente fingindo tocar teclado e não tocou nada a noite inteira. Nada mudou". A mera presença de Smith no show sugeriu que ele estava disposto a fazer as pazes, mas logo as coisas mudaram. Na época da Wish Tour, Smith e a banda jogavam dardos contra um alvo que tinha o rosto de Lol Tolhurst. Quando foi perguntado sobre o processo pendente, Smith foi direto: "Mal posso esperar pelo caso", disparou.

Segundo Perry Bamonte, a atitude da banda com relação ao caso de Tolhurst foi rir daquilo. "Falamos muito sobre Lol durante o processo, muitas piadas bobas. Acho que estávamos muito irritados com o negócio todo, então brincar foi uma boa válvula de escape. Era uma questão muito surreal e estúpida e, pensando bem agora, sinto pena de Lol." Bamonte, junto com o resto da banda, foi chamado a testemunhar. "Mas não tive muito a oferecer."

Smith, no entanto, estava um tanto aturdido, especialmente com o aumento de cartas sendo trocadas entre seus advogados. "Na época", disse, "tentei ignorar, mas recebia cartas com frequência, porque não queria ir ao tribunal, sabia que seria uma perda de tempo e dinheiro. [Isso] me perturbou muito. Fiquei de saco cheio deles". Pela primeira vez desde que o Cure foi formado, nos anos 1970, Smith pensou em acabar com a banda por motivos que não eram cansaço de viagem ou fadiga. Se era a isso que o sucesso reduzia, ele já estava farto.

Smith passava cada vez mais tempo em Londres em discussões pesadas com sua equipe jurídica; o caso seria ouvido pelo Tribunal Superior no início de 1994. Compor era a última coisa em que pensava. Em vez disso, ele se debruçava sobre velhos contratos e milhares de outros documentos. Smith sabia que, se perdesse – o que era improvável –, poderia perder até os direitos ao nome The Cure. "Uma vitória de Lol", percebeu, "teria significado muito".

O caso de Tolhurst contra Smith finalmente foi arrastado aos tribunais em fevereiro e março de 1994. Pouco antes do início do julgamento, Chris Parry ligou para Tolhurst e pediu para reconsiderar. Isso só o deixou mais determinado a seguir em frente. "Meu raciocínio era que se eles estavam dispostos a fazer aquilo, deveriam estar escondendo algo – então vamos continuar com isso", afirmou.

A decisão foi tomada em 16 de setembro de 1994: Tolhurst perdeu. O juiz Chadwick decretou que o mais recente contrato da Fiction não era injusto, o que deixou Tolhurst lidando com honorários legais estimados em mais de um milhão de dólares, um valor confirmado quando falei com ele.

O juiz rejeitou alegações de que o acordo de 1986, que dava a Tolhurst cerca de 2% das vendas brutas, tinha sido assinado sob influência de entorpecentes e afirmou que Tolhurst tinha sorte de receber a quantia, porque só continuava ali por ter sido membro fundador do grupo.

Na época, Tolhurst tinha dinheiro suficiente para pagar essa conta e pouco mais. "Até então eu era bem rico, tinha uma casa boa, dinheiro no banco", disse, "mas me divorciei na mesma época, porque não é fácil ter uma relação com alguém tão autodestrutivo. O juiz me disse que 75% da minha renda iria diretamente para custos do tribunal e que eu receberia 25% dos meus royalties, o que era minha única fonte de renda. Também paguei impostos sobre isso. Só em 2003 acertei tudo e voltei a ser uma pessoa normal. Financeiramente, foi algo absurdo."

"Minha visão atual e honesta sobre isso é que nenhuma das coisas boas que aconteceram desde então poderia ter acontecido. Eu podia ter acabado como uma figura triste no pub local, em Devon, teria virado tudo o que não queria ser, mas da dor veio a alegria."

"Seria bom não ter perdido um milhão de dólares, mas é só dinheiro. Dezesseis anos antes eu era muito rico e muito triste, agora não sou tão rico e sou muito feliz."

Quando a decisão foi proferida, Tolhurst deu um basta à Inglaterra. No final de 1994, mudou-se para Los Angeles e não voltou desde então. Quanto a Smith, ele levou um tempo para se recuperar do tormento esgotante. "Lol... tinha roubado mais de um ano da minha vida", afirmou. Aos poucos, as hostilidades acabaram entre a dupla – eles até trocaram mensagens pouco depois do fim do caso. "Essencialmente, ele é a pessoa que conheço há mais tempo na minha vida", Tolhurst disse pouco depois. "As coisas entre nós nunca serão como antes, mas nossa amizade ainda está lá, embora tenha evoluído."

Quando Smith e Tolhurst fizeram as pazes, este último teve uma confissão a fazer: "Falei para ele que minha motivação para o processo era meu ressentimento, e isso não era certo. Agora sei que não era. Foi ruim para os dois lados: nem pensar que Robert poderia ter me dito 'Eu te amo, mas fique bem, ou algo assim', não teria funcionado. Hoje vejo isso".

Robert Smith encontrou um tempo para revisitar o Giants Stadium (Nova Jersey), em 1994, mas não foi para comandar um show diante de fãs histéricos. Não exatamente. Junto com Daryl, irmão de Perry Bamonte, o produtor Alan Wilder, e Martin Gore e Dave Gahan, do Depeche Mode, Smith tinha preocupações muito mais importantes em 18 de junho: estava na cidade para ver o jogo entre Irlanda e Itália na primeira fase da Copa do Mundo (a Irlanda ganhou por 1 x 0). Foi nesse ambiente bastante amigável para Smith – cerveja e futebol eram coisas constantes no The Cure – que o álbum *Wild Mood Swings* começou a tomar forma. Durante uma longa conversa, enquanto o calor da costa leste castigava esses torcedores pálidos e cabeludos, Smith mencionou que estava procurando um novo produtor para o próximo disco. Sua relação com Dave Allen, que gerou enormes sucessos como *Kiss Me...* e *Disintegration*, tinha acabado. As gravações desconfortáveis e um tanto insatisfatórias de *Wish* foram uma prova disso. Quando o nome de Steve Lyon foi citado, todos ali concordaram que ele poderia ser o cara para resolver a charada de produção do The Cure.

Até aquele momento, Steve Lyon era basicamente o homem do Depeche Mode. Engenheiro tanto quanto produtor de discos – exatamente o tipo de coadjuvante musical que Smith preferia –, ele havia trabalhado em vários álbuns do Depeche: *Speak And Spell*, de 1981, *A Broken Frame*, de 1982, *Construction Time Again*, de 1983, e *People Are People*, de 1984. Como Phil Thornalley antes dele, Lyon não era um fã devoto do The Cure, como comentou quando conversamos, no fim de 2004. "Não era um seguidor ávido de tudo o que fizeram. Vi o Robert tocar com os Banshees e o Cure no final da era punk. Acho que tive alguns álbuns."

Ita Martin, funcionário de longa data da Fiction Records, agendou um encontro entre Smith e Lyon em um pub londrino. Eles conversaram por algumas horas. Depois de várias cervejas, Lyon mencionou sua indiferença sobre a banda, mas Smith não viu isso como um possível problema. "Pelo contrário", Lyon me contou. "Ele disse: 'Quero uma abordagem nova e alguém que não fique intimidado com meu passado'." Inicialmente, ele foi convidado para ser engenheiro do álbum, porque Smith fazia questão de produzir. "Estava irritado com o jeito como o último disco havia sido feito", Lyon disse, "embora tivesse se saído muito bem. Tinha muitas frustrações".

As frustrações de Smith iam além do sucesso de milhões de vendas de *Wish*. Embora estivesse prestes a retomar posse do nome The Cure – a decisão sobre Tolhurst só sairia em alguns meses –, perdeu boa parte da banda no processo. Durante sua pausa prolongada, que consumiu 1993 e metade de 1994, o Cure havia se desfeito. O cunhado de Smith, Porl Thompson (que já tinha quatro filhos com a irmã dele, Janet), recebeu uma oferta irrecusável de ninguém menos do que Jimmy Page e Robert Plant, que precisavam de mais um guitarrista para sua banda de turnê. Um devoto fiel do Led Zeppelin, Thompson sabia que não poderia deixar essa oportunidade passar.[5] O baterista Boris Williams também havia seguido em frente, principalmente para trabalhar no The Piggle, uma banda formada por sua namorada, Caroline Crawley. O que tinha começado como um trabalho temporário no lugar do instável Andy Anderson havia se tornado uma temporada de quase uma década no The Cure.

Simon Gallup também estava ausente em 1994. Embora o baixista tivesse retornado, pós-colapso, para concluir a Wish Tour, ainda estava em má forma quando Smith tentou reunir a banda para o novo disco. Segundo Lyon, "Simon havia entrado e saído da banda, tinha muitos problemas pessoais na época". Ele se recusou a comentar mais, mas era relativamente bem conhecido que os problemas de Gallup com o álcool acentuaram seu estado físico e emocional precário.[6] Então, quando começaram as discussões sérias sobre o próximo álbum, o Cure era uma dupla: Smith e Perry Bamonte. Smith poderia ser muito bom em tocar seu amado baixo de seis cordas, mas o Cure ainda precisava de um baterista, um tecladista e um guitarrista principal. Exatamente que tipo de álbum poderiam fazer?

Como Lyon me disse: "Houve longas discussões sobre como faríamos aquilo, porque eles não tinham uma banda". O que Smith tinha eram algumas mú-

---

5 Uma fonte interna do The Cure me disse que, por causa de seus fortes laços familiares, era muito mais fácil para Thompson entrar e sair da banda durante toda sua existência.

6 Lol Tolhurst me contou que ele e Smith discutiam os problemas químicos de Gallup quando voltaram finalmente a ser amigos.

sicas, ou pelo menos fragmentos de cerca de 20 faixas em desenvolvimento. Durante um de seus encontros pré-gravação, ele tocou essas demos para Lyon, que as achou muito incompletas. "As demos não tinham estrutura", disse Lyon, "nenhum vocal, nenhuma linha de melodia principal – e eu não tinha ideia de onde o refrão, a ponte e o resto iriam. Tentei imaginar".

Smith obviamente pegou gosto por trabalhar em mansões imponentes no interior, porque insistiu em revisitar a ideia para *Wild Mood Swings*. Os três álbuns anteriores tinham sido gravados fora do ambiente normal de estúdio, e agora ele estava determinado em conseguir a combinação certa de local e clima. O fato de Steve Lyon já ter gravado com o Depeche Mode em um ambiente rural também ajudou. "Ele [Smith] estava interessado em minha experiência com aquilo", contou.

No fim de 1994, Simon Gallup havia se recuperado o suficiente para voltar. Smith então disse a Lyon que ele e Bamonte cuidariam das guitarras, Gallup tocaria baixo e eles contratariam alguns bateristas de estúdio para manter a marcação. A banda estava o mais pronta possível, embora Bamonte percebesse como seria difícil substituir o melhor músico na longa história do The Cure. "Passar dos teclados para a guitarra foi muito difícil", confessou, "porque embora a guitarra fosse meu primeiro instrumento, achava que ela era muito mais pessoal e expressiva de tocar do que, digamos, um sintetizador. Eu me sentia mais exposto, nu. E lembre-se, eu estava ocupando o lugar de Porl Thompson: um desafio e tanto para um músico renomado, quanto mais para um amador como eu".

Quanto às locações, o Cure não poderia ter encontrado um esconderijo melhor do que St. Catherine's Court, nas imediações de Bath. Como Branson Manor, era o tipo de mansão para se perder – literalmente. Com nove quartos, seis banheiros, seis salas de recepção, salão de baile e uma sala de jantar elisabetana, a dona da casa era ninguém menos do que Jane Seymour, estrela do seriado *Dra, Quinn*. E essa era uma propriedade com história: suas origens beneditinas remetem ao ano 950. Como a dona orgulhosamente proclama no website de St. Catherine's Court, "esta é uma casa em que você pode ser muito grandioso no jantar ou usar jeans e fazer caminhadas". Os membros do The Cure não eram bem do tipo que fazia caminhadas, mas gostaram muito da piscina e da quadra de tênis (e do autorama). Mas St. Catherine's, diferentemente de Hook End ou Branson Manor, não era um estúdio em funcionamento, então Smith, Bamonte e a equipe da banda passaram uma semana fazendo a montagem no começo de novembro, com Smith trazendo muitos equipamentos de casa, que incluíam microfones, uma pequena mesa de som, pré-amplificadores e computadores. Logo Lyon e Gallup se uniram a eles.

Como Lyon me contou, pouca reforma foi necessária para transformar a casa imponente da atriz em um estúdio de gravação, a não ser pela montagem da mesa principal na biblioteca. Quanto ao salão, era feito sob medida para uma banda de rock. "Era imenso", contou, "pelo menos uns 100 metros quadrados, o que era fantástico – e muito útil para jams tarde da noite" (Lyon gravou muitas dessas sessões de madrugada; algumas até entraram em *Wild Mood Swings*). Smith e a esposa, Mary, que volta e meia aparecia nas sessões, escolheram o quarto acima da biblioteca como seu quartel-general.

Diferentemente da maioria dos álbuns do The Cure, em especial *Pornography* e *Disintegration*, este foi um disco sem uma descrição precisa. Isso dificultou para Lyon abordar *Mood Swings* como uma produção típica. "Não havia um plano grandioso", afirmou, "foi mais: 'Bom, temos estas músicas, vamos trabalhar nelas e ver o que sai'. [Mas] sou uma pessoa mais direta e prática. Isso ficou evidente no início – eles não tinham uma banda, Robert não sabia como o disco deveria soar e acho que esses elementos levaram ao fato de que foi um álbum muito diversificado".

"Achei alguns momentos incrivelmente frustrantes, mas foram superados, e muito, pelos momentos agradáveis que passei com a banda, trabalhando nas músicas e vivendo na casa. Aprendi muito, nunca trabalhei com alguém como Robert. Tudo flui em volta dele, e é assim que as coisas são. Qualquer um que entrasse para a banda seria ingênuo de pensar que não seria desse jeito."

Smith era um tremendo artesão – Lyon erroneamente pensava que uma faixa estava concluída e, depois, via Smith passando horas a rearranjando. O fato de boa parte do tempo de gravação ser dedicado a mexer no trabalho acabado, naqueles dias pré-Protools, não ajudou muito no andamento de tudo. Isso, claro, não impediu que máquinas quebrassem ou mastigassem fitas (as duas coisas aconteceram durante as sessões de *Wild Mood Swings*).

No fim de 1994, Roger O'Donnell foi convidado a retornar ao The Cure. Ele voltou para uma formação muito diferente, não só nos membros, mas também na atitude relaxada da banda quanto ao uso de computadores ("Agora havia computadores em todo lugar", espantou-se). Ao mesmo tempo, Smith estava testando bateristas, que enfrentavam duas audições separadas. Durante o teste inicial, os aspirantes tocavam e eram filmados; quem fosse convidado a voltar faria uma jam com a banda. Smith ainda planejava usar diversos bateristas no álbum (o que acabou mesmo fazendo), mas também sabia que algumas datas lucrativas em festivais do verão europeu estavam se aproximando. O que o Cure precisava mesmo era de alguém permanente para assumir as baquetas.

Alguns músicos conhecidos apareceram, incluindo Mark Price, do grupo All About Eve; Louis Pavlou, dos colegas do The Cure na Fiction, God Machine; além de Bob Thompson, Malcolm Scott, Martin Gilkes e Ronald Austin (Pavlou, Austin e Price receberam créditos no disco final). Outro candidato foi Jason Cooper, que havia respondido a um anúncio "procura-se baterista" que o Cure colocou, anonimamente, na *NME*. ("Comprei a *NME* daquela semana, felizmente", Cooper me contou por e-mail.)

De todos os aspirantes, Cooper, nascido em Londres e criado em Bath, era o menos experiente. Além de alguns trabalhos de estúdio, tinha tocado com Jean Jacques Burnell, dos Stranglers, Billie Ray Martin e composto músicas para TV e filmes, mas uma coisa contava a seu favor: era fã devoto do The Cure. Seu pai, que trabalhava para a Virgin Records, deu ao filho adolescente uma cópia de *Seventeen Seconds*, "que toquei sem parar", disse. Cooper tinha visto o Cure em Glastonbury em junho de 1990, mas sua conexão mais forte com a banda era muito mais íntima. "Minhas lembranças preferidas são de ouvir *Faith* bebendo sidra", admitiu.

Na primeira audição de Cooper, ele tocou acompanhando a demo de "Jupiter Crash". Quando foi convidado a voltar para tocar com a banda, eles tocaram "Disintegration" e "From The Edge Of The Deep Green Sea". Smith ficou impressionado e Steve Lyon também. "Mark [Price] era um baterista muito, muito bom, mas achei que Jason se encaixaria melhor", disse. "Jason era um grande fã do The Cure. Falei para Robert que achava que ele se encaixaria. Acho que tive uma leve influência na entrada dele na banda." A juventude de Cooper também contou a favor já que o restante da banda não era mais tão jovem.

Agora que um baterista permanente estava a bordo, Smith estava prestes a fazer a Lyon uma oferta que ele teria dificuldade em recusar. O engenheiro de *Mood Swings* estava prestes a ser promovido a coprodutor. "Fiquei lisonjeado", Lyon afirmou, "mas tive de perguntar: 'Quanto tempo vai levar?'". Smith pediu para Lyon não se envolver com mais nada até a conclusão do álbum. Em troca, ele o pagaria (muito bem) por qualquer trabalho que tivesse que recusar. "Mal sabia eu que levaria 18 meses", Lyon contou.

As sessões do disco foram interrompidas pela primeira vez em março – Smith dedicou os meses seguintes a ensaios para suas datas no verão europeu, que foram de 6 de junho a 18 de julho. Não apenas o dinheiro viria a calhar (as sessões não eram baratas), mas também era uma chance de testar ao vivo algumas das novas músicas.

Quando o trabalho finalmente foi retomado para *Wild Mood Swings* (um título que na verdade havia sido proposto para o disco solo de Smith), o foco dos primeiros quatro meses tinha diminuído um pouco. Mais gravações foram feitas no Haremere Hall, em Sussex, enquanto as cordas para várias faixas, ouvidas com mais efeito em "Numb", foram gravadas no Real World Studio, de Peter Gabriel. Uma cover de "Young Americans", de David Bowie, que acabou em uma coletânea da rádio 104,9 XFM foi montada em outra casa de campo espaçosa nos arredores de Bath, de propriedade de um louco por maquetes de ferrovias. Quando Cooper entrou no jardim, onde o valioso ferrorama do dono entrava e saía de seus roseirais, percebeu que tinha visitado a casa na infância.

Depois, Smith disse a Lyon que também queria mixar o álbum longe do estúdio, o que apresentou uma nova série de desafios. Tentaram algumas mixagens iniciais em St. Catherine's, mas embora a casa que a doutora Quinn construiu tivesse sido ideal para jams tarde da noite, não era tão adequada para acertar as faixas. Banda e equipamentos saíram de lá e se reestabeleceram em Haremere Hall. Foi ali que o coprodutor Lyon teve uma imagem muito clara da riqueza de Robert Smith.

Eles estavam alugando um console Neve série V, uma mesa de mixagem imensa que tinha cerca de quatro metros de comprimento, dois de profundidade e dois de altura. "É uma coisa enorme", Lyon me contou. Custava 100 mil libras. Frustrado por ter de alugar a mesa toda semana, Smith saiu, fez umas contas e depois disse para Lyon que compraria o monstro. "Ele falou que era mais barato do que alugar", declarou.

Wild Mood Swings parou, mais uma vez, quando o Cure foi convidado a se juntar a Page & Plant, Black Crowes e Smashing Pumpkins para uma temporada de três semanas na América do Sul, em janeiro de 1996. Como Lyon lembrou, "aquilo encerrou tudo por um momento". No entanto, ele conseguiu trabalhar no som da banda ao vivo. "Eu me diverti muito, mas não fiz nada no disco."

Para um álbum que teve uma evolução tão lenta e intermitente, as coisas mudaram quando o Cure e a equipe voltaram ao Reino Unido no começo de fevereiro. Até então, Smith tinha evitado as ligações de Chris Parry para o estúdio, deixando Lyon inventando desculpas para sua ausência. "Tive de dizer coisas como 'ele está dormindo' ou 'não está aqui agora'; acho que às vezes Robert se aproveitava daquela situação."[7] Só que, desta vez, Parry conseguiu falar e disse à banda que a data de lançamento programada para o disco era dali a dois meses. Nenhuma faixa tinha sido mixada.

Segundo Lyon, a pressa para concluir o álbum levou à parte mais decepcionante de sua longa trajetória com a banda. Ele e Smith sabiam que não tinham escolha a não ser terceirizar as mixagens, o que não ajudaria um disco que já era loucamente eclético por natureza.

"Achei difícil falar para ele 'não, essa não é a coisa certa a fazer', porque Robert é independente, faz isso há muito tempo e, no final das contas, é o disco dele, mas acho que parte do material perdeu seu frescor. Trabalhamos nele por tempo demais e depois tivemos de dar para outras pessoas que não haviam feito parte da história da música."

Essas pessoas incluíram Mike "Spike" Drake, que mixou "The 13th" e "Numb" ("Nada bom", de acordo com Lyon), e Flood, cuja mixagem foi "muito boa" para os ouvidos de Lyon, mas não entrou na versão final do álbum. Tim Palmer também foi contratado (Lyon disse: "Achei a mixagem dele para 'Jupiter Crash' muito boa também"), assim como Paul Corkett, que trabalhou em "Mint Car" e produziu o álbum seguinte do The Cure. Smith e Lyon mixaram juntos cinco faixas de *Mood Swings*, incluindo "Jupiter Crash" e "Gone!".

"Para mim", Lyon continuou, "aquele foi o único elemento decepcionante do negócio todo. Acho que precisávamos mixar no estúdio, teria sido uma opção melhor, mas eu não tinha o poder para fazer aquilo. Robert estava muito determinado a fazer do jeito que queria". Isso levou a um verdadeiro embate entre Smith e Lyon, que ficava cada vez mais frustrado enquanto as sessões entravam

---

7 Lol Tolhurst me disse que, em poucos anos, Smith e Parry mal se falariam. "Robert me contou em 2000 que não falava com Chris havia seis meses. Mandava missivas de seu iate. Disse que tinha enlouquecido e não falava mais com ele."

em seu terceiro ano. "A banda estava se preparando para sair em turnê, não tinha decidido um single, havia todas aquelas mixagens acontecendo – foi uma situação confusa."

"Falei para Robert: 'Olha, não concordo com tudo que está acontecendo e não acho que você esteja necessariamente tomando todas as decisões certas'. Acho que ele não gostou muito daquilo."

Essas diferenças de opinião se estenderam para a escolha do primeiro single, o que só contribuiu para os resultados mornos de *Mood Swings* (se você pode chamar de decepcionante uma venda de mais de um milhão de discos). Lyon queria a mais animada "Mint Car", que Smith tinha testado com sua mãe, que supostamente a amou, mas Smith, cujo voto era final e não negociável, optou por "The 13th". Lyon: "Houve longas, longas – excessivamente longas – discussões sobre isso. Mas, naquele momento, algumas fronteiras estavam pouco claras, eu estava trabalhando no disco há tempo demais". Lyon também achou que o álbum era longo demais com 14 faixas – sentia que 11 teria sido o tamanho certo.

Seleção de single e duração do álbum não eram os únicos problemas enfrentados por Smith e o Cure. Durante sua longa ausência, enquanto tentavam estruturar *Wild Mood Swings*, reagrupar a banda e lidar com o prolongado caso Tolhurst *versus* The Cure, a órbita do mundo musical tinha mudado. Acid house e bandas de Manchester tinham brilhado por pouco tempo e se extinguido, assim como o grunge e os shoegazers britânicos, mas o britpop, com Blur, Suede e Oasis como seus principais representantes, agora estava no meio de sua ressurreição. Até o mercado norte-americano estava prestando atenção em discos como *Definitely Maybe*, do Oasis, algo que não havia acontecido com o Happy Mondays ou o Stone Roses. Lyon estava convencido de que o Cure poderia ter se encaixado confortavelmente no movimento – afinal, conquistou os EUA como nenhuma outra banda britânica desde Beatles ou Stones – se *Mood Swings* tivesse ficado pronto antes. "Só que, com o primeiro single escolhido e o tempo que tinha passado, acho que ele sofreu um pouco por causa daquilo."

Robert Smith, no entanto, defenderia essa leva irregular e imprevisível de faixas, insistindo que foi o momento em que redescobriu seu sorriso. "Há algumas músicas bem dementes ali", refletiu em 2004. Você não pensaria isso com base na primeira, "Want", que era muito a angústia típica do The Cure, enfeitada com as guitarras densas de sempre. Só que o álbum faz seu primeiro movimento estranho com "Club America", onde Smith tenta uma nova voz, mais rouca e grave do que seu ganha-pão de Lovecat. Pela primeira vez em disco, ele soa como se cantasse visceralmente, enquanto rosna como uma máquina predatória de sexo, esperando se dar bem com uma cantada esquisita sobre como os olhos do objeto de seu desejo queimam um buraco em sua cabeça desde o primeiro momento que a viu. Não era bem um Julio Iglesias (ou Charles Aznavour, que Smith imitou nos dias de "Hot Hot Hot!!!"), mas se você queria um sinal claro de que *Wild Mood Swings* não era totalmente o Cure esperado, aqui estava a primeira prova.

A faixa seguinte, "This Is A Lie", traz Smith em uma bela forma sombria, quase recitando a letra enquanto instrumentos de cordas oscilam atrás dele. Isso foi o mais próximo que ele chegou de replicar o blues outonal de Nick Drake, um eterno favorito. Então, de repente, a banda entra no que Smith descreveu como uma "vibração de salsa excêntrica" em "The 13th", um experimento falho, mas corajoso, na redefinição do futuro musical do The Cure. Tais mudanças inesperadas levaram a algumas das piores críticas que o Cure enfrentou quando *Wild Mood Swings* finalmente saiu, em meados de 1996.

"Foi uma pena, porque foi massacrado quando saiu", disse Smith. "Os fãs também odiaram. Foi a única vez em que fiquei tremendamente decepcionado. Acho que era porque ['The 13th'] foi a primeira coisa que ouviram da banda em anos e acho que não deram uma chance ao disco depois disso."

"Strange Attraction" é outro momento mais leve de *Wild Mood Swings*, uma canção brega de sedução marcada por teclados frívolos e um som repetitivo e oco de bateria. Então vem "Mint Car", nome misterioso para mais um esforço leve de uma banda que não era engraçada havia anos. Quando Smith explodiu de efervescência ao nascer do sol, foi o mais animado que tinha estado depois de "Friday I'm In Love". Foi um inverso peculiar das celebrações com bebidas e drogas do Oasis, mesmo com os reis do britpop pairando sobre o Cure nas paradas.

Wild Mood Swings pode ter vendido um milhão de cópias nos EUA, mas foi uma decepção comercial em comparação com *Wish* e *Disintegration*. O recado estava dado pela Elektra: o frescor do The Cure estava praticamente no fim.

É injusto considerar *Wild Mood Swings* um fracasso corajoso total, ou pouco mais do que uma extravagância de Robert Smith. "Jupiter Crash", concorrente a título do álbum a certa altura (assim como "Bare"), é uma espécie de balada cheia de estilo, um retrato íntimo de Smith como astrônomo em Bognor Regis, olhando para o céu pelo telescópio e perguntando o que acontece quando uma estrela cai. Durante "Round & Round & Round", ele parece positivamente alegre enquanto insinua sua lendária indecisão. Quer dizer, do que mais poderia estar falando quando dá de ombros e admite que nunca superará sua própria incerteza? O álbum então vai de climas delirantes ("Return") a solenes (a cheia de cordas e um tanto assustadora "Numb", e o encerramento igualmente estimulante "Bare", em que Smith abre o jogo sobre "o que realmente me tornei") ou algo entre os dois ("Trap").

Robert Smith tinha algumas explicações muito claras sobre o motivo exato de *Wild Mood Swings*, com 14 faixas, ter fracassado. "O álbum sofre por ser longo demais", explicou. "E é desconjuntado. Tentei escrever em estilos diferentes e queria que soássemos como bandas diferentes, quase perseguindo a ideia de *Kiss Me...*, mas havíamos perdido Boris e, antes de Jason [Cooper] se adaptar, tínhamos um baterista diferente toda semana. Frequentemente esquecia o nome de quem estava tocando." Smith apontou para seu alvo de sempre: a gravadora. "Cada disco até aquele momento tinha vendido mais que o anterior, e de repente a gravadora foi confrontada com essa queda terrível nas vendas e não fazia a menor ideia de por que vendíamos discos para começo de conversa", avaliou Smith. "Ela não sabia de fato o que estava promovendo ou para quem."

E pela primeira vez desde o começo dos três rapazes imaginários, o Cure parecia a banda errada no momento errado: um cabelo de ninho de pássaro e um batom borrado nos lábios não se encaixavam bem com as sensibilidades de bandas classe média como o Blur ou com a arrogância malandra dos irmãos Gallagher, do Oasis.

Em 1996, o Cure estava velho e atrapalhando o caminho.

Capítulo Doze

"Até consigo me imaginar fazendo isso aos 60 anos, não me importa o que os outros pensam."
– Robert Smith

Como o tubarão e o abominável homem das neves, aparições do The Cure no final dos anos 1990 eram mais sazonais e não tão comuns. A banda fez uma turnê intensa para *Wild Mood Swings*, com shows em Wembley, Sheffield, Manchester e Birmingham em dezembro de 1996. Depois, fez uma breve turnê pelos EUA no final de 1997, com pouco mais de 10 shows, contra seus 70 ou 80 habituais. Em 1998, o Cure deu mais uma volta por festivais europeus em julho e agosto, e em 1999 tocou exatamente em uma data – e mesmo assim foi um show especial (promocional) no Sony Studios, em Nova York.

Depois de *Wild Mood Swings*, Smith resistiu em começar a planejar outro álbum, pois ainda estava absorvendo a fraca resposta que tinha recebido. "No Reino Unido, o britpop nos matou", disse com certa relutância. "Pela primeira vez, *NME* e *Melody Maker* estavam certas em sua visão de como o público nos percebia. Foi o primeiro disco na história do The Cure que não se saiu melhor do que o anterior." (A opinião da *Melody Maker* sobre *Wild Mood Swings* basicamente se resumiu a isto: "Smith tem a mesma aparência de sempre e o Cure não se envolveu exatamente na busca destemida pela inovação". O *New York Times* também foi depreciativo. "Para todos os tormentos do coração partido, a angústia não parece tão aterradora quanto foi da última vez, e todas as vezes antes dela.")

Smith – mais do que o Cure – fez um retorno discreto à vida pública no começo de 1997, depois de voltar para casa uma noite e encontrar uma mensagem na secretária eletrônica. "Olá, Robert, aqui é David Bowie. Vou fazer minha festa de 50 anos no Madison Square Garden e quero que você venha tocar. Será incrível." Quase 25 anos tinham se passado desde que Smith viu Ziggy Stardust no *Top Of The Pops* e teve uma de suas primeiras revelações musicais – agora ele tinha a chance de cantar junto com o próprio Thin White Duke.

Mas Smith era cético por natureza. Perguntou a Mary: "Como Bowie poderia ter meu telefone, se não está na lista telefônica?". Inicialmente, ficou convencido de que era um amigo do The Cure passando um trote. Precavido, ligou para o número de Bowie, deixando um recado cauteloso. "Eu te ligo de volta", disse. "Não tenho certeza." No entanto, no fundo Smith estava eufórico – ainda mais quando Bowie telefonou novamente e confirmou que o convite era legítimo.

O show foi realizado em 9 de janeiro de 1997. Para ajudar Bowie a apagar as 50 velas, também estavam presentes Lou Reed, Billy Corgan (Smashing Pumpkins), Foo Fighters e Sonic Youth. Smith e Bowie fizeram dueto em duas músicas: "The Last Thing You Should Do", do então mais recente álbum de Bowie, *Earthling*, e "Quicksand", de *Hunky Dory*. Para a maioria das pessoas, foi o destaque da noite. Dos bastidores, o coprodutor de *Earthling*, Mark Plati, olhou encantado. Dois de seus heróis musicais estavam dividindo um microfone, a poucos metros de distância.

"Ambos foram estelares", ele me disse, "verdadeiros pontos altos do show". Plati, que logo teria um papel crucial no próximo capítulo do The Cure, tinha uma história musical nada desprezível. Morando em Nova York, tinha sido engenheiro do rei da produção Arthur Baker e trabalhado com o reverenciado DJ Junior Vasquez, fazendo remixes para Janet Jackson, Talking Heads e Prince (com quem havia trabalhado no disco *Graffiti Bridge*), antes de assinar para produzir *Earthling* com Bowie.

A relação de Plati com o culto do The Cure tinha começado em um lugar um tanto incomum. "Morei por um tempo com uma banda só de mulheres em Dallas", contou. "Era estagiário em um estúdio local e trocava tempo livre no estúdio por um lugar no sofá delas por alguns meses. Certa vez, uma delas ouviu 'Boys Don't Cry' por umas 36 horas sem parar. Achei aquilo bem sério." Plati era fã do lado mais "comercial" da banda – ou pelo menos de seus discos mais vendidos – como *Kiss Me Kiss Me Kiss Me*, *Disintegration* e *Wish*. "Na parte da produção, amava os discos que eles fizeram com Dave Allen. Sentia que não soavam como os outros, algo que sempre acho atraente."

A festa pós-show de aniversário de Bowie aconteceu no loft do artista Julian Schnabel. Plati circulava com o guitarrista de longa data de Bowie, Reeves Gabrels (que também logo trabalharia com Smith). Como de praxe em uma festa tão estrelada, revelou que havia "uma grande oferta de drinques". Depois de se envolver ativamente na produção do show de aniversário, Plati estava exausto e precisava relaxar.

"Quando cheguei onde Robert estava na sala, ele estava sentado com o diretor Tim Pope – e eu, completamente bêbado. Sendo sincero, se não estivesse naquele estado provavelmente não teria criado coragem de falar." Plati escolheu o videoclipe de "Lullaby" como assunto para quebrar o gelo – perguntou a Smith qual era a sensação de ser devorado vivo. "Tentei conseguir que me contasse o que o fez pensar uma coisa daquela, e como é ter todas aquelas pernas e tal, ao mesmo tempo tentando manter minha compostura de bêbado alegre e bobo. Ele e Tim provavelmente me acharam maluco. Ainda devem achar."

Maluco ou não, Smith chamou Plati para trabalhar em uma nova faixa do The Cure, "Wrong Number", que seria adicionada à futura coletânea, *Galore*. O tempo de estúdio foi agendado em Londres para o começo do verão local, mais ou mesmo na época em que a turnê de Bowie para *Earthling* passaria pelo Reino Unido. Plati ligou para Gabrels e sugeriu que ele fosse até lá. "Tenho quase certeza de que essa era a intenção de Robert o tempo todo. Ele era muito fã do Reeves, como fiquei sabendo depois. [E] posso ter mencionado [para Gabrels] que trazer uma guitarra não seria má ideia."

A essa altura, Smith e a banda tinham gravado "Wrong Number" e a entregado para Adrian Sherwood e Mark Saunders mixarem. "Inicialmente, Robert só estava procurando um remix", Plati contou. "Ao mesmo tempo, gostava muito das tentativas anteriores para a música, mas não achava que já tinha a versão definitiva." Plati e Smith separaram a faixa e a recriaram em torno de uma nova batida, baseada em um loop de bateria sampleado de Jason Cooper. Eles também acrescentaram algumas novas partes de teclado e efeitos.

Foi mais ou menos aí que Gabrels entrou na sala de controle; em poucas horas, gravou um "zilhão de canais de guitarra", segundo Plati. Então, Smith percebeu que precisaria regravar seu vocal, porque a música tinha ficado radicalmente diferente do original. Para um fã como Plati, foi quase impossível disfarçar a alegria quando Smith assumiu sua posição diante do microfone.

"Quando Robert começou a cantar, fiquei realmente impressionado – sempre é incrível ouvir a voz de alguém, mas quando uma voz como a dele sai dos alto-falantes, a história é outra." Em um momento, Plati não conseguiu controlar sua empolgação – começou a pular, gritando "É o Robert Smith! É o Robert Smith!"

para ninguém em particular. Smith parou de cantar e perguntou a Plati se tinha algum problema. "Tive de contar como tudo aquilo era fantástico para mim. Ele respondeu com algo do tipo: 'Sério? Ninguém fica empolgado quando canto'. Achei simpático."

Com o vocal de Smith e a guitarra de Gabrels gravados, só faltava um toque final: Smith precisava de alguém para dizer "You've got the wrong number" ["*Você ligou para o número errado*"], que daria um gancho a mais à música. "Parece fácil", lembrou Plati, "mas demorou horrores". Eles acabaram discando o número de um amigo de escola dele. Smith ligou, a esposa do amigo deu a resposta certa e a faixa foi concluída.

"Acho que acabou ficando muito melhor do que esperávamos", Plati acrescentou. "Ela virou single. Era muito, muito diferente das versões que tinha gravado até aquele momento. A versão de Adrian Sherwood tinha um toque dub, com sopros e vocais femininos de apoio – e isso ficava a quilômetros de onde aterrissamos. Deixamos muito mais rock no final." [1] Smith também preferiu a mixagem de Plati – sentia que era uma boa companhia para "Never Enough", a única nova faixa de *Mixed Up*.

Quando lançada, no fim de outubro de 1997, a reação inicial a "Wrong Number" foi positiva e a faixa chegou ao número nove das paradas de "Rock Moderno" da *Billboard* (*Galore* tinha quatro faixas que chegaram ao topo da parada da *Billboard*: "Fascination Street", "High", "Friday I'm In Love" e "Never Enough"), mas embora o Cure tivesse voltado aos radares nos EUA consideravelmente nos últimos meses do ano, *Galore* não teve o mesmo impacto de sua primeira coletânea de sucessos, *Standing On A Beach*. "Nenhuma estação de rádio tocou ['Wrong Number'] no Reino Unido", disse Smith. "Até pensei se não era uma conspiração."

Já Mark Plati não fazia ideia do motivo para música e álbum não terem vendido muito. "Há centenas de explicações para algo ser ou não um hit", afirmou. "No final das contas, é uma questão de sorte, *timing*, fase da lua, o que seja. Ainda acho 'Wrong Number' uma ótima faixa – o vocal de Robert está excepcional, as guitarras estão distorcidas e a música assume riscos. É um pequeno evento incrível."

1 A mixagem de Mark Saunders encontrou um lar em *Join The Dots*.

Por melhor que fosse, o fracasso do single e de *Galore* teve um grande impacto sobre Smith. "Acho que isso matou o Cure como banda pop", disse. E ele não estava sentindo muito amor pela Elektra, sua gravadora nos EUA, acusando-a de indiferença com *Wild Mood Swings*. "Eles pensavam: 'Bom, vão vender um milhão de discos e não teremos de fazer nada'. Devemos uma certa quantia de dinheiro a eles e isso vai para a verba de bandas idiotas que nunca venderão uma cópia na vida. Como somos mais velhos e fora de moda, ninguém vai se esforçar por nós." Ele estava furioso.

O Cure tinha mais um álbum para gravar por contrato. Convencido de que a banda perdeu força comercial, Smith decidiu que deveriam se despedir com um disco que refletisse sua personalidade profundamente séria, em vez de seu lado "Friday I'm In Love". Ele escreveria e gravaria a terceira e última parte de sua trilogia imprevista sobre desespero e decepção, que tinha começado com *Pornography* e continuado com *Disintegration* – mas, antes, precisava salvar o mundo.

No começo dos anos 1990, a prova de fogo de quão legal era uma banda de rock era medido por um simples fato: ela tinha aparecido em *Os Simpsons*? O desenho criado por Matt Groening era a coisa mais ousada na televisão, atraindo as presenças de ex-Beatles (George Harrison, Ringo Starr e Paul McCartney), roqueiros de arena (Aerosmith, U2) e as principais bandas da geração Lollapalooza (Smashing Pumpkins, Sonic Youth etc.), mas tudo mudou em meados da década, graças a Trey Parker e Matt Stone, dois estudantes de cinema endiabrados da Universidade do Colorado. Em 1991, eles fizeram um curta animado chamado *Jesus vs. Frosty* (também conhecido como *The Spirit Of Christmas*). Muito tosco e cheio de palavrões e atos aleatórios de violência, o desenho chegou às mãos de executivos do canal Fox. Em 1995, Brian Graden, da Fox, encomendou à dupla mais um curta periódico, que seria distribuído para outros executivos. Este tinha o nome formal de *The Spirit Of Christmas* e mostrava uma animada batalha de artes marciais entre Jesus Cristo e Papai Noel. Sucesso na internet, que estava em rápido crescimento (uma rede de informação que o Cure também tinha começado a explorar com algum sucesso), *The Spirit Of Christmas* levou Parker e Stone a discussões sérias com a Fox e, depois, com o Comedy Central. O iconoclasta e terrivelmente irreverente *South Park* estreou para um público desprevenido em 13 de agosto de 1997.

Se Bart Simpson tinha sido a causa do interesse renovado pela delinquência juvenil (como muitos puritanos querem que o mundo acreditem), então as crianças da gelada e remota South Park – Stan, Kyle, o boca-suja Cartman e Kenny, condenado a ter uma morte sangrenta em cada episódio – claramente eram os filhos do demônio. Nenhum assunto era pueril demais, nenhum tabu estava a salvo de Parker e Stone (o desenho na verdade conseguiu uma classificação para adultos por sua predileção por palavrões e nojeiras). O filme de 1998, *South Park: Maior, Melhor e Sem Cortes*, com as baladas sensíveis "Blame Canada" e "Uncle Fucka", até recebeu uma indicação ao Oscar. No verdadeiro estilo Simpsons, a série tinha atraído algumas participações famosas, incluindo um ex-presidente (Bill Clinton), um suspeito de homicídio (O.J. Simpson), um ilusionista (David Blaine) e vários nomes do rock legais (Korn, Radiohead) ou nem tanto (Stevie Nicks, Toto).

O episódio de 18 de fevereiro de 1998 de *South Park* começava do jeito típico: Cartman descobre um triângulo da Antiguidade, e o entrega a Kyle. Quando Kyle é entrevistado na TV, chama a atenção do crítico de cinema Leonard Maltin e da diva decadente Barbra Streisand. Na verdade, havia dois triângulos – Streisand tinha o outro. Se ela recuperasse o segundo, teria o poder de dominar o mundo (como sempre esperou ter, claramente). Apenas três pessoas poderiam impedi-la – Maltin, o legendário ator Sidney Poitier e, ahn, o líder do The Cure, Robert Smith. Quando Smith chega a South Park, a diva havia se transformado na assassina Mecha-Streisand, o que significava que ele tinha de adotar seu próprio alter ego de super-herói, Smithra. Uma batalha épica na escala Godzilla *versus* Mothra acontece, durante a qual Smithra agarra o rabo de Mecha-Streisand e a joga para o espaço sideral.

Com o mundo agora salvo do mal que é Streisand, Smith se prepara para ir embora, mas primeiro tem de recuperar um walkie-talkie que havia deixado com Cartman. Quando o gorducho xingador se recusa a entregar, leva de Smith um chute no saco. Enquanto um Smith caminha rumo ao pôr do sol, ao estilo caubói, Kyle grita: "*Disintegration* é o melhor disco de todos os tempos". Cartman, então, acrescenta: "Robert Smith é o cara". Não havia elogio maior no universo cômico e distorcido de Parker e Stone (sua reputação era tão alta que camisetas com a estampa "Robert Smith Kicks Ass" logo foram comercializadas entre fãs do The Cure).

Smith não poderia ter encontrado uma balança melhor para medir se ainda estava no radar da cultura pop, mas, inicialmente, ficou um tanto hesitante em fazer a dublagem em *South Park*. Stone e Parker, ambos grandes fãs do The Cure, haviam mandado para ele uma fita de um episódio com um cão gay chamado Sparky (dublado pelo galã de Hollywood George Clooney). "Ri muito", contou, "mas ao mesmo tempo achei sórdido". Smith acabou confiando em Parker e Stone, mas não poderia ter imaginado a reação favorável a sua participação, especialmente dentro do clã Smith.

Os mais de 20 sobrinhos de Smith agora percebiam que seu estranho tio cabeludo era um cara muito *cool*. "Estar em *South Park* fez uma diferença enorme na vida deles", contou. "Quando assistiram, eles me idolatraram, mas ficaram perguntando: 'O que é *desintegração*, tio Bob?'. Agora que sou um personagem de desenho animado, sou totalmente respeitado no mundo deles. Nada do que faço – viajar, vivenciar tantas coisas, gravar discos com boas vendas – significa algo para eles, [mas] desde minha aparição em *South Park* sou imortal. Filhos da mãe."

Durante a turnê mundial para promover *Wild Mood Swings*, Robert Smith tinha começado a notar um lado de sua natureza que não tinha percebido antes: estava louco para passar mais tempo em casa. Mais de 20 anos de gravações e viagens intermináveis podem ter esse efeito, como descobriu. Segundo ele, "percebi que me sentia à vontade ficando em casa". Seus muitos sobrinhos tiveram um papel essencial na vida do novo Robert Smith. Ele era frequentemente visto jogando bola com eles ou buscando os mais novos na escola. "No passado", admitiu, "sem chance: preferia fazer turnê e gravar com o Cure [a qualquer outra coisa] e minha vida acontecia dentro do grupo. Drogas, bebidas e as tensões inevitáveis – isso não é mais para mim. Prefiro ficar em casa".

Smith agora tinha um estúdio caseiro bem estabelecido e, quando a banda terminou seus escassos compromissos em 1998 – 14 datas em festivais europeus no total –, começou a trabalhar em músicas para mais um álbum. Esse recente espírito caseiro seria uma chama criativa essencial para as músicas, em especial para "39". Literal como sempre, Smith a havia composto como um presente de aniversário para si mesmo, basicamente do mesmo jeito que "Lovesong" havia sido seu presente de casamento atrasado para Mary Poole.

Bloodflowers foi originalmente planejado para ser lançado no terceiro trimestre de 1998, mas a demanda pelo The Cure não estava no auge na época. Quando o disco acabou saindo, em fevereiro de 2000, Smith culpou várias coisas pelo atraso: o próprio clima mutável do disco, o receio da gravadora com um lançamento antes do Natal, além de uma intuição de que este realmente poderia ser o tão anunciado fim da banda. Talvez ele cumprisse sua ameaça contínua de matar o Cure. Havia uma lógica em andamento aqui: as vendas de seus dois lançamentos mais recentes, *Wild Mood Swings* e a coletânea *Galore*, eram consideravelmente menores do que as dos discos anteriores; Smith logo faria 40 anos (uma idade para se aposentar no rock); seu contrato com a gravadora estava prestes a vencer – e parecia haver uma simetria em encerrar a banda no fim do milênio. Smith também estava começando a receber outras ofertas, como a proposta do diretor Tim Burton para fazer a trilha sonora do filme *A Lenda do Cavaleiro sem Cabeça* (que ele acabou não fazendo).

"Definitivamente será o último álbum pela gravadora", era tudo o que Smith dizia na época, "então com certeza seria fácil parar por aí. Se é nosso último ou não... é uma boa maneira de parar".

Bloodflowers foi um álbum de duas sessões principais: a primeira durando um mês antes do Natal de 1998, e a segunda, por alguns meses na primavera inglesa do ano seguinte. Paul Corkett coproduziu o disco com Smith; o álbum foi mixado no interior da Inglaterra, na Fisher Lane Farm, em Surrey.

À medida que a gravação progredia, uma sensação muito familiar tomou conta de Smith: essas sessões foram muito semelhantes às da banda para o imenso sucesso de 1989, *Disintegration*. Simon Gallup e Roger O'Donnell também reconheciam isso – sem carinho algum. Duas semanas depois do início, disseram exatamente isso a ele. Na hora da mixagem, toda a banda havia desaparecido, deixando Smith sozinho com Corkett. Cada vez mais convencido de que esta seria a grande despedida do The Cure, Smith estava se enterrando no projeto, afastando os colegas de banda do processo. Não era exatamente o período livre e de vários meses no interior que foi *Wild Mood Swings* ou as férias francesas de *Kiss Me Kiss Me Kiss Me*. Era quase como fazer um álbum por método: para entrar no clima certo, na noite antes do início oficial das gravações, o "treinador" Smith tocou para a banda *Disintegration* e *Pornography*, insistindo que buscava uma intensidade parecida para *Bloodflowers*.

"Para ter alguma chance de ser a melhor formação do The Cure", disse a Gallup, O'Donnell, Bamonte e Cooper, "vocês têm de vir com um álbum que tenha este tipo de impacto emocional. As pessoas lembram [do The Cure] por causa de discos como estes."

"Quando fizemos *Wild Mood Swings*", continuou, "a casa estava cheia de amigos, parentes e gente rindo, 26 pessoas no jantar, esse tipo de clima. Com *Bloodflowers*, absolutamente ninguém que não estivesse gravando era permitido no estúdio. Todos acharam que eu estava sendo horrível, e provavelmente estava mesmo, porque queria que todos se concentrassem de verdade no disco".

"Por cerca de três meses, o resto do mundo ficou em segundo plano e só me preocupei em fazer o álbum. Não faço isso há 10 anos." (Smith animadamente informou que todos da banda eram "bons amigos" de novo quando as sessões acabaram e o disco enfim foi lançado.)

De todos os álbuns de estúdio do The Cure, *Bloodflowers* é talvez o mais ignorado, o mais injustamente negligenciado. No entanto, como uma obra sustentada, uma meditação prolongada sobre melancolia, funciona quase perfeitamente. Está claro por que Smith o incluiria como o ato final dos shows da Berlin Trilogy, em novembro de 2002 – como *Pornography* e *Disintegration* antes dele, *Bloodflowers* se agarrou a um só clima com a persistência de uma sanguessuga. Desde *Disintegration* Smith não soava tão solene; cada música parecia um discurso fúnebre para a flor de sua juventude que murchava rapidamente. A inclusão nas notas de encarte de uma citação de "The Princess", poema de Alfred Tennyson – "lágrimas das profundezas de um desespero divino... e pensando nos dias que não existem mais" –, não aconteceu de última hora: era um resumo perfeito de *Bloodflowers*. O título do disco era na verdade uma junção de duas obras de arte diferentes: uma referência a um livro de cartas do pintor Edvard Munch e o verso de poema de um livro que Smith havia lido e que refletia sobre a Primeira Guerra Mundial.

"Ele [Munch] tinha dito que estava certo de ter feito uma boa obra de arte quando sentia que uma flor de sangue surgia em seu coração", disse Smith. "[E] um dos poemas descrevia como uma ferida em um dos soldados, atingido por uma bala, abria uma flor de sangue em seu corpo. Gostei da analogia, entre dor e arte."

Ainda assim, de alguma forma Smith conseguiu se manter longe da armadilha melodramática que *Bloodflowers* poderia ter se tornado. Suas emoções aqui parecem convincentemente reais, diferente de, digamos, *Faith*, onde ele era apenas um rapaz de 20 e poucos anos que usava cocaína e se sentia incomodado. *Bloodflowers* realmente soa como a despedida do The Cure (mal sabia o mundo, claro, que mais uma ressurreição da banda viria dali a alguns anos). Por todo o disco, Smith soa exausto: mental, criativa e fisicamente sugado. Quando lamenta sobre a falta de sentimento e incapacidade de se articular durante "There Is No If...", claramente não é a mesma pessoa que disparou com insolência "não importa se todos morrermos hoje" em 1984. Este é um homem cuja sabedoria e visão de mundo foram duramente conquistadas. Claro, não é "Just Like Heaven" ou "In Between Days", mas boa parte da desolação do álbum soava de fato autêntica.

Smith não poderia ter composto algo que melhor definisse o clima do que a faixa de abertura, "Out Of This World". É uma música em que ele soa tão para baixo, tão perdido no mundo sombrio, que é um choque ter achado energia para cantar. Quando se aproxima do microfone, canta uma letra que comprova o quanto estava determinado a capturar um estado de espírito singular por todo *Bloodflowers*. Ao cantar sobre a inevitabilidade da nostalgia, é como se estivesse canalizando um cantor de boate de olhar triste, gravata afrouxada, conhaque na mão, um maço quase vazio de cigarros por perto.

Em *Bloodflowers*, Smith abordou o lado mais reflexivo de sua natureza, que era muito diferente do autoflagelador crônico de *Seventeen Seconds* ou *Faith*. Durante "Watching Me Fall", parece até flutuar fora do corpo, olhando para sua vida. Smith se vê caindo eternamente pelo espaço, ficando cada vez menor até desaparecer por completo. A banda, enquanto isso, arma uma tempestade de guitarras atrás dele, criando a trilha sonora perfeita para o coração pesado de Smith.

Como os momentos mais ríspidos de *Wish* (especialmente "From The Edge Of The Deep Green Sea") e *Disintegration*, nada é apressado em *Bloodflowers* ("As introduções em *Disintegration* eram ainda mais longas", ressaltou Smith). Essas nove faixas que queimam em fogo baixo se desenrolam lentamente, crescendo aos poucos em atmosfera e tensão com guitarras sendo empilhadas como blocos de construção, enquanto Gallup e Cooper ancoram o som com uma sucessão de grooves hard rock (Cooper toca com a mão bastante firme).

Apenas uma faixa, "There Is No If...", tem menos de quatro minutos; "Watching Me Fall" passa um pouco dos onze. Estava claro que, quando Smith confessou amar o Smashing Pumpkins e os escoceses ruidosos do Mogwai, não estava apenas pegando o bonde mais próximo (até porque também estava começando a escutar ópera na época, o estilo musical preferido de seu pai, "um sinal claro de que estou envelhecendo").

Mesmo se o Cure retomasse o apelo comercial em 2000 – o que não aconteceu –, encontrar uma música para as rádios em meio à hemorragia sonora e autobiográfica de *Bloodflowers* teria sido tão difícil quanto pentear o cabelo de Robert Smith. Apenas "Maybe Someday" tinha algo que lembrava uma melodia característica do The Cure, mas até essa faixa durava mais de cinco minutos, nada bom para as rádios. A Elektra sabia disso. Smith disse à imprensa que a reação da gravadora ao último álbum do The Cure foi tão positiva quanto sua primeira opinião sobre *Disintegration*. Ele mencionou as palavras "suicídio comercial" diversas vezes em várias entrevistas no lançamento do disco.

"Antes de fazermos *Bloodflowers*, queria que fosse um álbum curto, porque acho que 70 minutos de um artista é um exagero, sem exceção", admitiu alguns anos depois do lançamento, uma observação que foi tanto um comentário sobre a era do CD quanto sobre a tendência da banda a cozinhar demais suas músicas. Então, com *Bloodflowers*, Smith tinha dado a si mesmo e à banda uma meta de 45 minutos para o disco, mas edição nunca foi um dos pontos mais fortes do The Cure, como o excessivamente longo *Kiss Me...* tinha provado em 1987; da mesma forma, mais recentemente, *Wild Mood Swings* tinha 14 faixas. "Percebo, olhando agora, que as músicas em si precisavam ser editadas, mas acho que elas se beneficiam de sua duração", acreditava Smith.

Ele na verdade havia feito uma edição caseira em "Watching Me Fall", cortando cinco minutos da faixa, mas sentiu que não tinha ficado a mesma música. E mesmo depois de retirar mais de 90 segundos de "Out Of This World", sob o conselho de que ela precisava de uma edição para as rádios, ouviu que a introdução ainda estava longa demais. "Mas gosto daquele desenvolvimento lento", Smith disse, "e não quis impor a estrutura de três minutos e meio a nada do que estava compondo, porque parecia estúpido. Fizemos algumas do que consideramos ser músicas pop na fase de demos, e elas soaram muito superficiais". Destaques de *Bloodflowers*, como "The Last Day Of Summer" e a faixa-título, teriam sido arruinadas se suas ambientações extensas e lânguidas tivessem sido cortadas – elas definiram com perfeição o tom para as músicas tristes que se seguiram.

No final das contas, de todos os álbuns do The Cure, de todos os milhões de discos vendidos em mais de 25 anos, *Bloodflowers* continua muito perto do topo na lista de preferidos de Robert Smith. "Gravar *Bloodflowers* foi a melhor experiência que tive desde que fiz *Kiss Me*... Atingi minhas metas, que eram gravar um disco, gostar de gravá-lo e conseguir algo com conteúdo intenso e emocional verdadeiro. E não me matei no processo."

Bloodflowers não foi exatamente o fracasso que a Elektra suspeitava que fosse. Foi lançado em meio à mania de *Supernatural*, [disco] em que Carlos Santana, o veterano guitarrista de blues de Woodstock com inclinações cósmicas, havia se reinventado com muita ajuda de gente nova como Rob Thomas, do Matchbox Twenty. Na mesma semana em que *Supernatural* vendia imponentes 219 mil discos nos EUA, *Bloodflowers* estreou no número 16, que foi o melhor desempenho naquela semana (meio de fevereiro) para um novo lançamento (com 71 mil álbuns vendidos).

Como sempre, o Cure se viu entre colegas improváveis de paradas, incluindo a diva pop Christina Aguilera, o *eurotrash* Eiffel 65, Kid Rock, Backstreet Boys e o garanhão do R&B Sisqó (que seduzia com uma coisinha encantadora chamada "Thong Song"). "Maybe Someday", a faixa que acabou saindo de *Bloodflowers* para as rádios, também se saiu surpreendentemente bem nas paradas, chegando ao número 12 na lista de Rock Alternativo da *Billboard*. "Watching Me Fall", enquanto isso, tinha sido incluída na trilha sonora do filme *Psicopata Americano*, mantendo o Cure sob os holofotes.

Sua turnê seguinte nos EUA foi uma versão reduzida de seu apogeu no final dos anos 1980 e início dos 1990: durou cinco semanas, com a banda tocando principalmente em anfiteatros em vez dos superestádios com patrocínio corporativo de alguns anos antes.

Estimulado pelas vendas razoáveis de um álbum que sabia não ter sido planejado para fãs do The Cure criados com "Just Like Heaven" e pelas boas vendas de ingressos de sua Dream Tour 2000, Smith começou a rever seus planos de sacrificar a banda, mas isso não era tão estranho – a essa altura, ele deve ter percebido que não deveria dar entrevistas no fim de um período mental e fisicamente exaustivo. Tinha uma tendência a dar declarações ousadas das quais se arrependeria depois.

"Se este vai ser o último álbum com o Cure – [como] pensei – tenho de ser sincero", afirmou Smith. "Agora todos ao meu redor dizem que o disco teve um impacto positivo em mim com relação à banda, e tenho de admitir que é verdade, porque mudei de ideia nos últimos seis meses graças a *Bloodflowers*. Encontrei um novo entusiasmo no grupo. Percebi que o Cure é uma ótima banda novamente, importante – para mim, pelo menos. Não me importa o que o resto do mundo pensa de nós."

Só que em vez de desaparecer dentro do estúdio, Smith decidiu preparar duas retrospectivas da carreira para a Polydor: mais um álbum "tradicional" de grandes sucessos e uma jornada em quatro discos por faixas desconhecidas do grupo. E se por acaso o Cure não gravasse mais um álbum de estúdio, pelo menos ele poderia se gabar de que estava ativamente envolvido na compilação do que achava ser a coletânea definitiva da banda. [2]

Smith também tinha uma história pessoal para reconsiderar. Ele e o cofundador afastado do The Cure, Lol Tolhurst, haviam trocado mensagens na época de *Bloodflowers*. Parecia para ambos que tempo suficiente tinha passado para poderem retomar a amizade de longa data. Como Tolhurst me contou, "escrevi para Robert e falei 'isto é o que fiz, isto é o que lamento' e que ainda queria que fôssemos amigos, porque isso é o que éramos no começo. Ele respondeu, nos encontramos em Los Angeles e ficamos a noite inteira conversando sobre as coisas". Smith teve algumas admissões muito francas a fazer: Tolhurst não era o único membro do The Cure voando um pouco perto demais do sol.

"Ele me contou que três ou quatro anos antes Simon tinha dado com a cara no muro com todo aquele negócio [drogas e álcool]", disse. "Robert tem a característica de se afastar e parar assim que fica perto demais da beirada, do abismo. Chegou perto algumas vezes. Eu fui ao abismo, olhei para baixo e pulei."

"Acho que isso faz parte essencial de estar em uma banda como o Cure. Também penso em bandas como Nirvana e Joy Division – as pessoas esperam que você olhe para o abismo por elas, faz parte da experiência. É assim. Cheguei muito perto e caí, e Robert e Simon também."

2 Em 1997 ele previu isso, declarando: "A última coisa que sairá será minha versão dos maiores sucessos. Será minha seleção pessoal do que acho ser nosso melhor trabalho".

Apesar da condução de Robert Smith, as diferenças entre *Greatest Hits*, lançado em 2001, e *Galore*, de 1997, não eram tão amplas. Havia 18 "hits" em cada um e, embora a seleção de faixas fosse um tanto diferente, ainda havia forte foco no lado comercial da banda. Essas duas coletâneas reuniram as músicas mais conhecidas do The Cure. Enquanto "Wrong Number" tinha sido a faixa bônus inédita em *Galore*, *Greatest Hits* contava com "Just Say Yes", um duelo vocal animado entre Smith e Saffron, vocalista do Republica, e "Cut Here", mais uma coprodução Plati/Smith. A principal diferença, no entanto, foi um CD bônus para *Greatest Hits*, que acrescentou versões acústicas de "Lovesong", "Lullaby", entre outras, mais dois discos com vídeos dirigidos principalmente por Tim Pope.

Obviamente, *Join The Dots* foi algo totalmente diferente. Com o subtítulo *B-Sides & Rarities 1978–2001 (The Fiction Years)*, era uma retrospectiva autêntica e detalhada, uma jornada por quatro discos e 70 faixas pelo mundo do The Cure, que ia da pouco ouvida "Do The Hansa" ao rearranjo de Mark Plati para "A Forest". E estava cheio de curiosidades, como "Harold And Joe", o tributo de Simon Gallup à dupla da novela australiana *Neighbours* (uma favorita de Gallup na TV), que havia sido enterrada no lado B de "Never Enough". Também havia mixagens alternativas (a versão de Mark Saunders para "Wrong Number", o Dizzy Mix de "Just Like Heaven" e outros) e raridades, incluindo covers de "Young Americans", de Bowie, "Hello I Love You", dos Doors (em três sabores diferentes), e "Purple Haze", de Hendrix. A elas se juntaram gravações de trilhas sonoras dos filmes *O Juiz* e *O Corvo*, mais "More Than This", faixa gravada para *Arquivo X* (como Fox Mulder, o observador dos astros e telespectador devotado Smith também queria acreditar).

Join The Dots era mesmo para quem quer tudo do The Cure, mas, diferentemente da maioria dos lançamentos que Smith tinha insinuado serem a despedida da banda, esta retrospectiva inteligente tinha de fato todos os sinais de desfecho. Que maneira melhor de se despedir do que revirar os arquivos e voltar com 70 faixas de obscuridades e coisas efêmeras? [3] Rumores sobre o fim do The Cure ficaram cada vez mais fortes quando foi anunciado que Chris Parry tinha vendido a Fiction para a Universal Music – para decepção de Smith. Este

3 O mesmo poderia ser dito sobre o DVD *The Cure Trilogy*, que capturou seu show em Berlim em novembro de 2002, quando a banda tocou *Pornography*, *Disintegration* e *Bloodflowers* na íntegra.

falou, toda vez que podia, que Parry o havia vendido, mas, como um membro do círculo interno da banda me disse, a verdade é um pouco diferente.

"A história sobre Chris vender para a Universal sem o conhecimento de Robert é uma besteira completa", ouvi. "Chris havia falado com Robert durante anos, pedindo que comprasse a parte dele na Fiction. Problemas com a atitude de Robert e sua recusa em procurar opções para a Fiction levaram à venda para a Universal. Robert sabia de tudo isso." A essa altura de um relacionamento que durou mais do que muitos casamentos, Smith e Parry se comunicavam principalmente via fax – e mesmo assim Parry passava a maior parte do tempo em seu barco no mar.[4]

Então, todas as indicações eram de que o Cure estava pronto para o abate, permitindo a Robert Smith retomar a ideia de um álbum solo, o que seria um dos períodos de gestação mais longos na história do rock. Mas Smith e banda estavam prestes a conhecer Ross Robinson.

De todas as pessoas com menor probabilidade de ajudar a elaborar a ressurreição do The Cure em 2004, o norte-americano Robinson estaria quase no topo da lista. Ele começou no final dos anos 1980 como o guitarrista indomável em uma banda de thrash metal há muito tempo esquecida junto com o futuro baterista do Machine Head, Dave McClain. Seu primeiro crédito de estúdio – engenheiro assistente – foi por seu trabalho no disco do WASP de 1993, *The Crimson Idol*. Pouco depois, Robinson teve um contato crucial (para sua reputação e seu saldo bancário) com a angustiada banda nu-metal Korn, possivelmente uma das bandas mais sofredoras depois do, vejamos, The Cure. Ele produziu seus dois primeiros álbuns, o homônimo de 1994 e o sucesso multiplatinado de 1996, *Life Is Peachy*.

O lugar de Robinson como o Phil Spector do nu-metal foi de fato confirmado quando ele trabalhou para o disco que estourou o Limp Bizkit em 1997, *Three Dollar Bill Y'All*. O Limp Bizkit, cujo líder vestia camisetas enormes, tinha uma ambição inegável e atendia pelo nome de Fred Durst, e o Korn, comandado pelo "cafetão" Jonathan Davis, conduziram a vanguarda de rap-metal que dominou

4 Não há números disponíveis ao público com relação à venda, mas Parry – que voltou para a Nova Zelândia e retomou o Fourmyula – claramente embolsou muitos milhões de libras.

a MTV e as rádios no final dos anos 1990. Quando Robinson seguiu em frente e produziu álbuns para o At The Drive-In e os palhaços anárquicos do Slipknot, tinha feito sua parte para começar uma revolução.

Não que Robert Smith fosse um grande fã de nu-metal. Foi o que disse em 2001, enquanto conversava com seu seguidor, o vocalista Brian Molko, do Placebo. "Gosto um pouco das guitarras", comentou, "[mas] o problema com esses tipos de bandas é que não gosto das vozes, [a forma como] gritam do mesmo jeito. E tenho a sensação de que o nu-metal é terrivelmente cínico – eles devem ser burros demais para entender que são vítimas de um imenso plano de marketing". Um sobrinho de Smith era fanático por nu-metal – tinha tocado seus álbuns do Slipknot para o tio Robert, que não se impressionou.

"Slipknot?" disse. "Parece Alice Cooper, mas não chega nem aos pés dele."

Ross Robinson havia conhecido Smith nos bastidores do festival Coachella, na Califórnia, em 2004. Embora não fosse grande fã de seu trabalho, Smith ficou encantado com o cara – como não poderia ficar quando Robinson confessou ser um tremendo fã do The Cure? "Nós nos demos bem logo de cara", contou Smith. "Ele tem mais ânimo pela vida do que qualquer pessoa [que conheço]. [Mas] gosto muito de algumas coisas que Ross fez, como At The Drive-In. Já o Limp Bizkit não mexe comigo."

"Lia coisas sobre como ele disse que morreria para fazer o [próximo] álbum do The Cure", continuou. "Não esperava que continuássemos."

Robinson era um homem de comprometimento e foco admiráveis. Estava tão determinado a fazer um disco com Smith que, depois de seu primeiro encontro, quase afogou o Lovecat em mensagens, dizendo por que deveriam trabalhar juntos e como criariam uma magia musical no estúdio. Finalmente, Smith cedeu e assinou um acordo de três álbuns com a I Am Recordings, de Robinson, recusando uma oferta da Virgin. Em 2004, por mais improvável que parecesse, o Cure virou colega de gravadora de Glassjaw, Slipknot e Amen. Smith até prometeu passar toda a responsabilidade de estúdio para Robinson – não tinha sido tão abnegado desde *Three Imaginary Boys*, e só fez isso na época porque não sabia de nada.

O plano original de Smith era que Robinson produzisse seu agora quase mítico LP solo. "Mas ele não concordou", contou. "Disse: 'É a hora certa para um novo álbum do The Cure. Minha intuição me diz isso'."

Os instintos comerciais de Robinson eram bem fortes. Depois de passar anos nas margens de terras isoladas, especialmente no Reino Unido, o Cure de repente estava sendo citado por toda a imprensa musical. Havia um espírito de ressuscitação varrendo o rock. Enquanto os climas glaciais de *Pornography* podiam ser ouvidos no som dos nova-iorquinos do Interpol, dava para se confundir e pensar que Steve Bays, vocalista da banda canadense Hot Hot Heat (ela própria uma cópia do The Cure), estava canalizando Smith. Se não fosse um elogio tão grande, ele deveria falar com seus advogados sobre uma violação a direitos autorais.

Outras bandas novas, como The Rapture, Razorlight e Mogwai, esta amada por Smith, homenageavam o Cure e seu vocalista em entrevistas e em disco. Jack White, do White Stripes, até declarou que não seria músico sem a influência de Smith, enquanto outras bandas, como AFI e Black Rebel Motorcycle Club, emulavam as várias fases da carreira do The Cure em seus discos de sucesso *Sing The Sorrow* e *Take Them On, On Your Own*, respectivamente. Para uma banda que parecia morta apenas alguns anos antes, o Cure de repente estava vivíssimo. Smith também aparecia nos lugares mais estranhos, fazendo aparições musicais com o blink-182, Junkie XL e outros. Ele até uniu forças, mais uma vez, com o arquiteto da guitarra Reeves Gabrels para a excelente "Yesterday's Gone". Ingressos para seu show único em março no Barfly, em Londres, custaram impressionantes 2.000 libras.

No segundo trimestre de 2004, Robinson e o Cure se reuniram no Olympic Studios (na capital inglesa) para seis semanas de gravações. A banda levou 37 demos para as sessões, que acabariam se transformando em uma dúzia de faixas. O plano original era gravar em Los Angeles, mas Smith tinha a palavra final e insistiu em trabalhar mais perto de casa ("Nós o convencemos de que a melancolia de Londres é mais favorável para fazer nossa música do que o sol da Califórnia", riu Smith). Robinson, como Mark Plati antes dele, teve sorte de conseguir passar pelo primeiro dia, porque achou muito difícil conter tanta empolgação em trabalhar com uma de suas bandas preferidas de todos os tempos. Sua primeira ação foi simplesmente deixá-los tocar por uma hora – boa parte do álbum resultante, *The Cure*, foi gravada ao vivo no estúdio – e depois falar sobre seus planos com a banda. Ao final dessa primeira hora, no entanto, Robinson não conseguia se conter.

"Ele simplesmente enlouqueceu", contou Smith. "Ficava dizendo: 'Vocês não sabem quem são? São o Cure. Que porra estão fazendo?'. Todos na sala pensaram: 'Meu Deus, ele está dizendo coisas bem óbvias'". O Cure não era uma banda que gostava de confronto ou excesso de exuberância, e agora um nerd americano do nu-metal dançava na frente deles como um louco. Segundo Smith, "de repente tínhamos esse sujeito chutando as coisas, perguntando: 'Vocês percebem quem são?'".

Smith, no entanto, ficou encantado com a atenção e o zelo de Robinson. "Quase chorei de alegria", admitiu. "Soube naquele momento que daria certo."

Só que o resto da banda não gostou tanto dos métodos extremos de trabalho de Robinson, sua estranha atração pela produção metódica. Simon Gallup, por exemplo, estava muito disposto a detonar Robinson. "Não me diga que ele é um ótimo produtor", falou o baixista, que ainda estava controlando seu problema com a bebida. "Para mim, ele só foi um pesadelo. Nenhuma palavra positiva sobre ele sairá da minha boca; é só um idiota." Quando conversamos, o guitarrista Perry Bamonte foi um pouco mais diplomático. "Foi dito que a abordagem de Ross é um pouco esquemática, mas acho que ele tinha uma paixão verdadeira pelo que fazia. Nem todos tinham a mesma visão dele e é possível argumentar que não entendia bem o Cure, mas acreditava completamente no que estava fazendo e acho isso muito bom."

Embora não tão unidimensional quanto *Bloodflowers*, *The Cure* ainda era um álbum extraído do lado mais sombrio e pesado da banda – claramente não era *Kiss Me*... revisitado. "Comecei a compor músicas bem pesadas, porque quando se trabalha com Ross ele vai querer algo dark e melancólico", Smith disse quando o disco foi lançado, em 29 de junho de 2004. "O que ficou muito aparente é que ele gostava de tudo o que fizemos. Realmente curte o lado melancólico e o lado pop da banda." Novamente, como nas sessões para *Bloodflowers*, o Cure virou refém do estúdio, não saindo dele por meses. "Não tivemos visitantes. Ninguém podia entrar. Foi uma experiência bastante surreal", contou Smith.

"Foi tratado quase como um longo evento ao vivo. Todo dia era uma música diferente. Ficávamos voltados para a cabine de controle para poder ver Ross e falar sobre coisas técnicas. Ele nos colocou em um espaço muito confinado, ficamos espremidos, com contato cara a cara. À noite, virávamos para o outro lado, acendíamos velas e de repente ficou muito real. Eu me levantava e lá íamos nós."

"Tudo o que fizemos antes culminaria nesse disco – essa era nossa mentalidade no estúdio. E diria que a gravação deste álbum teve mais paixão do que em todos os outros combinados."

Embora *The Cure* não fosse um sucesso estrondoso, vendeu um pouco melhor na primeira semana do que *Bloodflowers*, atingindo 90 mil cópias e escalando até o número sete do Top 10 dos EUA. Foi um lembrete útil de que o público norte-americano não tinha completamente esquecido o Lovecat e seu bando.

Mas Smith tinha um novo plano em mente para a mais nova turnê americana da banda. O Cure tinha sido convidado para encabeçar o adequadamente batizado festival Curiosa, que também contava com Mogwai, Interpol e The Rapture, favoritos escolhidos por ele a dedo, junto com outros artistas como Muse e Melissa Auf Der Maur. O Curiosa passou por 22 cidades, começando em 24 de julho em West Palm Beach e encerrando em Sacramento cinco semanas depois. O público foi menor do que o esperado – em Atlanta pouco mais de 7.000 pessoas ocuparam um lugar que podia comportar 15 mil, enquanto em Cincinnati só 5.700 fãs estavam livremente espalhados por uma área pronta para mais de 20 mil. No show de encerramento, em Sacramento, um público pífio de menos de 5.000 pessoas compareceu a um estádio construído para mais de 17 mil (a receita diária costumava ir de 200 mil a 400 mil dólares, atingindo o fundo do poço em Cincinnati, com 159 mil dólares). Quanto ao set de duas horas do The Cure, era uma mistura de coisas velhas e algumas muito tristes. A banda tocava os sucessos obrigatórios – "In Between Days", "Just Like Heaven", "Lovesong" e até "Boys Don't Cry" – e faixas com guitarras pesadas de seus dois LPs mais recentes.

Apesar da bilheteria confusa, o Curiosa foi um dos festivais de verão mais bem-sucedidos de 2004, uma grande conquista em uma temporada mais notável pelos fracassos, incluindo o cancelamento do antes incomparável Lollapalooza (Morrissey era uma atração principal do Lollapalooza, o que deve ter feito Smith rir baixinho). As resenhas sobre os shows do Curiosa foram tão elogiosas quanto a atitude das outras bandas com relação aos veteranos. Melissa Auf Der Maur foi uma de muitos artistas a agradecer o Cure no palco, declarando que o Curiosa era "a turnê mais romântica do verão".

"O líder Robert Smith se manteve discreto durante boa parte do set", observou a MTV sobre o show em Nova York, em 31 de julho, "afastando-se do microfone para dançar levemente com a cabeça baixa. Felizmente os acessórios, a iluminação e o telão... compensaram a falta de atração visual".

Se Smith era uma presença contida no palco, Simon Gallup era um homem ressuscitado, tocando seu baixo como uma britadeira. "Comparado com Smith e outros membros paradões da banda, Gallup era uma máquina de dançar no nível dos mais fervorosos na plateia", a MTV declarou. "Mexendo os pés e castigando o braço do instrumento, ele cavalgou com energia pelas linhas de baixo entrelaçadas das músicas que são responsáveis pelo balanço do The Cure... frequentemente ignorado para favorecer a letra sombria, o cabelo bagunçado e o pendor para usar roupas pretas de Smith."

Embora o Curiosa não fosse a galinha dos ovos de ouro que os promotores esperavam, o Cure ganhou na loteria com três shows lotados na Cidade do México, de 4 a 6 de setembro. Mais de 50 mil fãs no total viram os shows, rendendo à banda consideráveis 696.622 dólares por noite.

De volta a Londres, um animado (e ascendente) The Cure foi tratado como realeza pelo *MTV Icon*. Parecendo a resposta gótica à família real inglesa, a banda assistiu enquanto AFI, blink-182, Razorlight, Deftones e o anfitrião da noite, o próprio Deus da Foda, Marilyn Manson, faziam reverência ao altar do The Cure. Nos bastidores, membros antigos como Porl Thompson se misturaram com a formação atual, que estava quase completando sua primeira década. Uma fonte interna com quem conversei não ficou impressionada com a noite. "A banda parecia perplexa e entediada ao mesmo tempo", ouvi. "A festa depois desse 'evento' foi basicamente tranquila, ao contrário de outras festas desse tipo do The Cure. Eram na maior parte membros bêbados de bandas lidando com gente perguntando qual era sua marca preferida de produtos para cabelo." Mas o simples fato de a MTV ter nomeado o Cure como ícone quase 20 anos depois de passar o videoclipe de Tim Pope para "Let's Go To Bed" pela primeira vez dizia muito sobre esses sobreviventes suburbanos.

A maioria das pessoas com quem conversei para este livro não estava tão surpresa com a relutância do The Cure em morrer. Para Phil Thornalley, ex-produtor e ex-baixista da banda, tudo se resume simplesmente à capacidade de Smith em compor músicas matadoras. "Para mim, escrever ótimas canções pop é como se conquista a longevidade no meu território. Se alguém tem muitos hits, é por isso que você se lembra dele. Acho que Robert compôs algumas músicas pop excelentes. Claro, o outro aspecto artístico existe também, mas sinceramente não estou interessado nisso."

O cofundador do The Cure Lol Tolhurst, com certa razão, acha que o sucesso contínuo da banda é mais do que o trabalho de um homem só. "O negócio para Robert é que o Cure é a vida dele; às vezes também é uma espécie de fardo, mas tenho de dizer que, sem a contribuição das outras pessoas, isso não teria acontecido. Simon ainda está lá, mas é só. Não é como antes. Acho revelador que Robert ainda não tenha embarcado em carreira solo – o Cure é mais do que ele e mais do que uma ideia. É uma série de circunstâncias e pessoas, sem as quais nunca teria acontecido. É uma grande novela."

"Acho, às vezes, muito estranho ler coisas sobre mim que se referem a 16 ou 17 anos atrás", acrescentou. "É como se tivesse ficado congelado no tempo. Fui aquilo, mas não sou mais. Minha parte no The Cure foi abrangente, envolvia tudo. É realmente o que quero que as pessoas saibam – foi meu filho, também, por muito tempo, mas não tenho ressentimentos, odiaria ser visto como o Noel Redding (do Jimi Hendrix) de Robert. Não sou um velho amargo, é algo de que me orgulho muito. Sempre há dois lados em uma história, e a verdade é que há muito mais envolvimento do que as pessoas possam achar."

O baixista original do The Cure, Michael Dempsey, está convencido de que seu sucesso se baseia no jeito "inabalável" como Robert Smith lida com sua arte. "O que o motivou na época [quando a banda foi formada] o motiva agora", disse, quando conversamos em 2005, "o que é uma tremenda conquista. Ele tem a mesma ética agora. Geralmente, é inabalável na forma como aborda isso – é trabalhador, sólido, tem uma noção de propósito que atravessou modinhas e tendências. É muito raro ver uma banda fazer isso e prosperar".

"Há muitos fãs do The Cure por aí", acredita Steve Lyon, produtor de *Wild Mood Swings*. "Também é legal gostar dos Banshees e do The Creatures agora, eles têm essa natureza rebelde." Outros músicos, como Mark Francombe, do Cranes, creditam parte da longevidade do The Cure a sua grande habilidade em entrar e sair da mira dos holofotes. "[Ainda resistem] porque sabem como descansar", disse Francombe. "Faça um álbum, uma turnê e depois tire alguns anos de folga. Felizmente há 500 góticos em cada cidade do mundo ocidental, então seus discos ainda são comprados." Mesmo assim, a banda continua à beira de uma separação: nem o atual membro Perry Bamonte tem ideia do que vem pela frente. "É muito difícil declarar a próxima jogada do The Cure", ele me disse em 2005. "O Cure sempre está à beira de implodir, mas já tem 25 anos. Nunca desvalorizo um dia sequer."

Independentemente de seu próximo passo, Robert Smith – que, claro, agora é o próprio Cure – se firma como um dos grandes sobreviventes do rock, liderando uma banda que se recusa a morrer. Sua aparência imediatamente reconhecível transcendeu o mundo do rock e dos milhões de discos vendidos – basta ver *Edward Mãos de Tesoura*, a criação de Tim Burton que ganhou vida nos cinemas: é Robert Smith, mas com tesouras no lugar de mãos. Foi um dos visuais mais icônicos de Hollywood nos anos 1990 e pode ser remetido diretamente ao homem de Crawley.

No início de 2005, Smith finalmente aprovou reedições dos primeiros álbuns do The Cure, e notícias sobre o fim da banda pareciam um tanto exageradas. Smith ameaçou continuar rodando por aí por mais algum tempo, como Mick Jagger.

"Até consigo me imaginar fazendo isto aos 60 anos, não me importa o que os outros pensam", afirmou recentemente. "Desde que faça música com gente que gosto, é maravilhoso; a maioria das pessoas sonha com isso. Mas se eu trabalhar nos próximos dois anos com o Cure pensando que preferia estar em casa, não serei honesto comigo mesmo."

No entanto, independentemente do que decidir fazer, está claro que em qualquer lugar onde houver um sobretudo preto e delineador haverá um bando de fãs do The Cure, sempre devotos, ainda discutindo os méritos de *Pornography* com relação a *Faith* ou *Disintegration*. E ninguém pode alegar ter o mesmo nível fervoroso de adulação de seus devotos quanto o Cure. Não importa o futuro da banda, Robert Smith fez uma garantia concreta: "Com certeza não estarei usando roupa preta e batom em 2011. Isso é fato". [5]

---

5 N. do E.: Essa promessa, claro, não foi cumprida. Estamos em 2015, e Robert Smith segue usando roupa preta e batom no palco. A última atualização deste livro ocorreu em 2009.

Epílogo

Claro, sempre há um fato inesperado à espreita na saga do The Cure, e no início de 2005 não foi exceção. No entanto, dessa vez ele ocorreu em um momento no qual parecia que os membros da banda enfim estavam convivendo pacificamente. O Cure sempre teve um longo histórico de incêndios, se você considerar as demissões de Lol Tolhurst ou Andy Anderson, ou jogos mentais que facilitaram a saída de Michael Dempsey para a entrada de Simon Gallup.

Em 6 de abril de 2005, Craig Parker, webmaster do site Chain of Flowers, de fãs do The Cure, ouviu um boato de que o roadie que virou guitarrista Perry Bamonte e o tecladista de longa data Roger O'Donnell não estavam mais na banda. Em um nível mais oficial, foi confirmado que o empresário Daryl Bamonte foi dispensado de seu posto em 18 de abril e que Smith passaria a controlar todos os negócios do The Cure.

Então, quando Parker ouviu de uma fonte confiável que Smith realmente havia começado a trabalhar em um novo álbum da banda, contatou O'Donnell, que negou saber qualquer coisa sobre o disco. Mas em 20 de maio, como Parker me contou, "as coisas enlouqueceram". Um comunicado oficial anunciou que o Cure tinha agendado datas em festivais de verão na França e na Espanha (mais uma aparição no Live 8, de Bob Geldof). Corria de forma não oficial que este seria um "novo" trio do The Cure, com Smith, o baterista Jason Cooper e Simon Gallup. Novamente, Parker perguntou a O'Donnell sobre os shows e ouviu que "provavelmente eram só boatos".

Enquanto isso, um e-mail falso começou a circular dizendo que o "novo" Cure seria formado por Smith, o baterista Keith Airey e o ex-confidente de Smith (e gêmeo tóxico) Steven Severin. Como Smith e Severin tinham brigado quase 20 anos antes, sem nem trocar cartões de Natal nesse meio tempo, essa reunião parecia muito improvável. Embora Parker tenha rapidamente começado a duvidar da autenticidade do e-mail, publicou essa "notícia" no site, e uma fonte próxima da banda escreveu para ele confirmando que o Cure realmente agora era um trio, mas negou o envolvimento de Severin e Airey. ("É verdade que voltamos a nos falar, mas não conversei com Robert desde que esta notícia surgiu", Severin disse ao Billboard.com. "Tudo o que sei é que estamos trabalhando juntos para fazer a remasterização mais empolgante possível de *Blue Sunshine*."). Enquanto isso, no site oficial da banda, www.thecure.com, Smith começou a atacar Parker e contestar a veracidade da seção de notícias do Chain of Flowers.

Novamente, Parker mandou um e-mail a O'Donnell e os dois consideraram os boatos sobre Severin "uma piada ruim". Quando Parker falou de novo com sua "fonte interna" do The Cure, foi informado de que a nova formação já havia gravado cinco músicas e se reunido com o produtor de *Three Imaginary Boys*, Mike Hedges. Era uma volta a 1978.

Esta notícia era verdadeira: Smith, Gallup e Cooper haviam regravado as faixas "Three Imaginary Boys", "Seventeen Seconds", "Faith" e "Pornography" para um especial planejado no iTunes, além de uma cover de "Love", de John Lennon, para um CD da Anistia Internacional. Mesmo assim, em 23 de maio nem O'Donnell nem Bamonte tinham sido contatados por Smith sobre seu lugar na banda ou para essas novas sessões. Mas no dia seguinte, 24 de maio, O'Donnell mandou um e-mail a Parker mais uma vez e avisou que ele e Bamonte estavam oficialmente fora do The Cure.

Em seu próprio site, www.rogerodonnell.com, em 27 de maio, O'Donnell tentou, em vão, esconder seu desdém. "Desde terça não sou mais um membro do The Cure", escreveu. "Foi triste descobrir isso depois de quase 20 anos do jeito como descobri, mas acho que não deveria ter esperado mais ou menos." Seu álbum solo, *The Truth In Me*, altamente influenciado pelo disco só com vozes de Bjork, *Medulla*, foi lançado em outubro de 2006. Quando perguntei a O'Donnell sobre sua saída, ele foi curto e grosso. "Estou mais interessado no futuro do que no passado", escreveu via e-mail, "e acho que só farei mal ao falar do passado, mas obrigado por seu interesse".

Perry Bamonte ficou igualmente surpreso e chateado com sua demissão. Em seu site, www.perrybamonte.de, descreveu sua reação à notícia e ao retorno que recebia de fãs espantados do The Cure. "Estou muito impressionado com o número de fãs que escreveram para mim, para você e para todos os sites do The Cure – nunca imaginei o tanto de impacto que tinha ou o tamanho da minha importância como parte da banda para tanta gente. Mande a todos meu agradecimento por seu apoio e elogios e pelos desejos para meu futuro. Quero o bem da banda e não tenho ressentimentos. Não tenho nenhum plano concreto no momento, mas avisarei se me envolver em outros projetos. Mais uma vez, obrigado!" Posteriormente, descreveu sua reação à demissão como "uma espécie de alívio". Ele agora comanda a Bamonte Artist Management, representando

Das Shadow e Paul "P-Dub" Walton. Seu álbum country finalizado há muito tempo, gravado sob o pseudônimo de Pat Gently, ainda não foi lançado.

O Cure, um trio agora formado por Smith, Simon Gallup e Jason Cooper, fez alguns shows antes de anunciar, em junho de 2005, que o guitarrista Porl Thompson, cunhado de Smith, estava de volta, depois de mais de uma década fora do grupo. Foi como se o Cure fosse o equivalente musical à máfia: você não podia realmente sair da banda. Com a cabeça raspada e olhar intenso, Thompson agora parecia um Billy Corgan mais velho e muito mais assustador.

O Cure fez apenas um show em 2006, em um evento beneficente para o Teenage Cancer Trust no Royal Albert Hall. Um DVD ao vivo, *Festival 2005*, incluindo 30 faixas de sua turnê de 2005, foi lançado em dezembro de 2006. Durante esse tempo todo, Smith e a banda estavam gravando mais um álbum de estúdio, o décimo terceiro, até dispensando uma turnê nos EUA em agosto de 2007 para continuar trabalhando no disco. O londrino Keith Uddin, um produtor, engenheiro e compositor altamente gabaritado, que gerou hits para No Doubt, Björk, Kelly Clarkson e Blue, foi contratado para coproduzir.

Precedido por alguns singles, cada um lançado no dia 13 de cada mês (incluindo "The Only One" e "Freakshow"), o novo álbum do The Cure, *4:13 Dream*, foi lançado no final de outubro de 2008. Apesar do menor status comercial da banda – ela ainda conseguia lotar teatros de tamanho razoável, mas seu auge da era MTV já havia acabado –, Smith continuava ambicioso, revelando muito antecipadamente que o álbum mais novo seria duplo (pelos padrões antigos).

Quando fez uma prévia do álbum para a *Billboard*, em julho de 2007, Smith soou um pouco defensivo sobre sua decisão. "O que provavelmente acontecerá é que um disco duplo sairá como uma edição limitada, mixada por mim", disse. "Uma versão em um só disco, que, presumo, será escolhida pela gravadora, pode receber mixagem de outra pessoa para virar uma coisa diferente. Há uma preocupação de que os fãs do The Cure sintam que terão de comprar os dois, mas a verdade é que concordei em vender a versão dupla pelo preço de um disco só, porque gosto muito dele. É quase impossível ter um álbum duplo atualmente. Ingenuamente pensei que minha posição como artista afastaria todas as objeções, mas acontece que o mundo está cada vez mais comercial."

"Há músicas sobre relacionamentos, o mundo material, política e religião", Smith continuou. "As pessoas ficarão surpresas ao ver como o disco é simples e direto." Do contra como sempre, em maio de 2008 Smith deu mais uma reviravolta e optou por lançar *4:13 Dream* como um álbum normal, deixando as "músicas mais sombrias" restantes para um LP futuro (Smith e Uddin haviam gravado 33 faixas). Um vídeo sóbrio de performance da banda em branco e preto para a decididamente animada "The Only One" foi lançado logo depois, uma música que remetia à era *Kiss Me...*, até nos gritos vocais de Smith e uma melodia de pop rock incansável e tortuosa. Parecia que Smith ansiava por só mais um hit, mesmo se tivesse que revisitar o passado para conseguir.

Embora não estivesse gerando o mesmo caixa de seu auge como viajante do navio *QE2*, é necessário dizer que a fila de amantes do The Cure (e, no caso do Hot Hot Heat, imitadores da banda) continuava longa no século XXI. O visual e a influência musical de Smith eram imediatamente reconhecíveis. Interpol, My Chemical Romance e o pavoroso Good Charlotte estavam na linha de frente dos que deviam imensamente aos climas melancólicos e ao visual maquiado de Smith e companhia – alguns, como Carlos D (ex-Interpol), fanático por Simon Gallup, admitiam abertamente sua obsessão com o Cure. Até a caracterização do falecido Heath Ledger como Coringa no filme *Batman – O Cavaleiro das Trevas* parecia, pelo menos parcialmente, uma homenagem ao homenzinho estranho e cada vez mais corpulento de Crawley. E o nome de Smith foi mencionado com devida reverência na segunda temporada da série *The Mighty Boosh*, quando um personagem produziu algo conhecido como Suco Gótico, supostamente "o spray de cabelo mais poderoso conhecido pela humanidade. Feito com as lágrimas de Robert Smith". Era algo como *South Park* novamente, mesmo agora tendo um leve sopro de condescendência na maioria das coisas relativas a Robert Smith.

Smith uma vez riu da ideia de realmente existir um The Cure em 2011, mas, como aquele outro guerreiro de rosto pintado, Gene Simmons, do Kiss, parece improvável que ele planeje acabar com a banda tao cedo. Isso apesar do fato de que ele se parece mais com Bela Lugosi no palco atualmente do que, digamos, Edward Mãos de Tesoura.

A motivação de Smith, no entanto, é diferente da de Simmons, um homem movido por um apetite insaciável por dinheiro e mulheres. Falando claramente, é difícil imaginar Smith fazendo outra coisa que não seja liderar o Cure, envolto por gelo seco, com a cabeça levemente inclinada, olhando para longe, com o cabelo bagunçado e ansiando por dias melhores.

Fontes/Bibliografia

Prólogo

Wyman, Bill, "The Cure: The Popes Of Mope" (*Creem*, 1992)

Capítulo Um

Anônimo, "Caught In The Act" (Q, maio de 1989)

Anônimo, "Fifteen Minutes of Robert Smith" (*Sassy*, outubro de 1990)

Anônimo, "High 5: Robert Smith, The Cure" (*Rolling Stone* australiana, dezembro de 1993)

Anônimo, Musica (17 de junho de 2004)

Anônimo, "Robert Smith And His Books" (revista *Rock & Folk*, da França; agosto de 2003)

Balfour, Brad, "After 10 years, Robert Smith Is Still The Cure" (*Spin*, março de 1988)

Barbarian, Smith, Robert e Sutherland, Steve, *The Cure: Ten Imaginary Years* (Omnibus Press, 1988)

Black, Johnny, "Curious Case Of The Cure" (*London Times*, 26 de abril de 1989)

Compo, Susan, "The Cure's Robert Smith" (*Spin*, novembro de 1993)

Frost, Deborah, "Taking The Cure With Robert" (*Creem*, 1º de outubro de 1987)

Herpell, Gabriela, entrevista com Robert Smith (*Sueddeutsche Zeitung*, 3 de julho de 2004)

Hodgkinson, Will, "Pop Cure-alls" (*The Guardian*, 30 de maio de 2003)

Keeps, David, "Dear Superstar: Robert Smith" (*Blender*, agosto de 2004)

Manrique, Diego A, entrevista com Robert Smith (*El País, Tentaciones*, 28 de janeiro de 2000)

Miller, Kirk, "Robert Smith Draws Blood" (*Rolling Stone*, julho de 2004)

Simmons, Sylvie, "Everything Falls Apart" (*Revolution*, setembro de 1989)

Sullivan, Jim, "The Cure's Last Tour" (*Boston Globe*, 21 de setembro de 1989)

Sutherland, Steve, "A Suitable Case For Treatment" (*Melody Maker*, outubro de 1985)

Tellier, Emmanuel, "Les Attrapes-Couers de Robert Smith, The Cure" (revista *Les Inrockuptibles*, 22 a 28 de outubro de 1997)

Thompson, Dave e Greene, Jo-Ann, *The Cure: A Visual Documentary* (Omnibus Press, 1988)

Capítulo Dois

Anônimo, "High 5: Robert Smith, The Cure" (*Rolling Stone* australiana, dezembro de 1993)

Azerrad, Michael, "Searching For The Cure" (*Rolling Stone*, 1989)

Black, Johnny, "Curious Case Of The Cure" (*The Times*, 26 de abril de 1989)
Bogle, Vicky, "Our Favourite Uncle" (*Shake*, dezembro de 1984)
Comer, M. Tye, "Black Celebration: Robert Smith On The New Cure Album" (CMJ, dezembro de 1999)
Considine, JD, "What's The Big Idea? Robert Smith's Conception Of The Cure", (*Musician*, 1989)
Dery, Mark, "A Dose Of Keyboard Fever" (*Keyboard*, agosto de 1987)
Frost, Deborah, "Taking The Cure With Robert" (*Creem*, 1º de outubro de 1987)
Keeps, David, "Dear Superstar: Robert Smith" (*Blender*, agosto de 2004)
Oldham, James, "The Gothfather" (*Uncut*, agosto de 2004)
Reynolds, Simon, "Dr Robert Explains All" (*Pulse*, junho de 1992)
Tellier, Emmanuel, "Les Attrapes-Couers de Robert Smith, The Cure" (revista *Les Inrockuptibles*, 22 a 28 de outubro de 1997)
Thrills, Andrew, "Ain't No Blues For The Summertime Cure" (*New Musical Express*, 16 de dezembro de 1978)
Witter, Simon, "The Art Of Falling Apart" (*The Face*, 1989)

Capítulo Três

Anônimo, "Black Celebration – Robert Smith On The New Cure Album" (*CMJ*, dezembro de 1999)
Barbarian, Smith, Robert e Sutherland, Steve, *The Cure: Ten Imaginary Years*, (Omnibus Press, 1988)
De Curtis, Anthony, George-Warren, Holly e Henke, James (editores) (*The Rolling Stone Album Guide*, 1992)
McCullough, Dave, "Kill Or Cure" (*Sounds*, 27 de janeiro de 1979)
Oldham, James, "Bad Medicine" (*Uncut*, fevereiro de 2000)
Sutherland, Steve, "A Suitable Case For Treatment" (*Melody Maker*, outubro de 1985)
Thrills, Adrian, "Ain't No Blues For The Summertime Cure" (*New Musical Express*, 16 de dezembro de 1978)

Capítulo Quatro

Anônimo, "Live: Siouxsie & The Banshees" (*Melody Maker*, 2 de outubro de 1976)
Barbarian, Smith, Robert e Sutherland, Steve, *The Cure: Ten Imaginary Years* (Omnibus Press, 1988)
Birch, Ian, "Interview With The Cure" (*Melody Maker*, 24 de março de 1979)
Crandall, Bill, "The Cure; Album By Album: Robert Smith Recounts His Band's Many Wild Mood Swings" (*Rolling Stone*, 18 de junho de 2004)
Green, Jim (Trouser Press, 1981)
Kent, Nick, "A Demonstration Of Household Appliances" (*NME*, 19 de maio de 1979)
Morley, Paul, "This Is Siouxsie & The Banshees. They Are Patient. They Will Win. In The End" (*NME*, 14 de janeiro de 1978)
Oldham, James, "Bad Medicine" (*Uncut*, fevereiro de 2000)

Oldham, James, "The Gothfather" (*Uncut*, agosto de 2004)
Sullivan, Jim, "The Cure's Last Tour" (*Boston Globe*, 21 de setembro de 1989)

Capítulo Cinco

Anônimo, "High 5: Robert Smith, The Cure" (*Rolling Stone* australiana, dezembro de 1993)
Barbarian, Smith, Robert e Sutherland, Steve, *The Cure: Ten Imaginary Years* (Omnibus Press, 1988)
Crandall, Bill, "The Cure: Album By Album: Robert Smith Recounts His Band's Many Wild Mood Swings" (*Rolling Stone*, 18 de junho de 2004)
DiMartino, Dave, "The Head On The Cure" (*Creem*, dezembro de 1986)
Kot, Greg, "Smith's Picks" (*Chicago Tribune*, 12 de julho de 1992)
Oldham, James, "Bad Medicine" (*Uncut*, fevereiro de 2000)
Oldham, James, The Gothfather (Uncut, August 2004)
Thompson, Dave e Greene, Jo-Ann, *The Cure: A Visual Documentary* (Omnibus Press, 1988)
Westwood, Chris (*Record Mirror*, 16 de novembro de 1979)
Young, Jon, *Art For Pop's Sake* (Trouser Press, julho de 1980)

Capítulo Seis

Barbarian, Smith, Robert e Sutherland, Steve, *The Cure: Ten Imaginary Years* (Omnibus Press, 1988)
Crandall, Bill, "The Cure: Album By Album: Robert Smith Recounts His Band's Many Wild Mood Swings" (*Rolling Stone*, 18 de junho de 2004)
Oldham, James, "Bad Medicine" (*Uncut*, fevereiro de 2000)
Swift, David, "The Cure Paints An Intense Picture" (*The Press*, Christchurch, 8 de agosto de 1981)
The Cure, notas de encarte de *Join The Dots, B-sides & Rarities* (Fiction, 2004)
Thompson, Dave e Greene, Jo-Ann, *The Cure: A Visual Documentary* (Omnibus Press, 1988)

Capítulo Sete

Azerrad, Michael, "Searching For The Cure" (*Rolling Stone*, 1989)
Cook, Richard, "Savage Scream Of Birth" (*NME*, abril de 1982)
Gore, Joe, "The Cure: Confessions Of A Pop Mastermind" (*Guitar Player* [EUA], setembro de 1992)
Hodgkinson, Will, "Pop Cure-alls" (*The Guardian*, 30 de maio de 2003)
Klemm, Elmar, "The Kiss Of Spiderman" (*Zillo*, julho de 2003)
Lindemann, Christoph (*Musikexpress*, julho de 2003)
Oldham, James, "The Gothfather" (*Uncut*, agosto de 2004)
Petredis, Alexis, "The Crack Up" (*Mojo*, agosto de 2003)

Sutherland, Steve, "Still No Cure For The Cure" (*Melody Maker*, maio de 1982)

Wilde, Jon, "Lipstick Traces" (*Melody Maker*, 29 de abril de 1989)

Capítulo Oito

Anônimo, MTV Itália, entrevista (15 de fevereiro de 2000)

Barbarian, Smith, Robert e Sutherland, Steve, *The Cure: Ten Imaginary Years* (Omnibus Press, 1988)

Cantin, Paul, "Robert Smith Talks About New Cure Best-of" (*Jam! Showbiz*, novembro de 2001)

Gore, Joe, "The Cure: Confessions Of A Pop Mastermind" (*Guitar Player* [EUA], setembro de 1992)

Newton, Ro, "Robert Smith's Critical Guide To Robert Smith" (*The Hit*, setembro de 1985)

Petredis, Alexis, "The Crack Up" (*Mojo*, agosto de 2003)

Roberts, Chris, "A Momentary Collapse Of Reason" (*Melody Maker*, 5 de junho de 1989)

Sutherland, Steve, "The Glove" (*Melody Maker*, 3 de setembro de 1983)

Sutherland, Steve, "The Incurables" (*Melody Maker*, 18 de dezembro de 1982)

Thompson, Dave e Greene, Jo-Ann, *The Cure: A Visual Documentary* (Omnibus Press, 1988)

Capítulo Nove

Anônimo, "Robert Smith – You Asked, He Answered" (Q, 2000)

Barbarian, Smith, Robert e Sutherland, Steve, *The Cure: Ten Imaginary Years* (Omnibus Press, 1988)

Marie, Dawn, "Interview With A Banshee"

Pelkey, Dean, "On The Trail Of Lovecats" (*Discorder*, novembro de 1984)

Petredis, Alexis, "The Crack Up" (*Mojo*, agosto de 2003)

Thompson, Dave e Greene, Jo-Ann, *The Cure: A Visual Documentary* (Omnibus Press, 1988)

Capítulo Dez

Anônimo, MTV Itália, entrevista (15 de fevereiro de 2000)

Azerrad, Michael, "Searching For The Cure" (*Rolling Stone*, 1989)

Azerrad, Michael, "Something To Clap About" (*East Village Eye*, julho de 1986)

Barbarian, Smith, Robert e Sutherland, Steve, *The Cure: Ten Imaginary Years* (Omnibus Press, 1988)

Black, Johnny, "The Greatest Songs Ever Written – 'Just Like Heaven'" (*Blender*, novembro de 2003)

Considine, JD, "What's The Big Idea? Robert Smith's Conception Of The Cure" (*Musician*, 1989)

De Muir, Harold, "An Interview With Robert Smith Of The Cure" (*Eastcoast Rocket*, 22 de julho de 1987)

Mitchell, Justin, "Boris Williams' Steady Hand Adds To Cure's Disintegration" (*Denver Rocky Mountain News*, 3 de setembro de 1989)

Oldham, James, "Bad Medicine" (*Uncut*, fevereiro de 2000)

Petredis, Alexis, "The Crack Up" (*Mojo*, agosto de 2003)

Simmons, Sylvie, "There Is No Easy Cure" (*Creem*, março de 1986)

Simoncort, Serge, "I Would Never Invite Myself To A Party" (revista *Humo*, 24 de julho de 2003)

Smith, Robert, "Three Imaginary Weeks – What We Did On Our Holidays – The Cure's South American Diary" (*Melody Maker*, maio de 1987)

Sutherland, Steve, "Fancy Dress Party" (*Melody Maker*, 11 de abril de 1987)

Thompson, Dave e Greene, Jo-Ann, *The Cure: A Visual Documentary* (Omnibus Press, 1988)

Capítulo Onze

Anônimo, "Caught In The Act" (*Q*, maio de 1989)

Anônimo, "Putting The Boot In" (*Vox*, dezembro de 1993)

Azerrad, Michael, "Searching For The Cure" (*Rolling Stone*, 1989)

Barbarian, Smith, Robert e Sutherland, Steve, *The Cure: Ten Imaginary Years* (Omnibus Press, 1988)

Comer, M Tye, "Black Celebration: Robert Smith On The New Cure Album" (*CMJ*, dezembro de 1999)

Considine, JD, "What's The Big Idea? Robert Smith's Conception Of The Cure" (*Musician*, 1989)

Cromelin, Richard, "Robert Smith Decides To Pack It All In" (*Los Angeles Times*, 3 de setembro de 1989)

Jean & Philippe, "The Holy Hour" (fanzine *Three Imaginary Boys*, julho de 1989)

Keeps, David, "Dear Superstar" (*Blender*, agosto de 2004)

Kim, Jae-Ha, "New CD Is The Cure For Common Fan" (*Chicago Tribune*, 7 de dezembro de 1997)

Kingsmill, Richard, "Hello I Love You With The Cure's Robert Smith" (*Rolling Stone* australiana, novembro de 1993)

Mico, Ted, "The Cure Melts Down" (*Spin*, julho de 1989)

Moon, Tom, "For The Cure, Adulation And Its Discontents" (*Philadelphia Inquirer*, 22 de agosto de 1989)

Pearson, Roger, "Former Cure Member Loses Royalty Fight" (*Billboard*, 8 de outubro de 1994)

Popson, Tom, "Cure Vocalist Nixes Planes, House Music" (*Chicago Tribune*, 25 de agosto de 1989)

Popson, Tom, "This Time Around, They Admit They're Big, Really" (*Chicago Tribune*, 27 de agosto de 1989)

Reynolds, Simon, "Dr Robert Explains It All" (*Pulse*, junho de 1992)

Rioux, Rob, "Cure Heads For The Top" (*New Orleans Times-Picayune*, 15 de setembro de 1989)

Roberts, Chris, "A Momentary Collapse Of Reason" (*Melody Maker*, 5 de junho de 1989)

Sawyer, Miranda, "Strange Days" (*Q*, maio de 1992)

Simmons, Sylvie, "Everything Falls Apart" (*Revolution*, setembro de 1989)

Spencer, Lauren, "Paint It Black" (*Rolling Stone*, outubro de 1990)

Taylor, Chuck, "With Hits Galore And New Set Planned, The Never Fashionable Cure Endures" (*Billboard*, 6 de dezembro de 1997)

Thompson, Dave e Greene, Jo-Ann, *The Cure: A Visual Documentary* (Omnibus Press, 1988)

Ward, Christopher, "Interview With Robert Smith" (*Much Music*, 1989)

Capítulo Doze

Chang, Richard, "Is This The Final Cure?" (*Orange County Register*, 26 de maio de 2000)

Chang, Richard, "It's Not The End Of The Cure, But It's Close" (*Orange County Register*, 24 de outubro de 1997)

Comer, M. Tye, "Black Celebration: Robert Smith On The New Cure Album" (*CMJ*, dezembro de 1999)

Eggers, Dave, "Intimate Portrait – Robert Smith" (*Spin*, julho de 2004)

Gizicki, Steven, "The Cure's Robert Smith Dials The Right Number" (*Allstar*, 28 a 30 de outubro de 1997)

Molko, Brian, "A Cure Ouvert" (*Les Inrockuptibles*, novembro de 2001)

Newman, Melinda, "Hits 'Galore' On The Way For Cure Fans" (*Billboard*, 4 de outubro de 1997)

Roncato, Alessandra, "Robert Smith Is Still Feeling Bad" (*Tutto*, julho/agosto de 2004)

Discografia

[Esta não é uma discografia *completa* do The Cure. Trata-se de uma listagem com os principais títulos da carreira, incluindo álbuns de estúdio, coletâneas e discos ao vivo. Não estão listadas, por exemplo, as reedições deluxe dos primeiros álbuns, tampouco EP's ou singles. Um levantamento completo da discografia de uma banda com tanto tempo de atividade daria outro livro! Para conferir uma lista mais abrangente, acesse: thecure.com/discography]

Álbuns de estúdio

Three Imaginary Boys

Fiction, maio de 1979

10:15 Saturday Night / Accuracy / Grinding Halt / Another Day / Object / Subway Song / Foxy Lady / Meathook / So What / Fire In Cairo / It's Not You / Three Imaginary Boys / Untitled (aka The Weedy Burton)

Seventeen Seconds

Fiction, abril de 1980

A Reflection / Play For Today / Secrets / In Your House / Three / The Final Sound / A Forest / M / At Night / Seventeen Seconds

Faith

Fiction, abril de 1981

The Holy Hour / Primary / Other Voices / All Cats Are Grey / The Funeral Party / Doubt / The Drowning Man / Faith

Pornography

Fiction, maio de 1982

One Hundred Years / A Short Term Effect / The Hanging Garden / Siamese Twins / The Figurehead / A Strange Day / Cold / Pornography

The Top

Fiction, abril de 1984

Shake Dog Shake / Birdmad Girl / Wailing Wall / Give Me It / Dressing Up / The Caterpillar / Piggy In The Mirror / The Empty World / Bananafishbones / The Top

The Head On The Door

Fiction, agosto de 1985

In Between Days / Kyoto Song / The Blood / Six Different Ways / Push / The Baby Screams / Close To Me / A Night Like This / Screw / Sinking

Kiss Me Kiss Me Kiss Me

Fiction, maio de 1987

The Kiss / Catch / Torture / If Only Tonight We Could Sleep / Why Can't I Be You? / How Beautiful You Are / The Snakepit / Hey You / Just Like Heaven / All I Want / Hot Hot Hot!!! / One More Time / Like Cockatoos / Icing Sugar / The Perfect Girl / A Thousand Hours / Shiver And Shake / Fight

Disintegration

Fiction, maio de 1989

Plainsong / Pictures Of You / Closedown / Lovesong / Lullaby / Fascination Street / Prayers For Rain / The Same Deep Water As You / Disintegration / Untitled (as faixas Last Dance e Homesick não foram incluídas na edição original em vinil)

Wish

Fiction, abril de 1992

Open / High / Apart / From The Edge Of The Deep Green Sea / Wendy Time / Doing The Unstuck / Friday I'm In Love / Trust / A Letter To Elise / Cut / To Wish Impossible Things / End

Wild Mood Swings

Fiction, maio de 1996

Want / Club America / This Is A Lie / The 13th / Strange Attraction / Mint Car / Jupiter Crash / Round & Round & Round / Gone! / Numb / Return / Trap / Treasure / Bare

Bloodflowers

Fiction, fevereiro de 2000

Out Of This World / Watching Me Fall / Where The Birds Always Sing / Maybe Someday / The Last Day Of Summer / There Is No If... / The Loudest Sound / 39 / Bloodflowers

The Cure

Geffen, junho de 2004

Lost / Labyrinth / Before Three / The End Of The World / Anniversary / Us Or Them / alt. end / (I Don't Know What's Going) On / Talking Off / Never / The Promise / Going Nowhere

4:13 Dream

I Am/Geffen, setembro de 2008

Underneath The Stars / The Only One / The Reasons Why / Freakshow / Sirensong / The Real Snow White / The Hungry Ghost / Switch / The Perfect Boy / This. Here And Now. With You / Sleep When I'm Dead / The Scream / It's Over

Coletâneas

Boys Don't Cry

Elektra, fevereiro de 1980 (EUA)

Boys Don't Cry / Plastic Passion / 10:15 Saturday Night / Accuracy / So What / Jumping Someone Else's Train / Subway Song / Killing An Arab / Fire In Cairo / Another Day / Grinding Halt / World War / Three Imaginary Boys

Japanese Whispers

Fiction, dezembro de 1983

Let's Go To Bed / The Dream / Just One Kiss / The Upstairs Room / The Walk / Speak My Language / Lament / The Lovecats

Standing On A Beach: The Singles

Fiction, maio de 1986

Killing An Arab / Boys Don't Cry / Jumping Someone Else's Train / A Forest / Primary / Charlotte Sometimes / The Hanging Garden / Let's Go To Bed / The Walk / The Lovecats / The Caterpillar / In Between Days / Close To Me

Galore

Fiction, setembro de 1997

Why Can't I Be You? / Catch / Just Like Heaven / Hot Hot Hot!!! / Lullaby / Fascination Street / Lovesong / Pictures Of You / Never Enough / Close To Me / High / Friday I'm In Love / A Letter To Elise / The 13th / Mint Car / Strange Attraction / Gone! / Wrong Number

Greatest Hits

Fiction, novembro de 2001 (algumas versões também incluíram o CD bônus Acoustic Hits, mais o DVD Greatest Hits / Acoustic Hits)

Boys Don't Cry / A Forest / Let's Go To Bed / The Walk / The Lovecats / In Between Days / Close To Me / Why Can't I Be You? / Just Like Heaven / Lullaby / Lovesong / Never Enough / High / Friday I'm In Love / Mint Car / Wrong Number / Cut Here / Just Say Yes

Join The Dots: B-Sides & Rarities 1978–2001

Fiction, janeiro de 2004

10:15 Saturday Night / Plastic Passion / Pillbox Tales / Do The Hansa / I'm Cold / Another Journey By Train / Descent / Splintered In Her Head / Lament / Just One Kiss / The Dream / The Upstairs Room / Lament / Speak My Language / Mr Pink Eyes / Happy The Man / Throw Your Foot / New Day / The Exploding Boy / A Few Hours After This / A Man Inside My Mouth / Stop Dead / A Japanese Dream / Breathe / A Chain Of Flowers / Snow In Summer / Sugar Girl / Icing Sugar / Hey You!!!/ To The Sky / Babble / Out Of Mind / 2 Late / Fear Of Ghosts / Hello I Love You (psychedelic version) / Hello I Love You / Hello I Love You (slight return remix) / Harold And Joe / Just Like Heaven / This Twilight Garden / Play / Halo / Scared As You / The Big Hand / A Foolish Arrangement / Doing The Unstuck (Saunders 12-inch remix) / Purple Haze (Virgin Radio Version) / Purple Haze / Burn / Young Americans / Dredd Song / It Used To Be Me / Ocean / Adonais / Home / Waiting / A Pink Dream / This Is A Lie / Wrong Number / More Than This / World In My Eyes / Possession / Out Of This World (Oakenfold Remix) / Maybe Someday / Coming Up / Signal To Noise (Acoustic Version) / Signal To Noise / Just Say Yes (Curve Remix) / A Forest (Plati/Slick Version)

Álbuns ao vivo

Concert: The Cure Live

Fiction, outubro de 1984

Shake Dog Shake / Primary / Charlotte Sometimes / The Hanging Garden / Give Me It / The Walk / One Hundred Years / A Forest / 10:15 Saturday Night / Killing An Arab

Entreat

Fiction, março de 1991

Pictures Of You / Closedown / Last Dance / Fascination Street / Prayers For Rain / Disintegration / Homesick / Untitled

Show

Fiction, setembro de 1993

Tape / Open / High / Pictures Of You / Lullaby / Just Like Heaven / Fascination Street / A Night Like This / Trust / Doing The Unstuck / The Walk / Let's Go To Bed / Friday I'm In Love / In Between Days / From The Edge Of The Deep Green Sea / Never Enough / Cut / End

Paris

Fiction, outubro de 1993

The Figurehead / One Hundred Years / At Night / Play For Today / Apart / In Your House / Lovesong / Catch / A Letter To Elise / Dressing Up / Charlotte Sometimes / Close To Me

Bestival Live 2011

Play It Again Sam, dezembro de 2011

Plainsong / Open / Fascination Street / A Night Like This / The End of the World / Lovesong / Just Like Heaven / The Only One / The Walk / Push / Friday I'm In Love / In Between Days / Play For Today / A Forest / Primary / Shake Dog Shake / The Hungry Ghost / One Hundred Years / End / Disintegration / Lullaby / The Lovecats / The Caterpillar / Close To Me / Hot Hot Hot!!! / Let's Go To Bed / Why Can't I Be You? / Boys Don't Cry / Jumping Someone Else's Train / Grinding Halt / 10:15 Saturday Night / Killing An Arab

Remixes

Mixed Up

Fiction, novembro de 1990

Lullaby (extended mix) / Close To Me (closer mix) / Fascination Street (extended mix) / The Walk (everything mix) / Lovesong (extended mix) / A Forest (tree mix) / Pictures Of You (extended dub mix) / Hot Hot Hot!!! (extended mix) / Why Can't I Be You? (extended mix) / The Caterpillar (flicker mix) / In Between Days (shiver mix) / Never Enough (big mix)

Agradecimentos

A todas as pessoas a seguir (e qualquer uma da qual posso ter me esquecido), este livro não seria possível sem sua orientação, contribuição, mediação e visão:

A minha esposa, Diana, um brinde a nossa futura viagem pela Fascination Street; Chris Charlesworth, Andy Neill, Melissa Whitelaw e Norm Lurie da Omnibus Press, obrigado pelo incentivo, apoio e crença muito acima do esperado; Johnny Rogan, pela indexação; Phil Thornalley e Mike Nocito, por dividirem seu *Pornography* e muito mais comigo; obrigado também a Jason Cooper e Perry Bamonte pela franqueza, Michael Dempsey e, especialmente, Lol Tolhurst, por dizerem a verdade e nada mais do que ela, com todos os detalhes sangrentos; Steve Lyon, por acabar com o mistério de *Wild Mood Swings*; Mark Plati, por todas as conversas de bastidores do 50° aniversário de Bowie e por provar que ligar para um número errado pode ser algo bom; Lynn Hasty e Jay Frank, por me ajudarem a contatar Lol Tolhurst; padre Patrick Fludder, pela turnê virtual pela Worth Abbey; Teresa Browne, da St. Francis Junior School; Aaron Wilhelm, o homem com nomes e números; Justin Jones, do And Also The Trees; Rick Gershon – obrigado pela visão interna do LA Forum e muito mais; Laura & Sabine, da Fools Dance: ninguém entende o mundo do The Cure melhor do que vocês; Michael Jay, da Great Atlantic; Caroline Coon e Mat Snow; as conversas de bastidores com Mark Francombe, do Cranes; Lydia Lunch e sua história sobre o "lindo livro de funeral" que dividiu com Robert Smith durante a 14 Explicit Moments Tour; Dan Kreeger, por tentar o melhor; o mesmo para Gihan Salem, da Elektra; Jen Dickert e blogueiros do The Cure em todo lugar; e, finalmente, à adorável e incrivelmente prestativa Barbera Jenner, da St. Wilfrid's, assim como Michael Georgeson (e, por extensão, Rita e Alex Smith).

Robert Smith, Michael Dempsey e Porl Thompson do Easy Cure em 1977, antes de seu encontro fatal com a Hansa Records.

SUPPORT ANTHONY WEAVER
CAMPAIGN
BENEFIT GIG
The
CURE
AND
AMULET
SUNDAY APRIL 29 7:30
NORTHGATE COMMUNITY CENTRE

Cartaz de um show beneficente para seu ex-professor, o doutor Anthony Weaver. Encantado com "Killing An Arab", o National Front invadiu o local.

Porl Thompson e Michael Dempsey em um dos primeiros shows em Crawley, em 1976.

O baixista original e cofundador do Cure Michael Dempsey: “Nenhum de nós tinha uma visão muito forte de que seríamos superastros.”

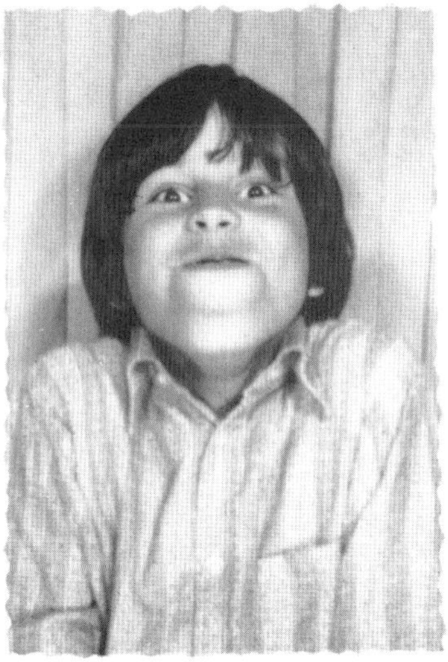

Phil Thornalley, baixista do Cure (1983-1985) e produtor de discos. “Aqueles primeiros álbuns do Cure tinham um som, mas não um que eu tentaria conseguir”, disse.

Simon Gallup, que entrou para a banda em 1982, vivia com medo de Lol Tolhurst. “Simon atravessava a rua quando me via”.

Lol Tolhurst, um dos “Três Rapazes Imaginários” de Crawley: “Íamos à escola no mesmo ônibus”, contou Robert Smith, “mas ele não me causou nenhuma impressão.”

A St Wilfrid's Comprehensive School, onde as linhas de batalha sobre David Bowie foram definidas, "entre aqueles que o achavam um boiola e os que o achavam um gênio". (FOTO: NICK CROCKER)

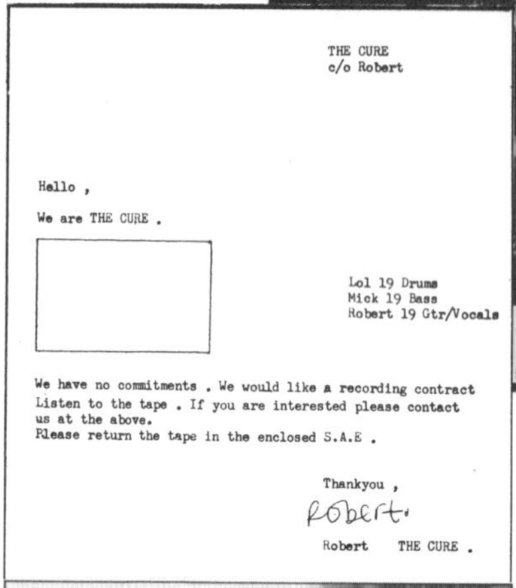

THE CURE
c/o Robert

Hello ,

We are THE CURE .

Lol 19 Drums
Mick 19 Bass
Robert 19 Gtr/Vocals

We have no commitments . We would like a recording contract
Listen to the tape . If you are interested please contact
us at the above.
Please return the tape in the enclosed S.A.E .

Thankyou ,

Robert.

Robert THE CURE .

Tolhurst, Dempsey e Smith (da esquerda para a direita), em 1978. "Ele foi carteiro em um Natal", Tolhurst contou sobre Smith. "Aquilo durou uma semana. Acho que ele não teve mais nenhum emprego em tempo integral".

Os "Três Rapazes Imaginários" no Museu de História Natural, em janeiro de 1979. Lol Tolhurst, Robert Smith e Michael Dempsey (da esquerda para a direita). (FOTO: PAUL SLATTERY)

Automedicado com paracetamol e aspirina, Robert Smith faz um show no Hope & Anchor, em Londres, em janeiro de 1979.
(FOTO: JUSTIN THOMAS)

Lol Tolhurst, no show no Hope & Anchor, em 1979. "Todas as bandas punk começaram a acontecer e pensamos 'ei, podemos fazer isso'".
(FOTO: JUSTIN THOMAS)

Michael Dempsey no mesmo show na Hope & Anchor. "Foram momentos notáveis", disse, "mas o retorno diminuiu a partir dali".
(FOTO: JUSTIN THOMAS)

Dempsey, Smith e Tolhurst (da esquerda para a direita), uma banda sem rumo. Para Smith, o Cure era "apenas o melhor jeito de evitar acordar cedo." (FOTO: RICHARD MANN/RETNA UK)

A formação de Seventeen Seconds, de 1980. O tecladista Hartley entendeu totalmente seu (breve) papel na banda. "Só fiz o que o Robert me dizia." (FOTO: PAUL SLATTERY)

Lol Tolhurst, Matthieu Hartley, Simon Gallup e Robert Smith, em 1979 (da esquerda para a direita). "Eles adicionaram uma nova dimensão ao grupo: eles eram beberrões", disse Smith. (FOTO: LFI)

Smith, Gallup e Tolhurst (da esquerda para a direita), no começo de 1982. "Não sou muito bom em fingir que estou me divertindo", Smith revelou mais tarde. (FOTO: LFI)

Tocando "A Forest", no Top Of The Pops, em abril de 1980. "Nossos discos sempre despencam depois que vamos ao Top Of The Pops", afirmou Smith. "Vamos ao programa como uma jogada de carreira para impedir que fiquemos famosos demais."

Um dos primeiros shows de Simon Gallup no Cure foi dividindo a noite com Michael Dempsey, que ele tinha substituído. "Houve uma certa estranheza naquilo", Dempsey confessou. (FOTO: PHILIPPE CARLY – WWW.NEWWAVEPHOTOS.COM)

Hartley, antes de sua saída em 1980. "Os fãs me perguntavam se eu gostava do Joy Division e aquele era exatamente o tipo de banda que não suporto." (FOTO: PHILIPPE CARLY – WWW.NEWWAVEPHOTOS.COM)

Lol Tolhurst, que rapidamente se tornou o alvo da banda. "Batemos nele, damos canseira, enquadramos, mas ele entende", segundo Hartley. (FOTO: PHILIPPE CARLY – WWW.NEWWAVEPHOTOS.COM)

Robert Smith durante o período do disco Seventeen Seconds. "Quando tento me lembrar, tudo o que consigo ver é uma festa", admitiu. (FOTO: PHILIPPE CARLY – WWW.NEWWAVEPHOTOS.COM)

O Siouxsie & The Banshees, com Robert Smith (à direita), no set do videoclipe de "Dear Prudence" em setembro de 1983. "Meu envolvimento se baseou principalmente em minha amizade com Steven Severin." (FOTO: LFI)

The Cure, em 1983: Andy Anderson, Phil Thornalley, Tolhurst e Smith (da esquerda para a direita). O chá de cogumelos mágicos letal de Anderson animou muitas noites longas na estrada. (FOTO: LFI)

O videomaker Tim Pope. Durante o lendário clipe de "Lullaby", Pope fez Smith entrar várias vezes em um buraco negro peludo "cheio de uma gosma pegajosa que tem a aparência e o cheiro de uma cola Airfix." (FOTO: LFI)

Robert Smith no set do videoclipe de "The Walk", dirigido por Pope. Segundo Pope, "acho que nenhum dos dois tinha a menor ideia." (FOTO: LFI)

Em 1983, o Cure se tornou "The Lovecats", uma faixa inspirada no amor de Smith pelo filme Aristogatas, da Disney. "Uma canção pop amadora", disse seu autor. (FOTO: LFI)

No set de filmagem de "The Lovecats", Pope teve de convencer o dono de um pátio abandonado em Primrose Hill que era um possível comprador. Este é Lol Tolhurst fantasiado de gato. (FOTO: LFI)

Robert Smith salva o mundo em South Park, em 18 de fevereiro de 1998. "Quando meus sobrinhos assistiram, eles me idolatraram, mas ficavam perguntando 'O que é desintegração, tio Bob?'" (FOTO: WENN)

Um Robert Smith de cabelos curtos, em 1986. Sem seu regime diário de composição, "eu acordava no meio da tarde e via TV até os pubs abrirem, depois saía para beber." (FOTO: LYNN GOLDSMITH/CORBIS)

Smith com a namorada de adolescência e agora esposa, Mary Poole, a inspiração para "Lovesong". "Acho que ela teria preferido diamantes", pensou Smith. (FOTO: RICHARD YOUNG/REX FEATURES)

Smith e Lol Tolhurst (de óculos de sol), viajando no Orient Express, em 1986. A banda pagou uma conta recorde no bar do trem, de 1.500 a 2.000 libras, um valor revelado durante o caso de Lol Tolhurst na Justiça. (FOTO: RICHARD YOUNG/REX FEATURES)

Porl Thompson, Boris Williams, Smith, Gallup e Tolhurst (da esquerda para a direita), na era Kiss Me. Smith quase matou a maior parte da banda em uma noite, durante as sessões para o álbum de 1987. (FOTO: LFI)

Em 1987, o Cure estava prestes a se tornar a grande banda pop mais estranha do mundo. "Aquela era a versão bem-sucedida do Cure", disse Tolhurst. "Junte todos nós e é a melhor gangue da cidade." (FOTO: GEORGE CHIN/WIREIMAGE)

O papel decadente de Lol Tolhurst (segundo da direita para a esquerda) fica claro. Smith disse que se Tolhurst tivesse ficado na banda, "Simon o teria jogado de uma sacada." (FOTO: MAURO CARRARO/REX FEATURES)

Gallup, Bamonte, Smith, Williams e Thompson (da esquerda para a direita). "Até consigo me imaginar fazendo isso aos 60 anos, não me importa o que os outros pensam", Smith disse recentemente. (FOTO: EBET ROBERTS/REDFERNS)

A Banda do Ano no prêmio Brits: "É uma farsa", disse Smith, "porque achei que também fomos a melhor banda do ano passado." (FOTO: LFI)

O fundador e único membro permanente do The Cure, Robert Smith, o rosto que lançou um milhão de góticos. (FOTO: ADRIAN BOOT)

"Definitivamente não estarei usando roupa preta nem batom em 2011", insiste Robert Smith. "É uma garantia." (FOTO: SIN/CORBIS)

O Cure faz uma pose com Martin Gore, do Depeche Mode, em 1996. Daryl Bamonte, ex-roadie do Depeche, acabou se tornando empresário do The Cure. (FOTO: LFI)

Gallup, Williams, Thompson, Smith, Roger O'Donnell e Tolhurst (da esquerda para a direita). "Não conseguia ver por que ele estava na banda", disse O'Donnell sobre Tolhurst. (FOTO: NEAL PRESTON/CORBIS)

Casamento de Robert Smith e Mary Poole, no dia 13 de agosto de 1988. "Só nos casamos para ter um dia divertido", Smith disse logo depois. "É um pouco bobo, mas fui conquistado." (FOTO: LFI)

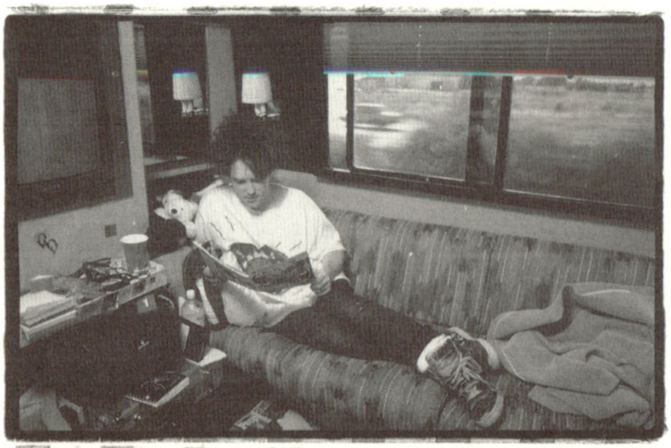

Mais um dia, mais alguns milhares de quilômetros. "Se eu trabalhar nos próximos dois anos com o Cure pensando que preferia estar em casa, não serei honesto comigo mesmo." (FOTO: PAUL HARRIS/CONTRIBUTOR/GETTY)

"Ele era um rapaz engraçado com o cabelo em pé", disse o diretor de videoclipes Tim Pope sobre Robert Smith. (FOTO: STEVE DOUBLE)

Chris Parry, empresário de longa data do The Cure.

Na época do álbum Wish: Gallup, Boris Williams, Smith e o ex-roadie de guitarra que se transformou em especialista em munições, Perry Bamonte (da esquerda para a direita), diante do Hook End Manor, onde a banda havia gravado o álbum Disintegration, de 1989. (FOTO: STEVE DOUBLE)

Smith sai do tribunal durante o caso Tolhurst versus The Cure, em fevereiro de 1994. "É realmente estúpido", afirmou. "Isso custará a ele mais do que pretende ganhar". Os advogados de Tolhurst saíram US$ 1 milhão mais ricos. (FOTO: CHRIS TAYLOR)

Jason Cooper, Simon Gallup, Robert Smith, Roger O'Donnell e Perry Bamonte (da esquerda para a direita), colocando o Cure na Calçada do Rock em Hollywood, em abril de 2004. (FOTO: LFI)

O baterista Jason Cooper entrou para o Cure em 1995. "Minhas lembranças preferidas antes de entrar são de ouvir Faith bebendo sidra", admitiu. (FOTO: STEVE DOUBLE)

Smith no aniversário de 50 anos de David Bowie no Madison Square Garden. Quando Bowie ligou o convidando, Smith achou que era um trote. "Discordamos em praticamente tudo", Smith contou depois. (FOTO: LFI)

Robert Smith não tem planos de acabar com o Cure tão cedo. "Desde que faça música com gente que gosto, é maravilhoso; a maioria das pessoas sonha com isso." (FOTO: KEVIN ESTRADA/RETNA UK)